RECUEIL

DES

MONUMENS

DES

CATASTROPHES

QUE LE GLOBE DE LA TERRE

A ESSUIE'ES,

CONTENANT

DES

PÉTRIFICATIONS

DESSINÉES, GRAVÉES ET ENLUMINÉES,

D'APRES LES ORIGINAUX,

COMMENCÉ

PAR

FEU Mr. GEORGE WOLFGANG KNORR,

ET CONTINUÉ

PAR

SES HERITIERS

AVEC

L'HISTOIRE NATURELLE

DE CES CORPS

PAR

Mr. JEAN ERNEST EMANUEL WALCH,

CONSEILLER DE COUR DE S. A. SER^{me.} MONSGR. LE DUC DE SAXE-
WEIMAR, ET EISENAC ET PROFESSEUR D'ELOQUENCE ET DE
POESIE A' L'UNIVERSITÉ DE JENE.

TOME TROISIEME

A'

NUREMBERG

MDCCLXXV.

PRÉFACE.

Comme en traitant de l'Histoire naturelle des Pétrifications, il m'a falu suivre l'ordre des Planches de feu M. KNORR, qu'on avoit choiſi une fois, j'ai été obligé de différer l'explication des corps pétrifiés du Regne Végétal jusques dans ce Tome troiſieme. J'ai expliqué la Botanique du Regne des Pétrifications en deux chapitres, dont le premier traite des bois pétrifiés, & le ſecond des Plantes pétrifiées. Le Regne Végétal, en tant que nous trouvons de ſes Productions les veſtiges les plus diſtincts dans le Regne minéral, nous fournit la meilleure occaſion de faire des remarques Cosmologiques bien intéreſſantes. Il ſert non ſeulement à confirmer les opinions des Naturaliſtes modernes à l'égard des grandes Cataſtrophes que nôtre Globe a eſſuyées, mais il nous donne auſſi ſur pluſieurs articles plus de lumiere que la connoiſſance des corps animaux pétrifiés ſeuls. Les Plantes pétrifiées nous convainquent plus que les animaux pétrifiés, qu'il ne faut pas, comme l'ont fait nos Prédéceſſeurs, attribuer à une ſeule cauſe, le ſéjour que les Corps Végétaux font dans le Regne des foſſiles, mais bien à pluſieurs cauſes. L'Hypotheſe autrefois favorite qui dérive toutes les Pétrifications du Déluge univerſel, eſt beaucoup ébranlée par les Plantes pétrifiées, lorſque pluſieurs d'entre elles nous font voir d'une maniere inconteſtable, qu'elles ne doivent pas leur exiſtence à des inondations, mais au deſſechement des étangs & des lacs d'eau douce. La doctrine même de la Pétrification des corps étrangers gagne beaucoup par la connoiſſance exacte des Plantes & des bois pétrifiés. Nous avons apris dans les tems modernes par les unes & les autres, que le Regne des foſſiles nous peut préſenter des Corps des Regnes étrangers auſſi parfaitement, qu'on ne ſauroit ſe perſuader, qu'il ne ſe fut-fait une véritable Pétrification, tandis que du corps qui exiſtoit autrefois, il n'eſt pas reſté la moindre partie, mais ſeulement l'eſpace vuide, que

ce

ce corps occupoit autrefois dans fa matrice, & que le corps qui s'y trouve actuellement, n'eft point un corps pétrifié, mais feulement une Typolithe, & un fimple
rempliffage d'un efpace vuide, qui y a été autrefois. Différentes efpèces de bois pétrifié nous apprennent en particulier, que toutes les particules & même les plus fines, qui conftituent la fubftance d'un corps étranger, peuvent difparoitre fucceffivement & être remplacées par des particules hétérogénes avec autant de regularité,
que le corps qui en naît, peut parfaitement avoir la forme du corps ancien, fuivant
tous fes traits, & en même tems n'avoir pas retenu aucune de toutes fes anciennes
particules. Si la connoiffance des corps pétrifiés du Regne animal eft d'un grand
avantage en ce qu'elle préfente au Naturalifte des corps tout à fait inconnus, dont les analogues, qui ne font pas encore découverts, font des chaînons très neceffaires de la
grande chaîne de la Nature & nous font voir de plus près l'admirable gradation du
Regne de la Nature entier, on a le même droit de foutenir cela des Productions
Végétales dans le Regne des Pétrifications. On eft fuffifamment convaincu de cela
par les pretendus bois pétrifiés de VOLKMANN, par les Pétrifications de Chaumont, de Sevennes & par plufieurs autres, qu'on a trouvées en Angleterre.

En traitant de ces corps & de plufieurs autres, j'ai fuivi dans cette troifieme
Partie la même methode, que dans les Volumes précédens. J'ai deffein de donner, autant qu'il fe pourra, une Hiftoire complette des Pétrifications jufqu'à nôtre
tems, d'examiner foigneufement tout ce que mes Prédéceffeurs ont dit à ce fujet, de
féparer le vrai d'avec le faux, le certain de l'incertain, le probable du poffible, &
à la fin de tourner toute cette explication à faire connoître jufqu'où s'étendent aujourd'hui les bornes de la connoiffance humaine à l'égard de chaque efpèce de
corps, ce qui eft à préfent inconteftable, & ce que ceux qui viendront après nous,
trouveront encore à examiner de plus près. J'ai donc, pour ainfi dire, placé nôtre
époque dans le milieu, & j'ai taché d'expliquer, jufqu'où nos Prédéceffeurs ont
étendu leur connoiffance dans chaque Partie de cette doctrine, ce que les Naturaliftes modernes par leurs Obfervations y ont corrigé, rejetté & ajufté & ce que ceux
qui viendront après nous, trouveront encore à ajufter & à éclaircir.

Dans le tems même où je travaillois à mon Hiftoire naturelle, dont j'étois
déjà occupé depuis quelques ans, plufieurs Curieux étrangers m'ont communiqué non
feulement à moi, mais auffi à Mrs. les Editeurs, différentes Pétrifications remarquables, qu'on n'avoit ou point du tont encore préfentées dans cet Ouvrage, ou
du moins, faute de bons Exemplaires, pas dans toute cette perfection, qui eut pû
les rendre affès inftructives. Même en travaillant à chaque Chapitre en particulier,
j'ai fouvent été obligé de faire mention de différentes efpèces génériques, & de les
décrire, quoiqu'elles manquaffent bien fur les Planches, qui étoient déjà gravées,
& que j'euffe pourtant fouhaité d'en préfenter à mes Lecteurs des Copies fideles.
J'ai donc taché avec toute la peine imaginable de me les procurer. Une correfpondance auffi penible que couteufe, dans laquelle je fuis entré à ce fujet, m'a enfin
donné cette Satisfaction, & il n'y aura gueres dans le Regne des Pétrifications une
efpèce de corps, qui ne fe trouve dans ce Recueil. Cependant où falloit-il ranger tous ces corps? Il n'étoit gueres practicable d'inférer les Planches à la place qui
leur convenoit, vû que mon Commentaire fur les Planches, qu'on avoit déjà
publiées, étoit de même déjà forti de l'imprimerie. J'ai donc jugé le plus à propos de

les

les ajouter, comme un Supplément à l'ouvrage entier, & c'est de là que sont nées les Planches de Supplément, qui se trouvent à la fin de la troisième Partie.

Dans ce Supplément j'ai principalement tâché de trouver de bons & de parfaits Exemplaires de la Conque à trois lobes (*Concha triloba rugosa*), tant puisque dans tout cet Ouvrage on n'en avoit presenté encore qu'une simple Typolithe, que puisque cette Conque est devenue aujourd'hui l'objet favori de la plus grande partie des Lithologistes. Ce corps particulier, que du commencement j'avois pris moi même pour une espèce de Coquille & déclaré pour telle dans la Premiere Section de la Seconde Partie, meritoit bien d'être examiné avec attention, principalement puisque mes amis m'avoient fourni un nombre considérable d'Exemplaires, d'où je me trouvois en état non seulement de faire des recherches exactes sur ce Problème Lithologique, mais aussi de donner une description plus exacte, qu'on n'avoit fait jusqu'ici, de ce corps même, à l'égard de toutes ses espèces subordonnées. J'ai donc traité de ce corps dans un Chapitre à part, qui est le troisième dans cette Partie. Les découvertes qu'on fera dans le tems à venir, nous apprendront, si ma conjecture à l'égard de son analogue est fondée. Jusqu'ici je me crois convaincu qu'il faut chercher son analogue parmi les animaux crustacés, & point parmi les restacés. Cependant je suis prêt à revoquer avec plaisir mon opinion, en cas que je sois convaincu par les argumens qui prouvent le contraire. Le Chapitre quatriéme contient les Descriptions des Pétrifications qui sont representées sur les Planches du Supplément. Cependant ces Descriptions ne regardent pas simplement les Pétrifications seules, qui se trouvent sur les Planches du Supplément, mais elles contiennent aussi des explications qui peuvent servir de Supplément à ce que j'ai déjà dit dans les deux Volumes de la Seconde Partie au sujet de différentes espèces de corps. Parmi les corps pétrifiés, qu'on presente, on trouvera plusieurs, qui sont encore tout à fait inconnus. Le Regne des fossiles nous presente encore continuellement des Productions, qui sont ou tout à fait echappées à l'attention souvent assès médiocre de nos Prédécesseurs, ou du moins dont on n'a pas fait de cas, & qui pourtant meritent beaucoup plus d'être soigneusement examinées, que celles dont on s'occupoit autrefois avec beaucoup de peine. Une belle coquille, très pétrifiée, & qui s'est parfaitement conservée dans le Regne des fossiles, peut servir d'ornement à un Cabinet. Mais lorsque son analogue est devant les yeux de tout le monde, lorsque ni l'espèce de Pétrification ni la matrice n'a rien de particulier ou d'interessant, ce corps donnera peu de satisfaction à l'oeil curieux d'un Naturaliste, tandis qu'une autre piéce, qu'on rebute par ignorance, ou qu'on relégue même des Cabinets à cause de son apparence peu prevenante, lui est beaucoup plus estimable, vû qu'il y découvre des choses, qui lui fournissent les matieres les plus riches, pour en faire les observations & les découvertes les plus utiles. Tel étoit le sort de nos Prédécesseurs & tel est encore d'ordinaire le nôtre. Il ne faut donc pas s'étonner que bien des corps soient restés inconnus à nos Prédécesseurs, & que ceux qui viendront après nous, trouvent encore un champ assès riche pour faire glane. Dans le tems où l'on ne connoissoit point encore ce qu'il y avoit d'interessant dans une Trilobite, on rebutoit bien plusieurs belles piéces, sur lesquelles on ne voyoit peut-être que des anneaux isolés à trois arcs du dos de la coquille. Pourquoi cela? On ne les connoissoit pas, & par cette raison même on les prenoit pour des fragmens d'aucune importance. C'est ce qui arrive encore souvent aujourd'hui. J'ai déjà découvert plusieurs de ces corps qui étoient encore tout à fait inconnus. Je

)( )(

les

les garde avec soin, je m'applique à trouver, si non leurs veritables analogues, du moins quelque analogie entre ces corps & d'autres Productions de la Nature qui leur ressemblent, & qui sont avec eux dans une affinité plus ou moins éloignée, pour me frayer ainsi le chemin à de nouvelles découvertes. Peut-être cela me fournira-t-il alors l'occasion de publier ces Problemes Lithologiques, avec mes conjectures à leur sujet, & de les presenter aux Curieux pour les examiner de plus près. Je commence dans ces mêmes Planches du Supplément, & je communique des Copies fidelles des corps dont j'avois déjà fait une Collection, avant que le nombre des Planches, qu'on avoit fixé une fois, ne fut gravé. Il m'auroit été facile dans la suite de presenter encore un bon nombre de ces corps encore inconnus. Cependant cela auroit trop fait augmenter le nombre des Planches & par là le prix de cet Ouvrage. Il est donc plus convenable de les différer à un autre tems, principalement aussi par cette raison puisque j'espere, que mes recherches assidues, lorsque j'aurai plus de loisir, me mettront en état de traiter de ces corps avec plus de certitude.

Je temoigne ici publiquement les obligations que j'ai à mes amis de l'accueil favorable qu'ils ont fait à mes petits Ouvrages Lithologiques, & à ces Savans, qui dans leurs feuilles périodiques ont honoré mon Ouvrage de leur approbation. Je reçois même les objections qu'on a faites contre mon Ouvrage dans la Bibliotheque allemande de Berlin, avec cette même reconnoissance, avec laquelle l'éloge, que l'auteur inconnu de ces objections a bien voulu faire de mon Ouvrage, m'excitera à le continuer avec empressement. Quant à l'objection même, j'espere que son auteur ne trouvera pas mal, que pour expliquer de quoi il s'agit, j'ajoute ici ce qui suit: Il y dit. „Cependant nous avouons que de plusieurs choses, qui appartiennent ici, il n'est rien dit, & nous allons en rapporter celles, dont nous nous souvenons, par ex. d'indiquer les endroits, où l'on trouve principalement les corps pétrifiés en quantité, ou, le nombre de ces endroits étant trop grand, d'indiquer cette partie de notre Globe, où l'on n'en a point trouvé encore; de rapporter des Observations par lesquelles on puisse inférer en quelque maniere, combien de tems il faut à la Pétrification d'un corps — des preuves, que ces Pétrifications se font encore à present-la plus grande hauteur & profondeur dans laquelle on trouve des Pétrifications.„ Ce sont là tous des articles importans dans l'histoire naturelle des Pétrifications, & dont je ne puis me dispenser de traiter, mais dont je ne pouvois jusqu'ici encore parler. Ils font tous partie de l'histoire des Pétrifications en général, par conséquent l'Objet dont je traite dans la Premiere Partie de cet Ouvrage, dont je suis actuellement occupé. Suivant la volonté de Mrs. les Editeurs il m'a fallu premierement composer le Commentaire sur la seconde & troisieme Partie des Planches de feu Mr. KNORR, pour ne pas faire attendre trop longtems aux Curieux ces Explications. Tous les Chapitres des deux Parties, que j'ai publiées jusqu'ici, ne concernent que des objets particuliers, par ex. la doctrine des Coquilles pétrifiées, des Zoophytes, Oursins de mer, bois & Plantes pétrifiés &c. mais la Premiere Partie contiendra aussi entre autres une Introduction à la connoissance des Pétrifications en général, dans laquelle j'en proposerai la Partie dogmatique & la Partie historique. Dans cette Introduction je traiterai en même tems de tous ces objets, que jusqu'ici j'ai passés sous silence, comme il est dit dans l'article du Journal des Savans ci-dessus allégué. L'auteur de ce même article n'approuve pas trop la distribution des Coquilles que j'ai communiquée, & cela par cette raison puisque

j'ai

PREFACE.

j'ai rapporté trop de genres de Cochlites & de Conchites, savoir vingt-cinq des premieres, & vingt des dernieres, — puisque je n'ai pas aslés déterminé le Caractére générique & que j'eulle dû faire la division suivant les coquilles naturelles & point suivant les pétrifiées. Quant à ce dernier point je suis tout à fait du sentiment de l'auteur de ces Remarques, c'est à dire que, pour éviter toute confusion, il faut faire la Classification des corps pétrifiés suivant celle des corps naturels. Aussi ai-je suivi cette regle par tout dans les Classifications des corps pétrifiés, autant qu'il étoit possible, & j'ai fait la même chose dans la division des coquilles. Mes Prédécesseurs ont suivi principalement RUMPHIUS dans la Classification des Coquilles pétrifiées, ce que l'on verra clairement lorsque l'on voudra comparer la division de ce Naturaliste avec celle de WALLERIUS, que la plûparr des auteurs ont adoptée dans la suite. Que cependant le nombre des genres des coquilles pétrifiées surpasse sans doute celui des naturelles, c'est que dans le Regne des fossiles nous avons des coquilles, dont les analogues ne sont pas encore découverts, & qu'on ne scauroit convenablement ranger parmi les genres des coquilles naturelles, qu'on a une fois établis. Mais c'est par là même que les auteurs qui jusqu'ici ont traité des Pétrifications, ont été obligés d'établir de nouveaux genres, & ainsi d'en augmenter le nombre. Je les ai suivis, cependant de cette maniere que j'ai pris pour base la Classification tant approuvée du célébre Mr. MEUSCHEN, en conférant celle de WALLERIUS, que j'ai omis les genres dont nous n'avons point encore des Pétrifications, & mis à leur place les Pétrifications dont les analogues nous manquent encore, & qu'on ne peut pas convenablement ranger parmi les genres qu'on a déjà établis. En indiquant & en déterminant les caractéres génériques, j'ai principalement eu en vuë de n'en choisir que ceux, qui sont apparens dans le Regne des fossiles, & je crois avoir eu raison d'omettre tous ceux qui ne se manifestent pas par les sens, & dont par consequent on ne peut se servir à l'égard des Pétrifications, où il faut rapporter par ex. l'état de la charniere, des dents, leur nombre, leur forme etc. Au reste j'aurois été bien aise, si l'auteur de ces Remarques avoit trouvé à propos d'indiquer par des exemples ce que j'ai mis de superflu en rapportant les genres, ou ce qu'il y a d'insuffisant & d'indéterminé dans les Caractéres génériques Comme cependant il ne l'a pas fait, je ne puis entrer dans une Apologie plus détaillée. Chaque Methode de division a bien jusqu'ici ses difficultés, & si quelqu'un sera assès heureux pour les lever toutes, & pour introduire tant dans la Conchyliologie que dans la doctrine des Pétrifications une Classification plus convenable, je ferai surement le premier à l'adopter & à la suivre.

Outre cela feu Mr. le Prévot GENZMER, qui ci-devant m'a fait l'honneur d'être beaucoup de mes amis, a fait différentes remarques sur les Planches mêmes de feu Mr. KNORR, qui ont été insérées dans le Vol. IX. du nouveau Hamb. Magaz. Elles concernent principalement les Pétrifications, qui manquent encore de Copies dans les premiers deux Volumes, & qui pourtant devroient se trouver dans une Collection de l'étrifications complette. Ce defaut a été entierement reparé par les Supplémens, & feu Mr. GENZMER même a fourni une quantité considerable de ces morceaux, qui ont servi à rendre cet Ouvrage beaucoup plus complet. Mais comme en même tems il a fait entrevoir le desir de voir plusieurs jeux de la Nature, & outre cela des Oolithes, Cenchrites, Meconites, insérés dans cet Ouvrage, je n'ai pû le satisfaire par cette raison; puisque toutes ces espèces de corps n'ont aucun rapport avec le Regne des Pétrifications. Il est vrai que feu Mr. KNORR a commencé son Ouvrage par des Planches qui representent

des

des Dendrites, & du commencement il avoit bien deſſein de repreſenter outre les Pétrifications, auſſi les prétendues pierres idiomorphes, mais dans la ſuite il a changé de propos, & il s'eſt borné ſimplement aux Pétrifications.

Il me faut ajoûter à la fin quelque peu de mots à l'égard de la maniere dont cet Ouvrage a été rendu complet. Lorsque je m'étois chargé de faire la deſcription des Petrifications contenues dans la Seconde & Troiſiéme Partie de cet Ouvrage, j'avois deſſein en même tems, pour rendre cette Collection d'autant plus utile aux Curieux, d'employer les Planches, qui étoient déjà gravées, à publier une hiſtoire naturelle complette des Pétrifications. J'ai commencé, comme je l'ai dit plus haut, par la Seconde Partie, vûque les Planches, qui font la Premiére Partie, avoient déjà été décrites & expliquées ſur quelques feuilles par feu Mr. KNORR. Comme cependant le Plan de l'Ouvrage de feu Mr. KNORR eſt tout à fait différent du mien, je me vois d'une certaine maniere obligé par les inſtances réïterées de pluſieurs de mes amis, de retoucher auſſi un peu la Premiere Partie, pour lui donner quelque reſſemblance avec les Parties ſuivantes. Cependant je pourrai y être d'autant plus ſuccinct, vû que la pluſparr des Planches ſe rapportent à un de ces Chapitres, qui ſont contenus dans les Parties ſuivantes. Par cette raiſon je ne traiterai de ce ſujet qu'en général, & j'expliquerai, cependant auſſi ſuccinctement que poſſible, la partie dogmatique, l'hiſtorique & la litteraire de la doctrine des Pétrifications. Si en travaillant à cet Ouvrage je ne fais point de changement au Plan, que je me ſuis propoſé, cette Premiere Partie comprendra quatre Chapitres. Dans le Premier j'expliquerai la doctrine de la Pétrification en général. Le Second Chapitre contiendra en général l'hiſtoire de cette doctrine & le Troiſiéme une Bibliotheque des auteurs, qui y appartiennent. Ce qu'il y aura encore à dire ſur l'une ou l'autre Planche de cette Partie, ſe trouvera dans le Quatriéme Chapitre avec une Claſſification de toutes les eſpèces de corps pétrifiés. On a bien auſſi eu ſoin que l'Ouvrage entier fut pourvû d'une Table des matieres, à l'égard de laquelle les amateurs pourront d'autant plus être aſſurés de la trouver bien & convenablement rangée, vûque le ſavant Paſteur de Thangelſtedt Mr. SCHROETER, célébre par ſes Ouvrages Lithologiques, s'en eſt chargé. Si mon petit Ouvrage eſt de quelque utilité à l'égard de l'hiſtoire naturelle, s'il contribue quelquechoſe à la ſatisfaction des amateurs, s'il mène mes lecteurs au grand but que les êtres raiſonnables ont en vuë lorsqu'ils examinent les créatures, c'eſt à dire de glorifier le Créateur & le Maitre de la Nature dans ſes Oeuvres, les momens de ma vie, dans lesquels je me ſuis occupé de cet Ouvrage, feront alors des momens heureux, & je ſerai richement recompenſé de la peine que j'y ai employée.

que dans l'autre, mais communément elle a la dureté de l'Agate, ou bien feulement celle du Jaspe. Il y avoit des racines & des rameaux, mais la plûpart cassés. Le Chêne étoit couché, mais le bouleau étoit érigé. La couleur étoit différente suivant l'efpèce d'arbre, le chêne étoit noir, ayant par ci par là des ftries rouges, quelquefois d'une fubftance de marcafite; le Bouleau étoit blanc & rouge, couleur de chair, ondulé de noir; le Hêtre étoit auffi blanc & ondulé de noir comme le Bouleau. On peut lire fur ces arbres pétrifiés de Chemniz les Traités particuliers que Mrs. le Licencié SCHULZE 4) & l'Infpecteur FRENZEL 5) ont publiés à ce fujet.

III.) l'arbre ou plûtôt le tronc d'arbre pétrifié, qu'on a trouvé à Leipfic. Mr. le Licencié SCHULZE en fait mention dans le Traité qu'il a publié l'an 1754. fur les bois pétrifiés, & dit qu'il a été trouvé, il y a quelques ans, dans une carriere de Sable, & qu'il a été non feulement pétrifié, mais pénétré d'une Pyrite vitriolique.

IV.) Les troncs de Kiffhaufen près de Sangershaufen. On les y trouve dans la montagne de Kiffhaufen de la pefanteur de plufieurs centaines de livres. On ne les trouve pas erigés là, à ce qu'on dit, mais couchés. Les troncs ont plus de reffemblance avec le bois en dehors qu'en dedans, & l'on n'y peut obferver les traits & les fibres ligneufes auffi diftinctement que dans d'autres efpèces de bois pétrifié. Il en faut chercher la caufe principalement dans le tiffu groffier des fibres de cette efpèce de bois qu'on y trouve. Plus ce tiffu eft groffier, plus le font auffi les particules terreftres & arenacées, que l'eau y peut introduire, & plus les traits naturels du bois deviennent méconnoiffables. C'eft ce qui a pû fe faire d'autant plûtôt dans le bois de Kiffhaufen, qu'il a ce même tiffu, & qu'il fe trouve dans une matrice calcaire arenacée, blanchâtre & rougeâtre. Ce bois eft d'un rouge foncé, compofé de particules, d'une certaine maniere, arenacées, groffières, &, fuivant l'opinion de quelques uns, alumineufes, mais avec cela d'une dureté confiderable, d'où frappé avec l'acier il donne du feu. Ce bois de Kiffhaufen merite d'être examiné avec plus d'attention, car je ne tiens que d'un rapport fait de bouche tout ce que je viens de dire à fon fujet.

V.) l'Arbre pétrifié ferrugineux trouvé à Laubac en Wetteravie l'an 1710. Cet arbre a donné occafion à Mr. le D. LIEBKNECHT alors Profeffeur à Gieffen de publier à fon fujet un Traité bien détaillé. 6)

VI.) les arbres pétrifiées de Fulda. On les a trouvés l'an 1474. C'étoient de grands Bouleaux. ALBINUS dans fes Chroniques de Mifnie nous en a confervé la memoire. 7).

VII.) les Dendrolites de COBOURG. Celles-ci ont de même que celles de Chemniz la préférence fur plufieurs autres, à caufe de leur beauté. Mr. *Henri Chrét.* EYDAM en a donné jufqu'ici la meilleure information dans un Memoire fur les Dendrolites, qu'on a trouvées, qui a été inféré dans l'Article XXXXVII. des *Frankifche Sammlungen* p. 392. Cependant il n'y eft traité que de ces morceau d'un tronc, qu'il a découverts à Adelsdorf. Ce bois a toutes les qualités d'une Pétrification parfaitement belle, par fa belle couleur, communément brune foncée, le tiffu fibreux diftinctement ligneux, la dureté confiderable & le beau poli qui en dépend, & particulierement à l'égard des taches vertes, qui s'y trouvent. Outre ces troncs on en a deterré non feulement plufieurs autres près de Cobourg, mais auffi une grande quantité de confiderables morceaux de bois, qui font connoitre le plus diftinctement leur différence à l'égard de l'efpèce de bois, & c'eft fur ceux-ci qu'on trouve un Traité particulier dans la neuvieme Piéce des *Phyficalifche Beluftigungen* qui a pour auteur Mr. *Tobie Conrad* HOPPE. Probablement ce font des bois du pais, qu'on y deterre pétrifiés. Mr. EYDAM croit que ceux

A 2

d'Adels-

4) dans le Volume II. du *Dresdner Magaz.* p. 259. comparé avec fon Traité fur les bois pétrifiés p. 27, 29. Probablement Mr. SCHULZE eft auffi l'auteur d'un Traité particulier fur un arbre changé en pierre (qui de Chemnitz) dans le Vol. I. du *Dresdner Magaz.* p. 19. L'arbre ci-deffus mentionné, trouvé l'an 1752, y eft décrit, fur lequel on peut auffi confulter les *Commentarii de rebus in Scientia naturali & medica geftis*. Vol. I. Part. III.

5) Sur les bois pétrifiés, qu'on a trouvés dans les environs de Chemniz, dans GRUNDIG *Sammlung zur Natur- und Kunft-Gefchichte von Oberfachfen*, Part. VI. p. 501.

6) Halifae fubterraneae fpecimen ocafione arboris in mineram ferri mutatae à Gieffen. 1730. in 4to.

7) pag. 104.

dant cette dénomination convient plus proprement à ces pierres, sur la surface desquelles un fluide minéral a pénétré dans les fentes souvent imperceptibles, & par là produit différentes formes d'arbres & de buissons, sans qu'un corps végétal y ait pris quelque part. 1) Lorsque les Pétrifications font des morceaux séparés du tronc ou des branches, de telle espèce qu'ils soient, ils portent en général le nom de *Lithoxylon* de λιθος & ξυλον, bois, qui est le plus en usage. Quelques Naturalistes en parlant de ces morceaux de bois, se servent du mot de *Stelechites*, & le prennent pour Synonyme avec le mot λιθοξυλον, cependant en examinant la chose de plus prés, il y a quelque distinction à faire entre ces noms, comme nous le remarquerons tantôt. Les noms particuliers se rapportent ou à la partie du tronc qui est pétrifiée, ou aux différentes espèces d'arbres mêmes, qu'on a trouvé pétrifiées. C'est ainsi qu'on donne par ex. à un tronc pétrifié, qui va de la racine jusqu'aux branches, ou à un morceau d'un tel tronc, lorsqu'il a encore sa circonférence ronde, & la ressemblance avec un tronc, le nom de *Stelechites*, du mot grec στελεχος, un tronc. Lorsque c'est un morceau d'une racine, quelques uns se servent bien aussi du nom de *Stelechites*, mais son veritable nom est *Rhizolithus* de ρίζα, une racine, qu'il ne faut pas prendre pour la même chose que le mot *Osteocolla*, quand même quelques auteurs l'ont fait, ce dont nous parlerons dans la suite. Les morceaux des branches & de l'écorce pétrifiés n'ont point encore reçu leur propre dénomination, ce qui n'est gueres non plus d'importance. On a inventé autrefois une terminologie à part pour les espèces de bois pétrifié. Les termes font tous empruntés du Grec & des noms, qui dans cette langue appartiennent proprement aux espèces d'arbres. C'est ainsi par ex. qu'on nomme le bois pétrifié de Hêtre, *Phegites*, de Sapin, *Elatites*, d'Aune, *Clethrites*, de Pin *Pitytes*, de Tilleul, *Philirites*, de Chêne, *Dryites*, d'Aloe, *Agallochites*, de Suntal, *Sandalites*. Il ne faut savoir ces dénominations, que pour comprendre les anciens auteurs. Ce seroit aujourd'hui se donner un air affecté, si pour paroitre savant, on aimoit mieux parler d'un Clethrite, Philirite &c. que d'un morceau de bois d'Aune ou de Tilleul pétrifié. Les Lithologistes plus anciens ont encore inventé plusieurs pareils nom, que nous alleguerons aussi plus bas, lorsque nous aurons à parler des espèces mêmes de bois pétrifié.

Non seulement des arbres entiers ont été ci-devant enfoncés dans le sein de la terre par différens accidens, particulierement par des inondations, des tremblemens & des chutes de terre, mais on trouve souvent aussi des morceaux separés de bois pétrifié de différente grandeur & en différente quantite. Nous traiterons premierement de ceux-là. On en a découvert depuis deux-cent ans & au de là une quantité considerable tant en Allemagne que dans d'autres pais. Plusieurs de ces arbres ont été remarquables & estimés des amateurs des curiosités souterraines à cause de leur propre beauté, d'autres ont été rendus connus, par ce qu'ils ont trouvé des auteurs qui les ont décrits & par là guarantis de l'oubli. Nous allons rapporter ici les plus remarquables. Il faut ranger parmi ces arbres pétrifiés ou Dendrolithes, comme on les nomme à l'ordinaire,

I.) La *Dendrolite de Joachimsthal*, un Hêtre, comme on le croit communement, qui existoit déjà du tems de GESNER & de KENTMANN, comme l'on voit par leurs ouvrages. 2) Il étoit d'une substance pierreuse, dure, de couleur cendrée, & avoit encore ses rameaux & ses racines.

II.) Les arbres pétrifiés de *Chemniz*. La beauté & la dureté du bois pétrifié de Chemniz merite la préférence sur la plûpart des autres. Déjà du tems d'AGRICOLA on a trouvé beaucoup d'arbres pétrifiés dans les environs du village de Rabenstein près de Chemniz, dans un étang. 3) Dans les tems moins éloignés on a découvert dans les environs de Chemniz plusieurs pareils arbres pétrifiés, l'an 1740. un Chêne, l'an 1743. un Bouleau & en 1754. un Hêtre, ou, suivant d'autres, aussi un Chêne. La Pétrification, que ces arbres ont subie, est bien plus dure dans un endroit

que

---

1) BERTRAND Diction. des fossiles Tome I. p. 191. KLEIN nomenclator lithol. p. 41.

2) GESNER de figuris lapidum Cap. IX. p. 125. KENTMANN de fossil. p. 19. ALBINUS dans la *Meisnische Berg-Chronik* p. 171. en fait aussi mention.

3) AGRICOLA de Natura fossil. Lib. VII.

criftalline. Ce qu'il y a de plus particulier c'eft que dans quelques morceaux pétrifiés il y a des fibres ligneufes, qui ne font pas encore pétrifiées. 13) Mr. Peralsy fuppofe ou que dans ces veines le conduit, par lequel l'eau auroit dû introduire les particules terreftres, a été bouché, ou qu'il a contenu trop de particules refineufes, principalement puisque l'un femble avoir été du bois de Pin, l'autre de Sapin, & l'autre encore de Fréne. D'autres portions de ces morceaux de bois tenoient, pour ainfi dire, le milieu entre le bois & la pierre, vû que la Pétrification n'y eft parvenue qu'à la moitié. La couleur de quelques uns étoit blanche, d'autres, qu'on a trouvés ou dans l'eau ou fur les côtes de la mer, font noirs; la portion de ces morceaux, dont la fubftance eft reftée ligneufe, fe décompofe ordinairement à l'air.

XV. Les *Dendrolites de Saintlo* dans la baffe Normandie. Suivant le rapport de Mr. d'Ar-GENVILLE 14) on y trouve des troncs de la longueur de vingt - cinq piés.

XVI. Les *troncs Pétrifiés de Lemberg*. La defcription que Mr. le Licencié SCHULZE 15) en a donnée, merite d'être lue à ce fujet. J'ai trouvé, dit - il, près de Lemberg en Ruffie blanche fur une plaine fablonneufe, éloignée de la ville à peu près d'un quart de lieue vers l'orient, plufieurs troncs entiers de 4 à 5 aunes, qui reffembloient en tout à du bois de Saule, & dont la Pétrification étoit d'un blanc grifâtre & calcaire. Ces troncs y font enfoncés par ci par là dans le fable & paroiffent d'ordinaire après des vents violents & des lavaffes. De ces arbres pétrifiés il eft repréfenté un morceau fur la Planche, qui y eft jointe, Fig. I. dans lequel il y a de plus remarquable, qu'on y peut même obferver fort diftinctement la terre pourrie & vermoulue, que les vers y ont laiffée, & les petits interftices que l'eau a rincés, vû que les croiffances annuelles dures & plus ligneufes, qui ont autrefois conftitué le corps ligneux dans l'écorce, fe préfentent en relief, & que la fubftance plus molle, qui fe trouvoit entre ces cercles concentriques, a été creufée & emportée. Nous pourrions bien en rap-porter ici encore plufieurs, par ex. les Dendrolites de l'Arabie Petrée, dont Mr. de NEITZSCHIZ fait mention dans fa Geographie, ou ceux dont *Ferdinand* IMPERATI 16) parle, dont l'un étoit une Pétrification de pierre à fufil & l'autre calcaire. Mais nous ne voulons pas nous arrêter plus longtems là - deffus. Il faut rapporter ici d'une certaine maniere les arbres, qui par un bitume, qui s'y eft infinué, & qui a empeché l'accés des particules terreftres, fe font confervés dans la terre en plus grande partie dans leur état naturel, excepté que par la chaleur fouterraine la plûpart en ont pris une couleur obfcure, fouvent noire & quelquefois même déjà une fub-ftance charbonneufe. On trouve dans certaines contrées une confiderable quantité de grands troncs & arbres de ce bois bitumineux foffile, comme on le nomme, mais dont la dureté & les autres qualités font fort différentes à caufe de la différence de l'efpèce de bois, de la fituation, du degré de chaleur, & du différent degré des particules bitumineufes & falines, qui s'y font infinuées. Nous dirons dans la fuite encore quelque chofe au fujet de ces bois. Dans quelques contrées d'Angleterre ils font frequens, & l'on en fait différent ufage tant pour le commerce que pour l'Economie. L'Allemagne ne manque pas non plus de ces arbres foffiles. *Mufcau* en Luface en fournit une quantité confiderable, & BOOT 17) dit déja que dans fa patrie à Brugge on trouve des forêts fouterraines entieres de ces arbres. Ils ont, dit - il, tous la même direction, de forte que les racines fe trouvent couchées entre le Nord & l'Oueft, & les fommets entre l'Eft le Midi. On a fait la même obfervation à l'égard de la Frislande & des contrées de Gröningue, & fuivant le rapport de LEIBNIZ 18) il y a auffi de pareils arbres foffiles dans le pais de Lunebourg.

Avant

13) pag. 161.
14) Oryctolog. pag. 356.
15) Traité fur les bois pétrifiés p. 26.
16) hift. nat. p. 753.
17) Hiftor. lapid. p. 322.
18) Protogæa. pag. 84.

ceux d'Adelsdorf font de Pin. Mr. HOFFE prend les bois de Cobourg pour des bois exotiques,
ce qui eft encore bien douteux.

VIII) l'Arbre pétrifié de *Nuremberg*. Il fe trouve dans la cour de la maifon d'Imhof.
Comme les racines lui manquent, il ne peut pas avoir été pétrifié là, mais il faut qu'il y ait
été transporté depuis bien du tems. L'on fuppofe qui c'étoit un Poirier. La couleur du tronc
eft noire rougeâtre, entrelacée de veines quarzeufes blanches, ce qui eft toujours une marque d'une dureté confiderable, & qu'une telle piéce a été pénétrée d'un fluide criftallin.
BAIER 8) en donne quelque information de même que KEYSLER dans fes *neuefte Reifen*.

IX) Les *Dendrolites de Suiffe*. Mr. le Prof. KAHLORB dans fon Traité fur les charbons de
terre §. 12. en fait mention, & d'après lui Mr. le Licencié SCHULZE dans l'explication des bois
pétrifiés p. 25. On dit qu'on les trouve dans la forêt nommée *Grundel-Wald*, dans le Canton
de Berne à fleur de terre, & que leur Pétrification eft une fubftance de Schifte. Dans ce
cas on a lieu d'être furpris de ce que Mr. BERTRAND 9) dans fon Effai d'une Minérologie &
Defcription des Eaux du Canton de Berne n'ait pas fait mention d'un feul mot de ces arbres, tandis qu'il rapporte exactement les Pétrifications & les foffiles du *Grundel-Wald*.

X) Les Arbres pétrifiés de *Boheme*, dont fuivant le rapport d'ALBINUS 10), on a trouvé
& déterré une quantité confiderable non feulement à Krakewis, mais auffi à Eilnbogen. On
pretend que les Dendrolites d'Ellenbogen, dont AGRICOLA fait auffi mention, ont été des
fapins. AGRICOLA parle auffi des derniers, *de natura foffilium* lib. VII. Bahuil. BALBINUS alle-
gue auffi plufieurs efpèces de troncs d'arbres tont à fait pétrifiés, qu'on a troucés avec leurs
branches dans le fein de la terre dans la profondeur de 150. toifes & au dela. Ils avoient à
ce qu'on dit, encore leur couleur naturelle.

XI) La *Dendrolite de Cronftadt*. Elle a été trouvée, dit-on, à Cronftadt en Tranfylvanie,
il y quelques ans, & c'étoit un fapin pétrifié.

XII) La *Dendrolite de Landshuth en Silefie*. Cet arbre a été trouvé dans un tems moins
éloigné avec fon tronc & fes rameaux, & décrit par Mr. le Rectur LANGHANS dans un Pro-
gramme particulier. Il doit reffembler au tronc d'un Chêne. La fubftance pierreufe qu'il a
prife, eft arenacée & pas trop compacte. VOLKMANN *Silef. fubterran.* p. 103. traite de cet
arbre pétrifié.

XIII) Les *Dendrolites d'Angleterre*. WOODWARD dans fon *Hiftoire de la terre* pag. 75. 76.
nous en a laiffé quelque information. Cependant il n'a pas determiné diftinctement, fi les arbres, qu'on y a deterrés, étoient veritablement pétrifiés, ou s'il n'étoient pénétrés que d'un
bitume. Il croit que tous les arbres, qu'on y a deterrés, font du bois exotique, & qu'ils
portent des marques affés évidentes d'avoir été enfoncés dans la terre en printems; il adopte
cette fuppofition, car l'un & l'autre favorife fon fyfteme de Cofmologie.

XIV. Les *Dendrolites d'Irlande*. On les a trouvées à Lough-Neagh en Irlande, & elles ont
été decrites dans une lettre particuliere, que Mr. *Jaques* SIMON 11) a addreffée de Dublin a
Mr. *Martin* FOLKES Préfident de l'Academie Royale. On pretend que les troncs, qu'on y a
trouvés, font ferrugineux & alumineux. 12) On y voit fort diftinctement les traits ligneux.
Dans quelques morceaux il y a de belles veines de couleur rouge & bleuâtre, entremêlées
de ftries blanches & noires. Quelques morceaux, lorfqu'on les caffe, préfentent une fubftance
criftal-

8) Oryctographia Norica. pag. 25.
9) dans fon Effai fur les ufages des montagnes chap. 17. p. 321. & dans le Tome II, des Recréations Minérologiques p. 233.
10) *Meifnifche Bergchronik* pag. 170. 171.
11) dans les Tranfact. Philofoph. Num. 38. Art. 8. Il y en a une Traduction allemande dans le *Hamburg. Magaz.* Vol. 11. pag. 148.
12) voy. *Hamburg. Magaz.* p. 155.

Ce que nous venons de dire peut suffire au sujet des arbres pétrifiés & des troncs considerables. Quant aux morceaux de bois mêmes, tels qu'on les trouve dans le sein de la terre, ou séparés d'autres plus gros morceaux, ou isolés, pétrifiés ou changés d'une autre maniere, & qu'on les conserve dans les Cabinets de Pétrifications, ils sont de différentes espèces. Quelques uns ont subi une Pétrification parfaite, & l'on a dans le Regne des Pétrifications du bois calcaire, gypseux, arenacé, argilleux, agatifié & couvert superficiellement d'une substance cristalline. Les bois métallisés se divisent en ceux qui contiennent de l'argent minéralisé, en cuivreux, ferrugineux & pyriteux, auxquels on peut ajouter convenablement les alumineux & les vitrioliques avec les bois fossiles bitumineux. Les espèces principales des bois, que le Regne minéral nous fournit, & qui en ont tiré quelque substance ou terrestre ou saline ou métallique ou bitumineuse, ces bois, dis-je, pris ensemble différent encore entre eux en plusieurs manieres. Les parties du tronc entier, qui se présentent changées, sont des morceaux ou du tronc ou des rameaux ou de l'écorce ou de la racine. A l'égard de l'espèce de bois c'est ou du bois exotique ou du bois indigéne, dont l'un & l'autre comprend différentes espèces subordonnées. Quant à la couleur, qui n'est pas toujours ici accidentelle, mais qui fait communement connoître l'admixtion de particules hétérogénes, on a du bois noir, brun, rouge, jaune, verd & bariolé. A l'égard de l'ancienne forme, que le bois avoit avant qu'il fut passé dans le Regne des fossiles, les morceaux ont été ou bruts ou façonnés, & c'est à ces derniers où il faut rapporter les ais pétrifiés, les paux, les souches, les manches de haches & de marteaux, des morceaux de seaux, d'echelles &c. Il faut à la fin considerer ces piéces à l'égard de l'état dans lequel elles étoient avant la Pétrification. A cet égard c'étoient ou des morceaux frais, ou déjà gâtés, où il faut ranger parmi ces derniers les morceaux cassés, fendus, pourris, vermoulus & changés en charbon. Voilà les différentes espèces des bois du Regne des fossiles, que je viens d'indiquer, & en même tems le Plan, suivant lequel nous allons à présent les examiner de plus près. Suivant ce Plan il nous faut considerer les bois en tant qu'ils se trouvent dans le sein de la terre, & qu'ils ont tiré quelque chose du Regne minéral ou non, & à cet égard on peut commodement les diviser en quatre Classes. Nous rangeons dans la premiére Classe les bois pétrifiés, dans la seconde Classe les métallisés, dans la troisiéme les alumineux & les vitrioliques avec les bois bitumineux. Dans la quatriéme nous ferons mention en peu de mots de ceux qui ont bien passé dans le Regne des fossiles & y ont beaucoup perdu de leurs particules volatiles, mais qui à leur place n'ont point pris d'autre substance, & qui ont retenu le reste de leurs particules ligneuses sans l'admixtion de particules minérales.

Nous rangeons dans la *premiére* Classe les bois pétrifiés. On les peut partager en exotiques & en indigénes. L'on range parmi les premiers les espèces de bois, qui croissent hors de l'Europe, & c'est où il faut compter :

1) Les *morceaux de Palmier pétrifiés.* Ils sont fort rares. Dans les memoires de l'Academie Royale des Sciences de l'an 1692. pag. 171. il y a un Traité de Mr. *de la* HIRE sur cette Pétrification, sous le titre : *Description d'un tronc de Palmier pétrifié, & quelques réflexions sur cette Pétrification.*

2) Le *bois de Santal rouge.* VOY. WALLERIUS *Mineralog.* p. 246. & BERTRAND *Dictionnaire des fossiles.*

3) Le *bois d'Aloës, Agallochites, Lithoxylon Aloës.* Les deux auteurs que nous venons de citer, en font mention l'un & l'autre, & le dernier semble avoir aussi tiré du premier le nombre des espèces de bois pétrifié qu'il rapporte. La Pétrification de cette espèce de bois de même que de la précédente est donc uniquement fondée sur le rapport de WALLERIUS, vû qu'autant que je sai, aucun autre auteur n'en a fait mention sans l'emprunter de celui-ci.

Parmi les espèces de bois, dont l'Allemagne n'est pas la patrie, & qui n'y croissent pas sans culture, il faut rapporter :

4) Le

Avant de paſſer outre il me faut encore ajouter quelques remarques au ſujet de ces arbres & troncs pétrifiés, qu'on a trouvés juſqu'ici. D'ordinaire ils ne ſont gueres enfoncés bien avant dans la terre, quelques uns ſont érigés, la plûpart couchés, & c'eſt là où l'on prétend avoir obſervé, de même que dans les troncs foſſiles bitumineux, qu'ils ont la plûpart la même direction d'Orient en Occident. C'eſt par là qu'on a voulu inférer, qu'ils ont été enfoncés dans la terre par une grande inondation, où un Vent Occidental à pouſſé les vagues vers l'Orient. Quoique nous ne pretendions pas nier, que de grandes inondations ne puiſſent avoir occaſionné une pareille Cataſtrophe, nous croyons pourtant qu'on n'eſt pas en droit de tirer, comme l'on fait communement, de ces évenemens particuliers & ſouvent accidentels, des concluſions univerſelles. Il y a ici bien des choſes encore à prouver, qu'on ſuppoſe déjà prouvées. Il peut y avoir eu dans les anciens tems pluſieurs grandes inondations, où un vent Occidental a pouſſé les vagues vers l'orient; mais dire que tous les arbres, qu'on a trouvés juſqu'ici dans la terre, ont cette même direction, & que par conſequent ce n'étoit qu'une ſeule inondation, qui les a enfoncés dans la terre tous en même tems, c'eſt avancer des propoſitions & des concluſions qu'on ne ſauroit accorder d'emblée. On remarquera outre cela, que d'ordinaire on trouve des arbres pétrifiés là, où il y a des eaux & des ſources ſouterraines. En revanche dans des contrées tout à fait arides il n'arrivera gueres qu'un arbre enfoncé dans le ſein de la terre ſe pétrifie. Il eſt aiſé d'en trouver la cauſe. L'eau eſt le véhicule qui charrie les particules terreſtres & arenacées dans les pores ouverts & vuides de ces troncs. Lorſqu'elle manque, un tel arbre peut bien être pénétré d'un bitume, mais il ne peut gueres ſe pétrifier. La Pétrification n'eſt pas la même dans tous ces arbres qu'on a trouvés. Quelques uns ſont parvenus à une Pétrification dure & fine, d'autres à une Pétrification moins compacte & ſouvent plus groſſiére. La différence provient tant de la différence de l'eſpèce de bois même, que de la ſituation qui doit diſpoſer l'arbre à perdre ſes particules volatiles par l'évaporation, & de la qualité de l'eau, & des particules terreſtres qu'elle charrie & dont le tronc eſt imprégné après cette évaporation. Les troncs ſont ou ſimplement pétrifiés ou métalliſés, & dans ce cas ils ſont d'ordinaire ferrugineux. Rarement ces troncs ont retenu leur couleur naturelle, mais elle eſt changée en une couleur plus obſcure, à quoi la couleur des particules terreſtres qui ſe ſont inſinuées & la chaleur qui a diſſout & enlevé les particules reſineuſes du bois, peuvent avoir contribué le plus. D'ordinaire ce ſont des eſpèces de bois indigènes, dont on trouve des troncs entiers pétrifiés, mais ſouvent l'on ne ſauroit dire avec certitude de quelle eſpèce de bois ſont ces troncs, vû que le ſejour dans le Regne des foſſiles ne les a pas à la verité defigurés tout à fait, de ſorte qu'on peut voir encore diſtinctement, que ces pièces étoient ci-devant des troncs d'arbres; cependant il y manque ſouvent les traits caractériſtiques par leſquels on peut diſtinguer une eſpèce de bois naturel d'avec l'autre. On trouve la plûpart de ces arbres pétrifiés fendus de travers une ou pluſieurs fois, ce dont voici probablement la raiſon: Le bois a non ſeulement des tubules longitudinaux, mais auſſi certains vaiſſeaux & fibres qui du centre paſſent vers la ſurface externe. Or lorſque dans ces places, où ſe trouvent ces vaiſſeaux, la cohéſion des particules eſt de plus en plus diſſoute par l'évaporation, il faut qu'un tel tronc, en ſouffrant quelque choc ou autre ebranlement, ſe fende le plûtôt dans cet endroit, vû qu'il peut faire là la moindre reſiſtance. Il faut lire ici la Deſcription des bois pétrifiés de Mr. le Licencié SCHULZE. p. 30. 31.

Les Collections de pareils troncs pétrifiés ſont aujourd'hui une choſe bien rare, comme il eſt aiſé de le croire, particulierement à cauſe de la grande depenſe, que cauſe même le ſimple tranſport. Le Cabinet de Dreſde renferme une collection exquiſe, ſurtout de troncs & de racines de Chemniz; & celle que la Serme. maiſon de Cobourg a dans ſa reſidence, des morceaux de troncs & de racines, qui ont été trouvés dans ce païs, n'eſt pas moins belle. Parmi les Collections d'arbres & de troncs pétrifiés des Particuliers, celle que feu Mr. le Conſeiller privé de la Chambre KALTSCHMID avoit ici dans ſon Cabinet de curioſités naturelles, pourroit bien être la plus conſiderable. La quantité des troncs & des morceaux de rameaux de conſiderable grandeur eſt ſi grande, que priſe enſemble elle monte juſqu'à quelques Centaines de Quintaux.

Ce

parmi les bois pétrifiés, mais parmi les roſeaux exotiques. Je ne me ſouviens pas non plus d'un ſeul auteur, qui ait repreſenté ou donné de pareils morceaux pour du bois pétrifié, à moins qu'on ne veuille y rapporter le *Lithoxylon textile ou reticulatum capillare* de LUID, où il eſt pourtant encore bien douteux, ce que cet auteur a compris ſous ce nom. Mais ſi les *Lithoxyla* de VOLKMANN ne ſont pas des bois pétrifiés, que ſeront ils donc? Il eſt bien plus aiſé de dire ce qu'ils ne ſont pas que de dire ce qu'ils ſont. Pluſieurs Naturaliſtes les prennent pour des fragmens de Plantes d'Amérique, par ex. des Raquettes, des Cierges, des Euphorbes etc. 1) Cependant les feuilles ſucculentes de ces Plantes ne ſont guères ſuſceptibles de Pétrification, mais bien diſpoſées à faire des empreintes telles, qu'on en trouve effectivement. Le parti le plus ſur ſeroit donc de placer ces Pétrifications de VOLKMANN parmi les eſpèces de roſeau exotique, jusqu'à ce qu'on ait découvert de plus près leurs veritables analogues. C'eſt alors qu'il s'éclaircira de ſoi même ſi cette opinion eſt fondée ou non. Je crois obliger pluſieurs de mes Lecteurs en leur communiquant les penſées de mon ami Mr. le D. GUNTHER à Cahla ſur ces bois pétrifiés de VOLKMANN. C'eſt un Connoiſſeur très éclairé de la Nature & qui a principalement une grande force en fait de Botanique. Je ſuis entré en correſpondance avec lui au ſujet des corps rares que VOLKMANN preſente. Je l'ai excité à comparer avec attention les Plantes exotiques avec les Pétrifications de VOLKMANN, ſur tout puisque ce ſavant Medecin poſſede un très beau Cabinet de curioſités naturelles auſſi à l'égard du Regne Végétal, où il faut placer ces corps de VOLKMANN. Il eſt tout à fait de mon avis, que pluſieurs morceaux parmi les bois pétrifiés de VOLKMANN appartiennent aux Coralliolithes. Je mets ici ſa declaration à ce ſujet ſans y rien changer. La voici: „Il eſt bien aiſé à „ comprendre comment un tuyau creux peut être premierement rempli du Sediment ter- „ reſtre, pierreux & arenacé que l'eau y laiſſe, & comment alors l'écorce extérieure, lors- „ qu'elle eſt d'une ſubſtance ligneuſe, peut ſe pétrifier de la meme maniere que les autres „ bois ſe pétrifient.

Dans le Regne Végétal nous avons de pareils tuyaux ſuſceptibles de ce changement dans le genre nombreux de roſeaux & dans les tiges ligneuſes de pluſieurs hautes Plantes, qui ſont ou tout à fait creux ou qui ne renferment qu'une moelle ſpongieuſe & diſpoſée à ſe diſſoudre facilement, par ex. le Soleil (*Helenium Indicum maximum* Caſp. Bauh. Pinacoth. *Sol amplissimo natante flore* Rupp. Flor. Jen.) la Patate à racines rouges tubereuſes, (*Helianthemum Indicum tuberoſum* Bauhin. Pin. *Sol. altiſſimis radice tuberoſa eſculenta* Rupp. l. c.) ſans faire mention de la Gentiane blanche (*Libanotis latifolia* Caſp. Bauhin. *Laſerpitium foliis latioribus* Rupp. Flor. Jenens.) de l'Imperatoire (*Imperatoria Auctorum*) de la Gentiane rouge d'Hongrie (*Gentiana rubra*). Il y a outre cela différentes eſpèces de grandes & de petites racines, qui lorsqu'elles vieilliſſent, ſe creuſent ſouvent tout en dedans, mais qui retiennent longtems leur écorce extérieure dure & ligneuſe ſans deſtruction. Nous en avons des exemples dans la Gentiane rouge d'Hongrie, dont les racines ont en même tems des cercles ronds & des ſtries longitudinales, dans la Carline, (*Carlina*) la Fraxinelle blanche (*Fraxinella*), la Leveche, (*Leviſticum*) pluſiers vieilles racines de Noyer, de Pin, de Chêne, de Hêtre, de Prunier ſauvage, de Prunier, de Poirier, principalement d'Aûne & d'Eſpine-Vinette (*Oxyacantha*), & combien d'eſpèces de grandes racines & de Plantes hautes, dont les tiges creuſes ſont ſtriées, ou d'une autre figure, & ſurtout combien d'eſpèces de roſeaux creux d'une épaiſſeur extraordinaire n'y a-t-il pas dans les autres Parties du Monde? comme l'on voit dans le *Hortus Indicus Malabaricus*. Le grand genre de roſeaux creux qui croît aux Indes, peut ſervir préférablement d'exemple, duquel les habitans font des ſeeaux à porter l'eau & des pots à cuire. Il en a pû naître de grandes & groſſes Pétrifications, que Mr. VOLKMANN auroit peut-être priſes pour du bois de charpente. Au moins c'eſt probablement là l'origine du grand tronc qu'on a trouvé ſous la ſacriſtie de l'Egliſe de Landshuth pag. 97. §. 15.

La Lithologie ſeroit beaucoup éclaircie ſi l'on connoiſſoit exactement la figure des lignes, des nœuds & des cercles, qui ſe trouvent ſur l'écorce de tous ces roſeaux & racines exotiques. C'eſt alors qu'on ſeroit en état de donner à toutes les Pétrifications de cette eſpèce

des

1) voy. TITIUS *Gemeinnuzige Abhandlungen* p. 230.

C

4) Le *bois de Laurier*, *Daphnites*. BERTRAND dans son Dictionnaire des fossiles p. 103. en fait mention, mais les auteurs auxquels il se rapporte, ne parlent pas tant du bois de Laurier pétrifié, que plûtôt des feuilles de Laurier & d'autres feuilles pétrifiées.

5) Le *bois d'Olivier*. SPADA *lapid. agri Veronensis* p. 52. fait mention de ce bois pétrifié.

6) Le *bois d'Ebéne*. *Lithoxylon Ebeni*. Il faut distinguer ce bois pétrifié d'avec ce qu'on appelle *Ebenum fossile*. Il semble qu'AGRICOLA *de Natura fossil.* Lib. VII. p. 639. ne parle que de ce dernier, mais Mr. BERTRAND dans son *Diction. des fossiles* fait mention du pétrifié.

Avant de passer des bois exotiques aux domestiques, il nous faut encore faire mention de deux espèces de bois, qu'on a trouvées en Allemagne, à l'égard des quelles c'est encore une grande question si ce sont effectivement des espèces de bois, & en cas que cela soit sur, ce dont nous doutons encore, il n'y a plus alors à douter qu'elles ne doivent être rangées parmi les espèces de bois exotique pétrifié. Nous comprenons par là

7) Le *bois pétrifié* que le D. VOLKMANN a communiqué dans sa *Silesia subterranea* Pl. 7. 8. 9. & 10. & l'a rapporté & décrit p. 93. sq. pour un Lithoxylon. Tous ces morceaux, qui ont été déterrés tous à Landshuth en Silesie, ont si peu de ressemblance avec toutes les espèces de bois tant exotiques qu'indigénes, qu'on a connues jusqu'ici, que nous trouvons beaucoup de raison pour revoquer la chose en doute. VOLKMANN même semble en avoir été embarassé & croit lever tout sujet de doute en donnant ces bois pour exotiques, cependant nous ne saurions encore les prendre même pour tels. Le rapport de VOLKMANN est déja suspect par là puisqu'au milieu de ces bois il représente des morceaux qui manifestement ne ont point du bois pétrifié. C'est ainsi par ex. que Pl. VIII. 8. 16. 17. il a pris des Milleporites & Pl. IX. 2. des Dentalites pour du bois pétrifié, & Pl. VIII. num 11. il a donné pour du bois pétrifié un morceau avec une bordure composée de purs héxagones, tandis qu'on a trouvé depuis, qu'une semblable espèce de corps doit de raison être placée parmi les Lithophytes. Cependant nous ne voulons pas même faire mention de cela; ces morceaux mêmes, dont il est encore douteux ce qu'ils sont proprement, ne peuvent point absolument obtenir une place parmi les bois pétrifiés, qu'ils soient du reste ce qu'ils voudront. Ils ont presque tous la forme ronde, à peine l'épaisseur d'un doigt ou d'un pouce, & fort peu celle d'un pouce & demi; il faudroit donc que dans cet endroit il ne fut passé que des morceaux de rameaux, & que seroit devenu alors le reste du bois? Il n'y a pas un seul parmi ces morceaux qui présente le moindre vestige des traits & des fibres propres au bois, ou qui fasse seulement voir en quelque maniere le tissu ligneux. Mais en cas que ce soient des morceaux de rameaux, comme il faudroit qu'ils fussent, si c'étoit effectivement du bois, ils n'ont pas le moindre caractére d'une écorce de bois, mais plûtôt ou des mammelons & des tubercules symetriquement placés, ou des stries & des traits, qui ressemblent à un treillis, ou à une figure en forme de feuille ou à d'autres figures, telles qu'on n'observe jamais sur les écorces de bois. Les morceaux qui se divisent en branches tab. IX. 5. n'ont pas cette diminution proportionnée d'épaisseur & de volume comme l'ont tous les autres bois. Il faut ajouter à cela l'aveu même de Mr. VOLKMANN qui ne peut disconvenir lui même, que la substance interne de ce bois prétendu ne convienne pas avec celle du bois & avec le tissu, qui lui est essentiel. Ce qui est le plus c'est qu'il avoue lui même que la substance interne n'est qu'un simple noysu ou un remplissage de limon jaune & gris. Mais il s'en suit par là ou que ce bois se soit détaché de son écorce, ou qu'il ait été tout à fait détruit par la putréfaction, de sorte que de tous ces morceaux il ne s'est conservé que la simple écorce. De ces deux cas ni l'un ni l'autre n'est compatible avec ce qu'on voit par expérience dans une si grande quantité de bois pétrifié. Si au contraire l'on vouloit supposer avec Mr. VOLKMANN qu'un fluide minéral & corrosif eût rongé & détruit la substance interne, ce seroit une Hypothese difficile à prouver, vû qu'alors l'écorce extérieure n'auroit pas pû être à l'abri d'une destruction semblable. Il faut donc que ces corps soient des analogues déja creux dans leur état naturel. Or si ces corps ont été des corps creux dans leur état naturel, l'on ne peut guères les ranger

parmi

Tab. IX. fig. 1. 5. 13. 15. *Coralliolithus reticulatus.*

2. 3. est un *Tubulites striatus*, ou la petite dent d'Eléphant striée. L'experience faite par la calcination pourroit le mieux faire connoître les espèces de bois de VOLK-MANN, qui appartiennent aux Coquilles & aux Coralloïdes, & celles qui appar-tiennent au Regne Végétal; car la refine noire brulée & la croûte, qui suivant l'opinion de l'auteur, y doit être attachée, est une supposition & n'est qu'un en-duit minéral.

Tab. IX. fig. 4. ne sauroit être expliqué. Surement ce n'est point d'Ananas comme le sup-pose Mr. VOLKMANN. Ce pourroit bien plûtôt être l'écorce d'un arbre exoti-que, que par cette raison nous ne connoissons pas encore.

6. est surement une veritable racine pétrifiée ou de la Chicorée (*Cichoreum*) ou une autre racine semblable tubereuse.

7. Une Millepore très connoissable, dont Mr. VOLKMANN dit même que les pores sont entrelacés de stries courtes. Une marque des petites Etoiles ordinaires sur les Coralloïdes.

8. Une Millepore tuberculeuse.

9. 10. 11. prouvent manifestement ma thése, que tous ces pretendus bois pétrifiés ont été des tuyaux creux avant la Pétrification. Car ce qui est dit le noyau fig. 11. n'est que le remplissage de la cavité Num. 10.

12. Une espèce d'Hippurites.

13. Corallium reticulatum.

14. Cortex radicis arboreae.

15. 16. Coralliolithi.

16. Arundo vulgaris maxima. Jusques là Mr. le D. GÜNTHER.

8. Les pierres de Chemniz qu'on nomme *Staarenstein*. Dans les environs de Chemniz & sur tout de Hilsersdorf on trouve deux sortes de Pétrifications qu'on pretend communement devoir appartenir aux bois pétrifiés. Elles ont l'une & l'autre la dureté de l'Agate ou celle du Jaspe. La premiere espace ressemble beaucoup à du bois pétrifié, mais elle est traversée par certains tuyaux dont le noyau a la même dureté que le reste de la pierre, & comme ces tuyaux sont parallelles & d'une couleur plus claire que la pierre même, l'on remarque, lors-qu'une telle pierre est coupée transversalement, sur la surface des figures circulaires. Les noyaux ou les remplissages sont quelquefois de la substance de Calcedoine, de Cornaline & d'Onyx, & ce mélange de couleurs donne avec les figures circulaires une très belle apparen-ce à la pierre lorsqu'elle est polie. La pierre même, qui renferme ces tuyaux plus ou moins épais, n'est pas de la même couleur, quelques portions en sont blanchâtres, d'autres brunes, noires, rouges ou bariolées. Les tuyaux les plus épais ont la grosseur d'une plume d'oye, & les moins épais celle d'une plume de corbeau. Les figures circulaires ne sont pas égales dans toutes à l'égard de la Circonférence. Quelques unes sont rondes & alors on les nomme pré-férablement *Staarenstein*, d'autres sont oblongues ou ovales, & celles portent le nom de pier-res oeillées, cependant on trouve souvent sur la même surface des figures ovales & circulai-res ensemble. D'autres, dont les tuyaux ne sont pas perpendiculaires mais couchés horisonta-lement, & qui par là ressemblent à des vers étendus, portent le nom de *Vermiculites*, cepen-dant en comparant ces trois espèces pretendues, on voit qu'elles sont toutes de la même sub-stance, & que la différence qu'il y a entre elles, n'est pas essentielle mais purement acciden-telle. La seconde espèce des bois de Chemniz ci-dessus mentionnés porte communement le nom de *pierre étoilée*, dont il y a la deux espèces subordonnées. La premiere est une pierre qui est ou toute rouge, ou ondulée de blanc & de rouge, ou de noir de blanc & de rouge, & qui par la dureté & le poli approche beaucoup de

l'Agades noms suivant leurs analogues. Quoique, faute de cette connoissance, cela ne soit gueres tout à fait practicable aujourd'hui, & qu'il reste encore à faire à ceux qui viendront après nous, c'est du moins une verité démontrée, que tous les prétendus bois pétrifiés, qu'on a déterrés dans la montagne près de Landshut, & que Mr. VOLKMANN décrit, ne sont que des espèces de roseaux pétrifiés, des tiges de grandes Plantes & des racines creuses, pour ne pas faire mention des Corallites & des Dentalites, qu'on y trouve mêlés fort mal à propos.

Qu'il me soit donc permis de faire un petit essai d'expliquer les figures, que cet auteur communique, suivant la probabilité.

Tab. VII. fig. 1. ne peut avoir été autre chose qu'une racine creuse d'Aûne.

Tab. VII. fig. 2. 3. sont des espèces de roseaux exotiques remplis.

4. est un morceau de la tige de la grande Canne indigéne, (*Arundo vulgaris maxima.*)

5. un morceau d'une Canne d'Inde.

6.) ressemble beaucoup à une vieille racine d'Erable (*Acer campestre minus.* Rupp. Flor. Jen.) vû que ces racines dans leur état naturel sont garnies de pareils tubercules & avec cela souvent creuses.

7. est sûrement une Coralloïde articulée.

Tab. VIII. fig. 1. ressemble beaucoup à la racine de l'Acorus ou de quelque autre roseau aquatique. Mr. VOLKMANN même dit pag. 94. qu'avant d'être rempli, il faut que c'ait été un Végétal creux garni de plusieurs tubercules & rejettons.

2. est la tige ligneuse d'une herbe.

3. ne sauroit être, suivant la description qui en est donnée pag. 94. §. 13. autre chose qu'une simple Ostéocolle, ou une croûte d'une racine d'arbre courbe, composée d'un limon arenacé & de tuf.

4. a beaucoup de ressemblance avec la racine tubereuse de la Méniante (*Trifolium fibrinum* s. *Menyanthes* Tournefortii) dont les racines sont souvent creuses & par là disposées à se remplir.

5. est l'écorce écailleuse de la racine d'une herbe, remplie de limon & de sable. Les racines de la Langue de Chien, (*Cynoglossum*) de la Carline, (*Carlina*) & du Panicaut (*Eryngium*) ressemblent beaucoup à cette Pétrification.

6. semble être une tige remplie, d'une espèce de Prêle (*Equisetum*). La Prêle dont se servent les tourneurs (*Equisetum foliis nudum* Rupp. Flor. Jenens.) ressemble beaucoup à cette Pétrification, aux dents près, dont les noeuds sont garnis, mais qui étant moins dures que la tige, peuvent avoir été détruites par la putrefaction, avant que la tige ne se soit pétrifiée.

7. Un morceau d'une tige d'herbe cassée près d'un noeud.

8. 16. 17. à en juger par la figure, ce sont des Millepores.

9. doit être rangé parmi les vertébres trochiformes des Etoiles de mer.

10. ressemble a une racine creuse du *Pisum Italica femine esculento.*

11. 12. 13. 14. sont des tubules de Coralloïde. On trouve pour l'analogue une espèce de *Corallium reticulatum*, mais qui n'est pas creuse. Cependant il peut y avoir dans la mer des tubules creux de cette espèce.

15. est probablement la tige ou la racine d'une espèce de Canne d'Inde garnie de tubercules comme le Bambou.

Tab. IX.

de fleurs & d'autres qualités comme un oeuf à l'autre, & même quelques uns avoient, comme les Astéries colomnaires, les bords en forme de mastoc, d'autres les bords pointus; les échancrures faisoient dans quelques uns des angles obtus, dans d'autres des angles aigus, ce que l'on observera de même dans les Astéries colomnaires. Il pourroit donc bien être sûr que ces pierres de Chemniz cussent leurs figures étoilées de certaines Astéries & pierres étoilées, qui s'y sont mêlées. Mais il en naît ici la question s'il faut tout à fait les séparer de la Classe des bois pétrifiés? Quelques morceaux n'ont pas la moindre ressemblance avec un bois & ce ne sont que des pierres de substance d'Agate ou de Jaspe, dans la masse primitive molle desquelles de pareilles Astéries colomnaires ou des morceaux de Pentacrinites ont été enveloppés, d'où on ne les trouve ensemble qu'en nids. D'autres morceaux au contraire, dans lesquels on trouve de même de pareilles figures étoilées, ont comme la première espèce, les traits de bois les plus distincts, & ceux-ci paroissent avoir eu une origine tout à fait différente. C'est à dire l'on suppose que quelques tubules de ce bois, dont les pierres étoilées sont nées, dans ce tems, où ce bois a été enfoncé dans la terre, ont été remplis de Zoophytes, lesquels dans la suite ayant été pétrifiés en même tems que le bois, ont produit les figures étoilées qui se trouvent dans les tubules de cette pierre. Si l'on suppose que peut-être ce bois a été pourri & creusé dans l'eau lorsqu'il a commencé à servir de domicile à ces Zoophytes, la chose semble être d'autant plus aisée à comprendre. L'information suivante que Mr. le Prevôt GENZMER m'a donnée à ce sujet, confirme cette supposition: Durant le bombardement de Custrin Mr. WILKES perdit son Cabinet de Curiosités par un incendie &c. il m'envoya des morceaux de marbre & d'Agate polis, qu'on avoit tirés des débris & parmi eux des morceaux du Staarenstein de Chemniz, qui est du bois pétrifié, dans lequel on pouvoit remarquer distinctement que les points & cylindres rouges, qui s'y trouvoient & qui à présent étoient devenus gris, étoient des rameaux de Coralloïde de l'espèce des Corallomes étoilées branchues, qui doivent s'être nichées & multipliées dans le bois, qui dans la mer alloit en putréfaction 3).

L'Ordre nous fait passer des bois exotiques pétrifiés aux indigènes. Nous allons aussi en donner ici une liste courte suivant le rapport des auteurs qui en ont traité. Il faut rapporter ici

9) Le bois pétrifié de *Hêtre, Phegites, Lithoxylon fagi.* On prétend que parmi les bois de Cobourg & de Chemniz il y a aussi du bois de cette espèce. Outre cela on prétend aussi l'avoir trouvé dans d'autres contrées. On peut lire à ce sujet BAIER *Oryctogr. Noric.* p. 16. VOLKMANN *Silesia subterranea* p. 104. ALBINUS *Meisnische Chronik.* p. 18. SCHULZE *von versteinten Hölzern* p. 18. CARTHEUSER *Oryctogr. Viadrin.* p. 48. BERTRAND *Dictionnaire des fossiles* T. II. p. 203. BESLER. *Mus.* p. 92. STABA *Catal. lap. Veronens.* p. 52.

10) Le bois de *Sapin, Elatites, Peucites, Lithoxylon abietis, Lignum abiegnum petrefactum.* Ce bois étant résineux se trouve plus rarement pétrifié que le précédent. Car les particules résineuses en remplissent les interstices & empechent ainsi les particules terrestres étrangeres de s'insinuer. Cependant en a pourtant trouvé ce bois pétrifié, sur tout lorsqu'il a été avantageusement placé dans le sein de la terre, de sorte que les particules résineuses ont pû être dissoutes par la chaleur souterraine, & enlevées ou successivement emportées par l'eau. 4) C'est ainsi que VOLKMANN remarque pag. 91. que le bois de Sapin pétrifié, qu'on avoit trouvé en Silesie, a eu une croûte noire, comme la résine ou la poix, & que cette croûté est née de la résine de Sapin & de Pin, que la chaleur souterraine a fait suinter du bois. SCHÜTTE 5) prétend

3) Mr. le Licencié SCHULZE a donné la meilleure déscription de ces espèces de bois de Chemniz, dans un Traité particulier: *von denen bey Chemniz befindlichen Sternsteinen,* qui se trouve dans le *Dresdner Magaz.* Vol. I. p. 170. & dans une autre pièce: *Nachricht von der Chemnitzer Gegend und denen daselbst befindlichen Mineralien,* qui est inserée dans le *Dresdner Magaz.* Vol. II. p. 240.

4) voy. HENKEL *Flora Saturnizans* p. 516. 517.

5) *Oryctogr. Jenens.*

l'Agate. L'on voit sur la surface de cette pierre, sur tout lorsqu'elle est polie, des figures d'étoiles de couleur blanche & rougeâtre, & les étoiles mêmes ont tantôt quatre, tantôt six, sept & quelquefois huit rayons, qui s'enfoncent souvent bien avant dans la pierre, de sorte qu'on observe la même étoile dans le même endroit de la surface supérieure & intérieure, d'où l'on peut inférer avec certitude ou que ce sont les mêmes pierres que les Astroïtes, ou qu'elles doivent avoir avec celles-ci une grande ressemblance, s'il étoit possible de détacher une telle petite colomne entière de sa matrice. Dans l'autre espèce ces parties colomnaires se trouvent disposées sans regularité comme les Astéries colomnaires se trouvent pêle-mêle sur des pierres d'autres contrées. Or il en nait la question pour quoi il faut prendre ces Pétrifications de Chemniz, qui ressemblent à du bois, & si ceux ont raison, qui les rangent parmi les bois pétrifiés? Il nous faut distinguer ici bien exactement ces deux espèces que nous venons de décrire. La figure, que les morceaux qu'on a trouvés, ont toujours ronde & longitudinalement striée, & même celle, qui se présente lorsqu'on casse les morceaux transversalement coupés en angle droit avec l'Axe, prouve assès distinctement que la première espèce est du bois pétrifié. Elle fait voir outre cela les traits & les fibres ligneuses aussi distinctement, qu'il faut la prendre pour du veritable bois pétrifié. Mais d'où viennent les figures ou plûtôt les lignes circulaires & ovales d'autre couleur, qui paroissent avoir été creusées autrefois, & qui à présent sont remplies? Quelques uns pretendent qu'il faut ranger l'analogue parmi les bois exotiques encore inconnus, jusqu'à ce que dans le tems à venir on en ait fait plus de découvertes. Ils croient, qu'une pareille découverte seroit d'autant plus à espérer, que suivant le rapport de Mr. le Licencié schuze 1) Mr. le Recteur clodius à Zwikau possède dans sa grande Collection de bois naturel, une certaine espèce de bois qui ressemble beaucoup à cette Pétrification de Chemniz. D'autres croient qu'il faut plûtôt chercher cette espèce de bois pétrifié de Chemniz parmi les bois domestiques, & que les tubules qui s'y trouvent, n'appartiennent pas au bois, mais qu'ils doivent leur origine à certaines Tubulaires ou plûtôt Polypes de mer, qui ont fait leur domicile dans le bois pourri & creusé par l'eau, & y ont bati ces tubules, de sorte que la masse même est du bois, & les tubules qui s'y trouvent, sont des restes d'une Tubulaire. Cette opinion me paroit fort probable, pourvû qu'on ne prenne pas tous les bois pétrifiés de Chemniz pour de pareilles Tubulaires. Il y a là différentes espèces qui n'ont point de cercles, mais bien des taches d'une couleur différente & dans lesquels l'on n'observe pas le moindre vestige d'une substance de Coralloide. Peut-être ces bois ne doivent-ils pas leur configuration à la même espèce de vers. Du moins il y en a qui ne présentent ces tubules que dans une partie, & qui en dehors semblent avoir été vermoulus ou percés par des vers. Quant à la seconde espèce de bois pétrifié de Chemniz, plusieurs Naturalistes rangent encore la première espèce subordonnée, que nous avons décrite ci-dessus, parmi les bois pétrifiés encore inconnus, & soutiennent que peut-être dans plusieurs bois exotiques les tubules, qui portent le suc, ont une telle figure, d'où ces bois, étant transversalement coupés, présentent sur la surface une figure d'étoile. D'autres croient que ces pierres étoilées ont le même analogue que les pierres qu'on nomme *Staarenstein*, & que dans celles-là il ne manque que le tuyau dans lequel l'étoile s'est moulée, & que dans celles-ci l'étoile manque & qu'il n'est resté que le tuyau. Cependant cette opinion n'a pas la moindre probabilité. Car comment se pourroit-il que dans les pierres nommées *Staarenstein* la structure interne étoilée, & dans les Astéries la bordure où ce tuyau se fussent perdus & eussent disparu? Par cette raison la plûpart des Connoisseurs, qui ont exactement examiné cette Pétrification, la rangent parmi les Coralliolithes & particulièrement parmi les Zoophytes, & même parmi les Astéries Colomnaires. Mr. le Licencié schuze 1) a fait tailler un gros morceau de cette pierre en différent sens, & c'est alors qu'on a vû que ces figures d'étoiles étoient enfoncées bien avant dans la pierre sous la forme de corps angulaires & colomnaires, dont quelques uns avoient la forme cylindrique d'autres une forme pyramidale. Les premiers ressemblent aux Astéries colomnaires par les entailleures, leurs figures

de

1) Dresdner Magaz. Vol. II. p. 263.
2) Dresdner Magaz. Vol. I. p. 183.

15) Le bois de *Poirier*. Le tronc pétrifié, qui se trouve à Nüremberg & dont il a été parlé ci-dessus, est, à ce qu'on pretend, d'un Poirier, suivant le rapport de Mr. BAIER O*ictogr. Noric.* p. 26. D'autres morceaux pétrifiés de cette espèce de bois sont raportés dans DAVILA *Catal.* Tome III. p. 243. VOLKMANN *Silesia subterran.* p. 104. BERTRAND *Diction.* p. 103. BÜTTNER *Ruder. Diluv. test.* p. 189. & d'autres.

16) Le bois de *Noyer*. Les Pétrifications de ce bois ne sont pas trop frequentes, ce dont il ne faut pas tant chercher la cause dans l'espèce de bois, que plûtot en ce que le nombre des Noyers est moins grand que celui des autres arbres par ex. des Chênes, Aunes, &c. Lorsque des morceaux de cet arbre sur tout de la racine, sont parvenus à une Pétrification dure & fine, au point qu'ils sont susceptibles d'un beau poli, ils disputent la préférence à presque toutes les autres espèces de bois pétrifié à cause de leurs beaux traits & veines ondulées.

17) Le bois de *Saule*. Il n'est pas non plus trop souvent fait mention de cette Pétrification. Suivant le rapport de SPADA *Catalog. land. Veron.* p. 52. on pretend en avoir trouvé dans les environs de Vérone, & suivant le rapport de Mr. le Licencié SCHULZE *Betrachtung der versteinten Hölzer* p. 29. on en a trouvé aussi près de Lemberg dans la Russie blanche LESSER dans la *Lithotheologie* p. 702. fait mention d'un bois de Saule pourri, qui dans la suite s'est pétrifié. Le bois pétrifié, qu'on trouve à Wefenriz sur l'Elster à une lieue de Halle est à ce qu'on dit, aussi du bois de Saule. On peut conférer outre cela là-dessus aussi le *Museum Hofmannianum* p. 9. On a trouvé aussi une fois dans les contrées d'ici un morceau de bois de Saule pétrifié.

18) Le bois de *Peuplier noir*. BÜTTNER *Rud. diluv. test.* p. 189. VOLKMANN *Siles. sub-terran.* p. 104. SCHEUCHZER *Oryctogr. Helvet.* p. 140.

19) Le bois de *Coudrier*, *Lithoxylon Coryli.* LESSER *Lithotheol.* p. 699. HENKEL *Flor. Saturniz.* p. 514.

20) Le bois de *Frêne*. VOLKMANN *Siles. Subterr.* p. 104.

21) Le bois de *Buis*, *Lithoxylon buxi.* Il est fait mention de sa Pétrification dans AL-LEON DULAC *Memoire pour servir à l'Histoire naturelle des Provinces de Lyonnois, Forés &c. comparé avec le Tome II. des Recreations mineréologiques* p. 436. MYLIUS *Saxon. Subterran.* tab. XXX. 10. & VOLKMANN *Siles. Subterr.* p. 110. en dit aussi quelque chose.

22) Le bois de *Bouleau*. On dit que l'arbre qu'on a trouvé à Chemniz l'an 1742. est du bois de Bouleau. Voyés GRUNDIG *Samlungen zur Natur- und Kunst-Geschichte von Obersachsen.* Vol. I. p. 508.

23) Le bois d'*Auronne*, *Lignum Abrotanum petrefactum.* SPADA *Catal. Lapid. Veron.* p. 52.

24) Le bois de *Meurier*, *Lithoxylon Mori*, *Moricites.* SPADA dans le même endroit.

25) Le bois de *Mélese*, *Lithoxylon Laricis*, *Laricites.* BERTRAND *Diction. des fossiles* Tome II. p. 104.

26) Le bois de *Peuplier blanc*. *Lithoxylon Populi.* SPADA *Catal.* p. 52.

27) Le bois de *Genevrier*, *Lithoxylon Juniperi* SPADA & BERTRAND, dans les ouvrages que nous venons de citer.

28) Le bois de *Sarment*. *Lithoxylon vitis.* SPADA pag. 52.

Il est probable qu'il y ait encore plusieurs espèces de bois pétrifiés vû qu'aucune espèce de bois n'est pas en elle même & absolument incapable de se pétrifier, cependant jusqu'ici les auteurs n'en ont point observé ou remarqué d'autres. Je crois plûtot que dans plusieurs bois pétrifiés on s'est trompé en indiquant l'espèce de bois, & qu'il y a bien encore plusieurs morceaux de bois pétrifié, dont on n'ose pas, faute de connoissance necessaire, déterminer

l'espèce

l'espèce de bois à laquelle ils appartiennent. Il faut bien & exactement connoître les espèces de bois naturel pour déterminer l'espèce d'un bois pétrifié, sans faire mention de ce que dans le Regne des fossiles plusieurs morceaux ne presentent pas assez distinctement leurs anciens traits caractéristiques, pour qu'on puisse par là toujours déterminer quelque chose avec certitude. Outre cela on trouve souvent des morceaux, dont la direction des fibres ne convient pas avec les espèces de bois d'Europe particulierement d'Allemagne. Ceux qui viendront après nous, trouveront bien encore à glaner dans ce Champ.

Ces espèces de bois pétrifié & d'autres encore n'ont pas dans leur Pétrification pris la même substance pierreuse, ce dont il ne faut pas chercher la cause dans l'espèce de bois, mais dans la différence de la terre que l'eau a introduite dans les pores vuides du bois. Ces espèces de terre se trouvent communement dans les endroits souterrains, d'où l'on a tiré le bois pétrifié ou du moins elles n'en sont pas trop éloignées. Or l'eau étant imprégnée de ces particules, elle les a chariées jusqu'à l'endroit où le bois se trouvoit, & en s'insinuant & passant par ce bois, elle les a déposées dans les pores vuides. On a donc trouvé

1) Du *bois pétrifié calcaire*, *Lithoxylum calcareum*. On en trouve entre autres à Arendsée dans l'Ukermark en Wolhynie, dans un endroit d'où l'on tire des pierres calcaires, suivant le rapport de Mr. SCHULZE dans son Traité sur les bois pétrifiés pag. 21. FERRAND IMPERATI dans son Histoire naturelle fait mention d'un *Lithodendron cementitium* ou d'un arbre pétrifié calcaire. La Pétrification calcaire du bois se fait bientôt connoître par l'effervescence avec l'eau forte, cependant celle-ci agit d'ordinaire avec moins de violence sur le bois calcaire que sur de simples pierres calcaires. La cause en est probablement dans les particules végétales, qui y sont restées intimement unies avec la terre calcaire & qui empechent une grande effervescence. Au reste on trouve le bois calcaire moins frequemment que l'autre. Car comme d'ordinaire les particules calcaires sont d'un tissu plus grossier que les pores fins du bois, qui s'ouvrent par l'évaporation des particules volatiles végétales & résineuses, l'eau ne peut pas toujours y introduire ces particules, elles restent donc attachées à l'écorce, l'enveloppent & l'incrustent: il faut que les particules calcaires soient très fines & le bois d'un tissu un peu grossier pour que ces particules puissent s'insinuer. On peut lire là dessus la lettre d'un savant Anglois IAQUES SIMON sur les Pétrifications de *Lough Neagh* en Irlande qui des Transactions Philosophiques est inserée dans le *Hamburg. Magaz.* Vol. II. p. 153. 154.

2) Du *bois pétrifié gypseux*. Il en est de même du Gypse & de l'Albatre. Il est brillant sur la fracture, mais il ne faut pas confondre ses grains brillans avec les grains fins de Quarz, qui se trouvent dans d'autres espèces de bois pétrifié surtout dans les arénacées. Il n'est gueres susceptible de poli, & quand même il se décompose au feu, il ne fait point d'effervescence dans les esprits acides. Au feu il se décompose avec un bruit, & se change en une substance blanche terrestre. Mr. SCHULZE dans le Traité ci-dessus allégué pag. 14. dit qu'on en trouve en Boheme.

3) Du *bois pétrifié argilleux*. On trouve rarement du bois argilleux, dans lequel il ne se soit rien insinué d'un fluide cristallin, & dans ce cas le bois parvient à la dureté d'un Jaspe & il est rangé parmi les bois vitrifiés, comme nous le verrons tantôt. Du bois simplement argilleux se trouve à Landshut en Silesie comme il conste par VOLKMANN *Silesia subterranea.* Il n'a aucun brillant, il est doux au toucher, change d'ordinaire de couleur au feu, ne se décompose pas, & retient tous les traits de sa Pétrification. Il est aussi peu susceptible d'un poli qu'une terre argilleuse durcie, & frappé avec l'acier il ne donne point de feu.

4) Du *bois pétrifié arénacé*. Lorsque l'eau est imprégnée de parties très fines de sable, & qu'elle a déposé les grains plus grossiers, cette poussière de sable en quelque sens farineuse peut être introduite aussi bien qu'une autre terre, dans le bois, qui par la longueur du tems y a été disposé. Lorsqu'il ne s'y est point uni un fluide cristallin, la substance pierreuse

fera aussi peu compacte dans le bois, elle paroitra au toucher comme un grais très fin, & exposée à la lumiere elle fera connoître son origine par les points quarzeux luisants & très fins. On en trouve près de Halle, à Altwasser en Silesie & en d'autres endroits. voy. *Muf. Hofmann.* p. 8. SCHREBER *Lithograph. Hallens.* p. 59. Cette espèce de bois n'est pas susceptible de poli, & étant peu compacte, elle ne donne point de feu lorsqu'on la frappe avec l'acier. Mais lorsque dans ce bois il s'est insinué aussi un fluide cristallin, non seulement frappé avec l'acier il donne beaucoup de feu comme le bois de Kyfhausen, mais aussi il est susceptible d'un poli brillant. Lorsque les particules de sable ont été d'une finesse extrême, les morceaux de ce bois pétrifié presentent leurs traits, leurs stries & leurs fibres, souvent plus distinctement que les bois agatiés. Mais quand les grains de sable sont plus grossiers, le bois perd beaucoup plus de son tissu ligneux & encore plus lorsque l'espèce de bois même n'est pas d'un tissu fin. Ces bois arénacés exposés à la lumière, brillent comme de petits cristaux, mais il faut se garder de confondre ces bois avec ceux qui portent des cristallisations sur la surface, ou avec ceux, dans lesquels le fluide cristallin, qui s'y est insinué copieusement, a produit par ci par là de pareils points brillans.

5) Du *bois pétrifié d'une substance de Jaspe & d'Agate.* On donne à la matière fluide, de laquelle dans la longueur du tems nait le Quarz & le Cristal, le nom de *fluidum cristallinum,* de fluide cristallin; si ce fluide reste enfermé pur & sans l'admixtion de particules terrestres étrangéres, il en nait le Cristal & le Quarz, s'il se mêle avec une terre d'une finesse extrême, de sorte qu'avec sa fluidité il devient à moitié transparent & ne dépose pas ces particules terrestres fines, il en nait les pièrres de corne, les pièrres à fusil, les Agates &c. Lorsque ce fluide est imprégné d'une terre argillacée fine au point que la masse en devient épaisse & tout à fait opaque, il en nait les espèces de Jaspe. Par ce Système, dont j'ai traité plus en detail dans la seconde Partie de mon Regne des fossiles, l'origine des bois changés en Jaspe ou en Agate est plus claire & plus facile à concevoir. Tous les bois qui ont la dureté de Jaspe & d'Agate, sont non seulement remplis de particules terrestres mais aussi pénétrés de ce même fluide cristallin. Suivant le différent degré de finesse des particules terrestres qui se sont insinuées & suivant la quantité plus ou moins grande du fluide cristallin qui y a pénétré, la dureté & le brillant du poli différent aussi, & suivant cette différence on lui donne aussi ou le nom de bois agatié ou de bois changé en Jaspe. Le bois agatié contient une portion plus grande du fluide cristallin, & par cette raison il est plus dur & son poli plus brillant que le bois changé en Jaspe. Il se peut donc que dans un endroit un morceau n'ait pris que la dureté de Jaspe, & que dans un autre il soit parvenu à celle d'Agate suivant la quantité du fluide cristallin qui y a pénétré. Si une espèce de bois y est plus disposée que l'autre, c'est de quoi nous doutons avec raison, quoique nous accordions fort volontiers qu'on trouve beaucoup plus d'espèces de bois dur agatisées ou changées en Jaspe, que de bois blanc, vû que d'ordinaire celui-ci est décomposé en moins de tems qu'il ne faut pour que la Pétrification se puisse faire. Toutes les espèces de bois, dont les particules se dissolvent en une terre primitive végétale très fine & analogue à l'argille, & par la longueur du tems se séparent de leurs particules bitumineuses & salines (& c'est ce qu'elles font presque toutes) sont aussi susceptibles d'une substance d'Agate ou de Jaspe dans le Regne des Pétrifications. Ces bois agatifés ont quelquefois des stries de Calcedoine & c'est ce qui arrive lorsque la terre Végétale dissoute du bois a donné au fluide cristallin, là où est à présent la Calcedoine, une couleur de lait blanchâtre & bleuâtre, cependant il faut bien distinguer ce qui est dans le bois une pure substance d'Agate, d'avec le bois agatifé. Souvent il n'est resté d'un bois qu'une petite portion, & le reste est rempli d'un fluide dont la congélation porte le nom tantôt d'Agate tantôt de Calcedoine tantôt d'Onyx, suivant la différence de la couleur. L'on trouve de ces bois agatifés & changés en Jaspe, dont nous avons parlé jusqu'ici, dans le pais de Cobourg, près de Chemniz, Zwikau, en Hongrie & dans plusieurs autres contrées 5).

Tome III.

6) Du

5) Voy. SCHULZE *Gesellschaftliche Erzehlungen.* T. I. pag. 47.

E

6) du *bois criſtallin*, on plûtôt du bois pétrifié ſuperficiellement couvert de criſtal. Lorſque le fluide criſtallin rencontre dans le bois des places & des cavités vuides, dans lesquelles il
peut reſter longtems enfermé & à l'abri de l'air, il s'y criſtalliſe. C'eſt ainſi qu'on trouve par
ex. ſouvent dans les vieux Hêtres, Chênes & autres grands arbres pétrifiés, les gerſures remplies de petits criſtaux quarzeux. 6) Il arrive la même choſe lorsque le bois avant la Pétrification a eu des gerſures dans lesquelles il s'eſt formé du quarz ſur les parois, de l'eau qui y
étoit renfermée. Lorsque l'eau eſt teinte de particules métalliques, il en naît une accrétion de pierres colorées, particulierement d'Amethiſte. C'eſt par là auſſi qu'on peut comprendre pourquoi l'on trouve ſouvent dans le milieu de ces bois des morceaux d'Onyx, qui
naiſſent de la même maniere dans les cavités & les gerſures des arbres qui ſe trouvent dans
le ſein de la terre, lorsqu'il y entre une eau trouble brunâtre ou jaunâtre, qui, à cauſe de l'admixtion des particules hétérogénes, ne peut pas ſe criſtalliſer. Quelquefois le Quarz & les petits criſtaux, qui y ſont nés, prennent une croûte rougeâtre à cauſes l'admixtion des particules
martiales. 7)

    7) du *bois pétrifié dont une portion eſt reſtée dans ſon état naturel.* S'il exiſtoit encore des
perſonnes qui vouluſſent prendre les Pétrifications des bois pour des Jeux de la Nature, ces
morceaux pourroient le plus ſurement les convaincre de leur erreur. Cependant ils ne ſe trouvent pas trop frequemment. Mr. SCHULZE 8) fait mention d'un bois pétrifié près de Zelchien
dans les environs de Lemberg, dans lequel ont peut remarquer des éclats de bois qui n'ont
ſubi aucun changement, & d'un autre morceau qui eſt ſciſſile d'un côté, & qui de l'autre côté eſt change, avec tous ſes traits, ſtries & couleurs en une pierre fort dure. Dans le *Hamb.
Magaz.* Vol. II. Mr. SIMON en rapporte des exemples très remarquables d'Irlande. Ce même
ſavant remarque auſſi qu'on trouve quelquefois dans le milieu d'un morceau pétrifié des veines ligneuſes qui ne ſont point pétrifiées. Il en naît donc la queſtion ce qui pourroit en être
la cauſe? Il ſe peut bien que cet effet provienne de plus d'une cauſe. Peut-être un morceau
de bois n'a-t-il pas eu par tout une place égale, & ſi d'un côté l'eau y a introduit des particules terreſtres, l'autre n'en a point pris, ſe trouvant das un endroit plus ſec. Peut-être les
interſtices vuides ont-ils été bouchés trop tôt par les particules hétérogénes, qui s'y ſont inſinuées, de ſorte que l'eau n'a pas pû pénétrer jusques là où le morceau n'a point ſubi la Pétrification. Peut-être des particules réſineuſes ont elles empeché le paſſage des particules fluides & par là l'inſinuation des particules terreſtres. La portion du bois, qui n'a point ſubi la
Pétrification, tombe communément en pouſſiere dans l'air.

    Nous avons conſideré juſqu'ici les bois pétrifiés tant à l'égard de l'eſpèce de bois, qu'à
l'égard de l'eſpèce de pierre; il nous faudroit donc à preſent venir aux bois métalliſés; mais
avant d'y paſſer il nous faut encore ajouter quelque choſe ſu ſujet de la maniere dont le bois
ſe pétrifie, & quelques remarques en général. Lorsque le bois ſe pétrifie, il arrive les mêmes deux opérations qui ſe font dans d'autres corps lorsqu'ils ſe pétrifient, c'eſt à dire une
Evaporation & une Imprégnation. Par l'évaporation le bois perd une grande quantité de ſes
particules végétales volatiles, & ce ſont des particules aqueuſes, mucilagineuſes, réſineuſes
& ſalines, de ſorte qu'il n'en reſte en plus grande partie que les particules terreſtres, & comme celles-ci ne changent pas de place, un pareil bois retient auſſi ſon ancienne forme entiere à l'égard de ſes propres traits & fibres. Le véhicule de l'évaporation eſt principalement
l'eau, cependant la chaleur ſouterraine y peut auſſi contribuer ſa part. L'eau pénétre au travers des tubules fins dont le bois eſt compoſé, diſſout les particules mucilagineuſes & ſalines,
qui s'y trouvent, & par là les réſineuſes deviennent libres auſſi, de ſorte qu'elles ſont en
partie

6) voy. le Traité ſur les bois petrifiés de Mr. SCHULZE §. 23. p. 30.

7) voy. Hamb. Magaz. Vol. II. p. 162. 166. Dresdner Magaz. Vol. II. p. 262. DAVILA Catalogue Syſtem.
    Part. III. p. 241. Num. 332. BAIER Oryctogr. Noric. p. 26. LHID Lithophylac. Brittannic. Num. 217.
    225. 226.

8) dans ſon Traité ſur les bois pétrifiés. p. 22.

partie emportées par l'eau, en partie tout à fait diſſoutes par la chaleur & expulſées du bois. La proportion de la peſanteur d'un bois tout à fait ſec & mouliné à celle d'un bois frais ſera comprendre aiſement, tant combien la quantité des particules évaporées doit être grande, que le nombre infini des pores vuides, qui doivent naître dans ce bois, & que par là il n'eſt reſté que la matiere primitive de toutes les pierres, c'eſt à dire une ſimple terre.

Il ſe joint à une telle évaporation, lorsque le bois ſe pétrifie, une Imprégnation & voici la maniere dont cela ſe fait: L'eau enleve des conduits ſouterrains, par lesquels elle ſe gliſſe, une quantité de particules terreſtres très fines & inviſibles, dont elle dépoſe bientôt les plus fines & les plus légéres. Or lorsqu'il arrive qu'une telle eau paſſe au travers d'un bois que l'évaporation a rendu poreux, les particules terreſtres s'arrêtent dans les interſtices vuides, & les rempliſſent ſucceſſivement. Les particules terreſtres, qui s'y trouvent déja, s'uniſſent intimement & dans tous les points de contact, à celles qui y ſont recemment chariées, & comme par là elles s'attachent déja les unes aux autres, leur cohéſion devient plus forte par l'eau même, qui dans le Regne des foſſiles eſt un ciment excellent, au point qu'un pareil morceau prend avec le tems une parfaite dureté de pierre. Lorsque la ſituation des particules terreſtres, qui ſont reſtées du bois après l'évaporation, n'eſt point changée, il faut que la pierre, qui en eſt née par l'Imprégnation, repreſente diſtinctement les traits ligneux & l'ancienne forme du bois. Il eſt aiſé à comprendre par là pourquoi toute eau & tout terroir n'eſt pas propre à la pétrification du bois. L'endroit où cela doit ſe faire, doit contenir de l'eau, par cette raiſon on ne trouve point dans les endroits ſecs du bois pétrifié mais ſeulement du bois foſſile, & lorsqu'il y a là beaucoup de particules bitumineuſes, du bois bitumineux. Il faut que l'eau ſoit imprégnée de particules terreſtres, & que ces particules ſoient aſſés fines pour pouvoir s'inſinuer à la place des particules évaporées & remplir ſucceſſivement les interſtices. Lorsque ces particules ſont trop grandes, elles reſtent ſur le bois ſans pénétrer plus avant, & l'incruſtent, ce qui arrive principalement aux particules calcaires. Au reſte il eſt bien ſur, tant que toute eſpèce de bois eſt diſpoſée à l'évaporation, que toute eſpèce de terre aſſés fine l'eſt à l'imprégnation, & que par conſéquent toutes les eſpèces de bois peuvent être changées en toutes les eſpèces de pierre qui naiſſent d'un Sediment. 9) Il y a des Naturaliſtes qui ſuppoſent que dans le bois pétrifié il ne reſte rien de la terre végétale primitive, mais que les particules terreſtres étrangéres, qui ſe ſont inſinuées, étant ſucceſſivement introduites dans les utricules & les trachées du bois, prennent la forme du bois naturel à l'égard des ſtries. Mais il ſeroit bien difficile de prouver cette Hypothéſe. La terre primitive végétale eſt autant diſpoſée à ſe pétrifier qu'une autre, & comment peut-on dans un bois pétrifié diſtinguer la terre acceſſoire d'avec la primitive pour pouvoir nier la preſence de l'une ou de l'autre. Outre cela les bois pétrifiés ne ſe reſſemblent pas toujours. Souvent des portions conſiderables d'un morceau de bois ſe ſont pourries ſur tout vers la moelle, & alors ce vuide a été rempli de terre; ces portions à la verité n'ont rien retenu de la terre végétale primitive, mais auſſi elles ne preſentent rien des traits & des ſtries eſſentielles au bois. Dans ces morceaux il faut bien diſtinguer ce qui eſt pure pierre d'avec ce qui eſt pétrifié.

Nous ajoutons encore à ce que nous avons dit à ce ſujet, les remarques ſuivantes: 1) Lorsque le bois ſe décompoſe par l'évaporation en ſes particules terreſtres les plus fines, il reſte à la verité dans les eſpeces de bois ſi différentes, la même terre primitivé; cependant le bois pétrifié a toujours une ſubſtance pierreuſe différente. La cauſe en eſt tant dans les différentes particules terreſtres, qui y ont été introduites, que dans la différente quantité de ces particules & dans le fluide criſtallin qui ne pénétre pas dans tous les bois pour pouvoir leur faire prendre une ſubſtance d'Agate ou de Jaspe. 2) Chaque eſpece de bois eſt bien connoiſſable dans le Regne des foſſiles par ſes propres tubules, fibres, traits, filamens & figures, que ſouvent le poli met bien en vûë; cependant ce n'eſt pas toujours une choſe tant

E 2

facile,

9) Sur la maniere, dont le bois ſe pétriſe, on peut lire SCHULZE *Abhandlung von verſteinten Hölzern* S. IV. 19. BERTRAND *Dictionnaire des foſſiles* Tome II. p. 202. Hamburg. Magaz. Vol. II. p. 156. de JUSTI *Neue Wahrheiten zum Vortheil der Natur-Kunde*. Art. III. p. 314.

facile, même pour un connoiſſeur, de déterminer l'eſpèce d'un bois pétrifié quand même il en examine une fracture nouvellement faite. Le changement de la couleur, la dimenſion plus grande des interſtices, l'inſinuation des particules terreſtres étrangéres n'ôtent pas à la verité au bois tout à fait l'ancienne forme, mais ils obſcurciſſent, pour ainſi dire, en quelque maniere ce qu'il y a de veritablement caractériſtique, de maniere que l'on ne peut plus du moins le reconnoître auſſi diſtinctement. Cependant on ne ſauroit ſoutenir cela à l'égard de tous les morceaux de bois pétrifié. Car il y en a qui après leur changement ont été aſſès heureux dans le Regne des foſſiles pour retenir leur ancienne forme naturelle ſans aucun changement, même ſouvent juſqu'à la couleur. On pretend même avoir découvert dans quelquesuns la différence des utricules & des tubules par leur propre couleur, comme le rapporte Mr. ZIM-MERMANN dans ſes *Anmerkungen zu Henkels kleinen mineralogiſchen Schriften* p. 526. Dans d'autres morceaux ce n'eſt que par l'écorce & par la maniere dont le bois ſe fend proprement, que l'on voit qu'ils ont été autrefois du bois. Moins il eſt reſté de la ſubſtance du bois & plus il y a pénétré de particules terreſtres étrangéres & de fluide criſtallin, moins il eſt reſté des ſtries & des traits eſſentiels au bois. L'on remarque cela ſouvent dans le même morceau; plus la Pétrification approche de la moëlle, qui ſe pourrit la première, plus le bois perd de ſa forme naturelle, & ſouvent ce n'eſt qu'un ſimple rempliſſage compoſé d'un mélange de ſable ou d'autres ſubſtances. 3) Toujours une eſpèce de bois a plus de diſpoſition à ſe pétrifier que l'autre. Plus le bois reſiſte à la putréfaction & à la deſtruction totale, & moins il fait de reſiſtance à l'entrée des particules terreſtres étrangéres, plus il eſt diſpoſé à ſe pétrifier. Il s'en ſuit que le bois tendre & réſineux y eſt moins diſpoſé que le bois dur. 4) Le différent degré de dureté du bois pétrifié ne depend pas de la différence de la dureté de chaque bois, mais bien de la différence de la Pétrification, particulierement de la qualité des particules terreſtres, qui ſe ſont inſinuées, de leur quantité & de la preſence du fluide criſtallin. Il arrive donc ſouvent que le même morceau a de différens côtés auſſi un différent degré de dureté. 10) Suivant cette différence un bois pétrifié eſt plus ſuſceptible de poli que l'autre. 5) On ne trouve gueres des bois pétrifiés dans le ſein de la terre mêlés avec des Coquilles de mer, 11) & l'on peut conjecturer par là peut-être que d'autres accidens dans un autre tems leur ont aſſigné leur place dans le Regne des foſſiles que ceux, par leſquels les coquilles & d'autres corps marins étrangers ont été enfoncés dans nos montagnes. D'autres évenemens peuvent avoir enfoncé dans la terre des morceaux de bois iſolés, d'autres des troncs entiers, d'autres des arbres iſolés & d'autres encore des forets entieres. 6) Combien de tems qu'il faut pour que la Pétrification puiſſe ſe faire, c'eſt une queſtion que pluſieurs Savans ont déjà propoſée. Suivant mon opinion on ne ſauroit la reſoudre poſitivement. Il eſt probable qu'un morceau de bois exige plus de tems pour ſe pétrifier que l'autre. L'eſpèce de bois, le tems plus ou moins long qu'il faut pour l'évaporation, la quantité & la qualité de l'eau, qui introduit les particules terreſtres, & les particules terreſtres mêmes qui s'inſinuent, y ont la plus grande influence. L'on ne ſauroit ici rien inférer de poſitif par quelques traditions particulieres, par ex. que le Grand-Pere octogenaire d'un certain homme octogenaire a vû encore dans le païs de Cobourg certains troncs dans leur état naturel, qui de nos jours ſe preſentent pétrifiés. 12) Si les moyens que quelques uns ont propoſés de faire ſubir en peu de tems la pétrification à un bois 13), ſe ſoutiennent à l'épreuve, c'eſt ce que je ne ſaurois dire, n'en ayant point fait des expériences. 6.) Il faut ſe garder de prendre pour du bois pétrifié tout ce qu'on donne pour tel. Des feuillets minces de pierre placés les uns ſur les autres, qui ſouvent ont à peine l'épaiſſeur d'un dos de couteau, reſſemblent bien des fois à des traits & à des ſtries ligneux. Certaines eſpèces d'Ardoiſe & d'Asbeſte imparfait ont ſouvent auſſi beaucoup de reſſemblance avec le bois pétrifié.

La

10) voy. *Mineralogiſche Beluſtigungen* Tom. II. p. 448. *Beytrage zur Geſchichte der Natur und Kunſt in Ober-Sachſen.* Vol. I. p. 507.

11) Il faut excepter de cette regle quelques peu d'exemples, comme l'on en trouve dans SCHEUCHZER Oryctogr. Helvet. p. 245. DAVILA Catalogue Syſtem, Tome III. p. 241. Mais il faut auſſi bien diſtinguer les Coquilles de terre d'avec les Coquilles de mer.

12) *Frankiſche Sammlungen* Vol. VIII. p. 402, 408.

13) voy. *Frankiſche Sammlungen* Vol. II. p. 94, 95. comparé avec *Dresdner Magaz,* Vol. I. p. 47.

La *Seconde* Claſſe contient les *bois métalliſés*. De la même maniere que le bois ſe change en pierre, il prend auſſi ſouvent une ſubſtance métallique, lorsque des particules métalliques s'y inſinuent avec les terreſtres. On trouve ces bois métalliſés parmi les pétrifiés, mais de maniere que les premiers avec leur ſubſtance métallique ſont toujours en même tems pétrifiés & qu'au contraire les pétrifiés ne ſont pas toujours métalliques. Communement le bois ſe métalliſe dans les endroits où la chaleur éleve beaucoup de vapeurs métalliques, & lorsque ces vapeurs viennent à rencontrer des corps ſolides, elles depoſent les particules métalliques très fines là où en montant elles adhérent, & c'eſt ainſi que ſe fait la métalliſation du bois, cependant la chaleur n'eſt pas l'unique moyen qui introduit les particules métalliques dans le bois pétrifié. L'eau même eſt ſouvent comme l'on ſait, imprégnée de particules métalliques, qui non ſeulement donnent au bois une couleur étrangere, mais qui avec les particules terreſtres s'introduiſent ſouvent en ſi grande quantité que la ſubſtance métallique ſe manifeſte au premier coup d'œil. Nous rangeons parmi ces eſpeces de bois petrifié

1) le bois *qui tient de l'argent*. On ne ſauroit dire que très peu jusqu'ici au ſujet de ce bois. Si celui que VOLKMANN 14) donne pour tel, en eſt un, & ſi celui qu'on trouve près de Biſlau dans les environs de Czenſtochau en Sileſie, tient de l'argent & du Vitriol, c'eſt ce que je ne puis dire, n'en ayant point vû jusqu'ici. On pretend outre cela de trouver à Frankenberg dans le païs de Heſſe du bois qui renferme de l'argent & qui y eſt connu ſous le nom de *Stangengraupen*. SCHEUCHZER dans ſon *Oryctogr. Helvet.* p. 238. a rangé ces pretendus bois de Frankenberg parmi les bois pétrifiés, & l'on ne ſauroit disconvenir de la très grande reſſemblance qu'ils ont en dehors avec le bois. Cependant il n'eſt pas encore démontré qu'ils appartiennent effectivement aux bois pétrifiés. Quelques Naturaliſtes les prennent pour une Pyrite qui renferme de l'argent dans un limon compacte noirâtre, comme GRONOVIUS qui dans ſon *Suppell. Lapid.* p. 21. en fait un *Pyrites ferri in talco duro, craſſu, nigricante*, & BRÜCKMANN 15) place de même ces *Lithoxyla argentifera* parmi les veritables mines & point parmi les Pétrifications. Mais Mr. le D. *Jean Gottl.* LEHMANN, qui a publié un Traité particulier ſur ces corps foſſiles de Frankenberg, 16) eſt d'un ſentiment tout à fait différent. Il croit qu'effectivement la baſe de ces corps foſſiles, qu'il a examinés avec beaucoup d'attention, eſt une ſubſtance ligneuſe, & que la ſubſtance d'argent qui y eſt melée, n'eſt que ſimplement accidentelle. Suivant ſon opinion ces corps foſſiles ſont du bois imprégné de bitume & pénétré & enduit tant à la ſurface que dans ſes interſtices internes d'une pyrite blanche & d'une mine de cuivre blanche ou même azurée, & qui par accident preſente de l'argent natif, mais qui du reſte eſt d'une couleur noire. Il ajoute que les épis qui contiennent de l'argent & dont il ſera traité plus bas, ces corps qu'on nomme *Stangengraupen* & la mine d'argent marquée d'ailes de mouche n'étoient rien d'autre que du cuivre & de l'argent minéraliſés avec l'arſenic, le ſoufre & le fer, qu'ils ne différent qu'à l'égard de leurs matrices métalliques, en ce que dans les épis ce métal étoit ſolide, que dans ces corps foſſiles, qu'on nomme *Stangengraupen*, il étoit disperſé en grains dans le bois imprégné de bitume & que dans la mine d'argent marquée d'ailes de mouche il étoit caché dans un Schiſte argilleux. Ces corps nommés *Stangengraupen*, ajoute-t-il, ſont de forme très différente, mais ils conviennent tous en ce qu'on y obſerve diſtinctement l'ancienne ſtructure ligneuſe, & j'ai remarqué même que tous les morceaux, que j'ai eu occaſion de voir, ſemblent en plus grande partie être du bois blanc, comme de Sapin, de Pin &c. Du reſte leur grandeur eſt fort différente. Quant à leur origine il en juge qu'il n'eſt pas trop aiſé de la déterminer avec certitude, mais qu'il eſt fort probable, qu'ils ſont de même que les autres corps pétrifiés, des Productions des Cataſtrophes de la terre, ou que ces Cataſtrophes aient été univerſelles, ou qu'elles ne ſoient arrivées que dans ces païs. J'ai raiſon de croire que cette Cataſtrophe s'eſt faite par une grande inondation. Ces morceaux ont été enfoncés dans la terre lors-

14) Sileſia ſubterr. p. 104.

15) Cent. I. Epiſt. 19. Num. 11. comparé avec la Planche qui y eſt jointe Num. I.

16) LEHMANN *Kurze Unterſuchung derer ſogenandten verſteinerten Kornähren und Stangengraupen von Frankenberg in Heſſen*. à Berlin. 1760. in 4to.

F

or qu'ils étoient encore du bois, mais comme le bois refifte plus longtems à la deftruction que les fruits, fes pores ont été pénétrés dans la fuite tant de bitume que de parties métalliques, comme il s'eft fait en partie dans l'argille même, ce qui eft prouvé par les charbons foffiles qu'on y trouve, & qui tiennent de l'argent & du cuivre, par les Schiftes entremêlés de Charbons foffiles &c. Cependant tout cela, dit-il en outre, ne font que de fimples conjectures, qui, à ce que je crois, ont beaucoup de probabilité. Voila ce que dit Mr. LEHMANN, mais je doute que fon opinion fur ce Probleme de Frankenberg, ait un auffi haut degré de probabilité. La reffemblance externe ne décide pas encore l'affaire, & dans l'intérieur je ne trouve pas afsès de traits caractériftiques, qui puiffent me convaincre afsès, que ces corps ont été autrefois de veritable bois. Jusqu'ici je fuis de l'opinion de Mr. GRONOW, mais je changerai d'avis avec plaifir auffitôt que je ferai mieux informé.

2) le *bois cuivreux*. Mr. le D. LIEBKNECHT 17) en fait mention & dit que près de Gros-Bufek à une lieue de Gieffen on a trouvé bien avant dans la terre des morceaux de bois, dont la croûte & la couleur font connoître qu'ils n'ont pas été ferrugineux mais cuivreux. SCHEUCHZER 18) place auffi ces bois pétrifiés de Bufek parmi les bois cuivreux. Si la couleur verte dans ces bois pétrifiés par ex. dans celui de Cobourg eft un indice que dans cet endroit le bois a pris du cuivre la couleur verte, c'eft une queftion dont plufieurs Naturaliftes doutent d'autant plus, qu'il y a effectivement des efpèces de bois, qui dans ces endroits, où elles commencent à fe pourrir, deviennent fouvent vertes. 19)

3) le *bois ferrugineux*. De tous les bois métallifés celui-ci eft le plus commun & l'on trouve même parmi les morceaux, que l'on prendroit fimplement pour pétrifiés, plufieurs qui tant par leur pefanteur que par la couleur rouge montrent afsès qu'avec les particules terreftres il s'y eft auffi infinué en même tems des particules martiales. Dans le Comté de Solms-Laubac on a trouvé un arbre entier changé en fer, fur lequel Mr. le D. LIEBKNECHT 20) a publié un Traité bien détaillé. Ce même auteur dit auffi que dans les mines de fer du Mont-rouge au delà du Martis-See la plus grande partie de la pierre martiale, qu'on tire à la profondeur de fept à huit toifes, n'a été que du bois de Hêtre & de Bouleau changé en fer. Orbifau en Boheme eft particulierement célébre à cet égard, où l'on fond ce bois avec d'autres mines de fer & en tire du fer. Dans le Canton de Berne on trouve de même plufieurs beaux morceaux de bois ferrugineux fuivant le rapport de Mr. BERTRAND 21). Ce feroit être prolixe fans neceffité que d'indiquer les différentes contrées où l'on a découvert de ce bois ferrugineux. On en trouve rapportées plufieurs dans la Lithothéologie de Ms. LESSER 22) & dans le Catalogue Syftématique de Mr. DAVILA, où il faut conférer les Cabinets de HOFMANN, de KUNDMANN, de RICHTER & de plufieurs autres, & les Oryctographies particulieres. En Finnlande près du lac Langelmo on trouve des racines d'arbres changées en fer. 23) Le bois ferrugineux n'eft pas de la même efpèce. Il y en a qui n'eft qu'ochracé, & celui-ci renferme différentes efpèces fubordonnées. Dans plufieurs morceaux l'eau a introduit en même tems avec les particules terreftres auffi de l'ochre, & l'a, pour ainfi dire, dépofée entre les fibres ligneufes, de maniere que le bois a retenu fes traits ligneux. 24). Dans d'autres il ne s'eft formé fur le bois qu'une croûte ochracée, lorfque l'eau a dépofée fur le bois déjà pétrifie l'ochre, comme l'eau tufeufe y dépofe les particules terreftres calcaires. 25) Dans d'autres encore l'ochre eft née de la deftruction du bois qui étoit déjà rempli de particules martiales. Toutes ces efpèces font de couleur brunâtre, jaunâtre & rougeâtre, communnement peu compactes, & par cette raifon elles ne font point fusceptib-

17) Specim. Hass. Subt. p. 139.
18) Oryctograph. Helvet. p. 241. Muf. diluvian. Num. 230. p. 13.
19) voy. *Fränkifche Sammlungen*, Vol. VIII. p. 407.
20) *Haffæ fubterraneæ Specimen, occafione arboris in mineram ferri mutata*, dont l'Edition feconde a paru à Francfort fur le Main l'an 1759. in 4to. On peut conférer à ce fujet MEYER *Nachricht von den Schöppenftädtifchen Foffilien*, dans les *Mineralogifche Beluftigungen*. Tom. I. p. 67.
21) Dictionnaire des foffiles Tome II. p. 204.
22) p. 695.
23) voy. *Abh. der Schwed. Akad. der Wiffenfchaften* de l'an 1742.
24) voy. BOMARE Mineralogie, Tome II. p. 292.
25) voy. Muf. Hofmann. p. 9. Num. 21.

ceptibles de poli. Il en faut diftinguer les bois, dans lesquels le fer fe prefente dans fa propre forme métallique d'un brillant gris ou par le morceau entier ou dans des ftries & couches féparées, qui alors vont alternativement avec les ftries & les taches ochracées. On trouve de pareil bois près de Stargard dans le païs de Mcklenbourg, dans le païs de Meinüngen, de Bayreuth & dans d'autres, de même qu'à Wettbergen dans le païs de Hannovre. Il femble que dans ces efpèces ce ne foit pas tant l'eau, que plûtôt la chaleur qui a introduit dans le bois les particules martiales diffoutes en vapeurs, de forte que l'ochre qui s'y trouve, n'y eft née que dans la fuite par la décompofition, à laquelle la partie, qui a encore fa couleur ferrugineufe, n'a pas été fujette 26).

4) Le *bois pyriteux*, *Pyrites lithoxyloides*. Ce bois n'eft pas trop rare non plus, & on le trouve, comme il eft aifé à comprendre, dans ces endroits, dans lesquels une quantité de particules fulfureufes a pû s'unir intimement avec une fubftance martiale. Il n'eft donc pas furprenant, qu'on en trouve quelquefois dans les lits de charbon foffile, comme le remarque Mr. SCHULZE 27). Quelquefois l'on n'obferve la Pyrite que fur un côté du bois pétrifié, tandis que l'autre côté n'eft que fimplement agatifié. 28) Dans ces morceaux l'on remarque diftinctement que la Pyrite s'eft infinuée & dépofée entre les fibres fines du bois. Hors de l'Allemagne ces bois pétrifiés fe trouvent particulierement en France. 29) On peut lire à ce fujet principalement la Pyritologie de HENKEL. 30) On en trouve une efpèce préférablement inftructive à Stargard dans le païs de Mcklenbourg. Il ne faut pas la confondre avec certaines concrétions pierreufes & pyriteufes, dont la bafe n'eft pas une terre ligneufe, mais une terre d'un brun noirâtre, & qui en dehors ont beaucoup de reffemblance avec le bois. Les bois pyriteux fe décompofent aifement & lorsqu'on les met fur du papier vert ou d'une autre couleur, ils lui font prendre par leur exhalaifon en peu de tems une couleur noire tout au tour de la place où ils fe trouvent. Quelquefois la pyrite fulfureufe ne s'eft dépofée que dans les gerfures d'un bois imprégné d'un bitume, tel qu'on en trouve à Artern.

La *troifième* Claffe des bois qui ont paffé dans le Regne des foffiles comprend, ceux qui n'ont pris ni une fubftance pierreufe ni métallique, mais bien des particules falines & bitumineufes. Ce bois n'a point fubi la Pétrification, mais bien l'Evaporation. S'il s'eft trouvé près des mines d'Alun, ou là où il y a du Vitriol, l'eau qui y étoit, a diffout ces particules falines, s'en eft imprégnée, & les a dépofées dans les interftices vuides d'un tel bois. Le bois bitumineux, ou celui qui eft imprégné d'un bitume, ne doit pas tant fon origine aux fources d'eau, que plûtôt à la chaleur & à la vapeur fouterraine qui en eft née & qui a dépofé dans le bois fes particules fulfureufes diffoutes. Il faut ranger dans cette Claffe

1) Le *bois alumineux*. Il eft communement d'une couleur brune, de peu de poids, & par les fibres & filamens ligneux, qui lui font reftés, il fait connoître affés diftinctement fon origine végétale. Lorsqu'une grande quantité de ce bois eft expofée à l'air libre, il s'enflamme de foi même. On en trouve à Commodau & à Altfattel en Bohème, près de Hainfeld en baffe Autriche, près de Duben en Saxe, 31) à Weiffer en Heffe, à Münden & en Angleterre. En plufieurs endroits on en tire de l'Alun.

2) Le *bois vitriolique*. Il en eft fait mention dans SCHEUCHZER Oryctogr. Helv. p. 241. Muf. diluv. Num. 248. LUID. *Lithophyl. Britann.* Num. 229.

3) Le bois qu'on nomme *lignum foffile bituminofum*. On en trouve dans le fein de la terre tant en troncs entiers qu'en morceaux féparés. L'eau & la chaleur fouterraine lui ont

F 2

fait

26) Outre les auteurs, que nous avons cités & qui ont traité des bois pétrifiés pyriteux, on peut lire là deffus HENKEL *Flora Saturniz* p. 569. SEIP. *vom Pyrmonter - brunnen* p. 58.

27) *Abh.* von verfteinerten Hölzern p. 22.

28) DAVILA Tome III. p. 239.

29) ROMARE Minérologie Tome II. p. 242.

30) p. 224. 247.

31) Voy. ROMARE Minérologie Tome II. p. 292. VOGEL *Practifches Mineral-Syftem* p. 292. Les auteurs de l'*Onomatologia hift. nat. complet.* Tom. I. p. 322.

fait perdre ſes particules volatiles, qui ont été remplacées par une plus ou moins grande quantité de bitume à l'aide de la chaleur ſonterraine. D'ordinaire ce bois eſt leger, brun ou noir,
& mis au feu, il rend ſous la forme d'une vapeur bitumineuſe ſes particules étrangéres diſſoutes. Les traits ligneux y ſont reſtés tres viſibles. C'eſt à deſſein que je ne veux pas traiter
prolixement de ce bois foſſile bitumineux, vû que de même que les deux eſpèces précédentes,
il n'appartient pas proprement aux Pétrifications. J'ai allegué les auteurs qui ont traité de ce
bois foſſile, dans mon Regne des foſſiles, p. 180. de la ſeconde Édition 32).

Tous les bois que nous avons rangés juſqu'ici dans ces trois Claſſes, ont non ſeulement
perdu dans le Regne des foſſiles beaucoup de leurs propres particules, mais ils ont auſſi pris
des particules étrangéres, qui ont remplacé les premiéres, ce qui s'eſt fait ou par des particules
terreſtres, où il faut compter le bois pétrifié, ou en même tems par des particules métalliques, ce qui eſt arrivé dans le bois qui tient de l'argent, dans le bois cuivreux, ferrugineux
& pyriteux, ou par des particules minérales, ſalines & bitumineuſes, tels que ſont les bois
alumineux, vitrioliques & bitumineux. C'eſt donc à préſent que ſuit la *quatriéme* Claſſe des
bois paſſés dans le Regne des foſſiles, & ce ſont les bois qui ont ſimplement perdu beaucoup
de leurs particules végétales, ſans que cette perte ait été reparée par l'introduction des particules minérales. Il faut rapporter ici.

1) Les *morceaux de bois décompoſés en terre.* La *Décompoſition* en terre eſt dans
le Regne Végétal préciſement ce que la calcination eſt à l'égard des os & du Teſt
dans le Regne animal. Les particules terreſtres qui ſont reſtées à ces morceaux, ont plus ou
moins de cohéſion, ſuivant qu'il leur eſt reſté peu ou rien de leurs particules naturelles vis-
queuſes & huileuſes. Ces bois ſervent principalement tant à rendre intelligible la manière,
dont la Pétrification ſe fait, qu'à faire connoitre par leur grande légéreté la quantité infinie de
particules, que le bois doit perdre pour être ſuſceptible d'une Pétrification parfaite.

2) Les *morceaux de bois incruſtés.* Les eaux qui paſſent par des lits de pierre calcaire,
de Tuf & de Gypſe, s'imprégnent d'une quantité de particules fines & inviſibles dans l'eau,
qui par leur fineſſe ſeroient bien en état de pénétrer dans les interſtices vuides du bois & de
le changer en pierre. Mais dans les endroits où ces eaux font des chutes, où leur courſe ſe
fait avec du bruit, où elles font des bulles & de l'écume, les particules terreſtres homogénes
s'uniſſent, & par là elles deviennent plus grandes & plus peſantes & tombent à fond,
& étant à préſent trop grandes pour pouvoir s'inſinuer, elles incruſtent les corps ſur leſquels
elles tombent, & c'eſt là l'origine du bois incruſté. Les eaux ſalées dans les maiſons à gran-
duer, & même l'eau de mer font la même choſe 33). On a ſouvent confondu autrefois ces
ſources qui incruſtent avec celles qui pétrifient, comme l'on a fait auſſi avec une ſource de
nôtre païs, nommé Fürſtenbrunn, qui n'a que la qualité d'incruſter.

3) Les *morceaux de bois point pétrifiés renfermés dans une pierre.* On trouve quelquefois
des pierres & particuliérement des pierres calcaires & arenacées, dans leſquelles lorſqu'on les
caſſe, on voit non ſeulement des charbons de bois, mais auſſi des morceaux de bois dans
leur état naturel qui y ſont renfermés, tout comme les coquilles le font dans leur matrice.
L'accés de l'air étant empeché, le bois n'a ſouvent ſubi aucun changement; au point qu'il eſt
ſciſſile & fiſſile tout comme un autre bois. La matrice eſt ſouvent une pierre très dure, &
prouve comme la matrice des Coquilles, qu'autrefois, lorſque le bois en a été enveloppé,
elle doit avoir été une maſſe molle. 34) Il eſt aiſé de diſtinguer ces morceaux d'avec les
incruſtés. Ce n'eſt pas une pierre tuſeuſe qui les renferme, mais une pierre calcaire ou arenacée

32) Il faut conſérer avec ces auteurs VOGEL *Mineral. Syſtem.* p. 116. BERTRAND Dict. des foſſiles.
  Tome I. p. 98. Tome II. p. 202. WORM Muſeum p. 169. & d'autres dans le *Muſeum Hofmannia-*
  num p. 8.
33) voy. la lettre de Mr. HOPPE, dans les *Phyſicaliſche Beluſtigungen* de Berlin, Art. 9. p. 706.
34) Muſ. Hofmann. p. 8. N. 8.

nacée dure & compacte. Outre cela le tuf n'a formé qu'une enveloppe de la forme du corps incrusté. Mais ici le bois trouve dans sa matrice comme une coquille.

Nous avons considéré jusqu'ici toutes les espèces de bois fossiles, qui nous sont connues, & nous nous sommes arrêtés le plus longtems sur les pétrifiés, puisque ce sont ceux qui appartiennent proprement ici. Dans ces bois pétrifiés nous avons apris à connoître la différence tant à l'égard de la Pétrification que de l'espèce de bois, & c'est ce qui pouvoit me suffir d'une certaine maniere pour mon Plan. Cependant je crois qu'il est nécessaire de considérer aussi ces bois pétrifiés de quelques autres points de vue, pour ne rien laisser en arriére dans l'entiére doctrine des bois pétrifiés. Un morceau de bois pétrifié doit non seulement être considéré à l'égard de l'espèce de bois & de Pétrification, ce dont nous avons déjà traité, mais aussi à l'égard des parties du tronc aux quelles il appartient, de la couleur, de la figure qu'il a eue autrefois & à la fin à l'égard de l'état dans lequel il a été avant la Pétrification. Si nous considérons les parties du tronc, auxquelles chaque bois pétrifié appartient, ce sont des morceaux ou du tronc, ou de l'écorce ou des rameaux ou de la racine.

1) Les *morceaux du tronc* sont les plus communs & doivent, lorsque le bois est fendu dans sa longueur, présenter distinctement les filamens ligneux, qui caractérisent chaque espèce de bois. L'on y voit les filets, les fibres, leur direction & tout le tissu ligneux, & il y en a, qui ont conservé aussi distinctement toute leur ancienne forme qu'on les prendroit pour des morceaux naturels, si le toucher & la pesanteur naturelle ne faisoient connoître le changement qu'ils ont subi. Lorsque ces morceaux présentent beaucoup de noeuds, ils sont communément d'autant plus connoissables & on les estime plus que les autres.

2) Les *morceaux de l'écorce* pétrifiés se trouvent bien aussi, mais moins fréquemment que les premiéres, vu que l'écorce se détache facilement du bois, & que s'étant détachée, elle est trop mince dans les jeunes arbres, & trop ridée & crevassée dans les vieux pour se pétrifier facilement; car l'écorce étant trop mince, tombe en piéces avant de se pétrifier, & étant trop vieille, l'eau pénétre dans les gersures & décompose les parties fendues, de maniére qu'elles tombent en poussière avant que les parties végétales volatiles s'en soient détachées. Cependant on trouve pourtant par ci par là des exemples de pareilles écorces pétrifiées, comme dans LESSER, 35) SCHULZE, 36) KUNDMANN, 37) VOLKMANN, 38) LANGE, 39) dans le *Museum Hofmannian.* 40) & d'autres. Lorsqu'on trouve de pareilles écorces, elles sont, outre la différente espèce de bois & de Pétrification, d'une triple espèce. L'écorce est ou séparée du bois, ou le bois & l'écorce tiennent encore ensemble, ou à la place du bois l'écorce est remplie d'une matiére tantôt arénacée, tantôt limoneuse, tantôt de substance de Jaspe ou d'Agate. Il ne faut pas confondre avec ces écorces certaines espèces de Tuf souvent ochracées, qui se sont déposées sur le bois à la place de l'écorce, & en ont pris quelque ressemblance 41).

3) Les *morceaux de rameaux pétrifiés.* Le Regne des fossiles fournit ces morceaux souvent d'une beauté marquée. Mais c'est alors qu'ils meritent la préférence sur d'autres morceaux, lorsqu'ils sont d'une longueur considérable, que l'écorce est parfaite & point endommagée, & que ces morceaux ont encore un ou plusieurs rameaux latéraux. S'ils sont d'une dureté considérable & par là susceptibles de poli, & qu'on les polit transversalement coupés,

35) Lithotheolog. p. 707.
36) Abh. von versteinten Hölzern. p. 22.
37) Promptuar. p. 241.
38) Silesia subterr. p. 91.
39) Hist. lap. figurat. Helvet. p. 74.
40) p. 6. Num. 17.
41) voy. HANOV. Seltenheiten der Nat. Vol. 2. p. 178.

es cercles concentriques & les lignes, qui paſſent de la circonférence au centre, en deviennent d'autant plus apparentes.

4) Les *morceaux de racines pétrifiés.* Ils portent le nom de *Rhizolithus*, du mot Grec ῥίζα, & à cauſe des veines & des fibres courbées & nettement tirées, qui dans le Regne des foſſiles font d'ordinaire d'une couleur plus obſcure, ils meritent la préféence ſur tous les autres bois pétrifiés, ſur tout lorsqu'ils font parvenus à la dureté d'Agate ou de Jaſpe. *wallt* 42) admire en eux la *cavernoſa compages trachearum & utriculorum*, qui ſe diſtingue préférablement par ſa beauté dans les racines pétrifiées de Noyer. Si ce ſont des racines de Pin, on y voit quelquefois encore fort diſtinctement les veſtiges de la réſine, qui en eſt ſuintée. 43) Communement les morceaux de racines pétrifiés font plus rares que les morceaux des rameaux & des troncs, quand même les racines qui reſtent dans la terre importent plus que les arbres qui y ont été enterrés & pétrifiés. La moindre partie des racines à une ſituation avantageuſe à la Pétrification, & par cette raiſon elles ſe décompoſent plûtôt en une ſubſtance terreuſe qu'elles ne ſe pétrifient, & c'eſt bien là la cauſe principale de leur rareté. Ces Rhizolithes doivent être diſtingués de l'Oſtéocolle, que pluſieurs Naturaliſtes rangent, quoiqu'à tort parmi les Pétrifications de racines d'arbres. L'Oſtéocolle eſt plûtôt une concrétion de particules terreſtres, à la formation de laquelle les racines d'arbres n'ont que fourni l'occaſion. Souvent une terre calcaire, arenacée ou marneuſe ſe dépoſe au tour des racines d'arbres, & cette terre s'étant durcie, & les racines étant décompoſées & pourries, la croûte durcie retient en quelque maniere la forme des racines & reſſemble par là à des morceaux d'os rompus, d'où on lui a auſſi donné le nom d'Oſtéocolle. La même choſe arrive à l'égard des eaux tuſeuſes, qui couvrent de même les racines d'une croûte pierreuſe qui ſe conſerve, lorsque les racines ſe font pourries longtems. Cette eſpèce de croûte reſſemble auſſi à des morceaux d'os rompus, & porte auſſi, ſuivant pluſieurs, le nom d'Oſtéocolle. Quelquefois les cavités que les racines d'arbres pourries ont laiſſées, ſe rempliſſent d'une marne ſablonneuſe, d'une terre calcaire, &c. elles ſe durciſſent & font voir la forme des racines qui y ont été autrefois & portent auſſi le nom d'Oſtéocolle 44).

La couleur des bois pétrifiés eſt ou celle qui leur appartient proprement, c'eſt à dire celle qu'ils ont eüe dans leur état naturel, ou c'eſt une couleur étrangere qu'ils ont priſe. Il eſt fort rare que la premiere ſoit reſtée ſans changement, et ce n'eſt que lorsque la couleur des particules hétérogenes, qui ſe font inſinuées, convient en quelque maniere avec celle du bois, et que le bois même n'a pas changé de couleur ni en dehors par la chaleur ſouterraine, ni en dedans par l'admiſtion de particules métalliques et hétérogènes. Dans ce dernier cas le bois a pris ou une couleur noire, ou brune noirâtre, ou jaune, ou jaune brunâtre, rouge violette, brune rougeâtre, quelquefois verdâtre ou verte bleuâtre. La cauſe en eſt en partie dans la qualité naturelle du bois et en partie dans les circonſtances externes acceſſoires. Tout le monde ſçait que les bois mêmes dans leur état naturel ne font pas de la même couleur. Suivant cette différence il faut que la couleur que le bois prend dans la Pétrification, ſoit différente, ſouvent quand la cauſe eſt la même, de ſorte qu'avec la même quantité des mêmes particules hétérogenes terreſtres ou métalliques, qui s'inſinuent dans le bois, les couleurs du bois pétrifié doivent être différentes, lorsque le bois eſt d'une eſpèce et couleur différentes. Suppoſé que par l'admixtion des particules terreſtres l'eau ſoit noire, ou que par l'admixtion d'une terre rouge l'eau ſoit rouge, un bois naturellement blanc en prendra une couleur toute autre, qu'un bois naturellement brunâtre ou rougeâtre, ſi l'on & l'autre eſt pénétré de cette eau. Communement la couleur rougeâtre ou rouge jaunâtre & ochracée eſt une marque de
l'ad-

---

42) Oryctogr. Noric. p. 24.

43) Muſeum Richterianum, p. 252, on trouve des exemples de racines pétrifiées dans LANGE hiſt. lapi figurat. Helvet. Part. II. Lib. III. Cap. II. p. 54, tab. XIII. DAVILA catal. Tome III. p. 240. & dans pluſieurs autres.

44) J'ai allegué dans mon *Regne des foſſiles* Tome I. p. 187. de la ſeconde Edition les Traités de Mrs. GLEDITSCH, MARGGRAF, GUETTARD, & d'autres, qui appartiennent ici.

l'admixtion de particules martiales. Le bois de Chêne, lorsqu'il a été dans des endroits marecageux, a d'ordinaire pris une couleur noire du terreau, qui s'y est insinué. Il semble aussi qu'une chaleur souterraine est quelquefois la cause de la couleur noire, ce que l'on pretend avoir observé assès distinctement dans le bois pétrifié noir de Joachimsthal. La couleur verte & bleue verdâtre est prise pour une marque de la présence de particules cuivreuses, cependant il y a des Naturalistes qui disent le contraire à l'égard du bois de Cobourg, & qui soutiennent que le bois, se trouvant longtems dans un endroit humide, prend des taches vertes. Je ne veux pas en disconvenir, cependant j'ai été convaincu par plusieurs autres bois pétrifiés, que souvent la couleur verte & bleue provient de l'admixtion du cuivre. 45) A ce sujet il ne faut pas confondre les Opérations suivantes de la Nature. 1. Un bois pétrifié peut prendre une couleur différente simplement par l'admixtion des particules terrestres étrangeres. 2. Quelquefois ce ne sont pas tant les particules terrestres, qui dans le bois pétrifié ont produit une autre couleur, que plûtôt les particules minérales que l'eau a tirées des terres minérales, comme vertes, rouges, bleues &c. & dont elle a été teinte. 3. Quelquefois les particules métalliques entrent dans le bois, lorsqu'il est déja pétrifié & occasionnent par là le changement de la couleur. 4. La couleur des bois métalliques peut être changée en différente maniere par la décomposition, & par l'admixtion de différens acides minéraux.

Ce n'est pas ici l'endroit où il faut donner une description de la structure très artificielle du bois. Il nous faut seulement remarquer, que cette même structure donne au bois non seulement ce que nous nommons croissances annuelles, cercles, traits ligneux, fibres, filets, stries &c., mais aussi les signes caractéristiques, par les quels pous pouvons distinguer une espèce de bois d'avec l'autre, à l'égard des utricules & des tubules qui appartiennent proprement à chaque espèce. Or comme nous avons dit plus haut, que ces traits caractéristiques restent communement dans le bois pétrifié, il n'est pas surprenant, que nous y observions tant de différentes stries, qui se font connoître par une couleur tantôt plus claire tantôt plus obscure. Lorsque le bois a eu des veines plus obscures, lorsque ces traits & ces veines ont été droites, ou bien courbées en arcs dans des morceaux de rameaux, de racines ou de noeuds, ces traits se présenteront de la même maniere dans le bois pétrifié, & l'on observera fort distinctement dans le Regne des Pétrifications les stries plus obscures dans les bois fendus dans leur longueur, de même que les cercles ou les croissances annuelles dans les bois coupés transversalement. Comme cette différence des couleurs produit les traits ligneux & les croissances annuelles, nous trouvons aussi bien souvent dans les bois pétrifiés des stries & des taches, qui à l'égard de leur figure & de leur grandeur doivent provenir d'autres causes. Souvent le tissu fibreux du bois est interrompu tant par des fentes & gersures, que par la putréfaction, dont il naît des cavités & des interstices. L'eau imprégnée de particules terrestres fines s'insinue dans ces cavités, & congèle suivant la qualité de sa mixtion tantôt en pierre de corne, tantôt en Jaspe. De là le bois prend des taches d'une couleur différente, et des veines de Jaspe, de Calcedoine & d'Agate. Lorsque ces cavités se remplissent de terre, cette terre est ou en elle même d'une couleur différente de celle du bois, ou puisqu'elle est teinte de particules métalliques, d'où il naît de même des taches & des stries, qui ne proviennent pas du bois. C'est probablement de cette maniere que sont nées les taches arenacées de couleur d'Amethyste dans une certaine espèce de bois de Chemniz. L'humidité même y a sa part avant la Pétrification, de sorte que le côté du bois, qui avant la Pétrification s'est trouvé dans l'eau ou dans le marais, devient plus obscur que le côté opposé.

L'ancienne figure & forme, que le bois a eue avant la Pétrification, lui donne à present, qu'il est pétrifié, un prix tantôt plus tantôt moins haut. A cet égard on partage les bois pétrifiés en morceaux bruts & en morceaux façonnes. Les premiers sont ou des morceaux isolés, que l'eau a emportés, & qui par le roulement & la friction ont beaucoup perdu de

G 2

leurs

45) Au sujet de la couleur verte du bois de Cobourg on peut lire les *Frankische Samlungen* Vol. VIII. p. 406. 407. Le bois de Zwikau a une couleur jaune & en partie rouge; s'il est ferrugineux, c'est ce que Mr. le Licencié SCHULZE qui en a traité, ne dit pas. voy *Gesellschaftliche Erzehlungen* Tom. I. p. 47. sur le bois bleu verdâtre on peut consulter DAVILA Catalogue Systemat. p. 240.

leurs filets & firies ligneufes autrefois très connoiffables, ou ce font des morceaux qu'on trouve encore dans l'endroit où ils fe font pétrifiés, & il eft naturel, que ceux-ci ont du moins en dehors beaucoup plus de reffemblance avec le bois naturel que les premiers. Ils n'ont en eux mêmes point de forme déterminée, comme il eft aifé à juger, & on en trouve tantôt de grands, tantôt de petits morceaux. Mais à l'egard de la fuperficie, qu'ils prefentent, lorfqu'on les fend dans leur longueur, non feulement les fibres & les firies font différentes fuivant l'efpèce de bois, mais on remarque auffi bien fouvent une différence dans les mêmes morceaux, & lorfque c'eft la même efpèce de bois, fuivant que ce font des parties du tronc. Les uns ont les traits & les firies droits, les autres les ont courbés, & fouvent comme nettement entortillés, & ce font là communement des morceaux de racines. Dans d'autres encore il fe trouve des jets de rameaux en grand ou petit nombre, qui donnent au bois pétrifié, fur tout lorfqu'il eft taillé & poli, une très belle apparence. Les bois façonnés ont fervi autrefois à certains ufages, & ont été ainfi travaillés dans leur état naturel, comme on les trouve à prefent pétrifiés. Ceux-ci font mis, à caufe de leur rareté à un prix beaucoup plus haut que les premiers. C'eft ainfi qu'on a trouvé :

1) Des *buches de bois pétrifiées*, en Voilhynie. Elles avoient tout à fait la forme des buches de bois ordinaires, d'une aune & demi. Les deux extrémités avoient l'air d'un bois fçié ; la Pétrification étoit calcaire. Elles approchoient beaucoup du bois de Sapin. voy. SCHULZE *Betrachtung der verfteinten Hoelzer.* p. 21.

2) Des *ais pétrifiés*. On en a découvert dans un refervoir à Saint-Try dans la Paroiffe de Pammiers. C'étoient des ais de Sapin, qui avoient fervi à border une voûte. voy. Les *Mémoires pour fervir à l'hiftoire naturelle des Provinces de Lyonnois* de Mr. ALLION DULAC, dans le Tome Second des Mineralogifche Beluftigungen p. 441. Mr. VOSMAAR a eu un gros morceau d'un ais de Chêne pétrifié, qui, à ce qu'il paroit, eft d'un vaiffeau brifé, & qu'on a tiré des collines de Sable près de Schevelingen. C'eft là la premiere & l'unique Pétrification, qu'on a découverte jufqu'ici dans ces contrées. voy. *Phyficalifche Beluftigungen* de Berlin, Art. 14. p. 1068.

3) Des *Pals & des Echalas pétrifiés*. ALBINUS *Meifnifche Berg. Chronic.* p. 172. fait mention des derniers, & HERRMANN Maslograph. p. 231. des premiers. Ces Pals appartiennent communement à des ponts qui y étoient autrefois, lorfque ces ponts tombent en ruine & que les pals reflent dans l'eau.

4) Des *morceaux pétrifiés de Poteaux & de Piliers*. On en a découvert près de Lyon, d'un vieux batiment tombé en ruine & enterré. Un morceau d'un pilier élevé au milieu d'une porte, dans lequel on voit encore des veftiges d'un clou, eft confervé dans le Cabinet de l'Academie de Lyon.

5) Des *chevilles & des coins pétrifiés*. Je conferve dans mon Cabinet une pareille cheville pétrifiée, dont cependant je ne faurois indiquer l'endroit, où elle a été trouvée. Mais on y voit fort diftinctement l'ancienne façon pour l'ufage, auquel elle étoit deftinée.

6) Des *manches de haches & de marteaux pétrifiées*. voy les *Ragionamenti della Filofofia paftorale* de l'Abbé REVILLAS, qui ont été inferés dans le Tome Premier p. 112. *fqq.* des *Memorie fopra la Fifica & ftoria naturale di diverfi valentuomini*, publiées à Luques.

7) Des *feaux pétrifiés*. AGRICOLA en fait mention dans fon Livre : *de Natura eorum quæ effluunt e terra.* Il y dit, qu'on a trouvé autrefois dans une vieille miniére des feaux & d'autres vafes de bois, tout à fait changés en pierre. Dans le Cabinet du Prince GONZAGA on montroit autrefois une affiette de bois, dont la moitié étoit pétrifiée, comme l'on voit dans NEIKEL *Mufeographia* p. 201.

8) Des

8) Des *morceaux d'échelles pétrifiés*. Le célébre Mr. de BAILLOU à Florence en posfedoit, & de là ils ont été transférés par lui même dans le Cabinet de l'Empereur à Vienne. C'é- toient des morceaux avec quelques échelons, qui non feulement étoient très pétrifiés, mais aufli couverts d'une concrétion criftalline.

9) *des morceaux de bois pétrifié auxquels tiennent encore des clous de fer*. Il en eft fait men- tion par Mr. DAVILA dans fon *Catalogue Syftématique* Tome II. & par Mr. ALLION DULAC dans les *Mémoires pour fervis à l'hiftoire naturelle des Provinces de Lyonnois*. p. 401. de la Traduction alle- mande, qui fe trouve dans le Tome II. des Recréations minérologiques.

10) *des morceaux de bois pétrifié, qui portent les marques des coups de hache qu'on y a donnés autrefois*. On a obfervé cela dans le bois pétrifié qu'on a trouvé à Adelsdorf dans le Duché de Cobourg. Dans un morceau de racine très connoiffable on a vû fort diftinctement les coups de travers, que les bucherons y avoient donnés en coupant l'arbre. voy. *Fränkifche Sammlungen* Tome VIII. p. 406.

Lorsque nous confidérons le bois pétrifié à l'égard de l'état dans lequel il a été avant fa Pétrification, ce bois étoit ou d'une bonne qualité ou bien gâté. Le premier n'eft ni atta- qué de la putréfaction, ni vermoulu, ni endommagé par quelque violence externe, & tel eft en plus grande partie le bois pétrifié. Dans d'autres bois pétrifiés au contraire on obferve des veftiges fort diftincts, que le bois doit avoir été expofé à différens accidens, avant qu'il ne fut pétrifié. L'un a été écrafé, froiffé, fendu, l'autre a commencé à fe pourrir ou à fe moudre, encore un autre a été percé des vers, & un autre encore a peut-être été changé en charbon par la chaleur fouterraine ou par d'autres accidens, & alors abandonné à la Pétrifica- tion. Il nous faut parler ici de toutes ces efpèces de bois pétrifié.

1) Le *bois froiffé & fendu pétrifié* ne fe trouve que par un fimple hazard, & celui-ci ar- rive rarement, mais d'autant plus font eftimées ces piéces. Elles reffemblent à du bois froif- fé naturel comme un oeuf à l'autre, & on y découvre les echardes les plus fines, nées par la violence qui a froiffé le bois. On a même du bois arénacé, dans lequel on obferve de pa- reils endommagemens, qui fervent à relever le prix d'une telle piéce.

2) Le *bois pourri & pétrifié* fe trouve bien auffi rarement, mais pourtant plus fouvent que le premier. Communement la putréfaction commence, comme l'on fçait, à attaquer la moëlle, & par cette raifon on obfervera dans les morceaux de rameaux, dont la moëlle eft attaquée, que la Pétrification dans le milieu eft moins compacte & plûtot poreufe & com- me cellulaire. D'ordinaire on obferve auffi là une accrétion criftalline, ou du moins plus de fubftance criftalline que dans le refte du bois. Il eft aifé d'en découvrir la caufe. Il nait par la putréfaction dans le bois un grand nombre de cavités, qui deviennent plus grandes, fui- vant le degré de la décompofition, que la moëlle a fubi. Or lorsque l'eau, qui s'infinue, dé- pofe & laiffe dans les parties antérieures du bois les particules terreftres qu'elle charrie, les cavités vuides du milieu fe rempliffent de l'eau pure qui y fuinte, cette eau fe criftallife, de forte que les particules terreftres, qui y font encore, y font comme renfermées & enduites. De là vient que la moëlle reffemble fouvent à un grais quarzeux groffier, mais en même tems compacte. On peut lire fur ces efpèces de bois pétrifié ZIMMERMANN *Anmerkungen zu Henkels Mineralogifchen Schriften* p. 527. et HANOV *Seltenheiten der Natur* Vol. II. p. 155. Nous avons dé- jà dit plus haut, qu'on prend aujourd'hui le foffile de Chemiz nommé *Staarenftein* pour du bois pourri, dans lequel une certaine efpece de Polypes s'eft nichée, & y a conftruit fa loge.

3) Le *bois vermoulu pétrifié*. *Xyloſteum multiforum*, *Lithoxylum multiforum*, *multifora*. Plu- fieurs auteurs en font mention, comme LUID *Lithophyl. Britann.* p. 245. Num. 340. WALLE- RIUS dans fa Minérologie p. 426. BÜTTNER *ruder. Diluv. teft.* p. 189. DAVILA Catalogue Syfté- matique Part. III. p. 245. Num. 340. & RITTER *Supplem. Scriptor.* p. 36. Il y a différentes efpè- ces de cette *multifora*. Quelques morceaux de ce bois femblent être percés par la teigne qui nait dans le bois (*termes*) & ceux-ci reffemblent parfaitement à un bois ordinaire vermoulu. C'eft là probablement où il faut ranger les *morceaux vermoulus dont la forme tortueufe & plifiée*

est exactement semblable à celle d'un ver de terre, comme dit Mr. DAVILA dans son Catalogue Systématique Tome III. p. 245. D'autres font percés par le ver de vaisseau *(teredo navalis)* &
l'on y voit encore les restes des domiciles testacés de ces vers, comme le remarque Mr. DA-
VILA p. 241. D'autres encore ont des cavités vermiculées remplies de Cristal. Probablement
ces cavités font aussi faites par les vers, & l'eau, qui s'y est insinuée & arrêtée, s'y est cri-
stallisée par la congélation. Cependant il ne faut pas pour cela prendre toutes les cavités d'un
bois pétrifié remplies de Quarz & de Cristal, pour des trous que les vers ont faits autrefois.
Souvent ce n'est qu'un bois simplement mouliné qui a pris quelque ressemblance avec du bois
vermoulu. Si parmi les pierres de Chemnitz nommées *Starenstein* il n'y auroit pas aussi des
bois qui eussent été autrefois des domiciles de vers testacés, comme de Polypes, c'est une
question qu'il faudra encore examiner à l'avenir avec plus d'exactitude.

4. Il y a enfin aussi des espèces de bois pétrifié, qui avant de subir la Pétrification, ont
pris par la chaleur souterraine quelque substance charbonneuse. Il ne nous faut pas confondre
ici les Lithantraces, qui consistent en une terre pénétrée d'un bitume & durcie en pierre, avec
les charbons fossiles, ni ceux-ci avec le *Lignum fossile bituminosum,* qui souvent est noir comme
un charbon, ni celui-ci avec les charbons pétrifiés. Nous ne nous occupons ici que de ces
derniers. Les charbons ne se pétrifient pas aisément. Par cette raison on trouve quelquefois
renfermés des charbons qui n'ont subi aucun changement, dans des pierres calcaires, lorsqu'on
les met en pièces, pierres qui pourtant nous présentent pétrifiés tous les autres corps
qu'elles renferment en même tems. Cette observation est juste, mais il n'est pas encore tout
à fait décidé d'où naît cette difficulté? Probablement les conduits fins & souvent imperceptibles, par lesquels l'eau introduit les particules terrestres, dont elle est imprégnée, sont-
ils bouchés dans un charbon par la poussière charbonneuse, de sorte que l'eau ne peut pas
s'insinuer facilement & y introduire les particules terrestres étrangères. En revanche les interstices que le feu a causés en les brulant, sont trop grands pour que les particules terrestres
qui se sont peut-être insinuées, puissent s'y précipiter & s'attacher. L'eau qui s'insinue dans
la suite, emporte plutôt successivement les particules terrestres qui pourroient y être restées,
& la poussière charbonneuse, & de cette maniere les cavités grandissent toujours peu a peu,
jusqu'à ce que le charbon, dont les particules sont légères & peu cohérantes, soit dissout
successivement par l'eau. La cohésion trop foible des particules du charbon l'empeche de devenir une Pétrification compacte. Cependant il y a certains corps, qu'on prend pour des
charbons pétrifiés, & ceux-ci sont d'une double espèce. Quelques morceaux de charbon
n'ont, dans un certain sens, subi aucun changement, & alors ils se trouvent ou, comme une
autre Pétrification, dans une matrice, souvent d'une pierre assés compacte, ou il s'est déposé
entre les fentes & les gerfures du charbon une substance spathique, & c'est précisément le
fluide, qui s'étant insinué, auroit changé le corps en Pétrification, s'il en avoit été susceptible.
D'autres morceaux de charbon font connoître par leur dureté & par leur pesanteur, qu'ils
ne font pas tout à fait restés sans changement, mais en les examinant de près l'on observera
aussi qu'ils n'ont pas tout à fait été changés en charbon, mais qu'ils n'ont pris qu'en dehors
quelque substance charbonneuse, & que les filamens & les fibres, qui se trouvant dessous, ont
retenu assés de force & de cohésion pour admettre entre elles, sans se dechirer, les particules terrestres, que l'eau y a introduites.

Nous croyons avoir rapporté & décrit toutes les espèces de ces corps, qui appartiennent
aux bois pétrifiés. Il nous faut à présent dire quelque chose au sujet de leur couche, des
endroits où ils se trouvent, & des auteurs qui en ont traité. Quant à la couche, les mêmes
remarques que nous avons rapportées plus haut sur la couche des troncs, trouvent lieu ici à
l'égard des morceaux de bois pétrifié qu'on tire du sein de la terre. Cependant il faut ajouter
encore une observation. La voici: Il arrivera fort rarement qu'on trouve des coquilles pétrifiées ou d'autres corps marins pétrifiés mêlés avec les bois pétrifiés, ou entassés les uns fur
les autres. Pour moi j'en ai rencontré fort peu d'exemples. L'un se trouve dans SCHEUCH-
ZER. a) C'est un morceau de bois pétrifié, qui porte une huitre pareillement pétrifiée. Il a
été

____
a) Oryctogr. Helvet. p. 240.

été trouvé en Normandie. Probablement c'est un morceau d'un vaisseau brisé, d'où l'on peut connoître la maniere, dont il a pu venir en compagnie avec l'huitre. L'autre se trouve dans DAVILA a) & vient de Besançon. C'est un morceau de bois pétrifié, où sur un côté il y a des Vermiculites (*tubes vermiculaires*) pareillement pétrifiés. Il semble de même être d'un vaisseau, au fond & aux parois duquel ces vers de mer testacés aiment à s'attacher. Les morceaux de bois percés par le ver marin (*teredo navalis*) & petrifiés dans la suite, que nous avons décrits plus haut, sont de la même qualité. Dans le même auteur, savoir Mr. DAVILA, il est fait mention d'un bois pétrifié, sur lequel il y a une Ammonite. Outre ces exemples je ne me souviens pas d'avoir lû quelque chose des bois pétrifiés, mêlés avec des corps marins pétrifiés.

Mais quelle est la cause de cette observation? Il en faut inférer que les corps marins pétrifiés sont passés dans le Regne des fossiles dans un autre tems & par un autre accident que les bois pétrifiés. Ceux-ci sont restés d'ordinaire sur la terre ferme, dans le même endroit où ils étoient, & lorsque cette contrée a été enfoncée par des debordemens particuliers de riviéres, ils sont restés dans le sein de la terre sans aucune societé avec les coquilles. Lorsque la mer a fait des dégats, & jetté & enfoncé sur la terre ferme des coquilles, les morceaux des vaisseaux brisés ont flotté en haut, & par conséquent ne se sont guères mêlés avec les coquilles qui vont plus bas. Si nos montagnes remplies de Pétrifications étoient ci-devant des montagnes dans la mer, sur lesquelles les coquilles se sont entassées successivement, les debris des vaisseaux brisés ont flotté par dessus, & par conséquent n'ont point été entremêlés avec les coquilles enfoncées qui couvrent le fond de la mer. On pourroit faire un Catalogue assés considerable des endroits où l'on a trouvé jusqu'ici des bois pétrifiés, ou bien où l'on en trouve encore. Il seroit seulement à souhaiter que les auteurs en faisant mention de certains bois pétrifiés trouvés dans telle contrée, ou bien en les décrivant, eussent en même tems remarqué si dans tel endroit on en a trouvé une quantité considérable, ou bien quelque peu de morceaux isolés. Car souvent un morceau de bois a été enfoncé par accident dans la terre, & y a pris une situation propre à la Pétrification. Or quand on trouve un pareil bois, l'on ne peut pas encore, pour cette seule piéce, ranger cette contrée parmi celles, qui fournissent des bois pétrifiés.

En Allemagne le bois de Cobourg, de Chemniz & de Kyshausen s'est fait préférablement connoître. Dans les *Fränkische Sammlungen* & dans les *Physicalische Belustigungen* nous trouvons des traits particuliers sur le bois pétrifié de Cobourg, dont nous parlerons en rapportant les auteurs. Ce n'est pas une seule espèce de bois qu'on y a trouvée, mais bien des morceaux pétrifiés de Chêne, de Hêtre, de Pin, de Pommier sauvage, de Sorbier & de Prunier, & même en partie en considérable quantité & en gros morceaux de troncs. Ce bois merite la préférence sur celui de Chemniz en ce qu'avec le même degré de dureté il presente beaucoup plus distinctement le tissu ligneux que celui de Chemniz, où souvent l'on croit voir plûtôt du Jaspe & de l'Agate que du bois agatisé. Les bois de Bamberg approchent beaucoup de ceux de Cobourg à l'égard de l'espèce de bois & de Pétrification. Les espèces des bois pétrifiés de Chemniz ont de même été décrites par des auteurs en particulier comme les bois de Cobourg; aussi ces bois meritent-ils préférablement d'être examinés & décrits, vû qu'on y trouve plusieurs particularités, qui doivent être plus éclaircies, comme l'on voit par ce que nous venons d'en dire plus haut. Au reste ils ne sont ni de la même espèce de bois ni de Pétrification, & il y en a toujours une espèce plus dure, moins compacte ou plus cristalline que l'autre. Dans le bois de Kyshausen on voit la structure ligneuse naturelle plus dans les troncs entiers que dans les petits morceaux. Il est de la dureté de Jaspe & en même tems ferrugineux. On le trouve là en considérable quantité, & même en troncs entiers, qui, à ce qu'on dit, sont tous horisontalement couchés dans la montagne. S'il en est ainsi, il en nait la question, comment ils ont obtenu cette situation?

H 2

Dans

a) Catalogue raisonné Tome III, p. 241.

Dans d'autres contrées de l'Allemagne on a de même déterré des bois pétrifiés, & fouvent en confidérable quantité. On peut lire fur les bois de Noremberg MAIER *Oryctographia
Norica*, fur ceux de Zwikau SCHULZE *Gefellfchaftliche Erzählungen* Tom. I, fur ceux de Goslar
& de Calenberg RITTER dans les Oryctographies de ces contrées, fûr ceux de Harzburg MAIER
dans les *Braunfchweigifche Anzeigen* de l'an 1766. fur ceux de Francfort fur l'Oder CARTHEUSER
Oryctographia Viadrina. Les bois pétrifiés qu'on trouve à Halle, font décrits dans l'*Oryctographia Hallenfis* de Mr. le D. SCHREBER. La Silefie, la Boheme & l'Hoogrie nous fournissent de
même différentes efpèces de bois pétrifié remarquables à tout égard. Nous avons déjà traité plus haut fous le nom de bois pétrifiés de VOLKMANN, des bois de Silefie que VOLKMANN
a décrits dans fa *Silefia fubterranea*, & nous avons remarqué en même tems, que du moins
en plus grande partie ceux, que VOLKMANN a donnés pour des bois pétrifiés, étoient bien des
Pétrifications mais point des bois pétrifiés. Les bois de Boheme font en partie d'une fubftance calcaire & ferrugineufe & prefentent fort diftinctement le tiffu ligneux. Le bois d'Hongrie a communement la dureté de Jaspe, & c'eft celui qui eft le plus beau de tous les bois de
ce pais. Il eft de couleur brune, brunâtre & en partie rougeâtre, & le tiffu fibreux effentiel
au bois y eft en particulier très apparent. Outre cela il y a là des morceaux de bois pétrifié,
dont une partie femble être du bois blanc calcaire, dont les filets & les ftries font fortes &
vifibles, & l'autre qui eft deffous, femble être du bois agatifé. Ce dernier reffemble à la
plus dure & la plus belle Agate, & il y en a deux efpèces. L'une ne femble être qu'un fimple
rempliffage dur & Spathique; frappée avec l'acier elle ne donne point de feu, & les ftries &
les filets qu'on y voit, ne proviennent pas du bois, mais de la maffe Spathique, qui s'y eft dépofée en confiftence fluide & s'eft congelée dans la fuite. L'autre efpèce eft plus dure, &
dans celle - ci le bois eft veritablement agatifé, de forte que les ftries font nées des accroiffe-
mens annuels, qui paroiffent fur le bois. Autant que je fai, le bois pétrifié de Boheme de
même que celui d'Hongrie n'a pas encore été exactement décrit fuivant toutes fes particularités & fes différentes efpèces.

Le Catalogue Syftematique & raifonné de M. DAVILA nous fait connoître plufieurs endroits & contrées de la France, où l'on a déterré du bois pétrifié. SCHEUCHZER s'eft occupé
de la Suiffe à cet égard & nous a communiqué dans fon *Oryctographia Helvetica* une Lifte des
endroits qui ont fourni des bois pétrifiés & des bois foffiles. Mr. BERTRAND a fait cela en particulier à l'égard du pais de Berne, dans fon *Effai fur les ufages des montagnes*, du quel on a
inféré une Minérologie du Canton de Berne en abregé dans le Tome Second des Recréations
Minérologiques. De l'Italie nous connoiffons ceux de Vérone par le Catalogue de SPADA
p. 52. LUID dans fon *Lithophylacium* a rapporté les bois pétrifiés d'Angleterre, & *Jaques Simon* a expliqué ceux d'Irlande, dans un Traité qui a été inféré des Tranfactions Philofophiques dans le Second Volume du *Hamburg. Magaz.* En Hollande on n'a rien découvert jufqu'ici qu'un ais pétrifié près de Schevelingen, dont il fe trouve une defcription dans l'Article
XXIV. des Recréations Phyfiques de Berlin. En Suede les bois pétrifiés font auffi une rareté,
à ce que BROMEL nous affûre dans fa *Lithographia Suecana*. Nous aurions bien pu indiquer un
plus grand nombre d'endroits & de contrées en Allemagne & hors de l'Allemagne, riches en
bois pétrifiés, fi nous avions eu deffein de faire des extraits des Oryctographies particulières.
Ce n'étoit pas la notre propos. Quiconque fouhaite à ce fujet une information plus détaillée,
n'a qu'à lire ces Ouvrages mêmes.

Il y a différens auteurs, qui ont donné des informations, en parti dans de petits Ouvrages & Traités particuliers, tant au fujet des bois pétrifiés en général, que fur l'une ou fur l'autre efpèce de bois dans le Regne des foffiles. Nous allons les indiquer ici fuivant l'ordre chro-
nologique du tems, où ils ont vecu & écrit. Il faut donc rapporter ici:

1) *Robert* HOOKE. Il a publié à Londres l'an 1667. in folio: *Micrographia, or fome Phy-
fiological defcriptions of minute bodies made by magnifying glaffes.* Dans cet Ouvrage un peu rare

aujourd'hui il traite auffi du bois pétrifié. Nous le rapportons ici uniquement puisqu'il eft le premier parmi les auteurs moins anciens, qui ait prêté quelque attention aux bois pétrifiés.

2) l'Abbé *de la* ROQUE. Nous tenons de lui: *Zodiacus Medico - Gallicus, five Mifcellanea curiofa Medico - Phyfica*, publié par Tomes à Geneve l'an 1680. in 4. C'eft un Recueil de différens petits traités & remarques, particulierement fur la Medecine, la Phyfique & l'hiftoire naturelle. Dans l'année quatriéme il y a auffi une remarque fur un morceau de bois pétrifié & fur d'autres Pétrifications.

3) *Philippe de la* HIRE. Il a décrit dans un Traité particulier un morceau de tronc d'un Palmier pétrifié. Il porte le titre: *Defcription d'un tronc de Palmier pétrifié, & quelques reflexions fur cette Pétrification*, & fe trouve inféré dans les Memoires de l'Academie des Sciences de Paris de l'an 1692.

4) *Jean Cafpar* WESTPHAL, qui a fait inférer dans les Ephemerides Naturæ Curioforum Dec. II. Ann. p. 538. un petit Traité fous le titre: *Lignum Quernum in metallum & Vitriolum tranfmutatum.*

5) *Jean Jaques* SCHEUCHZER, duquel il faut de raifon rapporter ici l'*Herbarium Diluvianum* à Zurie 1709. & à Leyde 1723. in fol., vû que pag. 40. fqq. il a traité prolixement des bois pétrifiés. Il déduit comme l'on fçait, du Déluge l'origine de toutes les Pétrifications.

6) *Balthafar* EHRHARDT, fur une grande quantité de bois pétrifié qu'on a trouvé à Altfattel en Boheme. Ces Reflexions fe trouvent dans l'Effai XXXIII. des Recueils des Breslau de l'an 1725. Dans l'Effai IX. de ces Recueils de l'an 1719. on trouve auffi un Avis fur un bois pétrifié qu'on a trouvé.

7) *Jean George* LIEBKNECHT. Un arbre pétrifié ferrugineux trouvé dans le Comté de Laubac a fourni l'occafion à ce Savant de publier à Giefsen l'an 1719. in 8vo le Traité fuivant: *Difcurfus de Diluvio maxima occafione latente nuper in Comitatu Laubacenfi, & ex mira metamorphofi in mineram ferri mutati ligni.* Il a publié une nouvelle Edition augmentée de ce Traité à Giefsen 1730. in 4to fous le titre: *Hagia fubterranea fpecimen.*

8) *Jean Philippe* BREYN. Nous tenons de lui: *Obfervatio de ligno olim a teredinibus marinis exefo, dein petrefacto, & non ita pridem in monte prope Gedanum reperto.* Elle fe trouve dans le Commerc. Litterar. Noric. de l'an 1731. pag. 387. fqq.

9) *Geofroi* LANGHANS dans un Traité particulier fur un arbre pétrifié, comme une marque du Déluge univerfel. à Landshut 1736. in 4to.

10) *Jaques* SIMON, duquel la lettre, qui appartient ici, addreffée au Préfident FOLKES fe trouve dans les Tranfactions Philofophiques Num. 58. Art. 8. Il y traite des Pétrifications de Lough Neagh en Irlande, c'eft à dire des bois pétrifiés qu'on y a trouvés. A cette lettre eft jointe une autre de l'Eveque BERKLEY fur le même fujet. La lettre de Mr. SIMON eft intereffante, fur tout en ce qui regarde la doctrine de l'origine des bois pétrifiés.

11) *David* FRENZEL., Avis en abregé fur les bois pétrifiés & autres Curiofités naturelles des environs de Chemniz, dans le Premier Volume des *Neuen Verfuche nüzlicher Sammlungen zu der Natur- und Kunft-Gefchichte von Ober-Sachfen* p. 505.

12) *Tob. Charles* HOEFE; lettre qui contient quelques Reflexions & Obfervations phyfiques particulierement fur le bois pétrifié de Cobourg. Elle fe trouve dans l'Art. IX. des Recréations Phyfiques de Berlin p. 701.

13) *Chrêt. Charles* REICHEL, duquel nous tenons un Traité: *De Vegetabilibus petrefactis,* publié à Wittemberg 1751.

14) *Chrét. Fred.* SCHULZE. Ce savant Naturaliste a bien mérité de l'histoire naturelle des bois pétrifiés de plus d'une maniere. L'an 175.. il publia à Dresde in 4to. *Betrachtung der versteinten Hölzer*, où il a traité avec beaucoup de solidité de leur origine, différences spécifiques & autres qualités. Un extrait de ce Traité se trouve dans le Volume XV. du *Hamburg. Magaz.* p. 354. Dans la suite il fit inférer dans le Tome I. des *Neuen gesellschaftlichen Erzehlungen für die Liebhaber der Natur-Lehre*, pag. 42. un Avis sur les empreintes d'herbes & les bois pétrifiés trouvés près de Zwikau. A la fin il donna des informations agreables sur les environs de Chemniz, & les fossiles qui s'y trouvent, où il profita de l'occasion d'examiner & de décrire exactement les bois qu'on nomme *Staarenhölzer*. C'est ce qu'il fit dans le Vol. II. du *Dresdner Magaz.* p. 260. sqq. Le Traité de Mr. SCHULZE & la lettre de Mr. SIMON ci-dessus allegués, sont les meilleurs ouvrages que nous ayons jusqu'ici sur les bois pétrifiés.

15) MUSSARD *Idée nouvelle sur la converfion du bois en pierre*, se trouve dans le Mercure de France de l'an 1754. Mois de Mai p. 144. sqq.

16) *Michel Chrét.* HANOV. Dans le Tome II. de ses *Seltenheiten der Natur und Oeconomie* p. 155. sqq. il y a différentes remarques sur le bois pétrifié & pourri & p. 178. il est traité des coquilles pétrifiées qui s'attachent au tour du bois.

17) D'un Anonyme: Avis sur la Pétrification du bois, qui se fait en peu de tems. Il se trouve dans le Volume II. des *Frænkifche Samlungen* p. 93. & concerne la question, si l'on peut artificiellement convertir le bois en pierre en peu de tems. L'auteur le soutient & propose pour cela deux moyens.

18) D'un autre Anonyme: Avis assuré sur un arbre converti en pierre. C'est cet arbre qui a été trouvé en 1751. à Chemniz & transporté dans le Cabinet de Dresde. Ce beau traité est inséré dans le Volume I. *Dresdner Magaz.* p. 39.

19) *Jean Henri Gottlob* de JUSTI, qui dans les *Neue Wahrheiten zum Vortheil der Natur-Kunde*, a donné un Traité bien solide sur la maniere dont le bois se pétrifie.

20) *Henri Chrét.* EYDAM, qui a fait inférer dans le Volume VIII. des *Frænkifche Samlungen* p. 399. un Avis sur des pierres ligneuses, qu'on a trouvées. Il comprend sous ce nom les bois pétrifiés, & particulierement ceux de Cobourg, qu'on a trouvés, il y a quelques ans, à Adelsdorf.

Sur le bois fossile bitumineux (*lignum fossile bituminofum*) nous avons les auteurs suivans:

1) *Matthias Zacharie* BILLINGEN, dans un Traité particulier: *de Bitumine & Ligno bitumino-fo fossili*, publié à Altenbourg l'an 1674. in 8vo.

2) *François* STELLUTI, dans un Traité Italien: *Dal legno fossile minerale, nouvamente fcoperto*. A Rome l'an 1637. in fol. Il y en a une Traduction latine dans les *Ephemerides Naturæ Curioforum* Dec. I. ann. 3. p. 606.

3) *Joseph* MONTI, qui a fait inférer une Dissertation: *de Lignis fossilibus* dans le Vol. III. des *Aǽ. Bononienf.* p. 241.

4) *Philippe* BUNTINO, qui a publié à Halle en 1693. in 12. un Traité sous le titre: *Sylva fubterranea.*

5) *Fred. Auguft.* CARTHEUSER, *Samlang vermifchter Schrifften aus der Natur-Wiffenfchaft, Chymie* u. s. w. p. 182.

La connoissance des bois pétrifiés a été sujette à moins de changemens & moins de vicissitudes, que la Conchyliologie & autres corps dans le Régne des Pétrifications. Les Naturalistes Grecs de même que les Romains n'ont pas ignoré ni les bois pétrifiés ni les incrustés, comme il conste par PLINE, 1) mais il semble qu'ils n'en ont pas fait grand cas, & c'est là la raison

---

1) Lib. II. Cap. 106.

raiſon pourquoi l'on ne trouve preſque rien à leur ſujet dans les anciens auteurs. PLINE à la verité fait mention de l'Elatite & de la Dryite, noms qu'on donne aujourd'hui au bois de Sapin & de Chêne pétrifié, cependant toutes les circonſtances prouvent, qu'il ne comprend pas par là des eſpéces de bois pétrifié. Dans les Siecles ſuivans perſonne ne ſe mettoit en peine non plus de ces Productions de la Nature, & cela continua jusqu'à ALBERT le GRAND dans le treiziéme ſiecle. Celui-ci croyoit 1) que le bois ſe pétrifioit dans l'eau, & il rapporte auſſi, que près de Lubec on a trouvé un grand rameau avec un nid, & les oiſeaux qui y étoient, changés en pierre roûgeâtre. Comme dans la ſuite il fait même un conte d'un gant pétrifié, on en peut inférer, qu'il n'a pas bien connu encore la veritable différence qu'il y a entre une Incruſtation & une Pétrification, où il ſemble que PLINE même s'eſt trompé, lorſqu'il parle des *Lapideſcentia folia.*

Dans le ſeiziéme ſiécle le ſavant AGRICOLA fraya le chemin à la connoiſſance des Pétrifications. Il ſoutient dans les termes les plus expreſſifs la Pétrification du bois, 3) & il décrit les troncs qu'on a trouvés de ſon tems. GESNER fit la même choſe, 4) & en même tems il commença d'indiquer les eſpéces de bois pétrifié alors connues, & c'étoit du bois de Sapin, d'Aûne, de Hêtre & de chêne. KENTMANN 5) en fit tout autant & s'engagea même de changer le bois en pierre en trois ans de tems. IMPERATI 6) remarque le premier l'eſpèce de pierre en laquelle le bois étoit changé, & dit que quelque bois étoit calcaire, un autre de la dureté de Jaſpe & quelquefois pyriteux. Il communique auſſi des figures de troncs, comme GESNER en donna de morceaux de bois iſolés.

Dans le dix-ſeptiéme ſiecle la doctrine d'ARISTOTE de la *Generatio æquivoca* donna, comme l'on ſçait, la premiere occaſion de prendre les Pétrifications pour des Jeux de la Nature, & ainſi le bois pétrifié fut auſſi pris de quelques uns pour un pareil Jeu de la Nature, comme il conſte par ALDROVANDI 7) & VALVASOR. 8) Cependant cette opinion n'eut gueres d'approbation à l'égard des bois pétrifiés, même de ceux qui d'ailleurs étoient addonnés à cette doctrine ſinguliére, vû qu'on connoiſſoit l'analogue trop bien & beaucoup mieux que les coquilles de mer, & que par là on pouvoit, à l'aide des ſens, beaucoup mieux comprendre la parfaite convenience avec les morceaux pétrifiés, que dans d'autres corps moins connus. C'eſt ainſi que LISTER en Angleterre acheva de nous convaincre de la certitude de la Pétrification en préſentant à l'œil du Naturaliſte ſur des Planches bien gravées les coquilles pétrifiées avec leurs analogues. Pour le bois on l'avoit & le voyoit par tout, & par conſéquent un chacun pouvoit lui même trouver l'analogue des morceaux pétrifiés. C'étoit bien là la raiſon de ce que la plus grande partie des bois pétrifiés n'a pas eu le ſort d'être priſe pour un Jeu de la Nature, & pourquoi les auteurs après ALDROVANDI, par ex. HOOKE, *de la* ROQUE, CRIMMI, WESTPHAL, *de la* HIRE & d'autres, préciſément dans le tems, où tant de Jeux de la Nature voltigeoient devant les yeux des Naturaliſtes, ne ſongeoient a rien moins qu'aux Jeux de la Nature, lorſqu'ils préſentoient aux curieux de leurs tems des eſpèces de bois pétrifié, qu'on avoit trouvées. Cependant ces corps étrangers du Regne des foſſiles n'excitérent gueres leur attention, & cela continua juſqu'à la fin de ce ſiécle. Dans ce tems le célébre LEIBNIZ publia dans les *Act. Eruditor. Lipſienſ.* ſon Plan d'une *Protogea*, &, comme nous voyons particuliérement par l'Edition de Scheid publiée dans la ſuite, il fut un des premiers, qui regarda ces Pétrifications de même que les autres, avec des yeux tous autres que ſes Prédéceſſeurs. Il prêta auſſi ſon attention aux bois qu'on avoit trouvés tant foſſiles que pétrifiés, pour déduire de ces opéra-

I 2

tions

a) Lib. I. mineral. Tract. I. Cap. 7.

3) Lib. III. *de Ortu & cauſis ſubterran.* p. 507. comparé avec Lib. VII. *de Nat. foſſl.* p. 635.

4) *De fig. lap.* p. 124. ſqq.

5) *Nomenclat. foſſil.* p. 29.

6) *Hiſt. nat.* p. 754.

7) Muſ. metall. Lib. IV. p. 848.

8) *Æbre des Herzogthums Crain.* Tom. I. Lib. IV. Cap. II. p. 677.

tions de la Nature des verités Cosmologiques. LUID fut le dernier, en publiant son *Litho-
lacium Britanicum*, dans lequel il rapporta bien différens bois pétrifiés, mais sans y alléguer
exactement les Caractéres. C'est bien le premier qui a introduit le nom de Lithoxylon dans
la Lithologie. Car dans les ouvrages de ses Prédécesseurs je n'ai point trouvé ce nom.

Dans le dix-huitiéme siécle LANGE, 9) BAIER, 10) & SCHEUCHZER 11) furent les premiers
qui prêtérent quelque attention aux bois pétrifiés. C'est particulièrement SCHEUCHZER qui fit
cela, & qui de tous en traita le plus prolixement, mais qui cependant suivant son Hypothése
favorite, prit tout le bois, qui se presentoit pétrifié, pour des restes du Déluge. Plus dans
les années suivantes on découvroit de bois & de troncs pétrifiés, plus les curieux firent des
observations lithologiques sur les piéces qu'on avoit trouvées, & enrichirent par là la connoissance lithologique au point que dans les derniers cinquante ans cette partie de la Lithologie
fut elevée à un degré asses haut de perfection. Quelques uns ont taché de prouver par les bois
pétrifiés la réalité de la Pétrification contre les partifans des Jeux de la Nature, & c'est ce
que BÜTTNER 12) a fait en particulier. D'autres ont indiqué dans leurs Oryctographies &
les ouvrages qui s'y rapportoient, les bois pétrifiés & leurs différentes espèces, qu'on a trouvés en chaque pais, comme SCHEUCHZER, 13) HERRMANN, 14) VOLKMANN, 15) KUNDMANN
16) BRÜKMANN, 17) RITTER, 18) SCHERER, 19) où il faut rapporter aussi les Descriptions
des Cabinets ou les *Müsium*, particuliérement celui de *Hofmann*, de *Richter* & de *Linck*.
D'autres encore ont trouvé dans différentes espèces de bois pétrifié tant de choses remarquables,
qu'ils ont jugé dignes d'etre décrites dans des traités particuliers, & c'est ce qui a été fait par
EHRHARDT, LIEBKNECHT, FREYN, LANGHANS, FRENZEL, HOPPE & EYDAM 20). Encore d'autres ont taché de mettre à profit les observations particulières contenues dans de pareils ouvrages, pour déterminer par là avec plus de justesse, qu'on n'avoit fait jusqu'alors, l'origine
des bois pétrifiés, & d'éclaircir la naissance & la qualité de ces Pétrifications, & c'est la l'objet dont SIMON, 21) SCHULZE, 22) & MUSSART 23) se font principalement occupés. Toutes
ces occupations dans l'histoire naturelle des bois petrifiés servirent encore à d'autres Naturalistes d'une double maniere. Quelques uns 24) essayérent à present de comparer les bois
pétrifiés avec les naturels pour voir, tant quelles espèces de bois on n'avoit pas encore trouvé
pétrifiées, que pour savoir si parmi les espèces trouvées il y en avoit quelques unes, qui ne
naissent pas en Europe, observations d'autant plus utiles a l'égard des Plantes pétrifiées, plus
l'influence est interessante qu'elles ont sur le systéme des causes des Pétrifications & des Cata-
strophes de nôtre Globe. D'autres ont corrigé & enrichi les Systémes de Lithologie par les
découvertes qu'on avoit faites dans les bois pétrifiés, & les descriptions qu'on en avoit publiées, & ils ont proposé en plus grande perfection & avec plus de solidité qu'on n'avoit fait
jusqu'alors, la doctrine de la Pétrification du bois & des différentes espèces de cette Pétrification, comme l'on voit dans les ouvrages de WALLERIUS, GESNER, VOGEL & d'autres. Voici

jusqu'où

9) Hist. lapid. figurat. Helvet. p. 54.
10) Oryctographia Norica.
11) Dans son *Herbarium diluvianum*.
12) Ruder. Diluv. test. p. 189.
13) Oryctogr. Helvet. p. 230. sqq. comparé avec son Mus. Diluv. p. 6.
14) Maslograph. p. 251.
15) Siles. subterran. p. 93. sqq.
16) Promptuar. p. 241.
17) Dans plusieurs de ses Epitres Itineraires.
18) Oryctogr. Goslar, & Calenberg.
19) Dans sa *Lithographia Halensis*.
20) Nous avons allegué plus haut les ouvrages de ces auteurs.
21) Transact. Philosoph. Num. 38. Art. 8.
22) *Betrachtung der versteinten Hölzer*, à Dresde l'an 1754 in 4to.
23) Mercure de France, l'an 1754. Mois de Fevrier. p. 144. sqq.
24) C'est ce que Mr. BERTRAND a fait en particulier dans son Dictionnaire des fossiles Tome III. p. 101.

jusqu'où cette doctrine est avancée jusqu'à present. Ceux qui viendront après nous, auront peut-être occasion d'examiner encore en particulier dans le Regne des fossiles les espèces de bois étrangeres & inconnues, qui ne se trouvent point en Europe, & de faire outre cela plusieurs nouvelles observations Cosmologiques sur la situation des troncs & des bois qu'on a trouvés. Parmi les bois, qu'on a decouverts jusqu'ici, ceux qu'on nomme *Staarenholzer*, pourroient bien encore avoir besoin d'être mieux éclaircis.

Nous venons à present aux bois représentés dans cet ouvrage, & nous en donnons l'explication suivante.

PLANCHE α.

Num. I. Un morceau de bois, probablement d'Eglantier, changé en pierre très dure. Les filamens & les fibres ligneuses se presentent ici fort distinctement. Il est de la Ferrere dans le Piémont. Mr. le Professeur d'ANNONE Possesseur de cette piéce dit que l'espèce de pierre est une substance de caillou, & nous supposons par la qu'elle doit avoir pris une dureté de Jaspe par le fluide cristallin qui s'y est insinué, car aucun bois ne peut prendre dans la Pétrification la substance d'un caillou proprement dit, vû que la base de toute pierre qui porte proprement le nom de caillou, est un sable fin ou plûtôt un sablon. Un bois peut bien devenir arénacé, mais il n'aura jamais la substance de caillou, qui nait du sablon le plus fin & d'un fluide cristallin, vû que dans le bois il reste toujours une quantité de particules terrestres.

Num. 2. Ce morceau ressemble beaucoup au bois de chêne, mais il est préférablement remarquable, puisque d'un côté il a encore retenu sa substance parfaitement ligneuse de l'épaisseur d'une ligne & demi & que le reste a été converti en une pierre de substance de caillou (Jaspe) entrelacée de veines quartzeuses, comme il arrive souvent dans les Charbons de terre. La partie ligneuse est un peu bitumineuse, se met aisément en piéces, & les petits morceaux qui en tombent, brulent à la chandelle & se changent en charbon. Ce morceau est de *La Morra*.

PLANCHE ß.

Num. 1. & 2. sont les mêmes piéces representées de l'autre côté. Elles font voir l'une & l'autre sort distinctement leur tissu ligneux.

PLANCHE γ.

Num. I. est une piéce fort belle & instructive, vû qu'on y peut observer différentes espéces & degrés de Pétrification. En dehors & jusqu'à trois ou quatre pouces en dedans elle est crétacée, mais en même tems fort compacte, plus avant en dedans la substance crétacée devient plus compacte, le reste, qui fait la plus grande portion de la piéce, est agatisé ou de substance de Jaspe. Nous en inférons que cette piéce a été dissoute en ses particules les plus fines, par conséquent devenue comme argilleuse, & que dans la suite elle a pris la dureté d'Agate ou de Jaspe par le fluide cristallin, qui s'est insinue. voy. plus haut pag. 28. La surface inférieure est representée

Num. 2. par cette raison, puis qu'on y observe fort clairement les différentes espéces de Pétrification, & qu'on peut en même tems remarquer très distinctement le tissu fibreux & lamelleux du bois. Ce morceau semble être une espèce de Pin. Il est de *Le Ferrere*.

PLANCHE δ.

Un bois de substance de Jaspe qui a beaucoup de ressemblance avec le bois de Hêtre tiré du lit de la Birsig, riviere près de Bâle. Nous avons déja remarque plus haut, que le bois & sur tout les espéces plus dures peuvent se pétrifier & se pétrifient effectivement aussi bien dans l'eau que dans le sein de la terre,

Tome III.

PLANCHE 1.

Num. 1. & 2. Un morceau de bois pétrifié, en apparence de Sapin. Cette espèce de bois ne se trouve pas trop frequemment pétrifiée, vû que les particules résineuses, qui lui sont essentielles, empechent communement les particules terrestres étrangéres de s'insinuer. Ce morceau presente fort distinctement ses croissances annuelles. Il n'est que de la dureté de marbre; il est calcaire, & de la Birse.

PLANCHE 2 et 3.

Ces deux Planches presentent un morceau de bois de deux côtés. L'ecorce extérieure est de Substance de Jaspe; la Substance interne est pénétrée d'un Quartz qui en plusieurs endroits a formé de petits cristaux. Nous avons expliqué plus haut en detail la maniere dont cela se fait. Ces morceaux ont eu en dedans beaucoup d'interstices vuides, & en même tems une situation tranquille, non pas dans l'eau mais dans le sein de la terre. L'ecorce extérieure est aussi garnie parci par là de grains quartzeux. Ce morceau est du Piémont.

PLANCHE 4.

Num. 1. Un morceau de bois pénétré d'un bitume, qui ressemble à un Jayet, qui a un beau brillant, & porte d'un côté la marque d'un rameau cassé. De Friedethal.

Num. 2. ressemble beaucoup à du bois de Noyer, la substance ligneuse, la couleur & le brillant naturel se font presque parfaitement conservés ici, mais la pesanteur fait connoitre, que ce morceau est déjà parvenu à quelque degré de Pétrification. Du Piémont.

Num. 3. Un morceau de bois gypseux, sur lequel il s'est formé des cristaux gypseux: de même du Piémont. Sur les deux derniéres especes il faut lire ALLION Oryctograph. Pedemont, pag. 4. & 5. & conférer ce que nous avons dit plus haut au sujet des bois calcaires & gypseux.

PLANCHE 5.

Cette Planche represente un certain corps fossile, qu'on tire de la terre à Frankenberg en Hesse, & qui porte le nom d'épis & de *Stangengraupen*. SCHEUCHZER, autant que je sai, a le premier fait mention de ce corps fossile dans son *Oryctograph. Helvet.* p. 239. Dans la suite WOLFARTH *Hist. Nat. Hass. Inferior.* p. 35. Tab. V. Num. 5. & 6. GRONOV *Suppell. Lapid.* p. 11. & BRÜKMANN *Cent. I. Epist. Itinerar.* 39. en ont fait autant, & ont été suivis par Mr. le D. LEHMANN, qui non seulement en a traité dans ses *Geschichte von Flöz-Gebürgen* p. 216. mais qui en a aussi publié en 1760. un Traité particulier, que j'ai déja allegué plus haut pag. 25. Il y a proprement trois espèces de ces corps fossiles, & il faut bien distinguer les épis d'avec les corps fossiles qu'on nomme *Stangengraupen*, & ceux-ci d'avec les ailes de mouches. Les épis font des corps oblongs, d'ordinaire grisâtres, à peu près longs d'un pouce & larges d'un demi pouce ou d'un tiers, qui par leur pesanteur font d'abord reconnoitre une substance métallique. Puisque dans leur longueur ils font garnis de plusieurs chevilles, & que par là, sur tout avec le secours d'une bonne imagination ils ont quelque ressemblance avec un épi, on leur a donné ce nom. C'est de cette espèce que font les morceaux representés sur nôtre Planche Fig. 1.-10. quelquefois ils font ronds, comme l'on voit Num. 10. Ces épis ne font pas des Pétrifications, mais ils appartiennent aux mines de cuivre vitreuses. Ils font composés, 'comme Mr. LEHMANN l'a apris par des experiences de Chymie, d'un peu d'argent & d'une grande quantité de cuivre, minéralisé avec de l'Arsenic, du soufre & du fer. Quelquefois l'on y trouve aussi de l'argent natif, cependant ce n'est que par accident. Il faut distinguer d'avec ces épis les corps fossiles qu'on nomme *Stangengraupen*, qui font representés Num. 11. & 12. & dont nous avons donné plus haut une description plus détaillée pag. 18. Les auteurs ne font pas encore d'accord, s'il faut effectivement les ranger parmi les bois pétrifiés, qui tiennent une substance métallique, ou bien s'ils ne font que de simples minerais, qui par leur forme exter-

ne

ne & leurs ftries ont quelque reffemblance avec le bois. Mr. LEHMANN eft difposé à croire le premier. D'autres, comme nous l'avons dit plus haut, les prennent pour une Pyrite qui tient de l'argent dans un limon compacte noirâtre, à laquelle une argille grafse a fourni la bafe. Les épis de même que les foffiles qu'on nomme *Stangengraupen*, ne fe trouvent pas frequemment. Les uns & les autres différent de ces corps foffiles de Frankenberg, qu'on nomme ailes de mouches. Ce font des Schiftes grifâtres argilleux avec des taches oblongues noirâtres, qu'on a comparées avec les ailes des mouches, & par cette raifon on a donné ce nom à ces corps foffiles. Quelques Naturaliftes prennent ces taches pour des empreintes de Plantes. Peut-être en préfenterons nous plus bas, fur les Planches du Supplément, un morceau, pour en donner un échantillon, & alors nous aurons occafion d'en parler plus en detail.

Num. 13. *a.* & *b.* eft un grais argilleux, dans lequel il y a une noix avec le noyau entier. Dans le petit morceau *b.* qui a été féparé du grand, & qui y joint exactement, il y a la moitié de la coquille de la noix, de forte que fur le plus grand morceau *a.* on voit le noyau même diftinctement & libre. La coquille a en plus grande partie fa couleur naturelle. Ce morceau eft du Piémont & merite une place parmi les raretés, puisque les noyaux huilleux fe petrifient rarement. Nous dirons d'avantage au fujet des noix pétrifiées plus bas, lorsque nous traiterons des Carpolithes.

Num. 13. Un morceau de bois pétrifié, comme il femble, de Noyer. Le noyau interne fe diftingue fort clairement par fa couleur. Il eft de l'Elfter en Vogtlande.

PLANCHE κ.

Num. 1. eft l'efpèce de bois pétrifié d'Hongrie, que j'ai décrite plus haut pag. 14. & dont je communiquerai un Exemplaire plus connoiffable Pl. ξ* Num. 7. Toutes les circonftances prouvent que c'eft du bois de Tilleul. D'ordinaire il y a dans ce bois quelque chofe qui reffemble à un Succin, ou à une refine, & qui a de même, à ce qu'on pretend, pris la dureté d'une pierre. Cependant j'ai déjà démontre plus haut la fauffeté de cette Suppofition & j'ai foutenu, que c'étoit une efpèce de Spath, qui s'eft infinuée dans cette efpèce de bois, de la même maniere qu'elle s'infinue dans d'autres qu'on trouve en Hongrie. L'efpèce de Spath même convient auffi parfaitement avec les morceaux de Spath, qu'on apporte de l'Hongrie.

Num. 2. & 3. font des morceaux de l'arbre converti en fer, qu'on a trouvé en Wetteravie & qui a fourni l'occafion à Mr. le D. LIEBKNECHT de publier un gros Traité fous le Titre: *Hafsiæ fubterraneæ fpecimen . . . occafione arbori in mixeram ferri mutatæ.* voyés plus haut pag. 4. comparé avec pag. 18. Les morceaux de cet arbre font bien rares aujourd'hui; car cet arbre a déjà été trouvé l'an 1710.

Num. 4. eft un bois pétrifié, dont la cavité interne après que la moëlle a été détruite par la pétréfaction, a été remplie d'un noyau blanchâtre, lamelleux & cellulaire, de fubftance de Calcedoine. Nous avons déjà remarqué plus haut pag. 22. que dans les bois pétrifiés il y a fouvent des rempliffages pierreux, auxquels la fubftance ligneufe, qui y étoit ci-devant, n'a pas la moindre part. Ce morceau eft du Piémont.

Num. 5. Un morceau de bois de Sapin, &

Num. 6. Un morceau de bois de Pin, avec des noeuds de rameaux, l'un & l'autre de l'Elfter. Ils préfentent fort diftinctement leurs filamens ligneux caractériftiques, & les croiffances annuelles.

PLANCHE λ

N. 1. & 2. deux rameaux ronds avec plufieurs petits noeuds de rameaux aux côtés, d'une pefanteur confiderable. Ils font de couleur blanche jaunâtre & appartiennent aux bois agatifés, que nous avons décrits plus haut pag. 23. D'Erlang.

Num. 3.

Num. 3. est une écorce d'arbre, probablement du même, dont font les morceaux précédens. Car la couleur, la dureté, l'espèce de pierre & de bois, & ce qui est le plus, l'endroit où el e a été trouvée, c'est à dire les environs d'Erlang, conviennent avec ces morceaux.

PLANCHE 3.

Num. 1. & 2. Des bois agatisés de belles & fraiches couleurs mêlées, dont celui sous Num. 1. fait voir distinctement le noyau. Ces deux morceaux ont été trouvés dans les champs de Bayreuth. Il faut conférer ici ce que nous avons dit plus haut p. 17. sur la naissance des différentes couleurs dans les bois pétrifiés.

Num. 3. & 4. sont de même des bois agatisés bigarrés, dont celui Num. 3. a encore son écorce. Ils sont d'un étang près d'Erlang.

Num. 5. C'est cette espèce de bois pétrifié, qui a été trouvée il y a quelques ans à Adelsdorf, entre Erlang & Cobourg, & qui a été décrite par Mr. *Henri Chrét.* SYDAM dans un Traité particulier, qui est inseré dans le Tome VIII. des *Fränkische Sammlungen* p. 399. L'on prétend que la couleur verte du bois ne provient pas de l'admixtion des particules cuivreuses, mais que le bois même, lorsqu'il se trouve longtems dans un endroit humide, prend des taches vertes.

PLANCHE 4.

Num. 1. Un morceau de bois de Pin, en apparence, transverfalement coupé, pénétré en dedans d'une couleur verte, & tout à fait agatifié. Il y a des taches vertes, qui sont aussi transparentes, que l'est d'ordinaire la mere de l'Emeraude. Ce morceau est de Cobourg.

Num. 2. Un autre morceau, coupé dans sa longueur, tout à fait agatifié, tout vert à la pointe, & entrelacé de veines blanches. Il semble être ou un bois de Pin ou de bouleau, car ces deux espèces de bois ont la proprieté de prendre une couleur verte lorsqu'elles se pourrissent. Ce morceau est de même de Cobourg.

PLANCHE 5.

Num. 1. Un morceau d'un rameau pétrifié, comme il semble d'un Hêtre. La moëlle en a été putrefiée, & l'on voit fort distinctement, que dans les cavités, qui en sont nées, il s'est insinué une terre étrangere, qui s'est unie avec les restes du bois pourri & a pris une dureté de pierre. En particulier on observe fort distinctement les tubules, qui s'étendent du centre à la circonférence de l'écorce, & qu'il faut bien distinguer d'avec ceux qui vont suivant la longueur. Il faut lire là dessus le Traité de Mr. le Licencié SCHULZE pag. 30. & 31. & ce que nous avons dit à ce sujet p. 16. Ce morceau est de Chemniz.

Num. 2. Un morceau du bois de Chemniz nommé *Staarenholz.* Comme j'ai traité en détail de cette espèce particuliere de bois pétrifié, & que je l'ai décrite suivant toutes ses propriétés, je ne trouve necessaire d'ajouter que ce qui suit: J'ai dit plus haut que les tubules paralleles qui se trouvent dans ce bois, peuvent provenir de certains Tubulaires, qui s'y sont nichés, lorsque le bois étoit dans l'eau. Cette opinion a beaucoup de vraisemblance. Mais quels sont ces vers? Peut-être appartiennent-ils au genre des vers qui s'engendrent dans le bois (*teredo*) ou peut-être sont-ils, du moins dans l'eau douce, ce que sont les *Teredines* dans la mer. Je remets ce Problême à la Decision d'autres Naturalistes. Le présent morceau est de couleur blanchâtre, très dur & frappé avec l'acier il donne du feu. Les figures circulaires qui se trouvent sur la superficie, passent en ligne droite à travers toute la pierre. Les cercles mêmes sur la surface ne se ressemblent pas tous. Quelques uns sont blancs & ont dans le centre une tache obscure grisâtre, qui dans quelques uns est ronde, dans d'autres

ob-

oblongue, quand même le morceau n'est pas obliquement mais perpendiculairement coupé
de travers & poli sur la superficie. D'autres figures circulaires sur la surface présentent précisément le contraire à l'egard de la couleur. Elles sont grisâtres & ont une petite tache
blanche, qui n'est jamais parfaitement ronde. Là où le bois est fendu dans sa longueur, on voit
qu'il a des filets tubiformes, ou plutôt des tubules, dans lesquels il y a une masse
blanche aussi compacte que le reste, & qui s'en distingue très visiblement par sa couleur blanche
comme neige.

Num. 3. Un morceau de bois d'Hongrie de la dureté de Jaspe; frappé avec l'acier il
donne du feu. La fracture qui va dans la longueur du bois, presente fort distinctement les
fibres ligneuses & en général le tissu ligneux entier. La fracture transversale est un peu oblique, d'un brillant mat, & presente aussi distinctement les croissances annuelles du tronc, dont
ce morceau a fait partie. D'un côté on voit encore une partie de l'écorce, dont la substance
pierreuse est beaucoup moins compacte; elle est calcaire & frappée avec l'acier elle ne donne
point de feu.

Num. 4. Un bois pétrifié d'Angleterre. On suppose que c'est une espèce d'arbre d'Inde, puisque dans toutes les espèces de bois d'Europe on n'a pas encore trouvé le tissu aussi
grossier que dans celle - ci. Là où le bois est fendu dans sa longueur, on voit sur la fracture
les stries ligneuses, qui d'ailleurs sont fines, d'une épaisseur considérable, paralleles les unes près
des autres, & par tout où l'on fend ce bois dans sa longueur, on observe ces traits forts &
elevés. Ce morceau est de la dureté d'Agate. De l'autre côté il a des taches blanches, qui
semblent être des restes de l'ecorce. Ces taches frappées avec l'acier donnent du feu.

Num. 5. Un morceau d'un rameau, de Chemniz, comme il semble de Hêtre, dans lequel la circonstance suivante mérite une attention particulière. La moelle y est encore, & l'on
y observe quelques marques qu'elle a commencé de se putréfier. Tout autour il y a une strie
blanche, qui est de pure calcedoine, mais qui sur la Planche a été representée un peu trop
obscure. Ce morceau de Calcedoine ne presente pas les moindres traits, veines ou stries,
qui dans le bois passent d'ordinaire du centre à la circonférence. L'on ne trouve donc ici
point de pétrification mais de pure Calcedoine. Le reste jusqu'à l'extremité de la circonférence est encore très petrifié comme le noyau, & frappé avec l'acier il donne du feu.

PLANCHE 4.

Num. 1. Un corps fossile de Frankenberg, qu'on nomme *Stangengraupen*, de cette espèce qui de toutes les autres, par sa forme, ressemble le plus à du bois. Et surement, à
voir ce morceau on est presque obligé de croire, que ces corps fossiles ne soient que des bois
minéralisés. Car le present morceau, dont cependant il est fort rare de trouver de pareils,
ressemble à un morceau de rameau comme un oeuf à l'autre. Cependant il y a deux choses,
qui dans ce morceau, d'ailleurs assès connoissable, rendent encore la question douteuse. Car
premierement il est applati, ce que l'on n'observera gueres dans des morceaux de bois ronds,
que dans le Regne des fossiles ils aient été susceptibles d'une pareille défiguration. Or on ne
voit pas sur la surface la moindre chose qui convienne seulement en quelque maniere avec le
tissu ligneux d'autres bois pétrifiés. On ne voit qu'un corps métallique comme à peu près la
mine de cuivre vitreuse. Car que le pretendu noyau soit d'une couleur plus obscure que le
reste, c'est ce qui ne se trouve pas dans l'original, & ce n'est qu'une faute du peintre.

Num. 2. Un corps fossile qu'on nomme *Stangengraupen* tel qu'ils sont d'ordinaire, & dans
lequel on voit distinctement, que la base de ce fossile n'est qu'un limon gris, mêlé de particules minérales.

Num. 3. Un bois ferrugineux d'un beau rouge, qu'on a découvert il y a quelques ans,
dans le Duché de Meinungen. On voit par ci par là la mine de fer grise qui s'est formée, pour

ainſi dire, elle même ſuivant les traits ligneux. Là où l'on fend le bois dans ſa longueur, il préſente encore par tout ſon tiſſu fibreux & filamenteux. Ces bois ne ſont jamais d'une dureté conſidérable, mais plûtôt fragiles & teignans, comme l'eſt l'Ochre même & le fer, qui ſe décompoſe en terre.

Num. 4. & 5. Cette ſorte de bois ferrugineux eſt de Bayreuth, & doit être préféré à pluſieurs égards à l'eſpèce de Num. 3. Ce ſont des rameaux grèles, tels que ſont d'ordinaire les rameaux des buiſſons. L'écorce un peu raboteuſe & tuberculeuſe s'y voit ſi diſtinctement, qu'on les prendroit (ſur tout les morceaux inſtructifs, car ils ne le ſont pas tous) pour de ſimples morceaux de bois naturel, bruns & tuberculeux, ſi le côté interne, là où un tel morceau eſt fendu, & la peſanteur ne faiſoient pas connoître la part qu'ils ont priſe au Regne minéral. Là où ce bois ochracé eſt caſſé tranſverſalement, la mine de fer griſe, qui paſſe à travers tout le morceau, ſe préſente aſſès diſtinctement.

Num. 6. Il eſt juſte que parmi les bois pétrifiés ceux-ci ſoient rangés dans une claſſe à part, qui ont été façonnés autrefois, & qui dans la ſuite ont paſſé dans le Regne des foſſiles & y ont été pétrifiés. C'eſt ainſi qu'on a trouvé par ex. des Ais pétrifiés, des paux, des morceaux de poteaux, des ſouches, des coins, des morceaux de ſeaux, d'échelles &c. dont nous avons aſſès dit plus haut. Pour en donner un exemple, on voit ici une ſouche très pétrifiée, où l'on voit fort diſtinctement, qu'elle a été taillée & arrondie par en bas, pour ſervir de pied de table, de lit ou d'autre meuble. L'on ne ſauroit indiquer l'endroit où ce morceau a été trouvé.

Num. 7. Voici le morceau de bois blanc d'Hongrie, avec lequel s'unit ſouvent un Spath qui eſt jaune, & qui, là où il ceſſe d'être tranſparent, prend une couleur rouge cendrée. J'en ai fait mention Planche ⅹ. Num 1. & j'ai promis de le repréſenter ici.

Num. 8. Un morceau de bois pétrifié de Cobourg, poli, traverſé par une ſtrie verte, d'une couleur très belle & claire. Nous avons dit plus haut ce qu'il y avoit à dire au ſujet de cette eſpèce de bois.

PLANCHE .

Num. 1. Un morceau de bois pétrifié, qui eſt un morceau tuberculeux d'une racine ou d'un rameau. Le reſte ſemble être détruit par la putréfaction, & ce peu de reſte ſeſt conſervé par la pétrification. D'un côté il y a une croûte agatifée, de couleur blanche & parſemée de taches de cornaline. Le morceau entier a la dureté d'Agate. Il eſt du païs de Bayreuth.

Num. 2. Un morceau de bois pétrifié d'un blanc jaunâtre, agatifé, d'un brillant mat. A l'aide de la louppe on obſerve fort diſtinctement les fibres ligneuſes tant longitudinales que tranſverſales. A en juger par le tiſſu, il ſemble être de Hêtre blanc. Il eſt du païs de Bayreuth, où l'on ſe ſert de ces bois pétrifiés pour aiguiſer les couteaux.

Num. 3. Un bois pétrifié, de même du païs de Bayreuth, d'une couleur jaune & griſe bleuâtre. La dureté eſt celle d'une Agate. Il faut qu'avant la Pétrification il ait eu dans le milieu une fracture, qu'on obſerve encore à préſent aſſès diſtinctement; aux deux côtés de la partie poſtérieure il a des veſtiges de pluſieurs petits rameaux qui y ont été autrefois.

PLANCHE .

Num. 1. Un morceau de bois agatifé, comme il paroit de Sapin (*Abies alba*); on voit par tout fort diſtinctement les noeuds des rameaux qu'il y a eu.

Num. 2. eſt de la même eſpèce & du même païs, mais d'une couleur jaune.

Num. 3. de la même espèce & du même païs, à cela près qu'une bonne partie de ce morceau a été détruite par la putréfaction avant qu'il se fût pétrifié, & qu'alors il s'est mis à la place vuide un Jaspe d'un rouge de sang ou bien, ce qui est le même, une terre argilleuse rouge, qui a pris la dureté de Jaspe par le fluide cristallin, qui s'y est insinué en considérable quantité.

Num. 4. Un morceau de bois pétrifié d'un rouge brun jaunâtre, coupé dans sa longueur, qui paroit avoir le plus de ressemblance avec le bois de chêne & être de la moëlle interne. Il est du païs de Cobourg.

Num. 5. Un morceau de bois pétrifié transverfalement coupé, suivant toute apparence, d'une racine, de la dureté d'Agate. L'on ne sauroit déterminer l'espèce de bois dont il est. Il est du païs de Cobourg. Les traits vermiculaires ne font point, comme l'on voit distinctement, des veines de racine, mais ils font nés, selon toute apparence, d'une cause étrangere, & peut-être de la même qui a fait naître les tubules dans le bois de Chemniz, qu'on nomme *Staarenholz*, c'est à dire de certains vers, qui dans l'eau se font nichés dans les morceaux de bois pétrifié. Probablement ces vers appartiennent-ils au genre des vers, qui s'engendrent dans le bois (*Teredo*) comme nous l'avons remarqué plus haut.

PLANCHE π*

Num. 1. Une Plaque nettement polie de bois de Noyer, de Schmôtten dans l'Ukermark. Les traits font trop fins dans l'Original, pour avoir pû être parfaitement exprimés dans la Copie. Ce morceau reffemble, tant en foi même que par les clairs & les ombres, à un morceau de racine de Noyer, tel qu'il se presente dans un Ouvrage boisé, qu'on le prendroit sûrement pour tel, si la péfanteur ne le faisoit pas connoître.

Num. 2. Un morceau de bois de Sapin pétrifié, agatisé & poli, avec une strie transparente d'un brun clair, de Boldok en Hongrie. Cette strie transparente n'est pas une résine, mais un fluide cristallin, qui a pénétré le bois & rempli les gerfures, qui y étoient. Dans ces gerfures il nait souvent des cristaux quarzeux, qui doivent de même leur origine à ce fluide.

Num. 3. Cette même espèce, auffi polie, avec des stries jaunes cendrées, & des fibres & croiffances annuelles très apparentes. De l'autre côté il y a des marques que ce bois a commencé à se putréfier.

Num. 4. Un bois de Sapin à moitié transparent, & poli, d'un gris cendré, avec des stries & des fibres blanches, agatisé. Les fibres de la croiffance annuelle ne font que des angles aigus, tels qu'ils font dans le bois naturel, là où un rameau est coupé un peu obliquement tout près du tronc. Ce morceau est auffi de Boldok.

Num. 5. Un petit morceau, à moitié transparent agatisé, avec les fibres & croiffances annuelles très visibles; du même païs.

Num. 6. Pour ne point laiffer la place vuide, j'ai ajouté ici une Pétrification qui n'a pas encoré été affès examinée d'aucun Naturaliste, & qui mérite de l'être préférablement fur plufieurs autres. On la trouve près de Butzbach entre Gieffen & Friedberg. Lorsque je fis deffiner ce morceau, je n'avois que ce seul Exemplaire, mais dans la fuite j'en ai reçu plufieurs de ce païs, par la complaifance de mon Collegue Mr. le Prof. NEUBAUER, & j'ai vû par là, que de cette Production très particuliere il y a différentes espèces. Par cette raifon j'ai jugé à propos d'en presenter différens Exemplaires bien distincts dans les Supplémens fur une Planche à part. C'est donc alors que nous traiterons plus en detail de cette Pétrification.

CHA.

CHAPITRE II.
DES PLANTES DANS LE REGNE DES FOSSILES.

Dans le Regne des Pétrifications il se trouve une quantité considérable de corps, qui y ont passé du Regne Végétal. L'on a trouvé & l'on trouve encore tous les jours non seulement des arbres entiers & des troncs avec leurs racines & tant d'espèces différentes de morceaux de bois, pétrifiés, isolés, mais aussi des corps d'une substance beaucoup plus tendre plus fine & plus charnue. On a trouvé tant de Plantes & d'Herbes différentes, qu'on en a pû recueillir des Herbiers entiers. On a découvert parmi ces Plantes de tout à fait inconnues, qui méritent d'autant plus d'être examinées de plus près, que jusqu'ici l'on ne sauroit indiquer avec une parfaite certitude la maniere dont ces Plantes exotiques ont pû passer dans le terroir de l'Europe, souvent dans de profondes couches de pierre. On a trouvé outre cela différentes espèces de roseaux, qu'on n'a apris à connoitre que par le Regne des fossiles. Les semences mêmes, les fleurs & les fruits ont pris dans le Regne des fossiles, d'une certaine maniere, l'indigenat. Comme nous avons donc traité dans le Chapitre précédent des bois pétrifiés, nous traiterons dans ce Chapitre des Plantes pétrifiées & de leurs empreintes. Nous parlerons premierement des Plantes pétrifiées en général, & alors nous examinerons de plus près, quelques Productions du Regne Végétal en particulier, telles qu'elles se presentent dans le Regne des fossiles.

Le Nom de *Phytolithe*, de Φυτον, une Plante, & λιθος, une pierre, est le plus ordinaire, qu'on donne aux Plantes pétrifiées. Il ne faut pas le confondre avec le mot de *Lithophyton*, comme LUID & quelques autres l'ont fait. Car cette dénomination appartient proprement aux corps marins pierreux, qui ressemblent aux Plantes, & que nous avons décrits plus haut en traitant des Coralloïdes. Quelques Naturalistes se servent ici du mot de *Dendrite*, cependant la coutume est une fois établie de donner ce nom à ces pierres, dont les surfaces, par un fluide martial, qui s'est insinué dans les fissures fines, representent différentes figures, qui ressemblent à des arbrisseaux & à des bruyéres. Quant à ces pierres, le Regne des Pétrifications ne peut pas y pretendre.

Les autres dénominations connues n'indiquent que certaines espèces de pierres herborisées. Communement l'on retient le nom ordinaire de la Plante, sans la terminaison inventée par LUID, & même le nom qui a été donné à la Plante par les Botanistes, où l'on a préférablement suivi BAUHIN & TOURNEFORT. Si ce ne sont que des empreintes de Plantes, de sorte que de la Plante il n'existe plus rien, on les nomme *Phytotypolithes*, vû que sur ces pierres auxquelles on donne ce nom, on ne voit que la simple figure (*Typus*) de la Plante, qui y a existé autrefois, & qui ayant été détruite dans la suite, y a laissé l'empreinte. Si ce sont des feuilles pétrifiées, quelques uns les nomment *Lithobiblia*, d'autres *Bibliolithi*. Le nom de *Phytobiblia* est donné aux feuilles de Plantes, en tant qu'elles sont opposées aux feuilles d'arbres. Les tiges de roseaux & les chalumeaux d'herbes pétrifiés portent le nom de *Lithocalami, Calamitae*, & les fruits pétrifiés celui de *Carpolithi*. L'on détermine alors en particulier chaque espèce de ces Pétrifications par les dénominations botaniques ordinaires, & quiconque sçait ces noms, pourra d'autant plus facilement se tirer d'affaire à l'égard des Pétrifications Végétales.

La maniere, dont les Plantes se presentent à nos yeux dans le Regne des fossiles, est bien différente. Tantôt elles sont pétrifiées, tantôt elles ne presentent que leurs empreintes sur la pierre, tantôt elles ne sont qu'incrustées d'une substance tofeuse. D'autres n'ont subi aucun changement, de maniere, qu'elles se sont presque entierement conservées dans leur état naturel sans être detruites, ni incrustées ni pétrifiées. Il faut bien distinguer d'avec toutes ces espèces les Plantes qu'on nomme enveloppées. L'on voit quelquefois des mousses fines dans les Agates & autres pierres de Corne, comme nager dans une eau trouble, & l'on observe la même chose même dans les crifaux, qui renferment tout comme le Succin, certains petits brins, communément de mouffe. Il nous faut expliquer chacune de ces efpèces indiquées.

I) Les *Plantes veritablement pétrifiées* se trouvent beaucoup plus rarement que les fimples empreintes des Plantes. Il eft aifé d'en trouver la raifon. Les feuilles d'une Plante font compofées d'une membrane fine extérieure, d'un tiffu mol & véficulaire, de fibres ligneufes un peu plus dures & d'une fubftance fluide renfermée dans fes utricules & refervoirs. Lorsque l'on met ces feuilles feulement quelque tems dans l'eau, la membrane fine de même que le tiffu mol fpongieux va bientôt en putréfaction, les fibres ligneufes refiftent bien un peu plus longtems à la putréfaction, cependant à caufe de feur tiffu tendre, il ne leur faut pas beaucoup de tems pour fe diffoudre & fe detruire dans l'eau ou dans des endroits humides. Or comme toutes les pierres qui renferment des corps étrangers, doivent avoir été auparavant une maffe molle & humide, & que la Pétrification fe fait par les particules terreftres, que l'eau qui s'infinue, introduit dans le corps étranger enveloppé, il s'en fuit, que la maffe de terre humide doit plûtôt difpofer les Plantes à la putréfaction qu'à l'exficcation, & que dans ces corps Végétaux tendres l'eau peut plûtôt effectuer la diffolution que la Pétrification. Independamment de cela on ne peut nier ni la poffibilité, ni l'exiftence des Plantes pétrifiées. Tout ce qui peut fe deffecher, eft fufceptible de Pétrification, & fe trouvant dans un endroit favorable, il peut refifter affès longtems à la putréfaction, & admettre dans fa fubftance des particules terreftres étrangeres. Or comme l'expérience nous apprend tous les jours, que les herbes peuvent être fechées & confervées bien longtems, il eft poffible auffi, que lorsque dans cet état elles paffent dans le Regne des foffiles, elles refiftent à la putréfaction & prennent une fubftance pierreufe, ou, ce qui arrive plus fouvent, une fubftance bitumineufe intimement unie à fa terre primitive. Lorsqu'une Plante fraiche paffe dans le Regne des foffiles, la cohéfion de fes particules terreftres diminue à la verité de plus en plus par l'evaporation des parties fluides & d'autres particules volatiles, cependant cette perte peut d'autant plûtôt & plus facilement être reparée par les particules bitumineufes, qui s'infinuent, vû qu'on trouve communément les ardoifes herborifées là où il y a des lits de charbons de terre. Il y a outre cela parmi les Plantes plufieurs qui ont les feuilles fermes, tenaces & compactes, qui contiennent beaucoup de particules huileufes & refineufes, qui naiffent dans un terroir pierreux & fec, & par conféquent n'ont pas beaucoup de particules aqueufes, propriétés, qui toutes empechent les Plantes d'aller bientôt en putréfaction, & qui facilitent en même tems la Pétrification & la Minéralifation de ces corps. Ce que nous venons de dire, met hors de doute la poffibilité de ce changement. Quant à l'exiftence elle peut être prouvée par des exemples inconteftables, & par des temoignages dignes de foi. LUID, 1) BÜTTNER, 2) HENKEL 3) ont détaché les productions Végétales de la pierre, & y ont découvert l'organifme entier de la Plante qui y exiftoit autrefois. VOLKMANN 4) a fait la même chofe & il a trouvé que les particules terreftres des Plantes n'ont perdu que les particules aqueufes & volatiles, & que celles-ci ont été remplacées par la fubftance bitumineufe, qui s'eft infinuée. Cependant il eft bien fur auffi, que dans ces herbes, qui à ce qu'on pretend, exiftent encore fur la pierre, & qui font pétrifées, fur tout lorsqu'elles fe trouvent dans des ardoifes noires, la perte des particules aqueufes & volatiles évaporées a été reparée plûtôt par une fubftance bitumineufe, que par des particules terreftres étrangeres, que l'eau doit y avoir introdnites, d'où l'on pourroit plûtôt nommer ces plantes mineralifées que pétrifiées, en tant que les bitumes conftituent une Claffe Principale particuliere dans le Regne minéral.

II Les

1) Lithophyl. Britann.

2) Rud. Diluv. teft. p. 192.

3) Flor. Sanavenfr. p. 219. Mr. de JUSSIEU dit la même chofe des caufes des impreffions des Plantes, dans les Mem. de l'Acad. des Sciences de l'an 1718. p. 305.

4) Silef. fubterr. p. 102. MYLIUS Sax. fubterran. p. 21.

II. Les *empreintes des Herbes* se trouvent plus souvent que les Herbes veritablement pétrifiées. Elles nous representent très parfaitement la forme entiere de la Plante, la figure des
feuilles, leur contour, leur tissu réticulaire, leurs éminences & enfoncemens, la direction des
fibres etc. & souvent il n'y a en apparence entre ces empreintes & une Plante pétrifiée aucune autre différence que celle, que sur la pierre on voit un creux là où l'herbe a une éminence, & qu'en revanche on trouve sur la pierre un relief là où l'on observe un creux sur
la feuille. Ces empreintes sont nées, lorsque ces herbes ont été enveloppées dans un limon
ou une terre molasse, où par la pression de la couche supérieure, elles se sont imprimées dans
la masse molle comme dans la cire. Successivement le limon s'est durci, & la feuille s'est pourrie,
de maniere, qu'il n'en est resté que l'empreinte. De là vient aussi, que lorsqu'on fend une pareille
pierre, qui d'ordinaire est lamelleuse, l'on trouve souvent entre l'empreinte des deux superficies une poussiere terreuse qui n'est que le reste de la terre primitive Végétale, qui
communément est mêlée de particules bitumineuses. D'ordinaire ce sont aussi des herbes dures & tenaces, qui ont laissé leurs empreintes sur les pierres. Car les Plantes plus tendres se
sont pourries trop tôt, dans un tems où le limon, qui les avoit enveloppées, avoit encore trop
peu de consistence pour être susceptible d'une empreinte, ou quand même il l'auroit reçue,
il n'auroit pû la retenir longtems à cause de la pression d'en haut. L'on ne peut pas toujours
distinguer assès ces empreintes d'avec les Plantes veritablement pétrifiées. En voici la raison:
Il se dépose souvent dans l'interstice vuide, que la feuille détruite a occupé autrefois dans la
pierre, une terre fine, qui s'unit tant par l'eau qui y pénétre, que par la substance bitumineuse, qui s'y insinue des charbons de terre, qui se trouvent dessous, & s'attache à un côté
de l'empreinte, & de l'autre côté reçoit une nouvelle empreinte de celle qui est déja dans la
pierre. Il s'en suit donc necessairement, que la nouvelle empreinte doit representer tout cela
en relief ou enfoncé, ce qui est élevé ou enfoncé dans une feuille naturelle.

III. Les *Herbes & les feuilles incrustées* différent entierement de celles que nous venons
de décrire. Elles naissent là ou il y a de l'eau tuseuse, qui dépose les particules terrestres
souvent très fines qu'elles charie, & qui laisse là où elle se trouve, une croûte tuseuse.
Lorsque des feuilles ou des tiges tombent sur une pareille croûte, elles sont enduites de particules terrestres calcaires, encore avant qu'elles ne se putréfient, sur tout lorsque l'exsiccation a déja fait perdre aux feuilles la plus grande partie de leur substance humide. Ces particules se déposent successivement l'une tout près de l'autre, s'attachent ensemble, & comme
elles sont fines & de la même grandeur, il faut absolument qu'il se presente sur la surface de
cette croûte pierreuse toutes les éminences & toutes les cavités de la feuille renfermée. Quelquefois la partie superieure de la croûte s'est perdue avec la feuille, & c'est alors qu'il ne se
presente que l'empreinte de cette surface de la feuille, qui a été couchée immediatement sur
la couche de tuf. Cette empreinte se fait d'une maniere toute autre que celles que nous
avons décrites plus haut. La surface de la couche tuseuse n'est jamais assès molle pour recevoir l'empreinte d'une Plante qui y est couchée. Au contraire l'eau introduit les particules terrestres fines dans l'interstice vuide qui se trouve entre la feuille & la superficie de sa
couche, le remplit successivement, conglutire, pour ainsi dire, la feuille avec la couche de tuf,
& comme l'eau qui s'insinue, remplit tous les interstices vuides des particules terrestres, dont
elle est imprégnée, il s'en suit necessairement que la superficie tuseuse, qui se trouve immediatement au dessous de la feuille & de la Plante, doit recevoir la forme entiere des feuilles
& des Plantes couchées sur elle, & par là former une espèce particuliere d'empreinte, dont le
commencement a été une incrustation. Lorsque les feuilles sont tout à fait incrustées, l'on
découvre encore en les cassant, en dedans, la feuille même point détruite ou du moins des
vestiges très distincts de cette feuille, sans qu'elle ait pris par son enduit la moindre substance
pierreuse. C'étoient en plus grande partie des feuilles déja dessechées, qui ont été incrustées
dans la suite, & comme l'incrustation même a empeché l'accès de l'air, elles sont restées à
l'abri de la destruction. Mais de ce qu'en même tems elles n'ont pas pris quelque substance
pierreuse c'est la raison, puisque les particules terrestres, que ces sources tuseuses charient,
ne

ne font pas afsès fines. Elles ne peuvent donc pas pénétrer dans les pores très fins de ces Plantes, & ne restent attachées que sur les feuilles qu'elles incrustent. Il faut distinguer d'avec ces feuilles & Plantes incrustées, que nous venons de décrire, celles qui naissent dans les Sauneries & dans les maisons à graduer. L'eau qui découle, forme en peu de tems une croute d'une épaisseur considérable autour de la Plante, & exprime sur sa surface afsès distinctement les éminences & les creux de la feuille renfermée. Il en est de même de ces Incrustations, que des prétendus nids d'oiseaux pétrifiés & des productions des bains de Carlsbad, où l'on fait incruster des bouquets entiers, des fleurs, & des fruits à la fource de l'eau, & les vend alors à ceux, qui fe fervent de ces bains & à d'autres étrangers.

IV. Il y a dans le Regne des foffiles, outre les Incrustations, que nous venons de décrire, quelquefois des restes de Plantes & de feuilles, qui, à la couleur près, n'ont fubi aucun changement, & fe font conservés dans leur état naturel. LUID 5) dit qu'il a trouvé quelquefois dans des ardoises des feuilles, qui étoient encore flexibles comme le Parchemin. HENKEL 6) dit presque la même chose d'une ardoise de Silefie, de laquelle il a pû facilement détacher avec un couteau les chalumeaux d'herbe & de roseau, qui y étoient couchés les uns sur les autres. On a trouvé de même en Italie de pareilles pierres, qui renfermoient des tiges feches & des Squelettes d'herbes & des feuilles d'Olivier. 7) Ces foffiles, (car nous ne faurions leur donner le nom de Pétrifications) font dans le Regne Végétal, ce que font les corps calcinés à l'égard des os & des coquilles. Ils ont presque entierement perdu leurs particules fluides & huileufes, & ce n'est qu'un petit reste de ces particules, qui retient encore dans leur union naturelle les particules terrestres plus grossieres, qui font restées. L'endroit où ils fe trouvoient, les a mis à l'abri de l'air, & par là de la destruction. Mais ce même endroit peut être la caufe de ce qu'ils n'ont pas fubi la Pétrification. Lorsque cet endroit a été bien fec, & qu'ainsi il y a manqué l'eau, qui auroit pu s'infinuer, il leur a manqué par là le meilleur moyen de la Pétrification, ou le véhicule, qui auroit du introduire des particules terrestres à la place des particules volatiles, qui fe font évaporées. Si de pareilles herbes foffiles étoient restées plus longtems dans cet endroit, elles fe feroient alors décomposées à la fin en une fubstance purement terreufe, & n'auroient laissé qu'une poussiére fine ou peut-être une empreinte, d'autant plus qu'exposées à l'air libre, elles fe confervent rarement longtems, & fe décomposent successivement, fur tout lorsque la pierre, qui les renfermoit, est alumineufe, & que des particules falines fe font aussi infinuées dans le reste de la Plante renfermée. Peut-être dans plufieurs endroits ces mêmes particules ont elles empeché l'accès libre des particules terrestres & par là la Pétrification.

V. Les *Végétaux renfermés* constituent dans le Regne des foffiles trois espèces, à l'égard de la matrice qui les renferme. Ils ne doivent tous par eux mêmes point être rangés parmles Pétrifications, car le fluide, qui les enveloppe, & qui dans la fuite s'agatifie ou fe cristallife par la congélation, ne les a pas changés en eux mêmes, mais ils font restés ce qu'ils étoient fuivant leur nature, c'est à dire de petits brins de mouffe & de petits morceaux de chalumeau ou de roseau, tendres, flexibles, légers & d'ordinaire deffechés. De là vient que lorsqu'on met en piéces un tel Cristal ou Agate, & qu'on rencontre précifément l'endroit qui renferme un tel petit corps végétal, on peut facilement l'emporter en raclant, & alors ce qu'on a raclé n'est qu'une terre végétale. Lorsque l'on polit une pareille pierre, elle ne recevra jamais le poli, là où fe trouvent ces brins, vû qu'ils n'ont pas la dureté de la pierre, & qu'au contraire ils laissent dans l'endroit, où ils étoient, une quantité de petits trous & de cavités. Il est aifé d'en expliquer l'origine. Lorsqu'une eau pure renfermée devient par la congélation un cristal ou qu'une eau trouble fe change en pierre de Corne (qu'il en naisse fuivant la qualité, la quantité ou la couleur de la terre fine, dont l'eau trouble est

M :

im-

5) dans la troisieme lettre de fon *Lithophyl. Britann.* p. 109.

6) Flor. Saturniz. p. 119.

7) voy. Memoires de l'Académie des Sciences de Paris de l'an. 1699. & SCHULZE *Betrachtung der KräuterAbdrücke* p. 42.

impregnée, une pierre de Corne, une Calcedoine, Onyx etc. car ici tout cela revient au même) lorsque, dis-je, cela se fait, & que par hazard dans l'endroit qui renferme l'eau, un petit rameau est tellement placé dans l'eau, qu'il en est environné partout & y nage, il reste aussi sans aucun changement dans le corps formé par la Congélation, tout comme le fluide même n'est devenu ni putréfié ni fétide. Cependant ces pierres parfaitement ou à moitié transparentes ne sont pas trop frequentes, vû qu'il arrive rarement, que des corps étrangers puissent se mêler avec une pareille eau renfermée, qui la plûpart est suintée auparavant par les fentes des pierres. Dans les Agates de Rochliz on trouve quelquefois certaines taches rouges & vertes, lesquelles étant examinées à l'aide d'un Microscope, ne semblent être que des Corps Végétaux très fins & appartenir au genre des mousses. 8) Il ne faut pas confondre, comme plusieurs l'ont fait, ces pierres avec les Dendrachates. Dans les Dendrachates il n'y a rien de Végétal, & ils sont, dans un certain sens, parmi les Agates ce que sont les Dendrites parmi les Schistes, & les marbres arborisés parmi les pierres calcaires dures. Il en est de même des cristaux. On y remarque quelquefois différens corps fins Végétaux, 9) de même que dans le succin, avec cette différence, que ce fluide-là a pris une consistence ferme par la congélation, tandis que ce bitume-ci l'a prise par un durcissement que nous ne connoissons pas afsés. Nous apprenons par ce Phénomène dans le Regne minéral que toutes ces matieres doivent avoir été auparavant des corps d'une substance fluide & molle.

On a taché d'indiquer les genres & les espèces des Plantes qu'on a trouvées dans le Regne des fossiles, mais on a remarqué que ce n'étoit pas là une chose trop facile à l'égard de toutes les Pétrifications Végétales. SCHEUCHZER, d'ailleurs bon connoisseur des Plantes, s'en plaint & avoue ingenûment que ces dénominations ne sont souvent que des conjectures. 10) Aprés SCHEUCHZER c'étoit VOLKMANN 11) qui principalement s'est donné beaucoup de peine à nommer les Herbes qu'on avoit trouvées sur les ardoises de Silesie, cependant il fut souvent obligé de dire simplement, que telle Plante ne ressembloit pas mal à telle Herbe, sans oser déterminer quelque chose avec certitude. Mr. de JUSSIEU 12) a été dans le même cas, & il avoue, que souvent il est difficile d'indiquer le nom d'une Plante qu'on trouve sur ces ardoises herborisées. La raison en est tant qu'on rencontre quelquefois sur ces ardoises des Plantes tout à fait inconnues, que le changement de forme, que les Plantes connues ont souvent subi, ou du moins que l'empreinte ne s'est pas exprimée afsés distinctement pour présenter des Caractéres suffisans. Independamment de cela on a déja reconnu une quantité considérable de Plantes sur les pierres, & l'on a observé en même tems, que ce sont bien la plûpart des Plantes indigénes, mais que ce sont aussi quelquefois des Plantes exotiques, que nous a fournies jusqu'ici le Regne des fossiles, surtout en Allemagne, en Angleterre & en France. Pour les Plantes indigénes ce sont communément celles qui croissent dans des endroits humides & marecageux, & qui par consequent sont exposées à être enfoncées dans le limon, cause principale de leur passage dans le Regne des fossiles. Ce sont communément des Plantes plus dures & plus tenaces que les autres, & qui par là peuvent plus longtems resister à la putréfaction que les Plantes tendres, aqueuses & charnues. Parmi ces Plantes tenaces on trouve communément, suivant l'observation de SCHEUCHZER, les Plantes qu'on nomme Epiphyllospermes, plus frequemment que d'autres, ce dont il faut chercher la cause tant dans la multiplication plus copieuse d'une espèce de Plantes que de l'autre, que dans l'endroit même, c'est à dire en tant que l'exsiccation & la déposition du limon s'est faite dans

ces

---

8) On trouve plusieurs exemples de pareilles pierres à moitié transparentes, dans lesquelles on a trouvé des Corps Végétaux enfermés, dans KUNDMANN in Nat. et art. p. 118. RAGLIV. Oper. Prati. & Anatom. p. 501. LESSER Lithotheologie p. 108. SCHULZE Betrachtung der Krauter-Abdrucke p. ...

9) On en trouve des exemples dans les Ouvrages de LESSER & de SCHULZE, que nous avons cités, & dans HOTTINGER Diss. de Cryst. §. 9. p. 8.

10) Herbar. Diluv. p. 11.

11) Silesia subterranea.

12) dans les Memoires de l'Academie des Sciences de Paris de l'an 1718. p. 366.

ces endroits humides, dans ces étangs & ces pais marecageux où cette espèce de Plantes croit particulierement en abondance. De là vient que ces ardoises noires herborisées, dont la base n'est ordinairement qu'un limon d'étang, nous presentent communément des Fougéres, des Prêles, des roseaux, des joncs & de pareilles Plantes.

Quant aux Plantes exotiques, qu'on trouve sur les pierres, il y a cela de remarquable, qu'on les trouve communément ensemble dans un endroit, de sorte que rarement il y a beaucoup de Plantes indigenes mêlées, comme en revanche il arrive aussi rarement que parmi les Plantes indigénes il y en ait beaucoup d'exotiques. L'on pourroit presque inférer par là, que les Plantes exotiques pussent bien avoir été transportées par des inondations dans les endroits, où on les trouve aujourd'hui dans le sein de la terre, et que les Plantes de nos pais doivent leur sejour dans le Regne des fossiles au limon, dans lequel elles ont été enfoncées, et au dessechement de quelques petits lacs et etangs arrivé dans la suite. Les environs de Chaumont en France fournissent, à ce qu'on dit, préférablement beaucoup de Plantes exotiques sur des pierres, de la description desquelles nous sommes redevables à Mrs. JUSSIEU 13) et SAUVAGES. 14) Il est remarquable qu'on trouve là les empreintes des mêmes Plantes exotiques qu'on trouve à Glocester en Angleterre. Aprés les ardoises de Chaumont, les empreintes des Cierges (*Cereus*) et des Cardasses, (*Opuntia*) qu'on trouve en Silesie, sont préférablement remarquables. Ce que nous avons dit plus haut, c'est à dire, que parmi les Plantes indigénes on trouve quelquefois des Plantes exotiques, peut être appliqué principalement aux espèces de roseau exotiques, aux Cierges et aux Cardasses. On observe cela non seulement dans les pierres de Silesie, mais aussi dans celles des Sevennes, qui nous presentent souvent des espèces tout à fait inconnues de ces Cierges, si non dans les mêmes endroits, du moins pourtant dans les mêmes contrées où l'on trouve des empreintes de la Fougére, de la Prêle etc. Comment ces corps étrangers aient pû être transportés des pais les plus etoignés dans ceux de l'Europe, sans etre dissous ou détruits par les vagues, c'est là une question qui n'est pas si aisée à resoudre. Toujours nous croyons encore, que ces espèces de Plantes, comme les roseaux, les Cierges et les Cardasses, peuvent nager longtems sur l'eau et être transportées dans des pais éloignés, sans avoir à craindre sur la longue route une dissolution ou destruction totale. Du moins cela nous paroit plus probable, que de supposer que les Plantes soient nées autrefois dans ces endroits, d'ou on les tire, ou de croire avec Mr. de JUSSIEU, qu'un limon de mer bitumineux ait enduit la surface superieure des feuilles, et que ce n'est pas la feuille, mais sa croûte bitumineuse, que les inondations ont transportée en Europe.

On a compilé des Herbiers entiers des Plantes trouvées dans le Regne des fossiles, où l'on a le plus suivi BAUHIN & TOURNEFORT, & c'est ce qu'ont fait principalement SCHEUCHZER, VOLKMANN, LUID & BERTRAND. SCHEUCHZER fit le commencement dans son *Herbarium Diluvianum* 1709. qui fut suivi d'une Edition beaucoup augmentée, de Leyde l'an 1723. C'est là l'Herbier le plus complet que nous ayons des Herbes pétrifiées. Dans son *Museum Diluvianum* et dans son *Oryctographia Helvetica* nous trouvons aussi des Listes d'herbes pétrifiées et de leurs empreintes, sur tout dans le dernier Ouvrage, dans lequel à cet égard regne plus d'ordre que dans le *Museum Diluvianum*; cependant ils sont incomplets l'un et l'autre. Aprés SCHEUCHZER, VOLKMANN a le plus grand merite, mais il ne s'en est tenu qu'aux Plantes pétrifiées, comme MYLIUS, dans ses *Memorabilia Saxoniae*, aux Plantes de Saxe. LUID en fit autant à l'égard des Schistes d'Angleterre, et c'est d'après cet auteur et quelques autres, qu'est née la Liste des Plantes, que nous trouvons dans le *Dictionnaire des fossiles* de Mr. BERTRAND. 15)

Comme

13) Dans les Memoires de l'Academie des Sciences de Paris de l'an 1718. pag. 362. sqq.
14) Dans ces mêmes Memoires de l'an 1742. pag. 567.
15) Tome II. p. 119. comparé avec Tome I. p. 228. Outre les auteurs, que nous venons de rapporter ici, il y en a encore d'autres, qui ont taché d'indiquer les noms des Plantes, dont on a trouvé les em-

Comme fuivant nôtre Plan il nous faut être fuccincts, nous nous contenterons de rapporter ici feulement les noms des Plantes ou plûtôt de leurs empreintes qu'on a trouvées
dans le Regne des foffiles, fans alléguer les endroits, où telle efpèce a été trouvée, ou
fans décrire la qualité de la matrice, c'est a dire fi elle est un Schifte, limon, marne etc.
Car quiconque fonhaite en être informé plus en detail, pourra confulter les Ouvrages ci-deffus cités de SCHULZE, VOLKMANN, LUID, BERTRAND et d'ARGENVILLE. Voici la Lifte des
Plantes, dans le Regne des foffiles, que ces auteurs nous indiquent:

1. *Aparina*,	16. *Herniaria*,
2. *Gallium album*,	17. *Ofmunda, Filix, eiusque varia genera*,
3. *Tithymalus, Cypariffa*,	18. *Phyllitis, Scolopendria*,
4. *Gallium, Rubia*,	19. *Mufcus*,
5. *Myrrhis*,	20. *Trichomanes*,
6. *Apium montanum*,	21. *Ruta caprina*,
7. *Foeniculum vulgare*,	22. *Polypodium quercinum*,
8. *Scorpioides montanus*,	23. *Salvia*,
9. *Siliquaftrum*,	24. *Equifetum palaftre maius et minus*,
10. *Fumaria*,	25. *Buxus*,
11. *Iacaea*,	26. *Adianthum*,
12. *Bubonium montanum*,	27. *Mufcus faxatilis*,
13. *Chryfanthemi flos*,	28. *Alga ramofa, latifolia et tenuifo-*
14. *Gramen caninum*,	*lia*,
15. *Gramen panicum*,	29. *Iuncorum varia genera*.

Les auteurs ci-deffus allegués mettent communément à côté de ces herbes les feuilles féparées des Plantes et des herbes, et en rapportent les fuivantes:

30. *folium Plantaginis*,	41. *folium graminis canini*,
31. —— *cyclaminis*,	42. —— *algae marinae*,
32. —— *ferpilli et Thymi*,	43. —— *equifeti*,
33. —— *trifolii*,	44. —— *filicis*,
34. —— *fragariae*,	45. —— *trichomanis*,
35. —— *Coriandri*,	46. —— *polypodii, filiculae*,
36. —— *alfinis*,	47. —— *lichenis, hepaticae fontanae*,
37. —— *onobrychis*,	48. —— *hederae, narciffitae*,
38. —— *fecuridacae*,	49. —— *filiquaftri*,
39. —— *Iaceae, Centaurii*,	50. —— *primulae veris*
40. —— *tuffilaginis*,	51. —— *viciae*.

Nous pourrions auffi faire mention ici de différentes efpèces de feuilles d'arbres et de
leurs empreintes, mais comme nous aurons occafion d'en parler dans la fuite, nous le différons
jusques là. Il nous faut feulement ajouter quelque peu de chofe au fujet de la Claffification
des Plantes et de leurs empreintes, qu'il faut établir dans le Regne des foffiles. Iusqu'ici on
a fuivi deux methodes dans la claffification des Plantes pétrifiées. Dans l'une on a fait attention à la Plante qui fe trouve fur la pierre, ou en fubftance propre, ou en empreinte, dans
l'autre à la matrice ou à la pierre dans laquelle la Plante a été renfermée. Dans la premiere
Division on a encore choifi différentes voyes, & l'on a fait la Claffification ou fuivant les fleurs
des Plantes ou fuivant la figure des feuilles. La premiere méthode est celle que SCHEUCHZER,
VOLKMANN, BERTRAND et plufieurs autres ont fuivie; la feconde est celle que j'ai fuivie
dans

preintes dans le Regne des foffiles, & qui en partie en ont donné des figures, comme d'ARGENVILLE
dans fon Oryctologie p. 257. MYLIUS *Saxonia fubterranea*, HELLWING *Lithogr. Angerburgica*, GREW
Mufeum p. 268. LANGE *hift. lap. figur. Helvetiae*. MORTON dans l'hiftoire naturelle de Northamtonshire. WOLFARTH *hift. nat. Haffae*. SWEDENBORG *de Cupro et ferro* p. 168. pour ne point
faire mention de plufieurs autres. Ce font ces auteurs, que nous venons de nommer, d'après lefquels est compilée la Lifte des Plantes de Mr. BERTRAND. Il faut conférer avec cette lifte *Davila*
Catalogue raifonné Tome III. p. 250.

dans mon *Regne des fossiles*. A dire le vrai, ces deux méthodes ont l'une & l'autre leurs avantages, mais aussi leurs inconveniens. Lorsque l'on divise les Plantes pétrifiées suivant les fleurs, cette division est fondée sur une chose, qui existe très rarement sur la pierre, & c'est là toujours & à tout égard une division fort inconveniente, et qui rend aux curieux la chose extremement difficile. Outre cela il y a, a proportion du petit nombre d'herbes, qu'on a trouvées dans le Regne des fossiles, trop de lacunes & de trop grandes, pour qu'on puisse exactement rapporter la suite des Plantes rangées en Classes suivant un Systême, surtout suivant celui d'un Botaniste moderne. A la fin l'on ne voit pas qu'il en resulte de là quelque avantage considérable. Personne ne s'avisera d'apprendre à connoitre les Plantes par les Herbes petrifiées dans le Regne des fossiles, et non pas par les Exemplaires naturels; le curieux ne fait qu'appliquer aux Plantes pétrifiées la connoissance qu'il s'est aquise en examinant les Plantes naturelles, & en cela il a en vue ou de perfectionner sa connoissance des Végétaux, en recherchant des Plantes inconnues, qui existent dans le Regne des fossiles, ou de faire des Observations Cosmologiques en faisant attention aux Plantes exotiques, & à la maniere dont elles ont été transportées dans nos Climats, ou d'examiner l'espèce de Pétrification, l'empreinte, la substance pierreuse, la forme, la situation etc. et de faire là dessus des remarques lithologiques et minérologiques. Dans tous ces trois cas il ne nous faut point ni le Systême de TOURNEFORT, ni celui de Mr. de LINNE, ni de Mr. de HALLER ni de quelque autre Botaniste. Par cette même raison la méthode de diviser les Plantes pétrifiées suivant les Caractéres qui se trouvent sur la pierre, c'est à dire suivant la forme des feuilles, est beaucoup plus facile et beaucoup plus convenable. Quelques Plantes ont des feuilles larges, d'autres ont à leur place des feuilles étroites ou des épines, encore d'autres Plantes naissent velues. Les feuilles des Plantes sont ou larges ou étroites. Elles ont les unes et les autres le contour ou uni ou denteé ou évasé ou découpé. Suivant cette différence il est aisé de ranger les Plantes pétrifiées, & l'on peut aussi bien apprendre à les connoitre par leur nom & distinguer la Prêle, la Fougere &c. que si l'on vouloit suivre un Botaniste moderne & faire la division suivant les fleurs. Cependant comme cette methode n'est pas non plus à l'abri de tout inconvenient, Mr. le Licencié SCHULZE, en examinant les empreintes des Plantes, a fait attention à la qualité de la matrice ou de la pierre, & il a séparé d'entr'elles les Plantes et leurs empreintes, qu'elles ont laissées dans des terres calcaires, dans des terres argilleuses ou marneuses, dans des pierres calcaires, dans des pierres argilleuses ou limoneuses, dans des pierres arénacées, dans des ardoises, dans des Jaspes &c. Le Lithologiste s'en trouve fort bien de cette methode, et c'est dommage seulement, que les Plantes soient trop confondues avec les feuilles d'arbres, et que les mêmes espèces de Plantes soient séparées d'entr'elles simplement à cause de la substance pierreuse. Il est toujours convenable outre cela, de choisir une distribution qui soit également applicable à d'autres Classes des corps naturels. Or comme dans le Régne des Pétrifications on a toujours fondé la division sur le corps même qui a été petrifié, je souhaiterois bien, que cette methode fut aussi suivie à l'égard des Plantes pétrifiées. Si l'on ne vouloit faire attention qu'à la matrice, quelle ne seroit pas la confusion qui rejailliroit sur les coquilles, & en combien de différens endroits ne faudroit-il pas chercher par ex. les Camites, Turbinites &c.? Et c'est par là même que le but principal de la Lithologie, c'est à dire de rendre complette la grande Gradation dans le Regne de la Nature par les corps naturels encore inconnus du Regne des fossiles, seroit rendu bien difficile. Il faut ajouter à cela que dans cette division ce n'est que le Lithologiste qui gagne & point le Botaniste ni le Cosmologiste, les objets desquels on ne peut dans cette division ranger de façon, qu'il puissent facilement & comme il faudroit, la mettre a profit. Par cette même raison je serois tenté de croire qu'on seroit mieux de separer les Herbes & Plantes proprement dites d'avec les fleurs, les fleurs d'avec les espèces de roseau, celles-ci d'avec les feuilles d'arbres, & à la fin les feuilles d'arbres d'avec les Plantes qui ne portent point de feuilles, ou d'avec les Cierges, les Cardasses &c. Chacune de ces cinq Classes peut commodement être partagée en deux Familles, dont la première pourroit comprendre les Plantes connues, la seconde les

Plan-

Plantes encore inconnues. Les Plantes connues font divifées en indigénes & en exotiques. Que l'on range alors les Plantes indigénes de même que les exotiques, fuivant leurs genres, comme l'on voudra, ou fuivant la forme des feuilles, ou fuivant un Syftéme plus moderne, cela me paroit fort indifférent, vû que fuivant la methode que je viens de propofer, (où l'on fépare les Plantes d'avec les autres Productions Végétales ci-deffus rapportées, & qu'on divife celles-la encore en Plantes inconnues & en Plantes connues, & celles-ci en Plantes indigénes & exotiques) le nombre des corps qui appartiennent à chaque Claffe & Famille n'eft pas affès grand dans le Regne des foffiles, pour qu'on puiffe en faire des Liftes complettes de Genres & d'Efpèces de Plantes fuivant quelque Syftéme moderne.

La matrice qui renferme les Plantes, n'eft pas la même dans toutes. Elle doit être rangée ou parmi les terres ou parmi les pierres. Les premieres font ou calcaires & confiftent en plus grande partie en une fubftance tufeufe peu compacte, ou bien elles font argilleufes & limoneufes. Le lit d'argille nommé *Cotter Thongrabe* près de Dresde nous fournit un exemple de la premiere efpèce. Il a une couche d'argile calcaire, dans laquelle on trouve différens petits débris de Coquilles. La terre de la Digue, qui eft par deffus, renferme des rognons inégaux, tuberculeux d'une fubftance tufeufe. Dans ces maffes, lorsqu'on les met en piéces, on trouve des empreintes de feuilles, qui reffemblent à celles de Serpolet, ou à celles de Cumin des prés. Mr. le Licencié schulze a donné une defcription exacte de ces empreintes d'herbes de Dresde. 16) Une autre terre tufeufe avec des tiges fe trouve en Wetteravie, fuivant le rapport de Mr. liebknecht. 17) Ces deux efpèces ne paroiffent être l'une & l'autre que des incruftations, telles que les eaux tufeufes en produifent. Lorsque les feuilles, enduites d'un pareil tuf, fe détruifent fucceffivement, l'empreinte de la feuille refte fur la furface interne de cet enduit tufeux, et comme cette fubftance tufeufe n'eft proprement qu'une terre calcaire, dont l'eau eft imprégnée, il en nait de pareilles terres calcaires, qui nous prefentent des empreintes de feuilles. On trouve les empreintes de feuilles en plus grande quantité dans des terres argilleufes, limoneufes & marneufes, qui en plus grande partie ont été transportées par des inondations a l'endroit, où on les trouve, & y font reftées avec les Corps Végétaux renfermés fur la furface de la terre, d'où elles n'ont pas non plus pû parvenir facilement à la dureté d'une pierre. Ces terres limoneufes et marneufes différent entr'elles a l'égard de la couleur. Il y en a de blanches, de grifes, de brunes & de noirâtres. Communément on y trouve plus d'empreintes de feuilles d'arbres 18) que de Plantes, & parmi celles-ci d'ordinaire les plus communes, c'eft a dire les Fougéres. Il faut de même rapporter ici les pierres herborifées, que l'on tire des mines d'Alun près de Commodau. C'eft une terre brunâtre micacée, que Mr. schulze 19) fuppofe devoir renfermer quelque fubftance bitumineufe. Par cette raifon on y trouve encore des reftes des nerfs ligneux des pétioles, & des fibres des côtes des feuilles placées le long les unes près des autres.

Outre les terres il y a différentes efpèces de pierres, qui forment la matrice des empreintes d'herbes pétrifiées. Il faut y rapporter

1) Les *Ardoifes blanches*, ou les pierres argilleufes & limoneufes, qui fe féparent en tables & en feuilles. Ces pierres femblent être nées par une précipitation ou d'un Sédiment des eaux dormantes, comme celle d'un étang, & par cette raifon, comme le Sédiment s'eft entaffé fucceffivement, & s'eft formé en couches féparées, ces pierres fe divifent en lames. C'étoit donc proprement un limon argilleux qui a conftitué la bafe de ces efpèces de Schifte, & ce qui étoit enveloppé alors dans ce limon, & s'eft précipite en même tems, a confervé alors après fa deftruction la memoire de fon exiftence par une empreinte. C'eft la la maniere dont les ardoifes herborifées blanches limoneufes font nées, où il faut remarquer principalement,

---

16) *Betrachtung der Kräuter-Abdrücke* pag. 58.
17) *De lapidibus figuratis montis Wetteraviae HAUSBERG*, dans les *Act. Phyf. med.* Vol. 2. Obferv. 30.
18) *SCHEUCHZER Muf. Diluv.* Num. 27. 32. 123. *MELIUS Muf.* Num. 787.
19) *Betrachtung der Kräuter-Abdrücke* p. 60.

ment, que celles, qui contiennent des empreintes d'herbes, couvrent un lit de Charbon de terre, qui est dessous. Dans les endroits, d'où l'on tire des Charbons de terre, on observera communément un pareil banc d'ardoise limoneuse & argilleuse, & dans ces ardoises des empreintes de Plantes. Communément elles se trouvent dans ces endroits, où les lits de Charbon de terre se joignent à leurs bancs limoneux ou argilleux, de maniere que les Plantes sont nichées en partie dans les lits de Charbon de terre & en partie dans le Schiste limoneux qui est dessus. Lorsqu'un lit de Charbon de terre porte une couche de sable, on y trouve rarement des empreintes d'herbes, puisque le sable a été transporté d'autres endroits par des inondations sur ce limon de marais, qui a fait la base du lit de Charbons de terre, & qui a aussi fourni les Plantes qu'il renferme. Il arrive rarement qu'on trouve encore des Plantes au dessous du lit de charbons de terre. 20) Il est sur du moins & la Nature entiere de ces Schistes limoneux, qui se trouvent communément au dessus des lits de charbons de terre, fait assés connoitre que le sédiment des lacs, & leur dessechement successif ont formé cette matrice lamelleuse, dans laquelle nous trouvons aujourd'hui, en la mettant en piéces, des Plantes et leurs empreintes. 21)

2) Les *ardoises noires.* Il en est de même de ces espéces de Schiste. Elles sont nées d'un limon ou plutôt de la terre, qui dans les eaux dormantes se dépose, & dont les particules constitutives consistent en plus grande partie en corps animaux & végétaux dissous & putréfiés. Suivant la différente proportion des premiers ou des derniers, le Schiste sera aussi tantôt plus argilleux tantôt plus calcaire. Quoiqu'il en soit, il est sur du moins, premierement, que l'ardoise a tiré son origine du limon de marais, & que celui-ci est ne en partie des Végétaux détruits, en partie des os & coquilles décomposés, en second lieu, que cette même origine nous fait connoitre la cause pourquoi l'on trouve des empreintes de Plantes dans ces ardoises. Car lorsque successivement un sédiment s'est déposé sur l'autre en forme de couche, il est arrivé souvent que les Plantes, qui croissent près des eaux dormantes, s'enfoncent entre ces couches. Toutes les pierres nées d'un pareil limon fin, lorsque celui-ci s'est déposé doucement en différentes couches, se séparent en lames, vû que la cohesion des parties d'une pareille lame ou couche est plus forte que celle que les couches ont entr'elles. C'est cela même ce qui donne aux Plantes pétrifiées la situation la plus avantageuse du monde. Elles se presentent sur des Plaques, qui se divisent aisement en lames, sans que l'empreinte, qu'elles renferment ou la Plante pétrifiée même soit endommagée. Si ces pierres, lorsqu'on les met en piéces, se cassoient en morceaux irreguliers, et comme d'autres pierres, nous n'aurions des Plantes petrifiées & de leurs empreintes que de très petits fragmens. Dans ces ardoises elles se trouvent communément là où il y a des lits de Charbons de terre.

3) Les *ardoises d'autres couleurs,* avec des Plantes pétrifiées & leurs empreintes. Les couleurs de ces terres, prés des eaux dormantes, qui s'unissent souvent avec les eaux, sur tout par les débordemens, influent sur la couleur des ardoises. C'est par cette raison que les ardoises qui renferment des Plantes, ne sont pas simplement blanches ou noires, mais il y a des ardoises rougeâtres, brunâtres, jaunes, couleur d'orange, avec de pareilles empreintes d'herbes. 22) Lorsque les ardoises noires sont exposées longtems à l'air, elles deviennent grisâtres, ce que l'on observe aussi dans les ardoises herborisées.

4) Les *pierres arénacées avec des empreintes d'herbes.* Nous doutons qu'on ait jamais trouvé des Plantes veritablement pétrifiées dans des pierres arénacées, car l'eau, qui s'insinue & qui

les

---

20) On en trouve un exemple dans VOLKMANN *Siles. subterr.* p. 110. & un autre, à l'egard des empreintes de *l'Aster montanus* d'Ilefeld, dans les *Mineralogische Belustigungen* Tome II. p. 200.

21) Sur les empreintes de Plantes dans des ardoises blanches limoneuses il faut conférer VOLKMANN *Silesia subterran.* p. 107. sqq. SCHEUCHZER *Mus. Diluv.* Num. 22. *Herbar. Diluv.* p. 15. et SCHULZE *Betrachtung der Kräuter-Abdrücke* p. 66.

22) SCHULZE dans l'Ouvrage allegué. pag. 69.

les pénétre, avant qu'elles ne se durciffent, diffout peu à peu entierement les feuilles. Il en
eft tout autrement des ardoifes, dans lesquelles tant les particules conftitutives argilleufes, que
le bitume qui y eft uni d'ordinaire, ont empeché l'accès de l'eau, & avancé l'exficcation &
le durciffement du corps renfermé. On ne pourra donc obferver dans les pierres arénacées
que des empreintes de Plantes & de feuilles. Le fable eft d'ordinaire très fin, cependant le
grain n'en eft jamais affés petit, pour qu'il puiffe exprimer & reprefenter les veines fines des
feuilles auffi diftinctement qu'elles fe prefentent dans les pierres argilleufes. Il faut par cette
raifon que ce foient déja des feuilles dont les côtes & les veines font bien fortes, pour prefen.
ter diftinctement leurs empreintes fur ces pierres arénacées. Outre cela on a découvert en.
core jusqu'ici plus d'empreintes des feuilles, que de Plantes fur des pierres arénacées, pro.
bablement puis qu'une couche de fable peu compacte n'eft pas fufceptible d'empreintes fines,
& quand même elles fe feroient faites, de les retenir, vû que les grains de fable s'approchent
fucceffivement de plus en plus l'un de l'autre, & effacent par là l'empreinte, qu'ils auroient
pû avoir reçue. En revanche les feuilles dures & roides peuvent fe conferver dans le fable
plus longtems, & même jusques là, que les grains de fable par leur contact foient parvenus à
un petit degre de cohéfion, & dans ce cas l'empreinte qu'ils ont reçue fe confervera, quand
même la feuille eft détruite dans la fuite. Jamais ces pierres arénacées herborifées ont elles
quelque fubftance de charbon de terre, comme les ardoifes, il faut donc qu'elles aient une
origine différente. Suivant toute apparence elles font nées par des inondations qui ont en.
taffé le fable, dans lequel les feuilles emportées par les débordemens font reftées enfoncées,
& y ont laiffé ainfi leurs empreintes. La moindre partie en femble être née par une dépofi.
tion tranquille dans des eaux dormantes, car les feuilles font en plus grande partie pliées ou
roulées, ou portent du moins les marques d'une violence qu'elles ont foufferte. Du refte
on a deux efpèces de ces pierres arénacées herborifées. Quelques unes & même la plûpart
fe caffent en gros morceaux irreguliers, lesquels étant mis en piéces, prefentent les emprein.
tes d'ordinaire de grandes feuilles, comme par ex. de vigne ou de figuier. Telles font les
pierres herborifées de Blankenbourg dans le Harz. Elles ont de profondes empreintes de
grandes feuilles, qui doivent avoir eu des côtes & des canaux élevés. Quelquefois quoique
rarement elles prefentent auffi des empreintes des tiges. Les feuilles fe prefentent la plûpart
roulées, entortillées, & parmi celles qui font étendues, ou peu pliées, on eft rarement affés
heureux pour en trouver une parfaite & entiere. D'autres pierres arénacées dans d'autres
contrées fe caffent quelquefois en morceaux plus reguliers, à peu près comme des Plaques,
& probablement ces pierres font nées par des inondations reiterées, de forte qu'une couche
s'eft pofée fur l'autre, & que les feuilles fe font placées entr-elles. C'eft de cette efpece que
font probablement les Plaques arénacées dont VOLKMANN 23) fait mention. La couleur de
ces pierres arénacées herborifées eft différente. Il y en a de blanches, de grifâtres, de jau.
nes & de rougeâtres.

5) Les *pierres toufeufes herborifées*. Elles font dans un certain fens précifément ce que font
les empreintes dans une fubftance tufeufe peu compacte, dont nous avons traité plus haut.
Car lorsque le Tuf eft friable, ou qu'on peut le broyer entre les doigts, on le range parmi
les terres calcaires. Mais lorsqu'il prend la dureté d'une pierre, il appartient aux Tufs. Les
Plantes & les feuilles qu'il renferme, font d'une double efpece. Quelques unes ne prefentent
que fimplement l'empreinte, & celle-ci nait de la même maniere, que dans les terres tufeufes.
D'autres ne font que des incruftations & enveloppent tout au tour le corps végétal, qui ce.
pendant dans la longueur du tems fe détruit, & ne laiffe que l'interftice vuide, qu'il a rempli
autrefois, comme l'on peut obferver non feulement à l'égard des feuilles, mais auffi des mouf.
fes, des chalumeaux & d'autres pareils corps. Sur ces pierres tufeufes on obfervera com.
munément plus de feuilles que de Plantes. Celles-ci font d'ordinaire trop molles & d'une
fubftance trop humide pour fe conferver auffi longtems jusqu'à ce que les particules calcai.
res fines que l'eau introduit entre le corps végétal & fa couche, aient rempli tous les inter.
ftices vuides entre celle-ci & celui-là, & par là acheve l'empreinte. Il en eft tout autre.
ment

23) Silefia fubterranea.

ment des feuilles. Ce font communément des feuilles à moitié flétries & feches, qui en automne tombent des arbres dans les fources tufeufes & qui en partie y reftent & s'incruftent. Le degré de dureté eft différent tout comme la couleur; communément elles font blanches. Les jaunes, rougeâtres, brunes & brunâtres doivent leur couleur à l'Ochre de fer.

6) Les *Pierres calcaires & les marbres herborifés.* C'eft auffi dans ces pierres qu'on pretend avoir trouvé des Plantes & des feuilles pétrifiées & leurs empreintes. LUID fait mention d'un marbre bleu herborifé d'Angleterre. SCHEUCHZER 24) d'une *Alga latifolia ramofa* dans un marbre verd, ALLION DULAC 25) d'une Roche dure près de Saint Etienne avec des empreintes de feuilles & de Plantes. Mr. SCHULZE 26) revoque en doute la verité de ce rapport, & avoue qu'il n'a jamais trouvé des Plantes ou leurs empreintes dans des carriéres de pierres calcaires ou de marbre. Il a raifon d'en douter, mais il ajoute, que faute d'experience fuffifante il ne fauroit alleguer la veritable raifon, pourquoi l'on ne trouve pas de pareilles empreintes dans les carriéres de pierres calcaires & de marbre. Je crois qu'en voici la raifon: Nos montagnes calcaires & nos carriéres de marbre font nées dans la mer, & appartiennent maintenant, que la mer a changé fon lit, à la terre firme. Si ce principe eft fondé l'on voit facilement la raifon pourquoi les Plantes terreftres & les feuilles d'arbres n'ont point pû entrer dans les pierres calcaires & dans les marbres. C'eft auffi par cette raifon qu'on ne trouve point de corps marins parmi les feuilles d'arbres ou parmi les Plantes terreftres, vû que la Pétrification des corps marins a une origine tout à fait différente. On verra donc à prefent bien facilement auffi la raifon pourquoi l'on trouve quelquefois feulement des Plantes marines, comme l'*Alga marina*, les feuilles de Corail &c. dans le marbre & les pierres calcaires, & c'eft là où il faut rapporter auffi l'*Alga* de SCHEUCHZER, dont nous avons parlé ci-deffus. Si la Roche près de Saint Etienne eft un marbre c'eft ce que Mr. ALLION DULAC ne dit pas. Je doute fort qu'elle en foit, car il dit lui même dans la fuite, qu'elle eft fragile comme le verre, & qu'elle fe divife en lames. Il femble donc qu'il y a un lit de Schifte là où fe trouvent ces Plantes & ces Empreintes.

7) Les *Jafpes & les Agates herborifés.* Ces deux efpèces de pierre ne renfermeront gueres des Plantes & des feuilles pétrifiées. L'on fçait que le Jafpe de même que l'Agate appartiennent à ces pierres qui naiffent par une congélation. Avant cette congélation le Jafpe eft, par l'accés des terres argilleufes fines, un fluide épaiffi, & l'Agate un fluide trouble. Lorsque les Plantes en font enveloppées, fe trouvant dans une matiere fluide, elles iront plûtôt en putréfaction, que de s'y conferver entieres jusqu'à la congélation. Or une argille visqueufe, qui, ayant la confiftence d'une pâte (& telle eft la maffe du Jafpe avant fa congélation) n'eft gueres fufceptible d'impreffion, & encore moins l'eft un fluide à moitié transparent, duquel naiffent les pierres de Corne, les Agates & les autres pierres à moitié transparentes. Cependant dans de certains cas une petite exception peut avoir lieu. Lorsque le corps végétal eft afsès léger pour pouvoir nager & être foutenu dans le fluide, lorsqu'il a afsès de confiftence & de dureté pour refifter afsès à fa diffolution, il peut être confervé dans une pierre de Corne auffi bien que dans un Criftal, dans lequel on trouve quelquefois renfermées de petites mouffes ou des brins de paille. On peut avec certitude inférer ici par l'exiftence d'un Criftal, dans lequel paroiffent de pareils corps végétaux, la poffibilité que ces mêmes végétaux puiffent auffi être renfermés dans les Agates, dans les pierres à fufil & d'autres efpèces de pierres de Corne. D'autant plus facilement cela peut fe faire dans le Jafpe. Lorsque l'on met en piéces une telle pierre, il faut quand elle fe fend là où il y avoit ces brins, qu'on en remarque des veftiges & des empreintes. C'eft peut-être de cette efpèce qu'eft la pierre à

O 2

fufil

24) Muf. Diluv. p. 16. Num. 248.

25) Dans l'Hiftoire naturelle des Provinces de Lyonnois, Forez & Beaujolois, dans les *Mineralogifche Beluftigungen* Tome II. p. 413.

26) Dans le Traité ci-deffus cité p. 17.

fufil dont LIEBKNECHT 27) fait mention, & de laquelle il rapporte, que lorsqu'on la met en pièces, on y remarque par ci par là des veftiges de feuilles. Dans les carriéres d'Agate de Rochliz on obferve auffi fort diftinctement plufieurs brins de mouffe dans le milieu de l'Agate, qui reffemble à une eau trouble fans teinture. La mouffe a encore fa couleur verte, & par ci par là il y a de petites molécules de couleur rouge, qui reffemblent beaucoup à la pouffiere des étamines des fleurs. Dans l'Exemplaire que je conferve dans mon Cabinet, on voit cela fort diftinctement, & l'on remarque outre cela dans le milieu de la mouffe un corps, tout comme s'il nageoit dans une eau trouble, qui a beaucoup de reffemblance avec la coque fendue et vuide d'un papillon. Lorsque l'on polit ces pierres, on voit auffi diftinctement, que les figures vertes de mouffes ne font pas des deffeins nés par hazard fur la pierre. La où fe trouve la mouffe, le poli ne leur donne jamais un brillant, & il refte au contraire dans les endroits, d'ou les corps verds font fortis, ou en ont été emportés par le poli, de petits creux & enfoncemens, qui prouvent affès qu'il faut qu'il y ait eu un corps étranger. C'eft ainfi que e noyau des boules de Zwikau eft fouvent une pierre agatifée, dans laquelle on trouve enveloppées auffi différentes efpèces de mouffe aquatique, fans qu'on ait befoin d'y fuppléer par l'imagination. Sur une pareille Agate blanche, dans laquelle étoit renfermée une mouffe Coralline, qu'on pouvoit même en quelques endroits emporter en grâtant, l'on peut conférer RUNDMANN dans fes *rarier. Natur. & art.* 28), & BAGLIV 29) fur un Onyx dans lequel on pouvoit de même obferver affès diftinctement de petites feuilles renfermées.

8) Le *Criftal & le Quarz.* Il eft fuperflu de prouver que dans les criftaux il fe trouve quelquefois différens corps étrangers, & parmi ceux ci auffi des Végétaux, principalement de petits corps légers par ex. des brins de mouffe, de paille &c. car nous en trouvons les exemples par ci par là dans les Cabinets des Curieux, & quiconque en fouhaiteroit encore avoir des temoins inconteftables, pourroit les trouver nommés dans la Defcription des pierres herborifées de Mr. SCHULZE 30). Un Criftal nait toujours d'une eau pure renfermée dans les roches & leurs gerfures, & il eft probable que l'eau, qui a pénétré dans les gerfures des roches, & y a été renfermée, y ait charié de pareils brins de mouffe, de paille & de feuilles & les ait retenus. Avec autant de certitude qu'on peut inférer par ce Phénoméne, que la matiere primitive du Criftal doit avoir été une matiere fluide, autant il eft facile d'alléguer la raifon pourquoi ce ne font point de gros & pefans morceaux, mais feulement des corps légers, qui ont pu être renfermés dans le Criftal. Si ces morceaux avoient été pefans, ils feroient tombés à fond dans la fente ou cavité, qui dans la roche a tenu renfermée l'eau, par conféquent l'eau n'auroit pû les environner de tout côté. Ils feroient donc reftés au fond de la matrice des Criftaux & des Quarz. Il faut ainfi qu'ils aient nagé dans l'eau, & par conféquent que c'aient été des corps légers. L'objection qu'on fait, que dans un fluide le corps végétal va en putréfaction en moins de tems qu'il ne faut pour la congélation, a été levée peu avant, lorsque nous avons parlé des pierres de Corne; il faut faire ici une exception des Végétaux légers, durs et tenaces. Il eft vrai que les herbes molles & aqueufes ne fe confervent pas longtems, & qui fçait fi plufieurs de ces herbes, qui dans des eaux renfermées, ont rendu par leur diffolution le fluide pur opaque & à moitié transparent, n'ont pas occafionné par là même la naiffance d'une pierre de Corne par la congélation, où cette même congélation auroit produit un criftal transparent, fi l'eau étoit reftée claire.

Quelquefois les Plantes pétrifiées & les empreintes prefentent outre la fubftance pierreufe, qu'elles ont prife, quelque fubftance minérale. Nous apprenons par l'expérience que les corps étrangers prennent communément la fubftance de cette pierre, qui fait la matrice qui les renferme. La matrice des coquilles métallifées aura par cette raifon la même fubftance

métal-

---

27) Huff. fubterran. p. 148.

28) Artic. XIV.

29) De Vegetat. lapidum voy. *SCHULZE Betrachtung der Kräuter-Abdrüke* p. 54.

30) Pag. 54. 55. & 73.

métallique qu'elle leur a communiquée, & il en est de même des Végétaux qui ont passé dans le Regne des fossiles. Que les Plantes, sur tout dans les ardoises noires, là où il y a des Charbons de terre, se soient imbibées de beaucoup de bitume, & que le reste de la Plante, décomposé en poussiere en soit tout à fait pénétré, c'est de quoi nous sommes convaincus par les sens; le bitume est souvent assès visible & se fait assès connoitre par l'odeur lorsque l'on met la raclure de la Plante au feu. Les ardoises alumineuses, lorsqu'elles renferment des Plantes, ont aussi communiqué leur propre substance, c'est à dire l'alun, aux Plantes, & par là elles se décomposent à l'air aussi bien que leurs matrices, dont elles ont pris la substance saline. Il en est de même des pierres minéralisées, qui pétrifient & métallisent en même tems le corps étranger animal ou végétal qu'elles renferment. Nous trouvons ainsi des morceaux de roseau ferrugineux & pétrifiés dans LIEBKNECHT 31), des Plantes pyriteuses dans VOLKMANN 32), les plus beaux morceaux d'un Adiante pyriteux à Calebrookdale en Shropshire, des cuivreux dans HENKEL 33) & IUSSIEU 34), qui rapporte outre cela la circonstance particuliere au sujet des ardoises herborisées de Saint Chaumont, que dans quelques unes les Plantes ont un enduit métallique d'un brillant de cuivre & d'argent, qui ne se trouvant pas dans le reste de la superficie de la matrice, leur donne une fort belle apparence. Quelques ardoises herborisées tiennent, à ce qu'on pretend, de l'or & de l'argent. MYLIUS 35) soutient cela, mais il ne s'explique pas assès, & il passe sous silence si sur ces ardoises herborisées on trouve de simples empreintes ou de veritables Pétrifications, & dans ce dernier cas, si ces Pétrifications tiennent aussi, comme la matrice, quelque substance métallique. Dans ces ardoises herborisées métalliques il faut principalement faire attention si elles ne portent que de simples empreintes de Plantes, ou si elles renferment de veritables Pétrifications. Celles de la premiere espèce interessent moins le Naturaliste que celles de la derniere. Dans celle ci l'on trouvera ou que les Plantes pétrifiées ont été pénétrées de la même substance métallique qui appartient à la matrice, ou que les Petrifications, qui se trouvent à l'entour, contiennent preférablement quelque chose de métallique, qui n'entre ou point du tout ou du moins pas dans ce degré dans la matrice. Dans ce dernier cas les particules mêmes, qui composent la Plante, peuvent y avoir contribué. Que dans les Plantes il y a des particules martiales, c'est ce que HENKEL a prouvé d'une maniere incontestable dans la *Flora Saturnizans*. L'accès des particules bitumineuses principalement des sulfureuses, qui sont sur tout en assès grande quantité dans les ardoises noires, ne pourroit-il pas par l'intime mixtion avec les particules martiales de la Plante produire une Pyrite sulfureuse sur la Plante ou dans l'endroit où elle a été? Mr. de IUSSIEU croit, que comme la Plante a causé une impression, & après être décomposée, un interstice vuide, il s'y est insinué des sucs vitrioliques, qui sont restés renfermés dans l'interstice vuide, & ont produit ainsi la couleur métallique dans l'endroit où la Plante étoit ci-devant.

La maniere dont les Plantes & les feuilles sont couchées sur les pierres, n'est pas la même par tout où l'on en trouve. Dans quelques carriéres d'ardoises herborisées, les Végétaux sont couchés avec autant de régularité & si nettement déployés, comme si on les y avoit mises à dessein pour en faire pour ainsi dire un Herbier pétrifié. Dans d'autres carriéres l'on observe précisément le contraire. Les Plantes sont couchées sur les pierres l'une sur l'autre, mêlées sans aucune regularité, brisées, dechirées, entortillées, souvent les tiges sans feuilles, quelquefois seulement une espèce de Plante, quelquefois plusieurs entremêlées. La cause de cette différente situation est la maniere dont les herbes ont été enfoncées & ensevelies dans le sein de la terre. Dans les eaux dormantes elles se sont mises au fond dans leur situation naturelle, sans la moindre violence externe, & y ont été enduites d'un limon. Ce sont la plûpart

part

31) Hall. subterr. p. 157.

32) Siles. subterr. p. 109.

33) Flora Saturniz. p. 567.

34) Memoires de l'Académie royale de Paris de l'an 1718. p. 365.

35) Memorabil. Saxon. subterran. p. 21.

part des Plantes roides & tenaces, lesquelles, peut être après avoir été à moitié seches, ont été enfoncées dans les lacs & les étangs, & comme l'exsiccation les a rendues plus roides, elles ont pû d'autant plus facilement dans une eau d'ailleurs tranquille rester dans leur situation naturelle. Il en est tout autrement de ces Plantes & de ces herbes, qui ont été emportées par les inondations, & qui sont restées enfoncées dans la terre. La violence externe, à laquelle le courant de l'eau les a exposées, doit necessairement les avoir écrasées, brisées, effeuillées, entortillées, & en un mot mises hors de leur situation naturelle. On observe cette différence de la situation dans les lits mêmes, qui renferment ces Plantes & ces empreintes. Les couches qu'une eau dormante a déposées, ont la plûpart quelque Symetrie; elles sont régulierement placées l'une sur l'autre, & se fendent en Plaques à surfaces droites & égales. Dans ces couches on trouvera aussi les feuilles & les herbes dans leur situation naturelle. Au contraire dans ces lits qui sont nés par de violentes inondations, on ne remarque point du tout cette régularité des couches, de leur disposition, direction & inclination. Et c'est dans ces lits aussi, que l'on trouvera communément la situation naturelle des Plantes & des feuilles changée. Nous ajoutons à ce que nous venons de dire, les Remarques suivantes: 1) Dans ces carriéres d'ardoise on trouve communément une espèce de Plante en beaucoup plus grande quantité que toutes les autres. Il faut donc que dans cet endroit, où sont à présent ces carriéres, cette Plante soit provenue en plus grande quantité que les autres. 2) Il faut dire souvent la même chose à l'égard des feuilles, dont on ne trouve quelquefois dans un endroit qu'une ou deux espèces, & ne découvre point de vestiges d'autres, probablement puisque sur le bord du lac ou de l'étang qui y existoit ci-devant, il y avoit précisement cette espèce d'arbre, de laquelle en automne les feuilles sont tombées dans l'étang. 3) D'ordinaire on trouve dans le Regne des fossiles avec les Plantes proprement dites, des roseaux & des chalumeaux qui croissent dans les étangs. 4) L'on ne trouvera gueres sur des Schistes herborisés en même tems des corps animaux, comme des coquilles, des os &c. & quand même on en trouveroit, ce sont de petites coquilles d'étang. Tout cela nous fournit un argument très convaincant que les Schistes herborisés n'ont pas tiré leur origine, comme les coquilles de mer pétrifiées, de la mer, mais qu'ils sont nés du limon, qui s'est déposé au fond de l'étang, & par des débordemens, non pas de la mer, mais des rivieres & des eaux douces. Mr. de TISSOT, quand même il pretend déduire ces Schistes herborisés de Chaumont d'un débordement de la mer, est obligé d'accorder lui même, que dans l'endroit, d'où l'on tire ces Schistes, l'on ne trouve point de coquilles de mer, mais seulement dans les contrées voisines, & il est sur que ces coquilles n'y ont pas été transportées en même tems que les Plantes, puisqu' autrement ces Plantes auroient le même lit que les coquilles. Cependant il faudra bien supposer, que les Plantes dont la terre natale est hors de l'Europe, lorsqu'on les trouve, comme celles de Chaumont, dans les carriéres de l'Europe, y ont été transportées par la mer, jusqu'à ce qu'on aura trouvé une raison probable de leur presence, & jusqu'à ce qu'on aura peut être découvert que ci-devant quelques Plantes sont provenues aussi bien dans le terroir de l'Europe, qu'elles croissent aujourd'hui aux Indes Orientales & Occidentales.

Nous avons déjà remarqué ci-dessus, que la plûpart des Schistes herborisés ne renferment point de veritables Pétrifications, mais seulement des empreintes de Plantes. A l'égard de la qualité de ces empreintes nous trouvons à propos de communiquer les Observations suivantes: 1) Dans quelques carriéres de Schiste les empreintes sont aussi fines qu'elles puissent l'être. Ce qui est creux dans la feuille, se presente ici en relief, & en revanche, ce qui est élevé sur la feuille, est creux sur l'empreinte, & l'un & l'autre si bien exprimé qu'on peut reconnoitre les traits & les stries les plus subtiles & les plus fines des feuilles. Cependant l'empreinte n'a pas le même degré de finesse dans tous les Schistes. Cela depend de la finesse de la terre & de la substance aqueuse & bitumineuse, qui s'y mêle. Lorsque les particules bitumineuses s'insinuent dans les cavités fines que l'empreinte a faites, & les remplissent, l'empreinte ne pourra jamais être bien fine. Une espèce de Plante se presente aussi sur la pierre beaucoup plus nettement que l'autre, suivant la consistence & la forme de ses feuilles. 2) Un oeil bien exercé peut auffi bien facilement difcerner fi c'étoit une feuille fraiche ou feche, qui a laiffé l'empreinte fur la pierre. 3) Dans plufieurs Schiftes herborifés on ne voit pas fur une Plaque l'empreinte de la furface fuperieure de la feuille, & fur l'autre celle de l'inferieure, mais bien fur les deux Plaques la meme furface, ou celle d'en haut ou celle d'en bas, avec cette différence qu'une Plaque reprefente en relief ce que l'autre reprefente en creux. Les Naturaliftes ne font pas d'accord fur la caufe de ce Phénoméne. Quelques uns croient que peut-être les feuilles fe font imprimées dans une terre argilleufe molle, fans qu'une autre terre s'y foit mife deffus en même tems; que la feuille a été détruite en peu de tems, & a laiffé fon empreinte dans le limon, qui fe trouvoit au deffous; que ce limon s'eft durci, & lorsqu'une nouvelle couche s'y eft dépofée, cette empreinte de la furface fuperieure ou inferieure de la feuille s'y eft imprimée de nouveau; que peut-être auffi la fubftance bitumineufe unie au li-mon y a contribué quelque chofe, qu'independamment de l'humidité l'empreinte des couches inferieures s'eft confervée, jufqu'à ce que fur cette couche inferieure il fe foit dépofé une nouvelle couche, dans laquelle en fuite l'empreinte de la couche inferieure s'eft, pour ainfi di-re, moulée de nouveau. 36) Mr. de rusiru 37) eft d'une opinion differente, à laquelle Mr. bergmann femble fe conformer auffi. 38) Ils croient l'un & l'autre que dans le tems où la feuille a nagé fur l'eau, il s'eft dépofé fur la fuperficie fuperieure un limon bitumineux, que ce limon s'eft durci, & que la feuille a été détruite, que le limon durci a été enfoncé dans une couche molle, & que le deffein ou la fizure de feuille qu'il portoit, s'eft imprimée là de nou-veau. D'autres encore, comme Mr. schulze, 39) fe reprefentent la chofe d'une maniere tout à fait différente. Ils foutiennent que les deux fuperficies des feuilles fe font imprimées, c'eft à dire celle d'en haut fur un côté & celle d'en bas fur l'autre côté des deux couches entre lesquelles la feuille a été renfermée, que la feuille a été détruite, & que dans l'interftice vui-de, qui eft né par là, il s'eft infinué dans la fuite une fubftance bitumineufe, que cette fub-ftance s'eft collée fur l'une des furfaces & a reçu l'empreinte de l'autre, & que c'eft là la rai-fon pourquoi, lorsque l'on fend un Schifte herborifé, l'on ne trouve fur fes deux Plaques que la même fuperficie de la feuille, ou la fuperieure ou l'inferieure. Lorsque dans les Schiftes il ne s'eft point interpofé de bitume, l'on trouve les deux fuperficies d'une feuille imprimées l'une fur la Plaque d'en haut, et l'autre fur celle d'en bas, comme l'on voit diftinctement dans les pierres herborifés de Zwikau. 4) Souvent les empreintes d'herbes prefentent ou leur fur-face entiere ou une partie en relief, & fur l'autre Plaque en creux ou enfoncée, de maniere que les éminences & les cavités s'emboitent bien les unes dans les autres, mais qu'elles laif-fent pourtant entre elles un petit interftice. On remarquera outre cela dans les empreintes, qu'on trouve dans certaines contrées, furtout dans les montagnes des Sevennes, que chaque feuille d'une Plante par ex. de Fougére, a fa propre éminence fur une Plaque, & fa concavité dans l'autre, & fe prefente en relief fur la premiere, & en creux fur la derniere. On peut al-léguer de ce Phénoméne la caufe fuivante: Si la furface entiere de la Plante ou une partie fe prefente en relief, cela vient probablement de la preffion, que le poids de la terre, qui étoit par deffus, a faite dans le tems, où les couches, qui renfermoient les Plantes, étoient encore molles. 40) L'interftice vuide eft proprement celui, que la feuille ou la Plante occupoit autrefois, & qui après la deftruction de la feuille & le durciffement de la matrice eft refté vuide. Suivant la différente épaiffeur, que les feuilles & les Plantes avoient, cet interftice eft auffi tantôt plus tantôt moins étroit. Communément la dimenfion en eft un peu plus petite que celle de l'épaiffeur des feuilles fraiches, ce dont il faut chercher la caufe tant dans la compreffion que dans l'exficcation des feuilles. La courbure des feuilles qui leur donne une forme convexe d'un côté & une forme concave de l'autre, provient de leur exficcation. Lorsque les vaiffeaux des Plantes fe retréciffent faute d'humidité, les feuilles fe roulent & s'entortillent, & ne reftent jamais déployées, comme elles le font, lorsqu'elles font fraiches. Les

P 2

feuil-

36) voy. mon, Regne des foffiles, de l'Edition feconde pag. 171.

37) Mémoires de l'Acad. Roy. des Sciences p. 178.

38) Phyficalifche Befchreibung der Erdkugel p. 176, de l'Edition allemande.

39) Sur les Empreintes des Plantes de Zwikau, dans les Neue Gefellfchaftliche Erzæhlungen Part. I. p. 45.

40) voy. SCHULZE Betrachtung der Kraüter-Abdrüke p. 35. fq.

feuilles lorsqu'il n'y a rien qui les empeche, se roulent tantôt de cette façon tantôt d'une autre, suivant que leurs fibres se contractent; mais il en est tout autrement d'une Plante qui est comprimée de façon qu'elle a de tout côté une resistance égale dans une masse encore molle & qui par conséquent se prête un peu. Les fibres sont tendues par l'exsiccation, & comme elles passent jusqu'aux extremités des feuilles, chaque feuille est également tendue de tout côté de sa circonférence, le bord entier de la circonférence se plie donc, & par là chaque feuille doit devenir convexe d'un côté & concave de l'autre. 5) Dans les interstices vuides, que nous avons remarqués peu avant dans les Schistes herborisés, on trouve souvent différentes substances étrangeres, tantôt une masse brillante de veritables charbons de terre, tantôt une terre noire fine, tantôt une poussiere d'un brun clair. La masse de charbons de terre nait des vapeurs bitumineuses, qui, des lits de charbons de terre, qui se trouvent par dessous, s'insinuent dans les ardoises herborisées & leurs interstices vuides, & s'unissent là avec la poussiere végétale. La terre noire fine, qui s'est attachée, le plus souvent conglutinée, à l'une des surfaces de l'empreinte, & qui a causé par là, que dans des pierres limoneuses blanches l'empreinte se presente blanche d'un côté & noire de l'autre, semble être de la même substance avec la premiere espèce de masse qui remplit les interstices, mais elle semble en différer par le degré de mixtion. Elle est aussi composée d'une poussiere végétale, & d'un bitume qui lui est uni, excepté que dans la premiere espèce il y a plus de substance bitumineuse que de terre, & que dans la derniere, comme il semble, l'un & l'autre y est dans la même proportion. La poussiere de couleur brune claire est de la même qualité, avec cette différence, qu'il s'y est uni peu de bitume, d'où les particules de la Plante décomposée n'ont point de cohésion entre elles, & se presentent comme une simple poussiere avec de petites molécules brillantes, & c'est là précisément le bitume qui s'est insinué.

La couleur des Plantes pétrifiées de même que celle des empreintes est fort différente. La plus ordinaire est la noire, au côté de laquelle il faut mettre la brune, la couleur de soye, la grise, la rougeâtre & la jaune. Il faut chercher la cause de ces différentes couleurs en partie dans certaines vapeurs bitumineuses, qui ont pénétré dans la pierre, en partie, dans l'humidité, qui étant teinte par la putréfaction des feuilles, s'y est insinuée, en partie dans une terre végétale primitive, qui est restée après l'exsiccation de la pierre, en partie lorsqu'il y a une couleur métallique, dans une pyrite sulfureuse qui y a pénétré. L'empreinte de la Plante a ou la même couleur que la matrice, ou la couleur en est différente. Lorsque cette couleur est la même, elle est, comme nous venons de le dire, d'ordinaire noire, tant puisque le limon même, comme la matiere primitive de ces Schistes, a une couleur noire, que du bitume qui s'est insinué. Telles sont d'ordinaire les ardoises qui se trouvent au dessus des lits de charbons de terre; que cependant elles en aient reçu des particules bitumineuses, qui rendent la terre grisâtre des ardoises encore plus obscure, c'est ce qu'on apprend assés par les expériences de Chymie. Ces ardoises herborisées noires sont d'une double espèce. Dans quelques unes les empreintes n'ont point de brillant & ce sont celles dont les ardoises ont reçu peu de substance bitumineuse, d'où les empreintes qu'elles portent, expriment beaucoup plus distinctement que d'autres, les traits & les veines des feuilles. Dans d'autres les empreintes ont un brillant, de maniere, que la surface de la Plaque qui les porte, est restée sans brillant. Il en faut chercher la cause dans le bitume qui s'est insinué dans l'interstice que la Plante détruite a laissé, & y est resté, & alors a produit ce brillant dont il est question. Lorsque l'on fend une pareille ardoise herborisée, une Plaque presente la Plante élevée & brillante (& ce relief même est proprement le remplissage bitumineux) & l'autre Plaque presente cette même Plante enfoncée & sans brillant, excepté que quelquefois les crenelures fines ou les veines des feuilles ont retenu encore quelque partie du bitume qui s'est insinué, ce qui donne à la Plaque une belle apparence, vû que l'empreinte de la Plante est matte, & que les feuilles presentent leurs veines fines par des traits brillans & des crénelures d'une finesse extrême. Lorsque ces ardoises ne sont pas de couleur noire, elles ont tantôt une couleur brune, tantôt grise, tantôt blanchâtre. La couleur brune est tantôt plus tantôt moins claire, quelquefois

elle

elle tombe dans celle de foye. Elles tiennent leur couleur de celle de la terre qui a fait leur matrice primitive, & qui en cas que ce soient des ardoises, doit autrefois de même s'être déposée en couches. Elles ne manquent pas tout à fait de particules bitumineuses, sur tout lorsqu'on les tire d'un endroit, où il y a des lits de charbons de terre. Cependant elles tiennent communément moins de bitume que les noires, d'où les empreintes des Plantes qu'elles portent, sont aussi fort bien exprimées. Les ardoises grises ont été ci-devant ou des ardoises noires, qui ayant été exposées à l'air, ont souffert par le tems & la pluye; ou leur matière primitive est une argille grise, une marne argilleuse, & dans ce cas ce sont communément des morceaux d'un banc de charbons de terre. Les ardoises blanches sont d'ordinaire calcaires, & présentent aussi quelquefois des empreintes de Plantes, où il faut rapporter principalement celles d'Oeningen.

Dans d'autres ardoises herborisées on trouve une double couleur, c'est à dire la couleur de la Plante ou de son empreinte différente de celle de la pierre. Il y a de ces ardoises les espèces suivantes: 1) *Schistes d'un gris noirâtre avec des empreintes noires comme charbon*, qui ont ou un brillant ou n'en ont point. Dans le premier cas le bitume, qui a pénétré dans l'interstice autrefois occupé par la feuille, a produit la couleur plus obscure; dans le dernier c'est l'humidité de la feuille putréfiée, qui est restée dans cet interstice, qui en est la cause. Les empreintes sans brillant sont de même ici plus apparentes & mieux exprimées que celles qui ont un brillant, vû que dans celles-ci s'est insinué un bitume dans les traits & dans les sillons fins des feuilles. 2) *Schistes noirs comme charbon, avec des empreintes d'un noir gris*. Celles-ci présentent justement le contraire des premières. La cause de la différence semble être dans l'état de la feuille ou de la Plante, dans lequel elle a passé dans le Regne des fossiles. Les feuilles de même que les Plantes sont enfoncées dans la masse molle de laquelle naît le Schiste, ou tandis qu'elles sont fraiches & succulentes, ou lorsqu'elles sont seches.

Dans le premier cas la feuille ou la Plante va en putréfaction, & fait par là que la couleur de l'empreinte devient plus obscure. Dans le dernier cas le corps végétal n'ira guères en putréfaction, surtout lorsque sa niche se seche en peu de tems, il se décompose successivement & se dissout en sa terre végétale primitive, qui a alors la couleur que la feuille ou la Plante seche avoit, communément blanchâtre, jaunâtre ou brunâtre. Cette couleur reste dans l'empreinte, & teint sa surface à l'aide de l'humidité qui s'insinue. De là vient la couleur cendrée grise & brunâtre des empreintes dans les ardoises noires. Lorsque cette poussière végétale ne reste attachée qu'à une surface de l'empreinte, celle-ci se presentera grise cendrée & l'autre sera noire, comme l'on remarque quelquefois dans les Schistes de Silesie. 3) *Schistes noirs avec les empreintes d'herbes brunes*. Nous venons de rapporter la cause de ce Phénomène. 4) *Schistes noirs avec des figures de Plantes & de feuilles blanches*. On en trouve en Islande. Ce ne sont pas de simples empreintes, mais les feuilles existent encore effectivement. Elles sont toutes blanches, il faut donc qu'elles aient été enveloppées dans la masse de Schiste, lorsqu'elles étoient déjà seches.

Elles servent à confirmer ce que nous venons de dire de la couleur plus claire des empreintes sur les Schistes noirs. Car si ces feuilles blanches avoient été dissoutes en poussière, elles auroient donné, par l'accès des particules humides, une couleur grisâtre à la surface du Schiste qu'elles ont occupée. 4) *Schistes d'un brun rougeâtre, dont les empreintes sont d'un jaune doré*. Cette couleur naît proprement de certains petits points pyriteux qu'on voit par ci par là sur les feuilles & sur leur circonférence. Telles sont les pierres herborisées de Coalbrooke en Shropshire. 41) La pierre étant ferrugineuse, comme il y a là aussi une forge considerable, il est aisé à comprendre pourquoi les feuilles d'une pareille pierre ferrugineuse présentent par le secours du soufre, qui s'y est insinué, des taches pyriteuses claires. 6) *Schistes & pierres*

argil-

41) *Thomas* PENNANT *Account of some fossil bodies*. Dans les Transact. Philosoph. Vol. 49. p. 514.

argilleufes blanches grifâtres avec des empreintes de Plantes brunes & noires. Il n'eft presque pas à croire, qu'un bitume qui s'eft infinué, ait produit la couleur brune & noire des Plantes, vû que dans ce cas on en trouveroit auffi des veftiges dans la matrice. Il femble plûtôt que c'aient été des Plantes fraiches, dont la fubftance fucculente a produit par la putréfaction la couleur brune, & là où le fluide s'eft amaffé en quantité, la couleur noire. Les empreintes des feuilles ont communément une couleur brune, les pétioles & les petis rameaux une couleur noire ou plûtôt brune noirâtre, car dans ceux-ci une plus grande quantité de fluide a été renfermée dans un efpace plus étroit de la pierre. 7) *Schiftes rougeâtres avec des empreintes vertes.* On les trouve dans une pierre limoneufe ferrugineufe à Rheinsdorf près de Zwikau, & ils ont beaucoup de particularités qui les diftinguent d'autres Schiftes herborifés. Les Plantes qu'on trouve dans ces pierres font en plus grande partie la Fougére, le Capillaire & la Sauve-vie. Les Plantes font communément couvertes d'une couleur verte claire ou obfcure, où il fe mêle quelquefois un peu de rouge. Dans quelques uns ce ne font pas de fimples empreintes, mais on pretend y avoir découvert encore des pétioles & même pétrifiés. Dans l'interftice que les feuilles occupoient autrefois, il ne s'eft point infinué de bitume, d'où l'on voit auffi les deux côtés d'une Plante copiés, l'un fur une furface de la pierre, & l'autre fur la furface oppofée. Le verd n'eft pas une couleur que la Plante a retenue de fon premier état, ou fa couleur naturelle, mais comme dans ces environs il fe trouve un limon rouge & verd, dont le premier fait connoître une fubftance martiale & l'autre une fubftance vitriolique mêlée avec la ferrugineufe, il eft probable que par l'une & l'autre efpèce l'eau qui s'eft infinuée dans les pierres, ait été teinte, & y ait dépofé fes couleurs, & c'eft par cette raifon que les Plantes ne font pas fimplement vertes mais auffi pénétrées d'une couleur rouge. 42)

Avant ide quitter l'explication des Plantes pétrifiées & de leurs empreintes en général, il nous faut encore en peu de mots toucher la queftion, par quels accidens ces corps végétaux ont paffé dans le Regne des foffiles, fi c'etoient les mêmes qui y ont fait paffer les coquilles pétrifiées. Je crois pouvoir dire avec raifon le contraire, & foutenir, que la caufe qui a fait paffer les Coquilles dans le Regne des foffiles, n'eft pas la même que celle qui a affigné aux Plantes leur place dans le fein de la terre. Car les Plantes pétrifiées & les empreintes ne fe trouvent jamais dans le même endroit avec les coquilles de mer pétrifiées, & en revanche fur les pierres, qui portent des coquilles pétrifiées on ne trouvera gueres une Plante ou une feuille pétrifiée. Nous exceptons feulement quelques coquilles d'étang, &, à l'égard des Calamites exotiques de Landshut en Silefie, quelques Coralliolithes entremêlés, qui fe font quelquefois mêlés parmi les Végétaux pétrifiés, ce dont il fera fort aifé de trouver la caufe par ce que nous allons dire à ce fujet dans la fuite. Les Plantes pétrifiées fe trouvent d'ordinaire dans une pierre feuilletée, dont la qualité entiere fait connoître qu'elle eft née du fediment des eaux dormantes, circonftance que l'on n'obfervera jamais à l'égard des coquilles de mer & d'autres corps marins. Outre cela les Plantes ne fe trouvent que dans un certain endroit déterminé, en couches & en lits feparés, la plûpart là ou il y a des charbons de terre & jamais fur de hautes montagnes, mais dans des vallées & des contrées baffes, tandis que les autres Pétrifications font disperfées fur les montagnes les plus hautes. Les Plantes mêmes ont en plus grande partie une fituation réguliere & étendue comme dans leur état naturel, & par là elles font connoître qu'elles fe font dépofées paifiblement dans des eaux dormantes fans choc & fans preffion, tandis que dans la plûpart des coquilles pétrifiées on obferve précifement le contraire. Il faut ajouter à cela qu'on ne trouve pas indifférement les empreintes de toutes les Plantes, mais feulement certaines efpeces, la plûpart celles, qui croiffent dans des endroits humides & marecageux & il faudroit bien que le premier fut arrivé neceffairement, fi les inondations & les débordemens, qui emportent tout indifféremment, avoient quelque part à l'origine des Schiftes herborifés. Par là même je crois pouvoir foutenir avec raifon que la plûpart des Schiftes, qui renferment des Plantes pétrifiées ou leurs em-

---

42) Mr. le Licencié SCHULZE a décrit ces pierres herborifées de Rheinsdorf dans un Traité particulier, qui eft inféré dans les *Neue Gefellfchaftliche Erzählungen* Tome I. p. 42.

empreintes, font nés d'un limon qui s'eft dépofé dans les eaux dormantes. Ce limon s'eft dépofé dans l'eau par couches, comme les Schiftes fe fendent, il a couvert les Plantes, qui en même tems ont été précipitées, & s'eft entaffé fucceffivement par couches, jusqu'à ce qu'enfin il fe foit feché & fe préfente maintenant fous la forme d'un Schifte dur. C'eft donc ce limon noir communément gras, qui conftitue en même tems la bafe des charbons de terre qu'on tire de ces mêmes endroits; & peut-être le banc argilleux même, qui couvre les charbons de terre & les Schiftes herborifés, a-t-il pris en même tems fon origine du limon d'étang. Quelques Naturaliftes foutiennent à la verité que peut-être ces couvertes ont été portées par les inondations fur les étangs deffechés. Mais comme l'on trouve ces couches argilleufes presque fur tous les lits de charbons de terre, & qu'il n'eft gueres concevable, que les grandes inondations ayent toujours depofé le limon argilleux, dont elles étoient chargées, précifement fur des lacs deffechés, on peut plutôt fuppofer que ce limon a été ou le dernier refte du lac fucceffivement deffeché, ou, ces lacs deffechés fe trouvant toujours un peu au deffous du niveau des environs, que dans ces petites foffes l'eau de pluye s'eft amaffée, ou que l'eau, que de petites inondations y ont fait couler, y eft reftée & en a fait un marais. Or comme dans ces marais la terre, dont l'eau eft imprégnée, fe précipite fucceffivement, il eft arrivé la même chofe ici; l'efpace encore un peu creux du lac deffeché a été peu à peu rempli, & par là elevé de niveau avec le terrain qui l'environne, & a produit ainfi cette même couverte que nous trouvons aujourd'hui fur les Schiftes herborifés & fur les lits de charbons de terre. Puis qu'on trouve les empreintes des Plantes en plus grande partie entre les lits de charbons de terre & leur couverte, Mr. le Licencié SCHULZE 41) propofe la conjecture que peut-être les Plantes font nées dans cette terre limoneufe primitive & qu'elles ont été couvertes dans la fuite de cette croûte qui s'eft dépofée fur les lits de charbons de terre. Toute ingenieufe que foit cette conjecture, il s'y oppofe pourtant en particulier, qu'on ne trouve gueres ni dans les Schiftes herborifés ni au deffous d'eux quelques veftiges de racines de Plantes ce qu'il faudroit pourtant fi cette conjecture étoit fondée.

Cependant les inondations peuvent pourtant, par le limon qu'elles ont emporté & dépofé en certains endroits, avoir formé des couches, dans lesquelles nous trouvons aujourd'hui les veftiges des Plantes qui y ont été enveloppées autrefois. Ce font d'ordinaire des lits qui confiftent en une marne arénacée, ou un mélange d'une terre fine calcaire, & une terre argilleufe arénacée; mais les Plantes qui y font enveloppées, font aifés connoître par la maniere, dont elles font placées, que ce n'eft pas dans des eaux dormantes qu'elles font tombées à fond. Elles y font fans régularité, la plûpart froiffées, déchirées, couchées l'une fur l'autre & prouvent affés la violence qu'elles ont foufferte par la force des vagues. Les pierres qui font nées du limon des eaux agitées, fe fendent bien à la verité, mais les Plaques font beaucoup plus epaiffes que celles qui fe font formées dans les eaux dormantes. La caufe en eft la plus grande quantité de limon, que ces eaux contiennent, qui fe depofe en couches plus epaiffes & couvre des champs entiers. Ces pierres fe fendent d'ordinaire facilement là où les Plantes font renfermées, vû que le fuc des Plantes qui s'étend fur la Plaque tant par la compreffion que peut-être par une évaporation, rend la cohéfion de la Plaque fupérieure avec l'inferieure un peu moins forte. C'eft donc là que la pierre, lorsqu'on la fend, foit la moindre refiftance, & nous préfente par là diftinctement la feuille qu'elle renferme. Il en eft de même des empreintes de Plantes fur les pierres arénacées. Des inondations particulieres tantôt plus tantôt moins grandes entaffent fouvent de grandes collines & couches de fable, & ce fable, lorsque par la conglutination de fes particules il s'en forme fucceffivement un grais, retient d'autant plus facilement l'empreinte, vû que ces feuilles dont les côtes font fortes, refiftent plus longtems que d'autres à la putréfaction, & que les grains de fable cohérent déjà entr'eux, avant que la putréfaction n'ait détruit entierement la feuille.

Suivant toute apparence les Plantes exotiques ont auffi été transportées par des inondations dans ces endroits, où nous les trouvons aujourd'hui; du moins cette Hypothefe a plus

de

41) Dans fon Traité fur les empreintes des Plantes que nous avons allegué plus haut.

de probabilité, que celle de suppofer avec quelques Naturaliftes une declinaifon de nôtre Axe. On objecte communément que les Plantes ne peuvent faire par mer un trajet auffi long de l'Amérique fans être entierement détruites. Je l'accorde bien, mais il faut obferver en même tems, que ce font la plûpart des rofeaux, des Cierges, des Cardaffes & de pareils corps, que l'eau ne diffout point auffi facilement que nos Plantes tendres & fucculentes. Outre cela on fe trompe fouvent en prenant une Plante pour exotique, dont on ne peut pas d'abord deviner l'efpèce générique. Nous ne pouvons pas d'une Plante, qui dans fon empreinte nous eft méconnoiffable, inférer que fa terre natale foit hors de l'Europe. Il faut ajouter qu'une Plante quoique tendre fe confervera toujours plus longtems fans putréfaction dans l'eau de mer, à caufe du fel & du bitume qu'elle contient, que dans les eaux douces. Suppofer avec Mr. de rousseau, que les Plantes en nageant fur la mer, ont été enduites d'une croûte bitumineufe & que par ce moyen elles ont été transportées en bon etat des pais les plus éloignés en France & dans d'autres Provinces de l'Europe, c'eft ce que l'experience combat. Du moins ceux qui ont tiré des Plantes & des broutilles de la mer, ne nous ont point encore affûré qu'ils les ont trouvées couvertes d'un emballage bitumineux.

Les Plantes pétrifiées ou plûtôt leurs empreintes ne fe trouvent pas partout; cependant on ne fauroit dire non plus qu'elles font une grande rareté, vû que dans les endroits, d'où on les tire, on en trouve communément une quantité confidérable. En Saxe près de Dresde on trouve dans un lit d'argille (*Cotter Thon-Grube*) des empreintes de feuilles de Plantes & de leurs parties dans une terre calcaire blanche. 44) Les carrières de charbons de terre à Dresde fourniffent des Schiftes gris avec les empreintes de la Prêle (*Equifetum paluftre*) & d'autres Plantes 45); & près de Peflerwiz à une lieu de Dresde on trouve une marne blanche grifâtre avec des empreintes de Plantes brunes, mais elle ne fe divife pas en lames, & par cette raifon elle ne prefente gueres des empreintes parfaites & connoiffables. Dans les environs de Meiffen il y a un Tuf, qui prefente des empreintes de Plantes, & particulierement de feuilles de Chêne & d'Aûne & qui par cette raifon a déjà été connu du tems de KENTMANN & d'ALBINUS. 46) Dans les contrées de Zwikau on connoit principalement les pierres herborifées de Rheinsdorf & de Lichtenftein. Nous avons déjà fait mention plus haut des premieres, & nous avons remarqué a leur fujet comme une particularité, que dans une matrice rougeâtre elles ont une couleur verte. 47) Les dernieres font renfermées dans un Tuf jaunâtre, dans lequel on trouve quelquefois des rameaux entiers d'arbres & de Plantes. 48) Dans les foffes de Zaukerode, dans la vallée la plus baffe de la contrée de Plauen, il y a une marne pierreufe blanchâtre, qui fait le banc du lit de charbons de terre & qui prefente la plûpart fort nettement & fort diftinctement des feuilles grifes de rofeaux & des empreintes brunes de Fougère.

En Thuringe & dans le Comté de Mannsfeld le Regne des foffiles fournit auffi plufieurs veftiges des Plantes & des feuilles, qui y ont paffé autrefois. On en trouve de même ici dans le *Büftenbrunn*. Le Tuf eft compofé d'un grain calcaire un peu groffier. Il eft un peu friable & peu compacte, mais les empreintes des feuilles font fines, & ce font la plûpart des feuilles de ces efpèces d'arbres qui croiffent dans les endroits où elles penchent fur une fource & fur le ruiffeau qui en provient. 49) A Langenfalza on trouve une efpèce de Tuf couleur de Canelle, qui renferme des brins d'herbe, 50) & près de Sondershaufen le Tuf eft gris & renferme

<hr>

44) SCHULZE *von den Kräuter-Abdrücken* p. 63.
45) Dans ce même auteur p. 69.
46) KENTMANN *von Foffilien* p. 38. ALBINI *Meisner Berg-Chronik* p. 155.
47) Mr. SCHULZE les a décrites dans les *Neue Geognoftifche Erzählungen* Tome I. p. 42.
48) VOLKMANN Silef. fubterr. p. 46.
49) Le Tuf herborifé de Iena eft décrit par *François Ernest* BRUCKMANN *Memorabil. Ienenf.* dans fes *Epift. Itinerar.* Centur. II. Num. 80. *Frid. Benoit* BAUMANN dans une lettre particuliere fur la qualité du *Tauffenwaffer* près de Iena, à Iena 1738. in 4to. & dans le *Hamburg. Magaz.* Vol. IV. p. 508. BRÜCK. Geogr. Ienenf p. 458. SCHÜTTE *Oryktogr. Ienenf.* p. 62.
50) BÜTTNER Ruder. Dilur. teft. p. 191.

ferme des mouffes 51). RICHTER dans fon *Mufeum* 52) a remarqué l'empreinte de la Prêle (*Equifetum paluftre*) fur des pierres qu'on trouve dans les environs de Sangerhaufen. SWEDENBORG 53) a donné de bonnes figures des Schiftes herborifés de Mannsfeld, mais particulierement on a fait beaucoup de cas de ceux de Manebach, & MYLIUS les a non feulement décrits, mais il en a auffi donné des copies fort nettes. 54) Dans quelques contrées de la Franconie, principalement dans le païs de Cobourg, à Lauterberg & à Langenberg, de même qu'à Schoenbach on trouve dans les carrieres de Tuf en partie de très fines empreintes de feuilles de Noifetier, de chêne & d'autres. Mais parmi ces raretés de la Franconie les fchiftes herborifés d'Ilmenau, ou plûtôt les rognons de fchifte, comme on les nomme, méritent fans doute quelque attention. Lorsque l'on caffe ces rognons dans le milieu, on trouve dans quelques uns des poiffons, dans d'autres en partie des empreintes d'herbes & de chalumeaux, en partie différentes cavités fuperficiellement couvertes de Spath, dont la forme entiere fait connoître qu'elles ont renfermé autrefois un corps végétal, dont la deftruction a peut être contribué à fournir la bafe du fpath qui eft né dans la cavité. MYLIUS dans fes *Memorabil. Saxon. fubterran.* 55) a auffi donné quelque information au fujet de ces rognons de fchifte d'Ilmenau. Les amateurs des fchiftes herborifés connoiffent dans le Saal-Crais du païs de Magdebourg principalement Wettin, Giebigenftein & Keilerberg près de Guttenberg, d'où Mr. DAVILA tient la plus grande partie de fes pierres herborifées d'Allemagne. Les empreintes de Wettin fe trouvent dans un fchifte noir grifâtre d'un grain fin. Les empreintes mêmes fur tout celles où il ne s'eft pas dépofé beaucoup de particules bitumineufes, font d'une belle apparence, affés profondes & tranchantes. Dans le païs de Brounsvic on remarque principalement les Phytolithes d'Ilefeld, de Salztal, de Blankenbourg & de Königs-lutter. Dans les carrieres de charbons de terre d'Ilefeld on trouve au deffous des charbons une efpèce d'un fchifte cendré & en partie noirâtre, fur lequel on obferve fort diftinctement des empreintes de l'*After montanus* & quelquefois de rofeau & de capillaire. 56) Sur les champs entre Salzthalen & Azum on trouve des pierres qui prefentent un tiffu irrégulier de végétaux. On y voit diftinctement qu'ils doivent avoir été autrefois entremêlés & enveloppés dans une maffe molle, & les parties plus tenaces, principalement les tiges y font fort apparentes; mais on ne fauroit reconnoître facilement, quelles efpéces de Plantes c'étoient. 57) Il faut que c'aient été des plantes fucculentes. Car les endroits qu'elles ont occupés dans la pierre, font d'une couleur fort obfcure, ce qui confirme la conjecture, que j'ai propofée plus haut, que le fuc des plantes contribue à la couleur des empreintes & à celle de la matrice même. Les Phytolithes de Blankenbourg dans un grais blanchâtre peu compacte d'un grain affés fin font remarquables à plufieurs égards. Ce font de fort grandes feuilles dont les côtes & les queuës font épaiffes, & qui reffemblent beaucoup plus aux feuilles de vigne, qu'aux feuilles de noifetier qui font beaucoup plus petites. Les tailleurs de pierres de ce païs affûrent en avoir trouvé quelquefois de la grandeur d'une affiette. Elles font presque toutes roulées, ou du moins elles font couchées fur la pierre de maniere, qu'une furface eft fort élevée, & l'autre enfoncée à proportion. Dans toute cette contrée on ne trouve point de végétal, qui puiffe être comparé avec ces empreintes. 58) A Koenigslutter on trouve un tuf blanc avec des empreintes de feuilles très diftinctes que Mr. BRÜKMANN 59) a décrit, & qu'il ne faut pas confondre avec les végétaux incruftés, qu'on trouve dans ces mêmes endroits. 60)

Dans

51) SCHULZE *Abhandl. von Kräuter-Abdrüken* p. 66.

52) p. 260.

53) Dans fon *Regnum fubterraneum.*

54) Memorab. Saxon. fubt. Tom. I. p. 17.

55) p. 44.

56) LEHMANN Traité fur les empreintes des fleurs de l'*After montanus*, dans les Memoires de l'Acad. de Berlin. Part. XII. p. 127. Une Traduction allemande de ce Traité fe trouve dans les *Mineralogifche Beluftigungen* Part. II. p. 260.

57) C. F. MEYER *Abhandlung von den Salzthalifchen Bilderfteinen*, dans les *Braunfchweigifche Anzeigen* de l'an 1756. & dans les *Mineralogifche Beluftigungen* Tome I. p. 323.

58) BRÜKMANN *de Foffilibus Blankenburgicis*, dans les *Epift. Itinerar.* Centur. I. Num. 37.

59) Thefaur. fubterr. Ducatus Brunsvic. Cap. XV. p. 92. comparé avec tab. XVIII.

60) BÜTTNER Rudera Diluvii teftes p. 190, comparé avec tab. XXI. Num. 1.

Dans la Hesse il faut rapporter ici les Phytolithes de la Wetteravie, de Saarbruk & de Frankenberg. Il y a en Wetteravie le Chateau de Münsterberg, dans les environs duquel on trouve, suivant le rapport de Mr. LIEBKNECHT, tant des pierres dures, qui frapées avec l'acier donnent du feu, que des pierres molles avec les empreintes des feuilles de roseau & de saule, 61) pour ne point faire mention des empreintes des feuilles tufenfes qu'on trouve dans le Wetterau. 62) Ce même auteur Mr. LIEBKNECHT fait auffi mention de différentes efpéces de tiges & de mouffes dont on trouve des veftiges dans les pierres & les fchiftes de Darmftadt. 63) Les empreintes de Saarbruk font dans un fchifte brun ferrugineux, très finement exprimées. On en trouve dans ce païs une très grande quantité, particulierement des empreintes de Fougére, qui couvrent fouvent la furface intérieure de la pierre. Les pierres de Frankenberg qu'on nomme ailes de mouches, pourroient bien auffi trouver leur place ici. 64) C'eft une efpéce d'argille grife lamelleufe, fur la furface de laquelle il femble qu'il y a de petites feuilles disperfées. On les a prifes autrefois pour des ailes de mouches, & de là on leur a donné ce nom. Mais aujourd'hui l'on croit que ce font des empreintes de plantes, & même de la Renouée & d'autres herbes. Du moins c'eft l'opinion commune; fi cependant elle eft iufte c'eft ce que le tems à venir fera connoitre. Car il eft du moins extraordinaire, qu'on ne trouve fur ces fchiftes de Frankenberg que fimplement les feuilles & jamais quelque veftige de la plante même ou de la tige. Outre cela on ne découvre fur ces feuilles pretendues pas la moindre marque du tiffu reticulaire & des veines d'une feuille, mais plûtôt des traits & des ftries paralleles & ferrées, qu'on ne trouve pas facilement, comme ici, dans aucune feuille.

Comme l'Hiftoire naturelle du païs de Weftphalie eft encore fort peu éclaircie, on ne fauroit encore dire à prefent s'il eft bien riche en productions végétales du Regne minéral ou non. Tout ce que nous en favons c'eft que près d'Effen on trouve une marne argilleufe d'un gris clair avec des empreintes noires de Fougére, d'Osmonde (*Osmunda major*) & d'autres plantes.

En Boheme on pourroit bien encore dans le tems à venir touver plufieurs corps qui appartiennent à cette Claffe des végétaux foffiles, & qui jusqu'ici, faute de connoiffeurs & d'amateurs, font reftés ignorés. Près du Joachims-Thal on trouve une marne brune avec des empreintes d'herbes, comme il confte par le *Mufeum* de MYLIUS. 65) Différentes contrées de la Silefie nous font d'autant plus connues à cet égard. Le favant D. VOLKMANN 66) a en particulier bien merité de ces contrées, & il a non feulement indiqué les endroits & les carrieres où l'on trouve de pareils fchiftes herborifés, mais il a auffi nommé les plantes mêmes, dont on trouve ici les empreintes, & décrit fort exactement la qualité fpécifique de la pierre & du fchifte. Parmi les endroits on connoit principalement Landshut, Conradswaldau, Gablau, Rothenbach, Weifftein, Herrmannsdorf, Aitwaffer, Laeffig, Liebersdorf & Breitenhau, pour ne point faire mention ici des limons de Commotau, du Kohlberg près de Planiz, des Sudetes, de la contrée de Maffel & d'autres en Silefie. 67)

En Suiffe, en France, en Italie & en Angleterre il y a auffi des contrées qui fourniffent de belles pierres herborifées. On connoit particulierement en Suiffe les fchiftes de Glaris & d'Oeningen & les Phytolithes du Legerberg & d'Appenzell. On trouve une lifte de tous ces endroits dans l'*Oryctogr. Helvet.* de SCHEUCHZER, qu'il faut conférer avec le *Mufeum Diluvianum*

---

61) LIEBKNECHT Specimen Haffiæ fubterran. pag. 148. 149.

62) ibid. p. 154.

63) ibid. p. 165. 166. comparé avec tab. IX.

64) On les nomme auffi Mine d'argent marquée d'ailes de mouches, (*Fliegenflügiges Silber-Erz*) & il faut conférer à leur fujet LEHMANN Mineralogie p. 100. LIEBKNECHT Specimen Haffiæ fubterraneæ p. 89. WOLFARTH Hift. nat. Haff. inferioris. LEHMANN *Unterfuchung der verfteinten Kornähren und Stangengraupen* à Berlin 1760. in 4to pag. 5.

65) Num. 762. fqq.

66) Dans fa *Silefia fubterranea*.

67) KUNDMANN Promptuar. p. 258. fq. RICHTER Muf. p. 260. SCHEUCHZER Muf. Diluv. Muf HOFMANN. p. 2. SCHULZE *von denen verfteinten Kräuter-Abdrüken* p. 64. 65.

vianum & avec le *Herbarium antediluvianum* de ce même auteur, & avec l'*Historia lapidum figurat. Helvet.* de LANGE. 68) Dans le Canton de Berne Mr. BERTRAND 69) nous indique Aigis, Castelen & d'autres endroits, où l'on trouve, à ce qu'il dit, des tiges & des plantes pétrifiées.

Mr. de JUSSIEU explique dans un Traité particulier 70) les Phytolithes qu'on trouve en France près de St. Chaumont. Ils se trouvent là sur des charbons de terre, & ce sont, suivant l'opinion de ce Naturaliste, en plus grande partie des plantes exotiques, ce dont cependant nous doutons, du moins celles, dont l'auteur a donné des figures, sont des plantes indigénes très connues, la plûpart des Fougéres. Il faut comparer avec le rapport de Mr. de JUSSIEU les informations que Mr. ALLION DULAC donne à ce sujet. 71) Dans une roche fort dure des environs de Mi-carenne on a trouvé dans la profondeur de 15. toises des empreintes de feuilles & de plantes, &, dans la riviere nommée Furens une grande quantité de pierres, qui portent aussi des empreintes de Capillaire, de Ceterach, de Polypode, de Fougére etc. Il faut qu'il y ait là de gros morceaux & de grandes plaques, qui portent de pareilles empreintes, car Mr. DULAC en fait mention de quelques unes, qui avoient la dimension de deux pieds. Que ce rocher doit être une montagne de schiste, & que, par conséquent le nom de rocher ne lui convient pas, c'est ce qui est évident, par ce que, comme il est dit dans le même ouvrage, il se divise en feuilles & en lames. Mais par quelle raison Mr. DULAC donne ces empreintes pour des plantes d'Amérique, c'est ce que nous ne saurions dire. La contrée d'Alais en Languedoc fournit de même de fort belles empreintes, dont Mr. de SAUVAGES 72) a donné une description & où entre autres il a remarqué que dans une contrée on ne trouve que des plantes indigénes, & dans l'autre toutes des plantes exotiques. Les Phytolithes de Sevennes sont d'une beauté particuliere, & principalement ceux de la houilliere de St. Jean de Talerisclo. Ce sont des ardoises noires fines, qui tirent souvent sur le brunâtre; elles sont fort bitumineuses, & non obstant cela les empreintes sont la plûpart fort nettement exprimées. Les plantes y sont fort élevées & très regulierement étendues sur la pierre. Souvent il y a sept à huit tiges d'une plante couchées l'une à côté de l'autre avec autant de régularité, comme si on les y avoit mises & étendues à dessein. De cette espèce il y a principalement les Fougéres, les Prêles & le Caille-lait. D'autres plantes, herbes, chalumeaux & roseaux se trouvent souvent sur les ardoises de cette contrée, mêlés les uns parmi les autres sans ordre. Sur quelques unes j'ai aussi observé des plantes inconnues, & ce pourroient bien être des Plantes exotiques, car l'on trouve aussi dans les montagnes de Sevennes des vestiges apparens de Cierges, de Cardasses & d'autres pareilles plantes exotiques, ce dont nous parlerons dans la suite.

A Lach en Lorraine on trouve dans les houillieres des ardoises noires, qui par leur beauté approchent en quelque maniere de celles de Sevennes. Cependant la masse pierreuse en est moins fine, & par cette raison les empreintes se presentent moins distinctement que sur celles de Sevennes.

Quant aux Phytolithes d'Italie les amateurs étrangers en ont fort peu apris à connoitre jusques ici. SCHEUCHZER indique les contrées de Vérone & de Bologne, dont il tenoit des Phytolithes, & parmi ceux aussi le *Scorpioides montanum*, lequel sur tout dans le Regne des fossiles est une grande rareté. 73) Les Phytolithes de Vérone ont été expliqués en particulier

R 3

par

68) tab. VIII. et XVI.

69) Essai sur les usages des montagnes.

70) Examen des causes des impressions des plantes, marquées sur certaines pierres des environs de Saint Chaumont & dans le Lionnais &c. dans les Memoires de l'Acad. Roy. des Sciences de Paris de l'an 1718. p. 363.

71) dans le Tome Second de ses Memoires pour servir à l'histoire naturelle des Provinces de Lyonnois.

72) sur différentes Pétrifications des animaux & des végétaux, dans les Memoires ci-dessus allegués de l'an 1743.

73) SCHEUCHZER Herbar. ante diluv. tab. V, VI. p. 17. Mus. diluv. p. 2. Num. 8.

par SPADA. 74) Il nomme Bolca & Sarmazzi di Grezzana comme les endroits principaux, où l'on trouve des plantes pétrifiées, dans le premier, dans des schistes noirs fort durs, & dans le dernier dans une terre argilleuse durcie. Pour les plantes mêmes il les prend en plus grande partie pour exotiques, qu'il ne connoît pas. Parmi les plantes qui lui étoient connues, il nomme le *Trichomanes*, *Ruta Capraria* & *Polypidium Quercinum*, le reste c'est des feuilles de chêne & d'autres arbres.

D'autant mieux les amateurs connoissent-ils les houillieres d'Angleterre, comme des mines très riches des plus beaux Phytolithes. LUM 75) entre autres a été le premier qui nous les a fait connoître. Il indique tant le nom des plantes que des endroits où on les trouve. SCHEUCHZER dans le *Museum Dilavianum* fait la même chose & décrit principalement les pieces remarquables de Northumberland, Cumberland & Nordwalles. C'est ce que MENDES da COSTA, 76) LISTER 77) & PLOTT 78) ont fait aussi.

Dans les Climats plus froids nous n'avons appris à connoître jusques ici que les Phytolithes d'Islande. C'est une espèce de schiste maigre & très fragile, qui se divise en lames très fines. Mais elle mérite la préférence sur plusieurs autres, vû qu'il y a les feuilles mêmes & non pas simplement leurs empreintes. Les feuilles sont de couleur blanche & se détachent très facilement.

Jusqu'ici nous avons traité des plantes dans le Regne des Pétrifications en général. Il nous faut à present parler de quelques espèces en particulier. Car nous avons encore à rapporter plusieurs choses remarquables au sujet des feuilles d'arbres pétrifiées, des fleurs pétrifiées, des roseaux, des Cierges, des Cardasses, des mousses, des fruits & des semences pétrifiés. Quant aux

1.) *Feuilles d'arbres pétrifiées*, on en a déja presenté de fort belles piéces dans la premiere Partie de cet Ouvrage Pl. IX. IX. a. b. & c. pour l'explication desquelles nous communiquerons ici les observations suivantes: Il faut bien distinguer les feuilles véritablement pétrifiées, c'est à dire celles qui du moins semblent avoir pris quelque subtance pierreuse, d'avec les empreintes des feuilles, & celles-ci d'avec les feuilles incrustées. La premiere espèce est la plus rare, & le sera toujours, & il semble que parmi celles qui sont representées dans la Premiere Partie de cet Ouvrage sur les Planches ci-dessus alleguées, il y a plusieurs qui pourroient peut-être appartenir ici, sur tout puisque plusieurs de ces feuilles présentent une couleur tout à fait différente de celle de la pierre, & que dans quelques unes l'on voit le tissu réticulaire très fin, tout comme si l'on voyoit le Squelette d'une feuille. Il faut rapporter ici ce que nous avons dit plus haut au sujet des plantes pétrifiées, & peu avant des Phytolithes d'Islande. En revanche les empreintes des feuilles se trouvent d'autant plus frequemment, la plûpart dans des ardoises calcaires, alumineuses, marneuses, noires & charbonneuses dans les carrieres de houille, outre cela dans des pierres arenacées tufeuses, & ces dernieres en sont principalement fournies. Les empreintes les plus rares sont celles sur le succin, 79) avec lesquelles il ne faut pas confondre les mousses & autres brins renfermés dans le succin. Quant aux plantes incrustées elles sont d'une double espèce, les unes viennent des maisons à graduer où elles ont été mises à dessein pour être incrustées, & comme cela se fait fort vite, on y trouve le plus souvent, lorsqu'on les casse, la feuille seche encore entiere. Ces incrustations de même que les feuilles incrustées de Carlsbad, interessent fort peu le Naturaliste. D'autres viennent des sources tufeuses, & se trouvent sur le tuf ou en empreinte où incrustées. Lorsque l'on détache la croûte, on trouve souvent encore des restes de la feuille renfermée, ou du

74) Cat. lap. Veronens. p. 53.

75) Lithophylac. Britt. Cap. III. p. 11.

76) *Mendes da Costa* of the impression of Plants on the Slates of Coals, dans les Transactions Philosoph. Vol. 50. Part. I. p. 228, comparé avec tab. V. fig. 1. — 7.

77) a description of certain Stones, figured like Plants, dans les Transactions Philosoph. Vol. 8. Num. 100. p. 6181.

78) Natural history of Oxford shire.

79) KEYSLER Neueste Reisen Part. II. p. 159.

du moins la poussiere de cette feuille. Dans plusieurs on peut connoitre par leur propre forme & le tissu réticulaire quelles feuilles ce sont, dont on trouve l'empreinte sur les pierres. LUID 80) pretend bien avoir observé que la plûpart de ces feuilles ne ressemblent pas aux feuilles naturelles, & que du moins elles sont plus petites, mais c'est ce que nous n'avons pas pû remarquer. SCHEUCHZER 81) accorde bien lui même, qu'on trouve quelquefois des Phytolithes, ou l'on ne sauroit déterminer positivement l'espece d'arbre, à laquelle ils appartiennent, mais nous ne croyons pas qu'on puisse inférer par là avec certitude que ce sont des feuilles d'un arbre exotique. Ce qui est sur c'est que les feuilles en plus grande partie sont des arbres indigénes; si cependant on a déjà trouvé dans le Regne des fossiles des feuilles de toutes les espèces d'arbres, comme le pretend Mr. de JUSTI, 82) c'est ce qu'on ne sauroit assurer positivement, quoiqu'on ne puisse révoquer en doute la possibilité sur tout à l'égard des empreintes. Les auteurs indiquent les feuilles de Noyer, de Noisetier, de Fau, de Chéne, de Sapin, d'Aune, de Hêtre, de Saule, de Peuplier, de Tilleul, de Vigne, de Prunier, de Neflier, de Prunellier & d'autres plantes, qu'on compte parmi les arbres & les arbrisseaux. 83) Quant aux empreintes des plantes étrangeres, presque tous les auteurs en font mention, particulierement Mrs. de JUSSIEU, de SAUVAGES, VOLKMANN, MYLIUS, SCHEUCHZER, pour ne point faire mention d'autres; cependant ils se contentent communément de dire simplement que se sont des plantes exotiques, sans dire en même tems quelles plantes ce sont, & quel est leur nom. Mr. de JUSSIEU fait mention entre autres des feuilles de palmier, qu'il pretend avoir trouvées sur les schistes charbonneux de St. Chaumont. Nous ne saurions passer sous silence, qu'on a pris plusieurs corps pour des feuilles d'arbres & de plantes, qui cependant n'étoient rien moins que de pareils corps végétaux. Qui ne sçait pas qu'on a nommé certaines pierres Salicites, & qu'on a crû observer sur ces pierres de petites feuilles de Saule? Dans le tems moderne on a trouvé, que c'étoit une espèce de coquille cloisonnée & contournée sur elle même, qui porte le nom d'Hélicite. Cette coquille est convexe de deux côtés, & lorsqu'en taillant la pierre, on fend transversalement l'Hélicite, celle-ci prend la forme d'une feuille, qui a la plus grande largeur au milieu, & qui se rétrécit peu a peu vers les deux extremités. Nous avons déjà traité plus haut de ces Hélicites & de la maniere dont plusieurs auteurs se sont trompés à leur sujet. Il s'en faut de même encore beaucoup qu'il ne soit décidé si les ailes de mouches sur les schistes de Frankenberg sont des feuilles, comme nous avons déjà dit plus haut.

Les auteurs font aussi mention

1) des *fleurs pétrifiées*, ou, pour mieux dire, des empreintes qu'elles ont laissées sur les schistes. On ne les trouve pas trop frequemment, ce dont on peut alléguer une double raison. Leur substance charnue, tendre, succulente & disposée à la putréfaction fait que, quand même elles sont enfoncées dans le limon ou dans le sein de la terre, elles se pourrissent beaucoup trop vite, pour que l'empreinte qui pourroit s'être formée, puisse dans le limon mol se conserver longtems. L'eau qui s'insinue, & même la fleur putréfiée, ou l'humidité qui en est née, efface facilement & par la moindre compression d'en haut (& cela arrive bien d'ordinaire) l'ebauche qu'elle a imprimée dans le limon, pour ne pas dire que la plûpart des fleurs sont écrasées avant qu'elles n'aient une place tranquille dans le sein de la terre. Il faut ajouter une autre raison de leur rareté. Les plantes peuvent passer dans le Regne des fossiles dans tout le courant de l'année, mais le tems, où elles fleurissent, est fort court, & par hazard

ces

---

80) Lithoph. Britann. p. 133.

81) Oryctogr. Helvet. p. 229.

82) Grundriss des Mineral. Reichs. p. 172.

83) Il faut ici comparer ensemble les auteurs suivans: SCHEUCHZER *Herbar. Diluv.* son *Mus. ante diluv.* & son *Oryctogr. Helvet.* MORTON Histoire naturelle de Northamtonshire. LANGE *Hist. lap. figurat.* WOLFARTH *hist. nat. Hassie.* MYLIUS *Memorabil. Saxon. subterranea,* & son *Museum.* VOLKMANN *Silesia subterranea* SPADA *Catal. lapid. Veronens.* LUID *Lithophyl. Britannic.* BRUCKMANN *ther. subterr. ducatus Brunsvigii.* LESSER Lithotheologie pag. 706, et principalement BERTRAND *Dict. des fossiles* Tome I. p. 228. DAVILA *Catalogue raisonné* Tome III. p. 250.

ces plantes devroient être enfoncées dans le sein de la terre précisement dans le tems où elles fleuriffent, pour qu'on en pût trouver beaucoup de fleurs dans le Regne des foffiles. Elles feront donc toujours une rareté, & c'eft bien la la raifon pourquoi parmi les auteurs, qui ont traité des Pétrifications, il y en a fi peu qui faffent mention des fleurs petrifiées. Mr. HENKEL 84) d'ailleurs très favant Naturalifte, femble même révoquer en doute leur exiftence. Cependant il y a pourtant par ci par là des exemplaires d'empreintes de fleurs, & ce font

1.) la fleur de Tournefol. MYLIUS 85) l'a trouvée fur un fchifte d'Eisleben.

2.) la fleur de Gratteron (*Aparine denfius foliata*) ou, comme l'on fuppofe, de l'Alyffon ou du Myagrum. LUID dans fon *Lithophyl. Britann.* l'a fait connoître le premier, d'après lui SCHEUCHZER en a fait mention & lui a donné une place dans fon *Herbarium Diluvianum* 86) Mr. LEHMANN 87) doute que ce foit une de ces deux efpèces de fleurs. Mais fa conjecture, que ce pourroit bien être une Prêle, n'eft guéres probable. La forme entiere fait voir que ce doit être l'empreinte d'une fleur.

3.) la fleur de l'*After montanus f. Pyrenaicus anguftifolius.* VOLKMANN dans fa *Silefia fubterranea* 88) l'a fait connoître le premier, & l'a trouvée en Silefie près de Laffig parmi d'autres fchiftes herborifés. C'eft ce que Mr. LEHMANN a fait après lui, qui a trouvé les empreintes de cette feuille en grande quantite à Ilefeld fur les fchiftes des carrieres de houille, qui fe trouvent là. Il a écrit à ce fujet un Traité particulier qui eft inferé en françois dans les Memoires de l'Academie Royale de Berlin 89) & en allemand dans les Recréations Minérologiques. 90) Il remarque en même tems que la plante de cet After nait en grande quantité dans ces contrées.

4.) la fleur du *Jacea nigra pratenfis latifolia.* VOLKMANN 91) l'a trouvée auffi fur un fchifte herborife de Silefie.

5.) *Rubeola mineralis Luidii.* 92) C'eft ainfi que LUID nomme un certain fchifte herborifé, les empreintes duquel SCHEUCHZER fuppofe être d'une efpèce de Gratteron, Aparine, ou d'Alyffon. Du refte la figure reffemble beaucoup au Caillelait (*Gallium album*) qui fe trouve fur les fchiftes de Sevennes.

6.) la fleur d'un *Alfine* (*morfus Gallinæ*, Morgeline); dans VOLKMANN *Siles. fubterran.* 93)

7.) la fleur d'oreille de fouris. MYLIUS 94) pretend la trouver fur une pierre à fufil, qu'il a fait graver pour cela en taille douce; 95) mais c'eft une empreinte profonde, qui d'ailleurs n'eft point extraordinaire, d'une Trochite, comme l'on en eft convaincu par un coup d'œil. Peut-être l'imagination féconde de cet auteur et celle d'autres Lithologiftes de ce tems ont elles auffi formé

8.) la Rofe de Ierico, qu'on pretend avoir vûe fur un fchifte de Manebach. 96) Je ferois presque tenté de croire qu'il en eft de même

9.) des

---

84) Flora Saturnizans. p. 549.
85) Memorab. Saxon. fubterran. p. 6.
86) tab. IV. fig. 3.
87) Mineralogifche Beluftigungen. Part. II. p. 264.
88) tab. XIII. fig. 9. & tab. XV. fig. 5.
89) Part. XII. p. 172.
90) Part. II. p. 260.
91) Silef. fubterr. tab. XV. fig. 6.
92) Lithophylac. Britannic. tab. III. fig. 202.
93) tab. XV. fig. 7.
94) Sax. Subterr. p. 70.
95) Sur la Planche qui fe rapporte à Pag. 74. Num. 3.
96) ibid. pag. 8.

9.) des anthéres & des pistilles des fleurs, dont il est parlé dans les *Act. Nat. Curiosor.* 97) & dont, d'après ces Memoires, Mr. BERGMANN 98) fait mention.

10.) Du même prix seront peut-être les pretendues très belles fleurs, qui se trouvent, a ce qu'on dit, sur des pierres, en Arabie et sur le Mont Sinaï.

11.) On pretend aussi avoir trouvé les châtons du Peuplier noir sur des schistes. SCHEUCH-ZER 99) en a donné une figure, qui est ou trop artificielle, ou qui n'est point celle d'un châton, et par cette raison d'autres l'ont prise pour un epi de blé. Ce qui est sûr c'est qu'on trouve de semblables figures sur les schistes herborisés de Sevennes, parmi d'autres plantes, & probablement elles ont une origine végétale; cependant il n'est pas sûr encore, s'il faut chercher l'analogue parmi les herbes, ou sur les Peupliers & d'autres arbres qui portent des châtons, vû que les empreintes qu'on a trouvées jusqu' ici, et qui la plûpart sont impregnées de bitume, ne sont pas assès distinctes & assés bien exprimées pour pouvoir dire là dessus quelque chose de positif.

Quelques Naturalistes pretendent avoir observé qu'on trouve en plus grande partie les empreintes des fleurs dans les couches les plus profondes des lieux souterrains, et ils allèguent pour cause, que les fleurs ont été arrachées des montagnes par la premiere violence des vagues agitées, & qu'elles ont été enfoncées tout de suite dans le limon & la terre, que le torrent de l'eau a emporté. J'ai répété moimême dans mon *Regne des fossiles* 100) cette conjecture telle que je l'ai trouvée. Mais après y avoir reflechi, je la trouve à présent destitutée de fondement. Car du petit nombre d'empreintes de fleurs, qu'on a trouvées jusqu' ici, on ne peut pas inférer en général qu'on les trouve toutes & toujours dans les couches les plus profondes. Cela pourroit, dans quelques endroits, bien être une chose accidentelle. VOLK-MANN en a encore découvert la plus grande partie, & quoiqu' ailleurs il remarque fort exactement l'endroit où les herbes ont été trouvées, il n'a pourtant, autant que je sai, jamais dit, qu'il a trouvé les empreintes des fleurs dans les couches les plus profondes. L'After, dont il parle, prouve plûtôt le contraire. L'After d'Ilefeld se trouve bien à la verité au dessous du lit de houille, mais il y a là aussi des empreintes d'autres plantes & pas simplement des empreintes de fleurs. Outre cela c'est une simple hypothèse, qui n'est pas à prouver, que toutes les fleurs qu'on trouve aujourd'hui dans le Regne des fossiles, y aient passé par de grandes inondations. Comment ces corps tendres & souples pourroient-ils être couchés avec autant de regularité, & comment auroient-ils pû imprimer dans la terre molle toutes leurs petites feuilles aussi distinctement & dans la situation naturelle, s'ils avoient été auparavant agités, jettés & froissés par les vagues, & si dans la suite, etant tellement dérangés, ce qui auroit été inévitable, ils avoient été enfoncés ? Par cette même raison je ne saurois être d'accord avec Mr. LEHMANN, quand il cherche la cause, qui près d'Ilefeld a fait passer les After dans le sein de la terre, tant dans de grandes & violentes inondations, que dans l'affaissement de la terre. La première de ces causes allèguées perd la probabilité par ce que je viens de dire, a quoi il faut ajouter, que si des inondations ont transporté autrefois les After dans l'endroit où on les trouve à present, elles doivent surement aussi avoir arraché des champs d'autres fleurs & les avoir enfoncées. ce dont on ne trouve pas jusqu' ici le moindre vestige. Les fleurs, les herbes, les plantes, les chalumeaux, les tiges &c. se presenteroient surement aussi jettès pele-mele les uns parmi les autres, dont cependant il n'en est rien. Par là même, & à cet égard, la seconde cause, qu'il rapporte, est plus probable, où cependant l'on ne sçauroit comprendre pour quoi, lorsque par ex. un champ ou un pré entier s'est affaissé, & dans la suite est devenu marecageux, et que par la longueur du tems il s'est desseché, pour quoi, dis-je, précisément le seul After y ait laissé son empreinte, & point aussi les autres

S 2

fleurs,

97) Append. Vol. VI.
98) Physicalische Beschreibung der Erd-Kugel. p. 176,
99) Herb. Diluv. tab. II. fig. 5.
100) Part. I. p. 183. suivant l'Edition seconde.

fleurs, qui naturellement y doivent avoir existé aussi. Je crois encore être convaincu, que les fleurs régulierement disposées, de même que pareilles plantes, ont été déposées dans des eaux dormantes, que dans ces endroits il y a eu des lacs, que ces lacs ont été desseches, que la partie supérieure & découverte de leur lit a été inondée par de grosses pluyes, qui ont fait déborder & troublé les rivieres et les ruisseaux, & que le sédiment de cette eau a formé alors la croûte que nous trouvons au dessus des lits de houille. Si donc par hazard près de la pente de l'étang ou du petit lac il y a eu une petite place couverte d'Asler, qui y est provenu copieusement, il peut y être né dans un petit espace une quantité de pareilles empreintes. Mais pourquoi ne trouvons nous pas aussi les tiges & les feuilles? Pourquoi seulement les fleurs? Peut-être en trouvera t-on, lorsque l'on voudra se donner la peine de tirer de grandes plaques de schiste de leur lit. Car du moins y a-t-on déja trouvé les feuilles isolées.

Nous avons promis de dire quelque chose au sujet

3.) des *Calamites*, ou des *Pétrifications des roseaux, & des tiges creuses des plantes*. Communément la d'où l'on tire les schistes herborisés, on trouve aussi certains tubes ou tiges, en plus grande partie applatis, quelquefois unis, plus souvent striés, de maniere, que les stries (qui quelquefois sont rondes & élevées, & quelquefois ne paroissent qu'être composées de petites feuilles, dont l'une avance au dessous de l'autre) sont paralleles & passent le long de la tige, & par là presentent des lignes paralleles ou élevées ou plattes. De distance en distance plusieurs de ces morceaux, sur tout lorsqu'ils sont un peu longs, ont de certaines articulations nouées ou des stries transversales comme les tiges de roseau en ont d'ordinaire, mais dans d'autres, quoique de même longueur, on n'en trouve point. La plûpart des Naturalistes ne savoient pas dans le commencement pour quoi prendre ces corps, & c'est là la raison pourquoi quelques auteurs se sont servis en plus grande partie de noms indeterminés, & pourquoi entre autres LUID a donné à ces Pétrifications les noms de *Neurophyllon carbonarium*, *Striatula carbonaria* &c. MERCATUS 101) leur a donné le nom de *Stelechites*, mais en les nommant ainsi, il n'avoit pas devant les yeux une Pétrification, mais, comme l'on voit assés clairement par la figure, de petits roseaux d'étang incrustés. Autrefois les noms de *Calamites*, *Lithocalamus*, étoient aussi en usage, & ceux-ci sont de tous les autres les plus convenables. Cependant c'est une autre question, si tout ce qu'on a nommé *Calamites* & *Lithocalamus*, est un roseau pétrifié. Car il y a dans le Regne Végétal bien différentes tiges des plantes qui ressemblent aux roseaux, en ce que d'ordinaire elles sont rondes, creuses en dedans, ou seulement remplies d'une moële spongieuse, qui se dissout facilement. Il faut dire la même chose de certaines racines, qui sur tout lorsqu'elles sont vieilles, deviennent creuses, tandis qu'elles conservent longtems leur écorce dure & ligneuse, comme nous avons remarqué ci dessus. Mais comme parmi les Pétrifications, qui doivent être rangées ici, il se présente plusieurs corps, dont la figure ne ressemble ni à celle de nos espèces de roseau, ni à celle des tiges des plantes creuses indigénes, & que la connoissance que nous avons des roseaux exotiques n'est à beaucoup près assés grande pour nous mettre en état de trouver & d'indiquer d'abord l'analogue des Pétrifications, qui y sont rangées, il nous faut jusqu'ici comprendre ensemble sous le nom de *Calamites* tout ce qui a une ressemblance avec des tiges rondes tant unies que striées. Il nous faut nous garder cependant, jusqu'à ce que tout cela soit mieux éclairci, de ne point prendre pour des Calamites ou des tiges creuses pétrifiées les Coralliolithes & autres corps qui appartiennent à une autre famille, particulierement des morceaux ronds & droits des rameaux d'arbres ou de racines. Car l'on sçait assés bien, qu'on a confondu avec les Calamites les branches striées des Corallites, qui appartiennent au genre des Madréporites; THEOPHRASTE 102) étoit déja dans ce cas, & son ἰδίως καλαμος ἀπολιλιθωμένος n'étoit suivant toute apparence qu'un morceau peut-être calciné d'une Madrépore branchue striée qu'on a tirée du sein de la terre. Mr. BERTRAND 103) suppose avec raison que le *Calamus aromaticus petrificatus*, dont quelques auteurs

font

---

101) Metallotheca Vaticana. pag. 277.

102) *de lapidibus*. §. 68. p. 219. Suivant l'Edition allemande de Nuremberg. 1770. 8.

103) Dictionnaire des fossiles. Tom. I. p. 111.

font mention, n'eſt qu'une eſpèce de Corallite, & que dans le Regne des Pétrifications il doit être rangé parmi les Corallites. Indépendamment de cela la différence entre ces Madréporites & les corps que l'on prend pour des roſeaux pétrifiés, eſt aſſés diſtincte & viſible. Pour les premieres on ne les trouvera ni applaties, ni facilement dans des ſchiſtes charbonneux, & encore moins pénétrées de bitume. Outre cela elles ſont d'une ſubſtance calcaire, & ont à l'extrémité & ſur la fracture des ſtries qui s'uniſſent dans le centre. On ne trouve rien de tout cela dans les corps dont nous traitons ici, ſans ajouter que les ſtries des Madréporites différent infiniment des ſtries des Calamites. Les premieres proviennent des lames, qui rangées l'une près de l'autre forment un cercle & s'uniſſent dans le centre, & par là elles reſſemblent a des entaillures, dont les marques vont juſqu'au centre, mais les ſtries des Calamites reſſemblent en plus grande partie ou à des lignes rondes élevées, ou à des lames couchées l'une ſur l'autre de maniere que l'une avance toujours un peu au deſſous de l'autre. Il eſt probable outre cela que parmi ces eſpèces de Calamites, que l'on prend communément pour exotiques, il s'eſt gliſſé différens morceaux de racines & d'écorces d'arbre, lesquels après avoir été ſéparés de leur ſubſtance interne ou par la putréfaction ou par une violence, ou par quelque autre accident, & après avoir été dans la ſuite remplis de terre, ont pris en quelque maniere la forme des Calamites. VOLKMANN même dans ſa *Sileſia ſubterranea* convient que parmi les Pétrifications, dont nous allons repréſenter quelques eſpèces de Calamites, il y a des morceaux qui reſſemblent à l'écorce de Mélèſe, du *Pinus maritima*, du *Pinus Sylveſtris vulgaris* & d'autres arbres. Il ſe peut auſſi que quelquefois les petits morceaux droits d'un rameau d'arbre aient la forme de ces Calamites, ce que VOLKMANN a auſſi remarqué dans ce même endroit, & quant aux racines nous avons déja rapporté plus haut pag. 9. d'après une lettre de Mr. le & D. GUNTHER de Cahla, que parmi les Calamites de VOLKMANN il y a certaines Pétrifications, qui reſſemblent beaucoup à la racine d'Erable (*Acer campeſtre majus & minus*) de Ménjante, (Trifolium fibrinum ſeu Menyanthes Tourneforti) de Langue de Chien, de Carline, de Panicaut & d'autres plantes.

Il eſt du moins ſur & inconteſtable que l'analogue de ces corps, que nous avons nommés juſqu' ici *roſeaux pétrifiés*, en tant qu'on fait attention au genre principal, appartient au Regne Végétal, & qu'il faut le chercher en partie parmi les roſeaux, en partie parmi d'autres plantes, qui ont des tiges ligneuſes, creuſes ou remplies de moelle, & en partie parmi quelques eſpèces de racines. Mais en cas que nous voulions déterminer les eſpèces génériques, & comparer les piéces trouvées dans le Regne des foſſiles, avec les eſpèces de l'analogue même, nous avons déjà dit plus haut, qu'il regne encore une grande obſcurité dans cette Partie de l'hiſtoire naturelle. Pourqui cela? Puiſque perſonne juſqu' ici ne s'eſt donné beaucoup de peine, à comparer les piéces pétrifiées avec les eſpèces de roſeau naturelles, puiſque parmi celles-ci il y a pluſieurs analogues exotiques & en partie encore inconnus, & puiſque juſqu' ici il y a eu peu de Lithologiſtes qui aient aſſés joint la Botanique a la Lithologie pour pouvoir éclaircir l'une par l'autre. Et quand même quelques uns l'ont fait, ils ſe ſont ſervis, en comparant les analogues avec les Pétrifications, de dénominations ſi peu déterminées qu'il eſt tout à fait impoſſible de rapporter d'après eux les eſpèces de roſeaux tant exotiques qu' indigénes, qu'on a trouvées juſqu' ici dans le Regne des foſſiles. Pour prouver cela nous alléguons la liſte des eſpèces de roſeau, que SCHEUCHZER a communiquée d'après ſon *Muſeum Diluvianum* dans ſon *Oryctographia Helvetica*. Il y eſt dit *Ignota Planta mineralis, Neurophyllon Carbonarium, ſtriatula Carbonaria, gramen pictum ſtriatum, caulis plantae cujusdam* etc. VOLKMANN, KUNDMANN, BERTRAND & d'autres n'en font pas mieux. Mais qui ſaura deviner par une pareille terminologie l'eſpèce de roſeau & la plante, dont la tige eſt pétrifiée? Ce que nous en ſavons c'eſt que parmi ces Calamites pétrifiés il ſe trouve pluſieurs, dont la forme entiere ne convient point du tout avec ceux d'Europe, que par là on conjecture, non pas ſans raiſon, que ce ſont des eſpèces exotiques d'Inde, & que l'on peut facilement diſtinguer les indigénes d'avec les exotiques, quand même l'on a pris quelquefois un corps pour exotique qui ne l'étoit pas. Cependant cela est trop peu pour une connoissance solide. Peût être est-il reservé à ceux qui viendront après nous de faire, au sujet des plantes dans le Regne des fossiles, dont les analogues manquent encore, des découvertes de la même importance, que celles qu'on a deja faites à l'égard du Regne animal & de plusieurs corps qui y ont rapport. Nous allons en attendant rapporter les noms des roseaux & des tiges creuses qu'on a deja reconnues & alleguees comme les analogues de quelques morceaux qu'on a trouvés dans le Regne des fossiles. Il faut donc rapporter ici l'*Arundo sativa Bauhini* de SCHEUCHZER 104), l'*Arundo Saccharina* de VOLKMANN 105), l'*Acorus* de SCHEUZER 106) & le Bambou, dont nous presenterons quelques morceaux considerables sur les Planches du Supplément de cet Ouvrage. Nous joignons ici l'*Arundo palustris*, l'*Arundo vulgaris maxima*, l'écorce de l'*Acorus* & les autres espèces de roseau qui lui ressemblent, & dont on ne peut pas douter, que la plus grande partie des Calamites, qu'on a trouvés jusqu' ici dans les carrieres de houille, ne doive y être rangée.

Il faut donc jusqu' ici nous contenter d'une déscription exacte des Calamites pétrifiés tels que le Regne des fossiles nous les fournit. Nous allons à present rapporter leurs différentes espèces selon leur forme externe, & puis nous parlerons de l'espèce de l'étrification, & alors de l'état dans lequel ils se trouvent dans le Regne des fossiles, & à la fin nous donnerons quelque information au sujet de leur couleur, de leur matrice & des endroits, où on les trouve.

On a trouvé

1.) des Calamites unis, sans stries, la plêpart applatis, de différente grandeur & épaisseur, le plus souvent d'un pouce ou d'un pouce & demi, dans les carrieres de houille, noirs, brillans. On en trouve parmi ceux de Sevennes, & SCHEUCHZER *Herb. Diluv.* tab. III. 2. en represente un de cette espèce.

2.) des Calamites de cette même espèce, à stries fines, minces, de petites tiges fines tant de l'Arundo palustris que de la Prêle. On les trouve, quoique pas trop frequemment, dans les carrieres de Querfourt & en Silesie, voy. VOLKMANN tab. IX. fig. 10. & 17.

3.) des Calamites de cette espèce, plus épais, à stries très fines, serrées & paralleles.

4.) des Calamites de cette espèce, à stries fines, écartées les unes des autres. VOLKMANN *Siles. Subterr.* tab. VII, 4. Leur analogue est l'*Arundo vulgaris maxima*, ou le grand roseau de nos pais.

5.) des Calamites de cette espèce à stries rondes, élevees, fines & serrées.

6.) des Calamites de cette espèce, à stries rondes, élevées, écartées les unes des autres.

7.) des Calamites de cette espèce à stries rondes, épaisses, serrées & unies, Num. 5. 6. 7. se trouvent aussi dans les carrieres de houille de Sevennes, & nous en communiquerons aussi différens morceaux d'autres pais sur les Planches du Supplément de cet Ouvrage.

8.) des Calamites de cette espèce à stries épaisses, élevées, dont chacune a encore des stries fines. Le roseau n'est pas comprimé & il a encore sa forme ronde. Il porte des lignes paralleles élevées, & celles-ci ont encore des stries fines. On n'y observe point de noeuds. Il est enchassé dans une pierre calcaire jaunâtre, & l'on en trouve quelquefois dans nos contrées de gros morceaux. Il se détache de la matrice, & toutes les circonstances prouvent que c'est un corps étranger, qui a le plus de ressemblance avec une tige de plante creuse & striée. Cette Pétrification végétale se distingue assès visiblement de certaines

espèces

---

104) Oryctogr. Helvet. p. 214.
105) Silesia subterran. p. 110.
106) Betrachtung der Kräuter-Abdrüke. p. 72.

eſpèces ſtriées de tuf & de ſtalactite, dont un morceau conſtitue une piéce entiere, ſans qu'on y obſerve, comme dans ceux-la, qu'un corps rond ſtrié y ſoit renfermé.

9.) Calamites à ſtries parallèles élevées, qui ſont courbées là où ſe trouve le diaphragme du roſeau. Cette courbure ne peut guéres être née d'une preſſion horizontale, puisqu'on trouve des exemplaires, qui ont été applatis par une violence qui a agi ſur eux en direction perpendiculaire, & ces mêmes exemplaires ont de pareilles ſtries courbées; il faut donc que ces ſtries ſoient nées d'une autre compreſſion & même d'une telle dont la direction a été de deux côtes vers le diaphragme, ce qui n'eſt guéres facile à comprendre. Cette eſpèce ſe trouve auſſi dans les Sevennes.

10.) Calamites à entaillures transverſales fines aſſés regulieres, & à lignes parallèles étroites & ſerrées. Ils ſemblent être des eſpèces de roſeau exotiques. On les trouve entre autres dans les Sevennes & en Sileſie. voy. VOLKMANN tab. VII. fig. 2.

11.) Calamites à ſtries longitudinales parallèles, couvertes de traits en forme de roſeau. Cette eſpèce de Calamite eſt décrite dans VOLKMANN tab. VII. fig. 3. Probablement ce n'eſt point une racine, mais les traits réticulaires, comme l'on peut voir dans les ſquelettes de certaines racines, ſemblent provenir des nerfs, cachés ſous la peau membraneuſe ſupérieure, & de leur diſtribution organique, & c'eſt où il faut rapporter peut-être la piéce repreſentée dans VOLKMANN tab. IV. 6. Il ne faut pas confondre ces deux eſpèces de corps avec certains Corallites qui leur reſſemblent en quelque maniere.

12.) Calamites à ſtries longitudinales, entrecoupées de ſtries transverſales & garnis par ci par là de figures circulaires, comme d'yeux, ſans ſymétrie. On trouve cette Pétrification dans VOLKMANN tab. VII. 5. Cependant il reſte encore à décider ſi cette plante pétrifiée appartient aux roſeaux ou aux Cardaſſes. Si c'eſt une eſpèce de roſeau, c'eſt une eſpèce exotique.

13.) Calamites dont l'écorce eſt écailleuſe; on en trouve dans VOLKMANN *Siles. ſubterr.* tab. VIII. fig. 16. Cependant il n'eſt pas encore décidé ſi cette Pétrification eſt une eſpèce de roſeau exotique, ou bien la tige d'une autre plante ou la racine du *Pinus Italica femine eſculento.*

14.) Calamites dont l'écorce liſſe eſt garnie de tubercules. Cette eſpèce ſe trouve auſſi dans VOLKMANN tab. VIII. 15. Probablement c'eſt une eſpèce de roſeau d'Inde.

A l'égard de pluſieurs de ces eſpèces que nous verons de décrire, il eſt bien ſur, qu'elles ont des diaphragmes ou des noeuds & articulations propres aux roſeaux, quand même on n'a pas toujours pû les obſerver dans les exemplaires qu'on a trouvés, puisque d'ordinaire ils ne ſont pas aſſés longs. Les diaphragmes ou les noeuds différent auſſi ſuivant la différence des eſpèces. Quelquefois ces noeuds ſont dentelés, de maniere qu'une dent s'engraine entre l'autre & repreſente par là une ſtrie en forme de ſcie, comme l'on en trouve dans VOLKMANN *Siles. Subterran.* Part. III. tab. IV. 3. Outre cela l'épaiſſeur de ces Calamites différe beaucoup ſuivant la différence de l'age & du genre de leurs analogues. On en trouve dans le Regne des foſſiles qui ont à peine l'épaiſſeur d'une plume d'oye tandis que le diamétre d'autres eſt quelquefois de trois à quatre pouces, & beaucoup au de là, lorsqu'ils ſont comprimés.

Outre ces Calamites on trouve auſſi

15.) des *feuilles de roſeau*, *Neurophylla*, ſuivant la dénomination de LUID, puisqu'elles ont des veines parallèles. On les trouve plus ſouvent que les tiges de roſeau, d'ordinaire mêlées parmi d'autres plantes. On donne aujourd'hui le nom de feuilles de roſeau à tout ce qu'on trouve dans les ſchiſtes herboriſées, & ce qui a quelque reſſemblance avec un morceau d'une feuille de roſeau. Cependant s'il s'enfaut beaucoup qu'il ne ſoit prouvé que pour cela toutes

ce

ces feuilles foient des feuilles de rofeau. Si ce font des feuilles de rofeau, car du moins il eft probable que la plus grande partie foit de rofeau, elles paroiffent être de l'*Arundo paluftris*. On en trouve des exemplaires reprefentés dans SCHULZE *Betrachtung der verfteinten Hölzer* & LIEBKNECHT *Spec. Hift. fubterran.* p. 157. Mais ce dernier les prend pour des efpèces de roseau de mer. SCHEUCHZER 107) a auffi remarqué que l'on trouve quelquefois des morceaux de la gaine, qui renferme la tige de rofeau, pétrifiés, & peut-être y faut-il rapporter ces feuilles de rofeau, qui ont fur la pierre une fituation ronde & courbée, & que Mr. SCHULZE a auffi décrites dans le Traité que nous venons de citer.

Quant aux Pétrifications de ces Calamites, il nous faut diftinguer ici, comme à l'égard des plantes & des feuilles pétrifiées, les Calamites véritablement pétrifiés d'avec les noyaux, & ceux-ci d'avec les empreintes & les incruftations. Les veritables Pétrifications des Calamites font plus frequentes que celles des plantes & des feuilles. Car comme ces tiges ont communément une fubftance ligneufe, elles ne vont pas fi tôt en putréfaction que les plantes molles & tendres, & leur Pétrification eft a peu près la même que celle que nous obfervons dans le bois. Elles fe détachent fouvent de la pierre, leur périphérie fe diftingue vifiblement tant de la matrice que du noyau, & nous prouve par là qu'il ne s'eft pas fait ici une fimple empreinte mais bien une véritable Pétrification. Il ne faut pas confondre avec ces Pétrifications les noyaux des Calamites. On en a deux efpèces. L'une naît lorfque l'eau introduit une terre limoneufe dans la moëlle du rofeau, qui exifte encore. Car lorfque cette terre remplit ce grand nombre d'interftices, la moëlle fe détruit fucceffivement de plus en plus, les rempliffages de terre grandiffent par la nouvelle appofition, & lorfqu'ils parviennent a la dureté d'une pierre, il en naît un noyau pierreux rond qui femble être compofé de purs petits tubercules reguliers, attachés les uns aux autres, mais qui dans fon total retient la forme entiere d'une tige ronde. La feconde efpèce naît lorfque la moëlle eft détruite & que la cavité eft remplie de terre, où nous rangeons par ex. le morceau de VOLKMANN tab. IX. fig. II. Car alors les parois internes s'impriment dans le noyau & font connoître d'autant plus leur véritable origine, lorfque quelque portion du tiffu cellulaire de la moëlle eft reftée adhérente au bois, dont l'empreinte fe préfente fur le noyau. L'expérience prouve qu'il fe trouve auffi des empreintes des tiges de rofeau, ou des matrices, dans lefquelles elles étoient enchaffées autrefois & y ont imprimé leurs ftries, & il n'eft gueres neceffaire de nous arrêter plus longtems là deffus: mais quant aux Calamites incruftés il nous faut encore ajouter quelque chofe à leur fujet. Les tiges de rofeau fe trouvent fouvent dans des endroits, où il y a des fources bourbeufes, & par confequent elles font enduites d'une croûte pierreufe, l'écorce tubiforme du rofeau fe trouve encore dans l'incruftation, mais tout à fait creufe, auffi peut-ce fouvent la détacher & l'emporter de fa croûte pierreufe, & alors elle appartient aux incruftations, qu'on nomme dans une fignification générale Oftéocolles. Lorfque ces tiges de rofeau fe trouvent parallêles les unes avec les autres, il en naît le *Stelechites* de MERCATUS, 108) que quelques auteurs prennent pour une efpèce de rofeau pétrifié, tandis que la forme entiere fait connoître, que ce font des tiges minces de rofeau, qui dans une eau tufeufe ont pris une croûte pierreufe. Ces rofeaux foffiles & principalement les petrifiés ne fe trouvent pas tous dans un état également bon. Car quand même ils ont paffé dans des endroits où le bitume les a affés mis à l'abri de la diffolution & de la deftruction, cependant la compreffion a changé dans la plus grande partie leur forme naturelle ronde, ils fe prefentent fouvent applatis, où la compreffion a principalement opéré fur un côté, & de la vient que d'un côté ils font encore ronds & que de l'autre ils ont le bord tranchant. Quelquefois il n'y a que des morceaux fendus, & ceux-ci préfentent tantôt le côté interne tantôt l'externe. Ceux auxquels leur place a été affignée dans les lits de houille, font quelquefois un peu méconnoiffables, à caufe du bitume qui s'y eft infinué, du moins dans plufieurs d'entre eux les ftries fines & regulieres & les éminences ne font plus fi apparentes.

La matrice de ces efpèces de rofeau eft communément ou une pierre calcaire ou un fchifte noir. Dans la premiere on les trouve un peu plus rarement que dans le dernier. Elles ont

---

107) Oryctogr. Helvet. p. 214.

ont communément la couleur de la pierre, & de la celles, qui se trouvent dans un schiste noir, sont en plus grande partie noires comme charbon & quelquefois d'un brun noirâtre. Parmi celles, qui se trouvent dans une pierre calcaire (& ce sont entre autres celles, qu'on trouve dans les Carrieres de pierres calcaires de Rindersdorf près de Berlin) la plûpart semblent être de l'*Arundo paluſtris* de nos païs. Dans les montagnes de Sevennes on les trouve simplement dans les schistes herborisés noirs, & on ne les trouvera guéres mêlées avec les Pétrifications animales.

Comme nous avons déjà fait mention plus haut des endroits, où l'on trouve les plantes pétrifiées, & que dans le Regne des Pétrifications les Calamites ne se trouvent d'ordinaire qu'en compagnie avec des Productions Végétales, excepté que là, où il y a des corps éxotiques de cette espèce, il s'y est aussi mêlé quelques Corallites, comme l'on voit dans la *Silesia ſubterranea* de VOLKMANN, je puis ici me rapporter sur ce que j'ai déja dit plus haut à ce sujet. On indique particulierement Bensberg dans le Duché de Mons, Ilefeld, les mines de Zankerode, Munzeberg en Hesse, les Carrieres de Riedersdorf près de Berlin, en Italie Vérone, en France les montagnes de Sevennes & St. Etienne, pour ne pas faire mention d'autres contrées, qui sont nommées dans l'*Herbarium Diluvianum* de SCHEUCHZER, dans la *Silesia ſubterranea* de VOLKMANN, & dans les Ouvrages, que j'ai cités plus haut en traitant des endroits, où l'on trouve des empreintes de plantes.

Les plantes éxotiques que j'ai rangées parmi les Calamites, jusqu'à ce que le tems à venir nous ait apris à les mieux connoître, me font passer à d'autres Pétrifications à l'égard desquelles il est sûr qu'elles appartiennent aussi aux Productions Végétales, quand même nous ne savons pas en plus grande partie dire à quel genre principal elles appartiennent, quelle est leur forme & quelles sont leurs autres qualités. Indépendamment du grand nombre de plantes, qu'on a découvert, le Regne des fossiles nous ouvre pourtant un champ plein de plantes inconnues, dont les analogues pourroient bien encore longtems rester ignorés. Quelques unes de ces plantes sont des cierges & des cardasses, mais à l'égard des autres l'on ne sauroit soutenir cela avec une parfaite certitude, cependant comme elles ont pourtant quelque ressemblance, il me sera permis de les ranger en attendant aussi dans la Classe des cierges et des cardasses. Du moins il est beaucoup plus convenable de les y ranger, que de les jetter, d'après VOLKMANN, parmi les bois pétrifiés. Il y a outre cela certaines Petrifications, où, en les examinant, on est en doute (vû que leurs analogues n'ont pas encore été découverts, & que leurs Pétrifications sont d'ordinaire fort defigurées par la compression, & que, n'étant en plus grande partie que des fragmens, elles sont fort méconnoissables) s'il faut les placer à côté des cierges ou plûtôt à celui des calamites. Comme jusqu'ici on n'a pas encore des noms convenables, je me vois obligé d'en inventer, tout peu que j'aime d'ailleurs les Terminologies superflues. Cependant c'est ici la nécessité qui l'exige, vû que nous avons ici devant nous des corps, dont les analogues sont encore presque tout à fait inconnus. Nous donnerons le nom de *Céréites* à tous les corps que nous rangerons dans cette Classe; nous y comprendrons non seulement les cierges déjà connues, mais aussi les plantes qui ressemblent d'une certaine maniere ou aux cierges ou aux cardasses, & nous caracteriserons les espèces génériques par leurs propres dénominations. Il faut donc rapporter ici

1.) *Organa carbonaria.* Ce nom convient à ces tiges tubuleuses, tant isolées que parallèles, jointes les unes aux autres, qu'on n'a trouvées jusques ici que dans les Carrieres de houille d'Angleterre & de Sevennes. On pourroit, sans hésiter les, ranger parmi les roseaux, si elles n'avoient point sur leur surface, en distances regulieres, de petits enfoncemens, comme des marques qu'il y a eu autrefois les epines dont les cierges sont garnies d'ordinaire. Il faut rapporter ici les Pétrifications que Mr. COLLINSON a envoyées d'Angleterre, & que nous avons representées dans la Premiere Partie de cet Ouvrage Pl. X. b. & Pl. X. c. On voit par ces pieces qu'on peut distribuer & ranger cette espèce de céréites en différentes espèces subordonnées.

II. *Hexagonum carbonarium.* On ne l'a trouvé jusqu'ici que dans les lits de houille d'Angleterre & de Silefie. Ce corps a des furfaces larges, à peu près l'épaiffeur d'un dos de couteau, & des figures héxagones, placées les unes près des autres, qui fur une furface du fchifte fe préfentent élevées & fur l'autre concaves. Il y a deux efpèces de ces Pétrifications; quelques unes ont des héxagones équilateraux, dont il y a un exemplaire dans la Premiere Partie de cet Ouvrage Pl. X. a. Num. 1. d'autres font compofées d'héxagones oblongs, dont j'ai reçu un exemplaire des montagnes de Sevennes.

III. *Ungella carbonaria minor.* On les trouve dans les carierres de houille de Silefie, de Sevennes & d'Angleterre, & de ces dernieres on les tire en gros morceaux. Elle préfente une furface, fur laquelle, en certaines diftances, l'on obferve des rangs de certaines impreffions, qui reffemblent en quelque maniere aux traces d'un petit animal quadrupéde. Il y en a deux efpèces; quelques unes font garnies de doubles empreintes placées regulierement en ligne droite les unes près des autres, comme l'efpèce qui eft repréfentée dans la Premiere Partie de cet Ouvrage Pl. X. a. Num. 2. D'autres ont des empreintes placées en forme de cube, comme l'on en trouve dans les Sevennes.

IV. *Ungella carbonaria major.* Elle fe diftingue de la précédente par la grandeur des empreintes. Les premieres ont à peu près la grandeur d'une lentille ou d'un pois, & celles-ci reffemblent aux enfoncemens ronds qu'on feroit en imprimant le doigt dans une argille molle. Cette efpèce eft repréfentée dans la premiere Partie de cet Ouvrage Pl. X. a Num. 3. Une efpèce eft plus reguliere, & fes empreintes repréfentent une figure rhomboidale, dont VOLKMANN communique la figure Part. III. tab. IV. fig. 6. Il s'en va fans dire ici, tout comme à l'égard de toutes ces autres Pétrifications, que la plaque oppofée, qui a été couchée fur l'autre, repréfente en relief ce qui eft enfoncé dans celle-ci.

V. *Undulatum carbonarium.* Il y en a auffi deux efpèces. L'une a fur la furface des ftries fines, paralléles, ondulées, entre lesquelles il y a en certaines diftances des enfoncemens profonds & reguliers, tels que feroient ceux qu'on auroit imprimés avec le doigt dans une argille molle. On en trouve dans les Sevennes, & nous en donnerons plus bas une copie. Une autre efpèce, fi l'on peut la rapporter ici, a des ftries courbées, ferrées, l'une près de l'autre, fans enfoncemens. VOLKMANN l'a repréfentée Part. III. tab. IV. 1. Comme il prend toutes ces Productions Végétales étrangeres pour des bois pétrifiés, il nomme cette efpèce *Lithoxylum nigrum articulatum ftriique undulatis notatum* On ne l'a trouvée jusqu'ici que dans les carrieres de houille de Silefie.

VI. *Lepidotes carbonarius fquamis feparatis obtufis.* Cette efpèce eft compofée de plaques écailleufes, ou plûtôt les empreintes font difpofées en forme d'écailles & ont les pointes émouffées. Entre les écailles il y a toujours un petit interftice, de maniere qu'elles ne s'entre-touchent pas. On trouve cette efpèce dans les montagnes de Sevennes.

VII. *Lepidotes carbonarius fquamis rotundis imbricatis.* VOLKMANN l'a communiqué Part. III. tab. IV. fig. 4.; il l'a tiré d'un lit de houille de Liebersdorf près de Gablau. La furface eft noire & reffemble à une écorce écailleufe, les empreintes des écailles font concaves.

VIII. *Ovarium carbonarium.* La furface a des éminences ovales à peu près de la grandeur d'une fève de Caffé affés près l'une de l'autre. VOLKMANN fig. 5. Cette Pétrification fe trouve dans le lit de houille que nous venons d'indiquer.

IX. *Ocellatum carbonarium.* VOLKMANN dans le même endroit fig. 9. Il nomme cette efpèce *anthracodendron oculatum*, & donne à fon fujet l'explication fuivante: Elle a été tirée avec les charbons de terre d'un lit de houille nouvellement ouvert de Rudolphsdorf. Le côté extérieur eft par tout garni de tubercules ronds en forme d'yeux, dans lesquels la prunelle eft un peu élevée, liffe & brillante comme un charbon de terre. Il femble que cette efpèce eft la même que cet auteur a communiquée tab. XI. fig. 1. & qu'il prend, comme il eft probable auffi, pour une feuille de la grande cardaffe.

X. *Ce*

X. *Cepina carbonaria.* Sur la surface il y a des écailles ou des cubes disposés en forme de cube, qui ont la forme d'un oignon rond, à pointé émouffée. Dans le milieu de la partie d'en haut elles font un peu applaties, & dans le centre de cette plaine elles ont une petite fossette ronde. Cette surface est d'un gris noirâtre, les écailles font noires & lisses. Cette Pétrification remarquable a été trouvée dans les mines de houille de Liebersdorf en Silesie, & représentée par VOLKMANN tab. XII. fig. 4.

Il nous faut aussi dire quelque chose au sujet des mousses dans le Regne des fossiles. Autant que je sai on n'en a pas encore trouvé de véritablement pétrifiées, mais on trouve bien par ci par là sur les schistes herborisés, principalement sur ceux, où les plantes se trouvent entremêlées, différentes figures qui vraisemblablement font des empreintes de mousse. Il y faut rapporter entre autres le *Muscus saxatilis,* que SPADA 109) pretend avoir trouvé dans les environs de Vérone. Que sur quelques Dendrites il y ait des empreintes de certaines espè-ces de mousse, c'est ce que plusieurs Naturalistes ont supposé autrefois. Quand même on ne revoque pas en doute la possibilité, on a pourtant trouvé en examinant la chose de plus près, que ces mêmes figures, dans lesquelles par un léger coup d'oeil, on voit les formes de mous-ses les plus parfaites, n'ont pas à beaucoup près la proportion organique & la dimension que les mousses ont proprement, mais que ce font des configurations accidentelles, nées d'un suc martial qui s'est insinué dans les gerfures fines du schiste. Dans des pierres marneuses j'ai trouvé en les mettant en pièces, quoique très rarement, de petits brins de mousse & de pe-tits rameaux isolés, mais qui n'étoient point pétrifiés. On pouvoit les détacher de la pierre & les broyer entre les doigts, & dans des pierres, qu'il falloit mettre en pièces avec beaucoup de force, ces petits rameaux étoient encore flexibles. Les plus connues font les mousses incru-stées, mais qu'il ne faut pas confondre avec les espèces de Stalactites & de Tuf, qui ressem-blent aux mousses. Les eaux imprégnées de particules terrestres calcaires & gypseuses, qui en tombant goutte, à goutte comme l'on sçait, déposent ces particules, prennent la dureté d'une pierre & se présentent sous différentes figures, quelquefois très fines, de petits grains ou pointes, qui ont quelque ressemblance avec certaines espèces de mousse. Ces corps ne doivent point être rapportés ici, & il faut bien les distinguer d'avec les mousses incrusté e c'est à dire d'avec celles, qui dans les sources, dont nous avons parlé ci dessus, ont pris une croûte pierreuse, qui s'est mise autour de la mousse, qui d'ordinaire a été détruite dans la suite, & a laissé, par l'espace vuide, la marque qu'elle y a été autrefois. Suivant la qualité des particules terrestres, dont une pareille eau est imprégnée, les mousses incrustées différent beaucoup entre elles. Lorsque les particules terrestres ne font pas trop fines, telles que font d'ordinaire les particules calcaires, la mousse incrustée aura une croûte, épaisse à la verité, mais la plûpart friable, & ne présentera pas trop distinctement la structure fine des mousses. Mais lorsque les particules terrestres font fort fines, & telles font d'ordinaire les terres gyp-seuses, la croûte sera de beaucoup plus dure & plus fine, & représentera le plus distincte-ment la véritable forme de la mousse dans ses plus petites feuilles & rameaux. Quant aux pe-tits brins de mousse, que nous trouvons quelquefois renfermés dans les Agates, dans les pier-res de Corne & les Cristaux, nous en avons déjà dit quelque chose plus haut. 110)

Les fruits pétrifiés, qu'on nomme d'ordinaire *Carpolithes,* des mots grecs καρπος & λιθος, font parmi les Productions Végétales un article fort considérable du Regne des fossiles. Mais aussi c'est un article qui contient beaucoup de corps qui ne font pas ce pour quoi on les don-ne communément. La ressemblance souvent accidentelle des pierres communes, auxquelles le roulement, un choc ou une compression a donné la forme d'un tel fruit ou d'un autre, a produit, avec le secours d'une bonne imagination, une quantité de fruits petrifiés. Même des Pétrifications des corps, qui appartiennent à tout un autre Regne, mais qui n'étoient pas con-nus, ont été rangées parmi les fruits pétrifiés. Certaines espèces de ces pierres, qu'on a nommées Idiomorphes, & qui, sans l'accés d'un corps étranger du Regne animal ou Végé-

U 2

109) Catalog. lapid. Veronens. p. 53.

110) Sur les espèces de Mousse il faut conférer: BAIER *Oryctogr. Nor.* p. 25. *Ican. Dan.* GEYER *de aqu petrificante & musco petrefacto* dans les *Miscell. Nat. Cur.* Dec. II. an. 5. Obs. 232.

tal, ont leur propre figure déterminée, ont eu le même fort. Pour peu que ces pierres eussent quelque reffemblance avec tel fruit ou un autre, on les prenoit pour tels, fans examiner, fi elles étoient effectivement ce que l'imagination en faifoit. Pour rendre tout cela d'autant plus intelligible, nous ajoutons les remarques fuivantes: 1.) Il y a des corps qui font effectivement ce pourquoi on les donne, c'eft à dire les Pétrifications de ces fruits auxquels ils
reffemblent. L'on ne peut pas revoquer en doute la poffibilité d'une pareille Pétrification.
Si les fruits peuvent fe fecher fans aller en putréfaction, ils font auffi difpofés à perdre fucceffivement leurs particules volatiles, & à admettre à leur place des particules terreftres
étrangeres. Et combien n'y a-t-il pas de fruits, qui dans leur état naturel s'ont d'une fubftance feche & tenace, qui peut auffi bien & mieux réfifter à la putréfaction que les plantes?
Et pourquoi faudroit-il une demonftration pénible pour prouver la poffibilité de ces Pétrifications, leur exiftence etant démontrée par des preuves inconteftables? Cependant il eft toujours fûr auffi, qu'une efpèce de fruit eft beaucoup plus fusceptible de Pétrification que l'autre, & que les fruits fecs & moins fucculens peuvent beaucoup plus facilement fe pétrifier
que les fruits fucculens & huileux. 2.) D'autres corps du Regne des foffiles reffemblent à
certains fruits, mais il eft incertain, s'ils ont été véritablement ces fruits auxquels ils reffemblent. La feule reffemblance externe ne décide pas tout à fait la chofe. Tout reffemblans
que foient les dehors, il faut encore pour une certitude évidente, les marques d'une ftructure interne organique, les veftiges de pelure, écorce, grains ou pepins, de certaines cavités ou
enfoncemens, qui y étoient autrefois, les marques de la place de la queuë & d'autres parei-
les circonftances. Mais lorsqu'au contraire la maffe pierreufe eft tout à fait égale en dedans
& en dehors, lorsqu'il n'y a point de veftige de l'écorce ou de la pelure, lorsqu'on trouve
une pareille Pétrification pretendue en grande quantité dans un endroit & qu'elle ne fe diftingue pas même par la couleur de fa matrice, l'on peut en inférer, presque avec certitude
qu'une telle pierre n'eft point une Pétrification, mais qu'elle a pris une forme fimplement accidentelle. Les endroits & les contrées y ont auffi un grand rapport. Les Carpolithes qu'on
tire des mines de houille, font communément plûtôt pris pour de véritables Pétrifications,
que ceux qu'on trouve ailleurs. 3.) D'autres corps encore du Regne des foffiles femblent
être de véritables Carpolithes, quand même l'on ne connoit pas encore leurs analogues. A
l'égard des Pétrifications du Regne animal on ne peut jamais nier, que tel corps ne foit une
Pétrification, par cette feule raifon puisqu'on ne connoit pas encore fon analogue. Il en eft
tout autant des Pétrifications du Regne Végétal, en particulier à l'égard des fruits pétrifiés.
On a deja trouvé plufieurs corps pétrifiés, dont la ftructure organique entiere fait connoitre
une origine végétale, quoiqu'on ne fache pas encore indiquer le fruit même, duquel cette
Pétrification eft née. Ce font en plus grande partie des fruits exotiques qui nous font encore
inconnus. 4.) Encore d'autres corps reffemblent à certains fruits, cependant on fçait par
une plus longue expérience, qu'ils ne font pas ce pour quoi on les a donnés autrefois. On
parloit & l'on écrivoit autrefois beaucoup des pois, des lentilles, fèves, graines de millet,
amandes & plufieurs autres fruits pétrifiés, mais aujourd'hui l'on fçait leur origine, & l'on eft
convaincu, qu'ils ne peuvent point du tout appartenir au Regne Végétal. 5.) Il y a de véritables Pétrifications de certaines efpèces de fruits, mais tous les exemplaires, qui reffemblent à cette efpèce de fruit, ne font pas pour cela de véritables Pétrifications de ces mêmes fruits. Par là il eft affés évident, qu'il eft difficile de faire une diftribution exacte & de
féparer les véritables Pétrifications d'avec les Pétrifications pretendues. Cependant il importe
beaucoup de le faire. Nous allons donc premierement communiquer ici une lifte générale de tous
les corps qu'on range communément parmi les Carpolithes, nous y rapporterons auffi tant les
corps équivoques ou douteux, que ceux qui font manifeftement faux, & nous y joindrons
encore une autre lifte, dans laquelle nous rangerons ces corps, qu'on fçait avec certitude
ne point appartenir au Regne Végétal. Suivant nôtre Plan, l'ordre dans lequel les Carpolithes fe préfentent ici, eft bien arbitraire. Chaque Naturalifte pourra les ranger comme il
le juge à propos. Nous commencerons ici par les plantes céréales, qui feront fuivies des plantes légumineufes, alors nous rapporterons les fruits à pepins & à noyaux, puis les bayes, &

put

puis après les fruits des arbres fauvages. Nous finirons par les Champignons. Quant aux plantes céréales il faut rapporter ici;

1.) les *épis pétrifiés*, tant de fégle que d'orge. Parmi les premiers il faut remarquer celui de scheuchzer dans fon *Herbarium Diluvianum* tab. I, fig. 1. celui de luid *Spica fecalina*, *Lithoph. Britt.* 108. celui de mylius *Memorabil. Saxon. fubterr.* fol. 8. IV. comparé avec pag. 16. & cette piéce que mylius décrit auffi dans le même livre p. 15. & d'après lui scheuchzer *Herbar. Diluvian.* tab. V. 4. qui dans la nouvelle Edition de ce livre p. 68. rapporte encore plufieurs exemples. Autant que nous fommes éloignés de vouloir nier, qu'il n'y ait des épis de blé pétrifiés, ou qu'il ne puiffe y en avoir, autant il eft fur que la plûpart de ceux, que nous venons de rapporter, nous font voir dans leur forme entiere quelque chofe qui nous rend douteux à leur égard. Car la figure, que scheuchzer donne tab. I. 1., eft bien plûtot une efpèce de Zoophyte qu'un épi de blé, ce que l'on voit affes par les rayons qui font compofés de pures vertébres. Je ne faurois juger de la figure de luid, mais pour celle de mylius, je la prendrois fans héfiter, pour un *Abrotanoides*, fi jufqu' ici on avoit trouvé des Corallites dans des fchiftes cuivreux. Peut-être y avoit-il autrefois un corps végétal, après la décompofition duquel il s'eft attaché dans l'efpace vuide interne un fpath, comme cela s'eft fait dans les rognons d'Ilmenau. Du moins la figure entiere convient parfaitement avec les grains de fpath, qui dans ces rognons fe trouvent placés l'un près de l'autre. Je ne pretends pas précifement rendre tout à fait fufpect l'épi d'orge de mylius, quoique le chaume foit de beaucoup trop épais pour un épi de cette efpèce. Dans fon *Mufeum* VI. 587. il eft fait mention d'un *Spica fromenti* de Frankenberg, qui fuivant toute apparence eft de la même efpèce que celle de Frankenberg, que wolfartii repréfente dans l'*Hift. nat Haff.* tab V. fig. 6. Cependant j'ai déjà démontré ci-deffus, que ce corps foffile de Frankenberg n'eft pas un épi de blé. La plûpart des épis de blé d'Ilmenau ne font pas à la vérité ce qu'on pretend qu'ils foient, cependant l'empreinte, qu'on voit fur quelques uns, prouve fort diftinctement, que ce font des épis & des fruits, qui autrefois y ont été enveloppés.

2.) les *grains ifulés* d'orge, de fégle, de froment & d'autres pareilles plantes. Ils reffemblent en plus grande partie au fégle par la forme & par la grandeur, cependant il y en a de figure ronde fuivant la différence des grains qui en font les analogues. Autant qu'il eft fur qu'il y a de véritables Pétrifications de ces grains de blé & d'autres femences, autant il faut être circonfpect en les difcernant, pour ne pas confondre ici les veritables Pétrifications avec les fauffes. Dans les premieres il faut que les grains, qu'on trouve enfemble dans une pierre (car on les trouve d'ordinaire enchaffés dans leur matrice) foient parfaitement de la même forme & grandeur; qu'ils faffent voir outre cela diftinctement leur ancienne écorce; qu'ils aient en dedans un noyau d'une couleur differente, la plûpart blanche, & qu'ils ne foient ni fimplement des molécules de marne, ni compofés de fimples lames ou tuniques comme un oignon. Par confequent, lorfqu'on trouve que dans une pierre les grains font de différente grandeur & figure; lorfqu'ils font tantôt ronds, tantôt angulaires, tantôt de cette figure, tantôt d'une autre, lorfque l'écorce, qui d'ailleurs eft fort connoiffable, leur manque; lorfqu' avec cette écorce ils ne préfentent pas la forme effentielle de ces grains, & qu'en les caffant, on ne trouve en dedans qu'une fubftance marneufe & calcaire; on peut furement & même fans les experiences de chymie inférer par là, que ces pierres ne font pas de véritables Pétrifications. Il faut fe garder de confondre l'écorce des véritables Carpolithes avec la couleur brune, brune rougeâtre, rougeâtre ou jaune, que les Carpolithes pretendus ont fouvent en dehors, quand même ils font en dedans d'un beau blanc. Il faut compter parmi ces Carpolithes pretendus ceux de Chemniz, d'Iiefeld, de Zwikau, de Goldburg en Silefie, de Liptau en Hongrie, fans faire mention de plufieurs autres. Parmi ceux qui portent tous les caractères d'authenticité, il y a plufieurs efpèces, qui femblent être des grains de femence de plantes exotiques.

3.) les *épis de blé de Turquie* Mr. DAVILA dans son Catalogue raisonné Tome III. pag. 17. conféré avec Pl. VIII. a fait connoitre une Pétrification, qui ressemble beaucoup tant en dedans qu'en dehors à un épi de Mays dépouillé de ses grains, & il suppose par là que c'est la Pétrification d'un pareil épi. Les cavités, dans lesquelles les grains ont été enchassés autrefois, sont ici rhomboidales à la vérité, mais cette défiguration peut être née de la compression que cet épi a essayé en passant dans le Regne des fossiles. Mais il se peut aussi que ce soit un fruit encore inconnu, ou bien la capsule d'un tel fruit.

4.) les *grains de millet & de semence de Pavot pétrifiés*. VOY. VOLKMANN *Silef. subterran.* p. 130. 134. & SCHEUCHZER *Herbarium* p. 71. Num. 91. Lorsque ces grains ressemblent au millet, on les nomme *Cenchrites*, & s'ils ressemblent aux grains de pavot, on les nomme *Meconites*. On se sert aussi, en parlant des uns ou des autres, de la dénomination d'*Ammites*, lorsqu'ils ressemblent à de petits grains de sable, ce qu'ils sont aussi quelquefois effectivement. Ce qu'il y a de sur, c'est que les semences de pavot & de millet peuvent aussi bien subir la Pétrification que d'autres pareilles semences, mais la moindre partie en est véritablement ce pour quoi on la donne, & elles doivent être comptées parmi les fausses Pétrifications aussi bien que les Pisolithes, les Oolithes & d'autres, à la configuration desquels les grains de sable & les sources tufeuses contribuent le plus. Ces corps fossiles trouveront donc leur place plus bas parmi les fausses Pétrifications.

Il faut compter parmi les *fruits légumineux pétrifiés*

5.) les *fèves communes*, & ce sont, à ce qu'on pretend, celles que HELWING *Lithograph. Angerburg.* p. 38. rapporte comme pétrifiées. voy. BERTRAND *Dict. des fossiles* Tome I. p. 116.

6.) les *fèves d'Italie*, ou les Haricots qui en préférence portent le nom de *Phaseolithes*. Plusieurs auteurs en font mention, & en donnent en partie les figures, comme VOLKMANN *Silef. subterran.* p. 130. comparé avec Tab. XXIII. 2. XXIV. 11. 17. &c. SCHEUCHZER *Herbar. Diluv.* tab. XL. 1.

7.) les *fèves d'Inde*. VOLKMANN *Silef. subterr.* tab. XXIV. fig. 23.

8.) les *gousses pétrifiées* de *fèves*, de *Pois chiches*, de *Pois* &c. avec le fruit renfermé ou sans fruit. WALLERIUS en fait mention sous le nom de *Phytotypolithi fructuum plantarum cum siliqua*. SCHEUCHZER dans son *Oryctogr. Helvet.* p. 207. & particulierement dans son *Herbar. Diluvian.* p. 65. de la nouvelle Edition rapporte une quantité considérable de Guainiers, (*Siliquastrum*) dont plusieurs pourroient bien appartenir ici. Mr. DAVILA dans son Catalogue raisonné Tome III. p. 256. Num. 375 fait mention de l'empreinte d'une gousse, où l'on voit distinctement que le fruit y a été renfermé, sans alléguer les exemples que l'on trouve rapportés dans MORTON *Histoire naturelle de Northamptonshire* Tab. X. LUID *Lithophyl. Britann.*, les *Transactions Philosophiques* Num. 200. & le *Museum* de CALCEOLARIUS p. 411. Cependant l'on se confond & se meprend en différentes manieres à l'égard de ces pretendus légumes, que nous venons de nommer, & à l'égard de plusieurs autres. Ce que l'on nomme la mine en forme de fève, est souvent compté parmi nos fèves pétrifiées, & même parmi les fèves métallisées. On range sans hésiter beaucoup, des pierres, qui souvent n'ont que par hazard quelque ressemblance avec les fèves, parmi les fèves & autres légumes pétrifiés. Et telles sont en plus grande partie les Pétrifications de cette espèce que VOLKMANN rapporte. J'ose presque soutenir, que les corps, qui sont représentés tab. XXIII. & XXIV., ne sont presque tous que de simples pierres & point de Pétrifications, à moins qu'on ne veuille en excepter Num. 1. & 2. de la Pl. XXIII. Les corps, auxquels on donne le nom de *Siliquastrum*, ne sont pas non plus, en plus grande partie, ce pour quoi on les prend & les donne. Ce sont la plûpart des dents molaires de grands poissons, qui à la vérité ressemblent à des fèves, mais qui, lorsqu'on les casse, font connoître très visiblement, par le tissu fibreux, leur substance osseuse.

Nous rangeons parmi les *fruits charnus* dans le Regne des Pétrifications:

9.) les *Melons pétrifiés*; tout peu que ce fruit soit susceptible de Pétrification, à cause de la quantité de ses particules molles & succulentes, on pretend pourtant en avoir trouvé une quantité sur le Mont Carmel. Il y a des auteurs qui sont prevenus pour cette opinion au point qu'ils en ont parlé avec la plus grande assurance comme d'une chose incontestable. C'est ce que fait Mr. de justi dans son Regne mineral p. 173. & plusieurs autres. Déjà le fabuleux de ces contes se fait connoître par là puisqu'on pretend qu'on trouve là un champ entier tout plein de ces melons & concombres pétrifiés, qui, par un miracle fait par le Prophéte Elie, doivent avoir été changés en pierre. Ce ne sont pas des melons ni des concombres, mais des Agates, qui leur ressemblent, & dont la couleur, la forme & les stries présentent quelque chose à l'imagination, de sorte qu'on croit devoir prendre ces corps pour des melons, & les grains quartzeux, qui se trouvent dans le milieu, pour des semences de melon. Il faut lire à ce sujet: *Jean Phil.* pabyn *de Melonibus petrefactis montis Carmel vulgo creditis.* à Leipzic 1722. in 4to *Corn. van* bruyn *Reysen door den Levant of klein Asien* &c. tab. CLXIII. & *Domenico* schiavo *Descrizione di varie produzioni naturali della Sicilia.*

10.) les *Concombres pétrifiées*. On pretend aussi les avoir trouvées, mais c'est de quoi je doute fort. On a donc pris pour des concombres ou les Agates, dont nous venons de parler, ou certains piquans d'Ourfin de mer, qui ressemblent aux petites concombres, & qu'on nomme d'ordinaire *Clavicula cucumerina*. Pour que ces corps, comme les pretendus melons & concombres, soient effectivement ce qu'un pretend, & ce pour quoi on les donne, il faut qu'ils aient plus qu'une ressemblance superficielle. Leur structure & leur tissu interne doit fournir ici le caractère principal, & c'est ici qu'on connoît leur circonspect doit se garder de prendre les grains quartzeux, renfermés dans le milieu, pour des semences de melon ou de concombre. Une telle Pétrification pretedue doit être coupée regulierement, & ce qui vaut le mieux, transversalement. Si autrefois c'étoient véritablement des grains, il faut qu'on leur trouve la situation déterminée reguliere, le nombre precis, la circonférence qui leur convient, la grandeur proportionnée, & plusieurs autres relations au reste de la partie succulente du fruit. On aura de la peine à découvrir tout cela dans un melon ou une concombre du Mont Carmel.

11.) le *fruit d'Ananas pétrifié*. volkmann dans sa *Silesf. subterran.* p. 97. a crû en posseder un morceau, & l'a fait représenter Tab. IX. Num. 4. Mais je ne puis pas y trouver la moindre ressemblance avec un pareil fruit. On auroit plus de raison de ranger sous le genre des Ananas, comme une espèce particuliere, la Pétrification rare agatifiée, dont Mr. davila parle dans son Catalogue raisonné Tome III. p. 256. L'écorce extérieure est garnie de purs héxagones régulierement placés, qui diminuent successivement vers la queüe. On a coupé ce morceau transversalement & l'on a trouvé fort distinctement sur la surface polie les cellules séminales. Il y en a treize, qui sont placées très régulierement à la ronde autour d'un cercle, de maniere, qu'on ne pourra guéres revoquer en doute l'origine végétale de ce morceau.

Les fruits qui appartiennent aux fruits à pepins & à noyaux, ont aussi leur place dans le Regne des Pétrifications. On y compte

12.) les *Poires* & les *Pommes pétrifiées*. lange *Hist. lap. figur. Helvet.* p. 56. grew *Muf.* p. 265. baier *Oryctogr.* p. 22. Tab, I. 26-28. volkmann *Silesf. subterr.* p. 133. scheuchzer *Herb.* p. 101. Num. 410. Cependant toutes celles, qu'on a connues jusqu' ici pour telles, me paroissent fort douteuses. Ces fruits vont de beaucoup trop vîte en putréfaction pour pouvoir se pétrifier. Et quand même une situation favorable les feroit dessecher, il faudroit qu'ils eussent la pelure ratatinée, ce que cependant l'on ne remarque jamais. Outre cela l'on n'y voit jamais quelque marque de l'endroit, auquel tenoit la queüe, ni de la fossette qui se trouve à l'opposée, & qui conduit vers les cellules seminales. Ces fruits pretendus ne sont que des pierres, qui doivent leur conformation au simple hazard, & non pas des Pétrifications.

X 2

13.) les

13.) les *Oranges pétrifiées.* Je ne saurois juger de celle qui a été autrefois dans le Cabinet de SPENER. Quant à celle que VOLKMANN représente *Silef. subterr.* Tab. XXIII. 1. je ne veux pas tout à fait la revoquer en doute, surtout puisqu'on y remarque quelque chose, qui au premier coup d'œil, nous fait conjecturer, qu'il y avoit autrefois là la queue. KUNDMANN, qui possédant une pierre de la même forme, qui ressembloit parfaitement à une Orange, & qui convient assès avec la description de VOLKMANN, rend aussi la chose fort suspecte, dans ses *Rar. Nat. & Art.* p. 150. Dans l'Exemplaire de VOLKMANN l'éminence ronde, à laquelle l'on prétend que la queue a été attachée, pourroit bien être artificielle.

14.) les *Figues pétrifiées.* La plûpart de ces pretendues figues font des pierres qui ressemblent à une poire ou a une figue, & à la configuration desquelles jamais figue n'a eu aucune part. VOLKMANN pretend avoir eu dans son Cabinet un pareil Exemplaire, dont il a aussi donné la figure Pl. XXIII. fig. 3. Il en donne la description p. 130. de sorte que par la structure interne, qui y est expliquée, on seroit presque tenté de supposer l'authenticité de ce morceau; cependant comme il ne fait pas mention ni de la pelure, ni de la fossette, à laquelle tient la queue, ni des grains, ce corps reste jusqu' ici encore équivoque.

15.) les *noyaux de cerises pétrifiés.* BAIER *Oryctograph. Noric.* p. 22. suppose qu'on en trouve dans les environs d'Altorf, & d'autres pretendent en avoir trouvé près de Sigmaringen, comme l'on voit dans KUNDMANN *Rar. Nat. & Art.* p. 149. Ce ne font que de petites boules durcies marneuses ou pyriteuses, dont les dernieres ont pris de l'ochre de fer une couleur brune rougeâtre. Par cette raison KUNDMANN dit aussi, que le plus grand ignorant ne les prendroit pas pour des corps, qui jamais aient été des noyaux de cerises.

16.) les *Prunes pétrifiées.* BAIER *Oryctogr. Noric.* p. 22. KUNDMANN *Promptuar.* p. 816. Il faut aussi rapporter ici la *Pruneslaria* de LUID *Lithophyl. Britann.* Num. 133. puisque sous ce nom il comprend les noyaux de prune pétrifiés. Dans les *Miscell. Nat. Curiosor.* Dec. III. an. 7. Obf. 1. on trouve une Observation sous le titre: *Christoph.* MENGEL Obf. *de nuce Juglande ferrea, Ostrea ferreo, Pruno exsiccato Lapideo* &c. où il faut comparer les pretendues prunes pétrifiées, dont il fait mention dans GREW *Muf.* 266. & VOLKMANN *Silef. subterr.* p. 61. Tab. IV. fig. 3. 4. La moindre partie de ces pretendus fruits pétrifiés doit être comptée parmi les véritables pétrifications. Quelque peu de ressemblance qu'avoit une pierre avec une prune, on la prit autrefois d'abord pour une Pétrification, & l'on en fit souvent trop à cet egard, tout comme l'on en fit trop peu dans les tems plus anciens, où l'on vouloit tout prendre pour des jeux de la Nature.

17.) les *noyaux de Dattes pétrifiés.* HÜTTNER pretend en avoir eu, & l'a représenté dans ses *Ruder. Diluv. test.* tab. Tab. XVIII. C'est une fable que pres de la petite ville de Toro sur le bord de la mer rouge il y ait une quantité de noyaux de Dattes petrifiés, & il en est de même de ces noyaux que des Pisolithes de Bethlem.

18.) les *Olives pétrifiées* & leurs noyaux ne font pas moins sujets à caution que les prunes, quand même on leur a fait l'honneur d'en faire graver des copies. voy. *Raccora Musei Dellaiani* tab. XXXVII. p. 404. BAIER *Oryctogr. Noric.* p. 22. Il y a certains piquans d'Oursin de mer en forme de massue, qui portent le nom de *Clavicula*, & parmi ceux-ci il y en a qui ont la surface lisse. Avant qu'on n'apri à connoître, ce que ces corps étoient véritablement, on les a tous pris, sans exception, pour des Olives pétrifiées.

19.) les *Noix pétrifiées.* On en connoit principalement celles qu'on a trouvées, il y a à peu près 30 ans à Longle Saunier en Franche-Comté. On avoit abandonné & négligé au dela de 150 ans, les salines de ce païs. Lorsqu'on les retablit, on trouva, en fouillant les mines déjà brées, dans la profondeur de 150 piés des noix pétrifiés, que probablement les ouvriers de ce tems y avoient laissées. Ces noix ont été décrites dans les Memoires de l'Academie des Sciences de Paris de l'an 1742. Et ce font là les memes dont il est fait mention dans BRUCK-MANN *Trad. de Petrif.* p. 22. VOGEL *Practisch. Mineral-System* p. 244. ROMARÉ *Minerologie* Tome II. p. 237.

de l'Edition allemande & dans plusieurs autres. Mr. DAVILA les a aussi décrites dans son Catalogue raisonné Tome III. p. 155. & en a donné une copie très exacte sur la Pl. VIII. Mais ce qu'il y a de plus particulier c'est que dans ces noix ni la coque ligneuse, ni la peau fine jaune, dont le noyau est enveloppé, ne sont pétrifiées, & que ce n'est que le noyau seul, qui doit avoir subi la Pétrification. Mais comme c'est l'eau qui s'insinue par dehors, qui introduit les particules terrestres dans le corps qui se pétrifie, il est presque inconcevable comment l'écorce externe, & même des deux côtés, ait pu ne point du tout subir quelque changement. On feroit donc presque tenté de supposer, que ces noix ne sont pas tant pétrifiées que plûtôt parvenues par la longueur du tems à un fort haut degré de dureté. Nous avons déjà communiqué plus haut dans cette Troisieme Partie litt. I. fig. 13. *a.* et *b.* une écorce de noix pétrifiée avec son noyau, du Piémont. On trouve aussi de véritables Pétrifications de noix de même du Piemont dans le Cabinet d'Amman à Schafhouse, dans ceux de GESNER & de SCHULTHEIS à Zuric, comme l'on voit par les lettres écrites de la Suisse de Mr. ANDREÆ dans le Hannov. Magaz. de l'an 1764. p. 509. 610. & 660. Il faut se garder de confondre avec ces noix d'autres corps fossiles, qui n'ont que la forme d'une noix, & qui ne présentent pas même cette forme qu'en quelque maniere. C'est là où il faut rapporter entre autres le *Bezoar minerale fossile della Sicilia*, comme *Paul* BOCCONE le nomme dans son *Museo di Fisica* p. 55. qui n'est qu'une espèce de Géode ou d'Etite, & qui a souvent la forme d'une noix. C'est ainsi que VOLK-MANN *Siles. subterran.* Pl. XXXVII. fig. 22. a aussi communiqué un *fructus indicus*, comme il le nomme pag. 137.) *iuglandi similis.* Mais ce n'est ni un *fructus indicus*, ni une noix, mais une noix de marne (*Nux margacea*) ou, pour mieux dire, un *Pyrites globulosus tuberculosus*, mais dont les tubercules ont perdu leur forme angulaire par le roulement & la friction. L'on peut conférer là dessus *Alb.* RITTER *Schediasma de Nucibus margaceis.* à Helmstædt. 1740.

20) les *Muscades pétrifiées, Nuces Moschatæ Lapideæ.* Plusieurs auteurs en font mention, & en donnent aussi des figures, mais qui font assés connoitre que ce n'est pas toujours la même Pétrification qu'on a prise jusqu'ici pour des Muscades. Il faut bien distinguer ici la *Nux moschata* de SCHEUCHZER d'avec celle de KUNDMANN. Celle de SCHEUCHZER, qui se trouve dans son *Specim. Lithograph. Helvet.* p. 42. fig. 67., est un corps hémisphérique ou plûtôt rond, un peu comprimé, dont les stries droites s'unissent en haut dans le centre. Ce corps fossile de SCHEUCHZER n'est pas une muscade, mais bien un Alcion, dont la bouche, (*osculum*) s'est trouvée au même endroit, où les stries du corps s'unissent en haut. On trouve souvent, surtout en Suisse, cette espèce d'Alcion, & j'en ai déjà donné la description plus haut en traitant des Alcions. La muscade de KUNDMANN est d'une forme tout à fait différente. Ce sont des corps ronds à peu près de la grandeur d'une noix, quelquefois plus grands, quelquefois plus petits. Communément ils sont un peu comprimés en bas d'un côté, & dans ceux, qui sont bien conservés, cette concavité est symmétriquement garnie de petites fossettes. L'écorce même ressemble à celle d'une noix par ce qu'elle a les sillons tous courbés & inégaux qui vont vers le centre à l'opposée de la concavité. La partie élevée entre les sillons est, de même que la concavité, toute garnie de fossettes. D'ordinaire ces corps sont d'une substance pierreuse fort dure. Les miens donnent du feu, lorsqu'on les frappe avec l'acier. Quant à la couleur quelques uns sont noirs, comme celui de KUNDMANN, d'autres d'un brun obscur, d'autres d'un brun clair, & encore d'autres sont blanchâtres, comme le sont communément les cailloux de riviere. Les sillons ne sont pas non plus les mêmes dans tous. Quelques uns ont des sillons larges & profonds en petit nombre, comme celui de VOLKMANN, d'autres ont un plus grand nombre de sillons plus étrois, & ce sont là les plus ordinaires. Il y a outre tout cela encore une différence principale entre ces pretendues noix, à laquelle il faut particulierement faire attention. Dans la plus grande partie de ces corps les sillons sont creux & vuides, mais dans d'autres ils sont remplis d'une masse pierreuse, de maniere que ce remplissage avance un peu au dessus de la surface de la noix. Autant que je sai, ce n'est que KUNDMANN qui ait fait attention à cette différence dans ses *Rarior. Naturæ & artis* p. 150. &

qui ait donné les figures de l'une & de l'autre espèce Tab. IX. fig. 2. & 3. Ceux dont les fillons font creux, font plus frequens, & ceux au contraire, dont les fillons font remplis, font plus rares, & c'eſt de cette derniere espèce qu'il ſe trouve un bel Exemplaire dans le Cabinet de Monſgr. le Duc de Saxe - Weimar. L'exemplaire, que VOLKMANN a fait couper en deux, & repréſenter dans la *Siles. ſubterran.* Tab. XXII fig. 6. Tab. XXII. fig. 6. reſſemble en dedans à une muſcade en ce qu'on y obſerve des ſtries & des taches obſcures, telles que les muſcades en préſentent auſſi. Quant aux auteurs qui ont fait mention de cette Pétrification, communément fous le nom de *Nux moſchata lapidea*, il faut noter ici, BAUHIN. *hiſt. fontis Boll.* p. 35. SCHEUCHZER *Herbar. Diluv.* tab. XIII. fig. 1. & 2. p. 107. Num. 139. MYLIUS *Memorabil. Saxon. ſubterran.* p. 74. VOLKMANN *Siles. ſubterran* p. 129. HELWIG *Lithographia Angerburgica* p. 35. & p. 97. KUNDMANN *Promptuar.* p. 224. & *Rar. Nat. & artis* p. 144. et 149. WORM *Muſ.* Libr. I. Cap. 13. p. 87. VOLKMANN & BAUHIN ont auſſi repréſenté, dans les endroits allegués, la forme interne de ces noix, & WORM aſſure que la ſienne a préciſement les taches telles qu'une muſcade naturelle les a communément.

Or pour quoi faut - il prendre ces corps? Les auteurs plus anciens ont contume de prendre tout pour des Jeux de la Nature, il n'eſt donc pas ſurprenant que WORM, dans le paſſage allegué, ſoit de ce même ſentiment. D'autres croient que ce corps doit être rangé parmi les Alcions pétrifiés, & encore d'autres le prennent pour une muſcade pétrifiée, & même une muſcade encore revêtue de fon écorce ligneuſe, & c'eſt là l'opinion la plus commune. Il y en a enfin encore quelques uns qui ſe dispenſent de dire leur opinion. Ceux-ci à la verité s'en trouvent beaucoup mieux lorsqu'ils ne font obligés que de dire ce qu'un pareil corps n'eſt pas, que s'il falloit déterminer ce que ce corps eſt effectivement. C'eſt ainſi que KUNDMANN s'y eſt pris, & je crains presque de me trouver dans le même cas.

L'opinion de WORM ne mérite plus aujourd'hui d'être refutée. Lorsque des corps du Regne des foſſiles ont leur forme organique déterminée, leurs ſtries, leurs foſſettes & leur grandeur proportionnée, & que pluſieurs de ces corps ſe reſſemblent parfaitement, ils ne peuvent pas être des pierres formées par accident, mais il faut que la cauſe de leur conformation ſoit une cauſe étrangere, & on la trouvera ou dans le Regne animal ou dans le Regne végétal. Ceux qui pretendent faire de ces corps un Alcion, confondent manifeſtement la Pétrification de SCHEUCHZER avec celle de KUNDMANN, il ſeroit donc ſuperflu de nous arrêter plus longtems là deſſus. Mais que faut-il dire à l'égard de la troiſieme opinion? Elle eſt aujourd'hui la plus commune. Il faut donc remarquer qu'une muſcade a trois robbes ou écorces, avant qu'on n'en vienne au noyau, ſavoir une écorce molle & ſucculente, comme celle de nos noix vertes, une écorce rougeâtre ou jaunâtre, & c'eſt ce qu'on appelle Macis, & une écorce dure, mince & ligneuſe qui renferme le noyau, qu'on nomme communément noix muſcade. On croit donc que la Pétrification en queſtion eſt proprement l'écorce ligneuſe entiere, qui renferme encore le noyau, que quelques pièces font dépouillées du Macis, & ce font celles dont les fillons font creux, que d'autres ont encore le macis, & ce font celles, où l'on obſerve que les fillons d'ailleurs creux font remplis. Ils alléguent outre cela la reſſemblance de la forme interne de cette Pétrification avec une noix muſcade déſſechée, vû que dans l'une & dans l'autre on obſerve des taches & des ſtries obſcures.

Malgré la probabilité ſur laquelle cette conjecture ſemble être fondée, il y a pourtant beaucoup de difficultés, qu'un Naturaliſte circonſpect ne prendra jamais pour être de peu d'importance, ſur tout lorsqu'il eſt accoutumé, en examinant les Pétrifications, de comparer exactement l'organiſme entier du corps petrifié avec le pretendu analogue. J'ai en écrivant cela, devant les yeux & ſur ma table quelques uns de ces corps pétrifiés & cinq noix muſcades naturelles, telles qu'elles nous viennent de l'isle de Bantam. Je m'en vais maintenant indiquer, le plus exactement que poſſible, la différence qu'il y a entre cette Pétrification & ſon pretendu analogue : il ſera donc principalement queſtion de la qualité de l'écorce ligneuſe,

qu'on

qu'on prétend en particulier obſerver dans cette Pétrification. Premiérement l'écorce ligneu-ſe qui renferme le noyau, eſt parfaitement ovale, & le corps pétrifié a plûtôt une figure ſphé-rique qu'ovale. Secondement la noix muſcade n'a ni d'un côté ni de l'autre une concavité ou un enfoncement profond, tandis que le corps pétrifié en a. Principalement dans quelques Exemplaires la concavité eſt fort grande. Troiſiémement l'écorce naturelle n'a point de ſillons, & le macis ou la pretendue fleur eſt étendue ſur l'écorce ligneu-ſe en feuilles aſſès larges, de ſorte qu'il n'y en a qu'une petite partie qui n'en ſoit point cou-verte. Les feuilles de ces fleurs ſont preſque auſſi fines & minces que les pétales d'une fleur de Pavôt, & autant qu'importe l'épaiſſeur d'une pareille feuille fine, autant les feuilles larges des fleurs ſont elles imprimées dans l'écorce ligneuſe, & cette impreſſion ne peut non ſeule-ment point produire des ſillons, vû que les feuilles couvrent preſque l'écorce entiere, mais auſſi on ne peut pas même, lorsqu'on detache la fleur de l'écorce, obſerver l'impreſſion même. De là vient que lorsqu'on compare une pareille écorce naturelle avec la ſurface profondement & étroitement ſillonnée du corps pétrifié, l'on remarque d'abord une grande différence. Quatriémement ſur l'écorce de la muſcade naturelle on ne trouve pas même une ſeule foſſet-te, tandis que les ſtries élevées du corps pétrifié en queſtion, entre leſquelles les ſillons paſſent, ſont toutes régulierement garnies de foſſettes rondes. Cinquiémement, lorsqu'un no-yau renfermé dans ſon écorce ligneuſe, vieillit ſucceſſivement, il fait, étant ſecoué, un bruit comme une noiſette ſeche. Il faut donc que par l'exſiccation ſucceſſive il naiſſe tout à l'entour des interſtices vuides. Or ſi les pretendues noix muſcades pétrifiées étoient effectivement ce pour quoi on les prend communément, il faudroit, lorsqu'elles ſont diſſequées, que la circon-férence de l'écorce ligneuſe avec le rempliſſage des interſtices vuides ſe diſtinguat manifeſte-ment du noyau même, comme l'on obſerve cela dans toutes les Pétrifications de cette eſpèce, & c'eſt pourtant ce que l'on n' obſerve point du tout dans les Exemplaires, qu'on a diſſequés. Toute apparente que ſoit cette différence, lorsque l'on compare enſemble les deux corps, il me faut néanmoins avouer ingenuement, que toujours un Exemplaire de cette Petrification reſſemble plus à une noix muſcade naturelle que l'autre, & qu'à cet égard il faut particulie-rement accorder la préférence à celui, qui, comme il a été dit plus haut, ſe trouve dans le Cabinet de Monſgr. le Duc de Saxe - Weimar, ſur tout lorsqu'on le compare avec celui de KUNDMANN *Rarar. Nat. & Art.* Tab. IX. 3. Mais que faudra-t-il dire au moins au ſujet de ces corps foſſiles, qui tant à l'égard de la grandeur que de la forme entiere n'ont pas tant de reſſemblance avec une noix muſcade, qu'on exige de raiſon devoir ſe trouver dans une Pétrification. Il eſt hors de doute qu'ils appartiennent aux Pétrifications. Je crois auſſi être convaincu qu'il faut chercher leur analogue parmi les végétaux, & même parmi les fruits, & entre ceux-ci parmi les eſpèces de noix exotiques. Suivant toute apparence l'analogue eſt un fruit qui nous eſt encore inconnu, mais qui très probablement eſt dans une affinité avec les noix muſcades ou peut-être avec les chataignes. Peut-être trouvera-t-on dans le tems à venir l'analogue dans la Partie Méridionale de l'Amérique, qui contient encore pluſieurs autres corps inconnus aux Naturaliſtes. Au reſte je ſuppoſe que cette Pétrification eſt un ſimple noyau ſans écorce, & qu'il a pris les rides & les ſillons par l'exſiccation, comme l'on remar-que cela dans ceux, que les chataignes prennent au deſſous de l'écorce. Si l'écorce y étoit encore, elle devroit néceſſairement ſe préſenter lorsque l'on en coupe un diſque, & voila cependant ce qui n'arrive pas.

21.) les *Piſtaches pétrifiées.* VOLKMANN *Sileſ. ſubterr.* p. 134. Tab. XXIV. fig. 7. & 8. BAUHIN *Hiſt. font. Boll.* 36. Ce qu'on a donné juſqu' ici pour des piſtaches, ne ſont que des pierres auxquelles le hazard a fait prendre cette forme.

22.) les *Noiſettes pétrifiées.* Il en eſt fait mention dans HELWING *Lithograph. Angerburg.* 38. BAUHIN. *hiſt. font. Boll.* 30. & 36. MORTON *Nat. Hiſt. of Northamptonshire* p. 88. 256. & SCHEUCHZER *Muſ. Diluv.* Num. 74. & *Herbar. Diluv.* p. 95. Num. 372. Dans les carrieres de houille d'Angleterre on en a trouvé d'une beauté particuliere, qui tenoient encore à leurs

rameaux,

rameaux, & fur lefquelles il faut lire les Tranfactions Philofoph. Num. 275. p. 980. & GESNER *de Petrificatis* p. 22.

23.) les *Chataignes pétrifiées*. MERCATUS dans fa *Metalloth. Vatican.* p. 283. en a fait mention le premier, mais auffi il a obfervé fort diftinctement que la pièce, qui lui a été donnée pour une chataigne pétrifiée, n'étoit qu'une pierre d'une forme accidentelle, qui avoit quelque reffemblance avec une chataigne dépouillée de fon écorce. Après lui BÜTTNER dans fes *Ruder. Diluv. teft.* p. 201. a fait beaucoup de cas d'une Pétrification, qu'il prit pour une chataigne, croyant que par cette feule pièce il pourroit refuter le plus énergiquement l'opinion autrefois favorite des Jeux de la Nature. C'eft de cette chataigne pétrifiée que plufieurs auteurs ont fait mention dans la fuite, comme HENKEL *Flor. Saturniz.* p. 521. SCHEUCHZER *Muf. Diluv.* Num. 212. p. 14. *Oryctogr. Helvet.* p. 233. WALLERIUS *Mineralogie* p. 427. LESSER *Lithotheolog.* p. 708. BERTRAND *Diction. des foffiles* Tome I. p. 117. & d'autres. Or quoique BÜTTNER eut raifon de foutenir que fa Pétrification n'étoit point un Jeu de la Nature, & qu'on ne puiffe nier la poffibilité d'une chataigne pétrifiée, il s'eft pourtant trompé en ce qu'il a pris fa Pétrification pour une chataigne pétrifiée, qui pourtant étoit une dent molaire d'un poiffon, & même une dent du *Spare* ou *Sargo*.

24.) les *amandes pétrifiées*. La plûpart de ces amandes pétrifiées ne font, de même que les féves, que des boules calcaires ou marneufes comprimées, qui fouvent non feulement par la forme, mais auffi par la couleur, qu'elles ont en dedans & en dehors, reffemblent beaucoup à une amande. Car ces boules marneufes font ordinairement enchaffées dans des pierres, lefquelles, étant un peu ferrugineufes, leur communiquent en dehors une couleur brunâtre ou ochracée, & comme en dedans la couleur blanche leur refte, l'on prend ce qui eft blanc, pour le noyau, & la fuperficie brunâtre pour l'ecorce. Mr. de JUSTI dans fon Regne minéral p. 173. donne la defcription d'une pareille amande pétrifiée, qu'on eft prefque obligé de croire, que c'eft une véritable Pétrification. La plus grande partie des autres ne font que des pierres, qui par accident ont pris la forme d'une amande. C'eft là où il faut compter entre autres les amandes, que MYLIUS a prolixement décrites dans fa *Saxon. fubterr.* Tom. I. p. 33. les amandes de Affe, dans BRÜKMANN *Thef. fubterr. Brunfwig.* p. 33. Les *amygdaloide* de LANGE *Hift. lapid. figurat. Helvet.* tab. XIX. p. 56. & plufieurs autres dans SCHEUCHZER *Herbar. Diluv.* p. 100. Num. 431.

25.) le *fruit d'Ahovai* pétrifié. Les fruits de cette efpèce, qu'on pretend avoir trouvés en Allemagne, font encore fujets à beaucoup de doutes. MYLIUS en pretend avoir découvert la plus petite efpèce parmi les fchiftes de *Manebach*, comme l'on voit dans fes *Memorabil. Saxon. fubterr.* p. 30. comparés avec la Planche fol. 19. fig. 9. De cet auteur SCHEUCHZER l'a emprunté *Herb. Diluv.* Tab. II. fig. 6. comparé avec 107. Num. 549. VOLKMANN pretend avoir trouvé un noyau du fruit d'Ahouai, dont il a donné la figure dans fa *Silef. fubterr.* tab. XXIV. fig. 18. comparé avec p. 134. Cependant il eft arrivé plus d'une fois qu'une reffemblance fimplement fuperficielle ait fait prendre à cet auteur d'ailleurs affès favant des figures de pierre accidentelles pour des Carpolithes exotiques, de même que le pretendu fruit fur le fchifte de MYLIUS ne convient point du tout avec l'Ahouai ni avec fon fruit dans le *Gazophylac.* de BESLER.

26.) l'*Anacardium Occidentale* de VOLKMANN *Silef. fubterr.* p. 128. n'eft pas moins douteux, de même que

27.) le *Coles CLUSII*, dont BÜTTNER a donné une figure dans fa *Coralliographia Subt.* tab III. fig. 10. 11. 12. & que VOLKMANN a pris pour le fruit exotique ci-deffus nommé. Peut-être en eft-il de même

28.) du *Cardamome*, qui fe trouve dans le Cabinet ci-devant de SPENER, & dans HENKEL *Flor. Saturniz.* p. 520. &

29.) du *fruit de Boabab*, dans CALCEOLARIUS *Muf.* p. 414.

30.) On

30.) On prétend auffi avoir trouvé des Noix vomiques (*Nuces Vomicæ*) pétrifiées. Il en eft déja fait mention dans le *Mufeum* de BRAKENHOFER p. 10, & en fuite dans SCHEUCHZER *Specim. Lithograph. Helvet.* p. 44. fig. 60. & *Oryctogr. Helvet.* p. 241. *Muf. Lilav.* Num. 207. *Herbar. Dilav.* p. 106. Num. 534. *Nehem.* GREW *Muf. Soc. Reg.* p. 266. Cependant il y a d'autres Naturaliftes, & entre autres KUNDMANN *Rar. Nat. & Art.* p. 150., qui de raifon revoquent en doute l'authenticité de cette Petrification. Au moins il eft fur que la Noix Vomique de SCHEUCHZER n'eft qu'un Fongite orbiculaire, compofé de lames très fines, qui fur la furface forment des ftries qui vont de la circonférence vers le centre.

Parmi les *Plantes qui portent des grains*, on prétend même avoir trouvé

31.) des *raifins pétrifiés*, dont deux exemples font parvenus à ma connoiffance, mais dont l'authenticité, comme je l'avoue ingenûment, me paroit bien encore être fujette à caution. L'un fe trouve parmi les Petrifications du Cabinet du Comte de Teffin p. 104. Il y eft dit: *Vitis uva, lapis repertus inter uvas paffas mercatorum & emtus pretio decem Ducatorum*, un raifin pétrifié, qu'on a trouvé parmi les raifins de Damas des marchands, & qui a été payé à dix Ducats. Cette defcription me rend la chofe un peu fufpecte. Un raifin pétrifié doit avoir été trouvé parmi les raifins de Damas, & y avoir été pétrifié, ou du moins après s'être pétrifié, avoir été empaqueté avec ces raifins? De l'un & de l'autre de ces cas on ne peut pas s'imaginer la moindre poffibilité. Le premier repugne à toutes les loix de la Petrification dans le Regne de la Nature, & le dernier n'eft pas moins inconcevable, vûque, quand même il feroit poffible que les raifins puffent fe pétrifier, ce qui pourtant n'eft pas, ce n'eft furement pas dans les vignobles & fous les vignes qu'ils auroient pû parvenir à la Petrification, au point qu'on eût pû les cueillir & les tirer d'au deffous des vignes, les fecher & les empaqueter dans des barils avec les raifins de Damas. Il faut pour cela être bien crédule, & paffer fur les contradictions de la raifon. Mr. le Prof. BEXSO dans fa *Phyficalifche Bibliotheque* p. 158. en faifant mention de ce raifin, propofe la conjecture fuivante: Ne fe trouveroit il pas, dit-il, en Grece & en Italie parmi les anciennes décorations d'edifices & de colonnes, & même parmi les pampres taillés, auffi des raifins taillés? Il y en a fans doute affés, furtout parmi les Ouvrages des fculpteurs Grecs, & quiconque en doute n'a qu'à lire les defcriptions, que les Anglois donnent des ruines de Balbek & de Palmyra, & des morceaux excellens & travaillés d'après Nature, qu'on y trouve encore aujourd'hui entre les décombres de ces magnifiques batimens. On peut conférer ici entre autres l'*Hiftoire Univerfelle* Tom. 2. p. 163. de l'Edition allemande de Baumgarten. Outre cela les raifins taillés de Steatite, furtout par la main d'un habile Sculpteur, reffemblent fouvent par la forme & la couleur aux raifins naturels comme un œuf à l'autre. Il faut donc indifpenfablement qu'il y ait quelque fupercherie artificielle dans ce raifin du C. de Teffin. Probablement la chofe entiere a-t-elle paru fufpecte au Chevalier de LINNE, vû qu' autrement il n'auroit pas laiffé non feulement de donner une defcription plus détaillée d'un morceau auffi rare & unique de fon efpèce, mais auffi des copies fur des Planches, furtout puifqu'il a fait cela à l'égard des morceaux beaucoup moins importans, par ex. des Ammonites & autres Petrifications connues. On auroit dans un inftant pû lever tout foupçon, fi l'on avoit diffequé un grain, & qu'ainfi l'on eût convaincu ceux qui en doutoient, par la ftructure interne & les pepins, qu'on y auroit trouvé renfermés, de la réalité de cette Petrification. C'eft cependant ce qu'on n'a pas fait, & probablement le Chevalier de LINNE s'eft-il difpenfé de dire fon fentiment fur ce morceau. Il compofoit fon Ouvrage pour le Comte Teffin, Poffeffeur de ce morceau. Et qui ne fait pas que celui qui poffede un morceau rare, & qui outre cela l'a payé bien cher, n'eft pas bien aifé qu'on revoque en doute l'authenticité de ce morceau, & encore moins qu'on lui reproche publiquement d'avoir pris le change. Le fecond Exemplaire fe trouve à Weimar dans le beau Cabinet de Petrifications de Mr. le Cons.er HEIDENREICH. C'eft un rognon d'Ilmenau, dans lequel un corps végétal, qui y a été autrefois, a laiffé fon empreinte, par laquelle on voit que ce corps doit avoir eu des grains ronds. Or, fi c'étoient des grain de raifin ou de forbe, c'eft, fuivant mon opinion, ce qu'on ne fauroit déterminer pofitivement. Dans l'empreinte il s'eft

dépofé,

dépofé, comme dans les cavités des autres rognons d'Illmenau, un fpath né du fluide, qui y a pénetré & y a été renfermé; or il ne fe peut pas que la peau du grain ait été changée en fpath, puifque d'aucun corps végétal il ne peut naitre une fubftance fpathique. Ce morceau n'eft donc qu'une Typolithe d'un fruit qui a porté des grains; cependant, quand même ce n'eft qu'une empreinte, c'eft toujours une piéce bien rare.

32.) les *bayes d'If pétrifiées*, que LANGE *Hift. lapid. figurat. Helvet.* Tab. 19. p. 56. rapporte parmi les fruits pétrifiés; mais elles ne font pas ce pour quoi on les donne. Elles femblent plûtôt être une efpèce de petits Fongites.

Parmi les efpèces de fruits, qui appartiennent aux *arbres Sauvages*, il y en a auffi que le Regne des foffiles fe vindique, & on y range

33.) les *glands pétrifiés*. Il faut bien diftinguer, comme il faut le faire en général à l'égard des Carpolithes, les véritables d'avec les faux. Parmi les premiers il faut ranger ceux qu'on trouve en Angleterre dans les carriéres de houille, fur lefquels on peut lire les Tranfact. Philofoph. Num. 275. p. 480. & l'Extrait Vol. IV. p. 212. Les faux font ou des pierres accidentellement formées, ou certains Alcions glandiformes pétrifiés. C'eft dans cette derniere efpèce qu'il faut ranger ceux qu'on trouve dans LANGE *Hift. lapid. figurat. Helvet.* Tab. 19. fous le nom de *Glandites*. Quelques auteurs leur donnent auffi le nom de *Balanites*. HELWIGO *Lithogr. Angerburg.* Part. II. p. 99. & SCHEUCHZER *Herbar.* p. 96. Num. 380. *fqq.* en font auffi mention. Les auteurs mettent à côté de ces Glandites

34.) les *Noix de Galle pétrifiées*, auxquelles on donne le nom de *Gallites*. Autant que je fai, ce n'eft que LANGE & VOLKMANN qui aient trouvé & crû poffeder cette Pétrification, & les autres auteurs n'en ont fait mention que d'après eux. Celle que LANGE repréfente *Hift. lap. figur. Helvet.* tab. 19. paroit être, comme le Glandite, un Alcion. Celle de VOLKMANN *Silef. fubterr.* tab. XXIII. fig. 4. peut avec plus de raifon être prife pour un Etite que pour un Gallite, & celle qui fe trouve tab. XXIV. 5. n'a aucune reffemblance avec une noix de Galle.

35.) les *pommes de fapin pétrifiées, coni abietis petrificati, Lepidotæ* LUIDII & PLOTII. Il n'en faut pas revoquer en doute l'authenticité, quand même elles ne font pas toutes ce pour quoi on les donne. ALDROVANDI en a déjà fait mention dans fon *Mufeum metallicum* p. 829. LOCHNER en a auffi parlé dans le *Muf. Befferian.* Tab. 31. & 36. p. 91. & 101. Particulierement on en a trouvé en Suiffe près de Zuric, dans les tourbieres, comme l'on voit dans SCHEUCHZER *Herbar. Diluv.* p. 97. Num. 403. & *Muf. Diluv.* Num. 70. Cependant je ne faurois dire avec certitude fi ces pommes de fapin de Suiffe ne font que fimplement durcies, ou bien fi elles font véritablement pétrifiées; le premier paroit plus probable à caufe de l'endroit où elles ont été trouvées.

36.) les *pommes de Pin pétrifiées, Coni pinaftri petrificati.* VOLKMANN *Silef. fubterran.* tab. XXII. 3. p. 129. repréfente une pomme de Pin des Alpes. SCHEUCHZER *Oryctogr.* p. 231. & *Muf. Diluv.* Num. 238. parle des pommes de Pin de Suiffe qu'on trouve dans les tourbieres près de Ruti. Dans le Cabinet de Mr. de MOLL à Vienne il y a un morceau qui eft très remarquable & très bien confervé. Il eft pyriteux & on l'a trouvé dans les environs de Vienne dans un lit de limon. Mr. GUETTARD en a donné une defcription & une figure. Voy. *Mineralog. Beluftigung.* Tom. III. p. 155. L'on trouve cette même beauté dans la pomme de Pin, ou comme d'autres pretendent, la pomme de Cedre, qui eft dans le Cabinet de Mr. DAVILA & qu'on a trouvée dans le Piémont. La matrice eft une pierre arénacée grifâtre. Voy. Catalogue raifonné du Cabinet de Mr. DAVILA Tom. III. p. 254. & la figure Tab. VI. comparé avec le Traité de Mr. GUETTARD dans les Memoires de l'Academie des fciences de Paris de l'an. 1759. p. 416. 417. & BERGMANN *Phyficalifche Befchreibung der Erdkugel.* p. 177.

37.) les *pommes de Méleze pétrifiées, coni laricis petrefactus.* On pretend en avoir trouvé à deux lieues de Landshut en Silefie, comme l'on voit dans VOLKMANN *Silef. fubterr.* tab. XXII. 4. p. 129.

38.) les

38) les *pommes d'Aune pétrifiées*; *Coni alnei petrefacti*, dans le limon. de Commodau. voy. *Muf. Richter.* p. 261. 262. On pretend auffi avoir découvert

39.) les *pignons* ou *les fruits du Pinus fativa* (*Nuces pineæ*) pétrifiés, comme l'on voit dans VOLMANN *Siles. fubt.* p. 131. BEUKMANN *Thefaur. fubterr. Duc. Brunsvig.* p. 59. & SCHEUCHZER *Herbar. Diluv.* p. 97. Num. 401. Cependant fi ce ne font pas tous ces corps en général, du moins c'eft la plus grande partie qu'il faut ranger parmi ces Carpolithes, dans lesquels l'imagination croit découvrir des veffes, des feves, des amandes, des noyaux de cerifes & d'autres pareilles femences pétrifiées.

40.) les *fruits d'Orme*; *Affula Ulmi* HELWINGII. C'eft le feul auteur, qui en fait mention *Lithogr. Angerburg.* Part. II. p. 202. D'après lui SCHEUCHZER en a fait mention dans fon *Herbar. Diluv.* p. 99. Num. 423.

Parmi les Carpolithes les auteurs font communément auffi mention des champignons pétrifiés. C'eft ce qu'ont fait ALDROVANDI *Muf. metall.* Lib. IV. p. 495. MOSCARDI *Muf.* p. 187. *Muf. Calceolar.* Sect. III. p. 417. HELWING *Lithogr. Angerburg* Part. I. Cap. IV. Clafs. I. Sect. II. p. 40. tab. II. Num. 2. LANGE *hift. lap. fig.* tab. XII. HERRMANN *Maflograph.* p. 219. tab. XC. VOLKMANN *Silef. fubterr.* p. 128. 129. 137. tab. XXIV. 24. et 25. LOCHNER *Muf. Besler.* tab. XL. p. 110. fqq. KUNDMANN *rar. nat. & art.* art. XVI. p. 151. & *Promtuar. rer. natural* p. 86. & depuis peu Mr. SCHÖPFLIN dans l'*Alfatia Illuftrata Confpect.* §. XX. fous le nom de *Lycoperdites*, Mr. C. F. MEYER dans la Defcription des foffiles de Harzbourg, qui a été inférée dans les *Braunfchweiger Anzeigen* de l'an. 1756. & dans le Tome I. *Mineralogifche Beluftigungen* p. 117. Suivant la différence qu'il y a entre les champignons de terre & d'arbres, on donne à ces pretendus Fongites différens noms particuliers, on parle d'Agaricites, de Lycoperdites, de *Fungita quercini* etc. ou bien l'on fe fert des dénomination communes par ex. de Veffes de Loup, de Champignons, d'Agarics etc. pétrifiés. Or quoique la plûpart des champignons ne puiffent réfifter à la putrefaction, & par confequent ne foient point du tout fufceptibles de Pétrification, il fe pourroit pourtant qu'on dût en faire une petite exception à l'égard de ceux qui peuvent fe fecher. Au moins l'on trouve quelquefois des corps dont les lames ne font pas dirigées vers en haut comme dans les Fongites de mer pierreux, mais vers en bas comme dans les champignons de terre, & qui en même tems préfentent tres parfaitement l'organifme de ces derniers. Mais avec tout cela il eft fur auffi que de vingt & plufieurs de ces pretendues Pétrifications il y en a à peine une feule qui foit véritable & authentique, & qu'il fe paffe bien ici plufieurs fupercheries ou erreurs. Car premierement on a autrefois presque toujours pris les Fongites de mer pierreux de même que quelques efpèces d'Alcions pour des champignons pétrifiés, ce qu'on a pû faire d'autant plus facilement à caufe de la reffemblance qu'il y a entre ces corps, & puisque autrefois on a encore peu connu cette efpèce de production de la mer. Or on a pris & donné pour de véritables Pétrifications des figures fimplement accidentelles de Champignons dont la bafe n'étoit qu'une terre tufeufe ou marneufe. A Meffel en Silefie l'on trouve beaucoup de ces pretendus champignons pétrifiés, que les Naturaliftes de Silefie mêmes ne donnent que pour des figures fimplement accidentelles, comme l'on voit dans KUNDMANN *Rarior. Nat. & Art.* ad Tab. VIII. 6. p. 153. & HERRMANN *Maflograph.* p. 219.

Tout ce que nous avons dit jufqu'ici prouve fuffifamment, que les pretendus Carpolithes peuvent commodément, à l'égard de leur origine, être rangés en quate Claffes. Dans la *Premiere* Claffe il faut ranger ceux, qui font bien de véritables Pétrifications mais point de Carpolithes, & qu'on donne & prend fans fondement pour des Carpolithes, puifqu'on ne les connoit pas affés; c'eft où il faut compter par ex. les *Lentes lapideæ*, les *lapides cucumerini*, les *Ficoidæ* & les *Caryophyllites*. Les *Lentes lapideæ* font des coquilles de limaçon cloifonnées & portent le nom d'Hélicites, les Concombres pétrifiées ou les *lapides cucumerini* font une efpèce de piquans d'Ourfins de mer, les Ficoïdes appartiennent à la famille des Alcions, les

Clous

Clous de girofle pétrifiés ou les Caryophyllites font des fragmens de certaines efpèces de Zoophytes, dont nous avons déja traité plus en detail.

Dans la *Seconde* Claffe nous rangeons ceux qui ne font pas des Pétrifications, mais feulement des pierres d'une figure accidentelle (*Lapides Idiomorphi*) & qui ont leur propre configuration, fans qu'un corps du Regne animal ou végétal y ait quelque part. C'eft de cette efpèce que font les Pifolithes, où il faut ranger entre autres les pois de Bethléem (*Pifa Bethlehemitica*) & les pois de Carlsbaad, lesquels étant compofés de pures lames & de différente grandeur, font affès connoître qu'ils doivent leur origine à des fources tufeufes, qui enduifent les grains de fable de croûtes appliquées les unes fur les autres. 1)

On a la même raifon de ranger ici les différentes efpèces de Méconites, de Cenchrites ou les pretendues femences de pavot & de millet pétrifiées, dont quelques unes ont la même origine que les Pifolithes, d'autres ne font que des grains de fable rónds conglutinés, & encore d'autres peuvent être nées de la pluye, laquelle étant tombée fur une terre marneufe fine & comprimée, a produit de pareilles petites fphéres marneufes. 2)

La *Troifieme* Claffe comprend ces pretendus Carpolithes qui ne font que des pierres occidentellement formées, & qui ne doivent pas leur forme à un corps végétal, mais fimplement à quelque hazard, à un choc, compreffion, friction & roulement dans l'eau. Il faut donc les placer à côte des bottes, des pieds & de pareilles chofes pétrifiées. Il faut y compter les différentes efpèces de pommes, de poires, de peches, d'abricóts, d'olives, de prunes, & plufieurs autres fruits pétrifiés, dont on a crû antrefois beaucoup orner les Cabinets de Pétrifications, comme l'on voit dans les Cabinets de Kircher, de Mofcardi, de Calceolarius, & plufieurs autres. 3) On doit ranger dans cette même Claffe la plus grande partie des pierres, qu'on a données autrefois pour des féves, amandes, dattes, veffes, noyaux d'olives & de peches, & je ne faurois pour quels corps pétrifiés encore, tandis que parmi cent de ces piéces l'on en trouve à peine une feule, qui préfente fon véritable caractére végétal. Telles font en plus grande partie les pierres de VOLKMANN de même que celles que KEMAN repréfente dans fon *Oryctographia Norica* tab. I. c'eft à dire des pierres, dont la forme eft fimplement accidentelle, & qui fouvent n'ont que quelque reffemblance trop fuperficielle avec le corps auquel on pretend qu'elles doivent leur origine. L'on peut foutenir la même chofe à l'égard des Carpolithes, particulierement de ceux de Zwikau, 4) de Planiz, 5) de Goldberg, 6) de Poerfchelberg, 7) de Zieder, 8) de Liptau, 9) & d'autres, 10) qui au fond ne font que des maffes d'une terre calcaire, marneufe, gypfeufe, ou d'une autre terre fine, conglutinées à l'aide de groffes gouttes d'eau de pluye, & qui etant durcies dans la fuite, ont été imprimées dans d'autres maffes de terre molle, & ont pris avec ces maffes une dureté de pierre. Il faut ranger dans la même Claffe les noyaux de cerifes pétrifiés de Sigmaringen, que nous avons rapportés plus haut, & les pretendus Zingiberites ou le Gingembre pétrifié. 11)

I 2

---

1) Voy. KUNDMAMN *rariora nat. & art.* p. 148. Au fujet de ces Pifolithes il faut conférer les auteurs que j'ai allégués dans mon Regne des foffiles pag. 8. De cette même nature font communément les Oolithes, fur lesquels Mrs. BRUKMANN & SCHMIDT ont compofé des Traités particuliers. Voy. Tome I. de mon Regne des foffiles p. 104. de la nouvelle édition. Le Traité de Mr. SCHMIDT qui eft très folide, & qui mérite d'être conféré ici, eft traduit en allemand & inféré dans le Tome V. des *Mineralogifche Beluftigungen* p. 95.

2) Il faut conférer ici ce qu'on a objecté avec raifon contre l'origine végétale de ces Cenchrites & Méconites, KUNDMANN *var. nat. et art.* p. 146; & il faut comparer ce que Mr. BERTRAND dit à ce fujet fous l'article: Ammite, Cenchrite, Méconite.

3) Quiconque fouhaite avoir une information plus détaillée au fujet de ces raretés, qui ne font plus à la mode, peut lire là deffus KUNDMANN *Promptuar.* p. 217. fqq. & conférer les auteurs, que SCHEUCHZER a allégués *Herbar.* Num. 415. 419. 440. 447.

4) GESNER de Petref. p. 23. MYLIUS *Saxon. fubterr.* Part. I. p. 15.

5) VOLKMANN *Silef. fubterr.* p. 128.

6) dans le même auteur, p. 129. 131.

7) dans le même auteur. p. 131.

8) dans le même auteur. p. 172. 175.

9) voy. la Defcription des Carpolithes d'Hongrie & des lentilles pétrifiées du Comté de Liptau, par Mr. BRUKMANN, qui fe trouve dans les *Breslauer Sammlungen* de l'an 1725. p. 68.

10) voy. le Traité de KLEIN fur les Carpolithes, dans les *Neue Gefellfchaftliche Erzehlungen* Tom. IV. p. 17.

11) BRUKMANN *Thef. fubt. Ducat. Brunsvig.* p. 122.

La *Quatrieme* Claſſe comprend les véritables Carpolithes, qui doivent leur exiſtence dans le Regne des foſſiles & leur ſtructure entière a un corps végétal. L'on ne ſauroit déterminer quels ſont ces véritables Carpolithes que par les individus mêmes, puiſqu'on ne peut pas par l'exiſtence d'une véritable Pétrification faire la concluſion a l'authenticité des autres morceaux qui lui reſſemblent. Les Exemplaires inconteſtables, dont nous avons fait mention ci-deſſus, prouvent par ex. qu'il y a de véritables écorces & noyaux de noix pétrifiés. Mais il ne s'en ſuit pas, que tout ce qui reſſemble à une noix pétrifiée, ſoit pour cela une véritable noix. Ce n'eſt pas la ſimple reſſemblance externe, mais la ſtructure interne & l'Organiſme entier des parties intérieures d'un tel corps, qui doit juſtifier la réalité d'une pareille Pétrification.

Comme pluſieurs ſemences doivent être comptées parmi les fruits, j'ai déjà rapporté auſſi celles qui y appartiennent, en tant qu'on pretend les avoir trouvé pétrifiées; il ne me reſte donc que peu de choſe à dire au ſujet des autres ſemences qu'on pretend avoir découvertes dans le Regne des foſſiles. On prend pluſieurs corps pour des grains de ſemence, qui cependant ne le ſont pas. Une ſimple reſſemblance ſuperficielle ne décide rien dans ce cas, & en jugeant d'une pareille Pétrification, il faut s'y prendre avec d'autant plus de circonſpection, moins la Pétrification du corps même, qu'on croit voir pétrifié, eſt poſſible. C'eſt où il faut compter particulierement la ſemence des fruits, vû que, ſe trouvant dans le ſein de la terre, elle peut, ſuivant ſa nature, plûtôt germer que ſe pétrifier, à moins que la vieilleſſe ou le defaut d'un terrain convenable, ou du climat, ou de l'humidité néceſſaire ne l'en empeche. Pour que la Pétrification ſoit donc véritable, il faut qu'elle préſente diſtinctement ſa peau ou ſon écorce, qui ne doit pas être ſimplement une croûte ochracée; il faut que ſa ſubſtance interne ne ſoit pas compoſée de lames couchées l'une ſur l'autre comme dans les oignons, & les grains de ſemence mêmes doivent être tout a fait egaux à l'égard de la forme & de la grandeur, & reſſembler parfaitement par l'une & par l'autre au pretendu analogue. On compte parmi les eſpèces de ſemences qu'on a decouvertes dans le Regne des foſſiles: la ſemence de Pivoine & les grains de Poivre & de Cubebe, VOLKMANN *Silef. ſubterr.* p. 334., la ſemence qui ſe trouve du côté inférieur des feuilles de Fougere, SCHEUCHZER *Oryil.* p. 218. & *Herbar. Dilur.* tab. III. 3. la ſemence de lin, LESSER *Lithotheolog.* p. 721. la ſemence de Frêne, *Muſ. Richter.* p. 262. & la ſemence d'une plante en Ombelle, SCHEUCHZER *Muſ.* p. 16. Num. 143. Mr. de JUSSIEU pretend auſſi avoir trouvé la ſemence de l'arbre triſte, dans les Memoires de l'Academie des ſciences de Paris de l'an 1721. p. 2. & 3.

Quant aux auteurs qui ont traité des plantes & des fruits pétrifiés, nous en remarquons les ſuivans:

1.) *Jean Dan.* MAJOR, qui a publié un Traité ſous le titre: *Lithologia Curioſa, ſ. de animalibus & plantis in lapides verſis.* 1664. in 4to.

2.) *Martin* LISTER, dont la Deſcription *of certain ſtones figured like plants and by ſome obſerving Man eſteemed to be plants petrified*, ſe trouve dans les Tranſactions Philoſophiques. Vol. 2. Num. 100. p. 6181.

3.) *Jean Jaques* SCHEUCHZER, qui ſous le nom d'Acarnan, qui lui a été donné dans l'Academie Imperiale des Curieux de la Nature, a inſéré dans les Memoires de cette Academie de l'an 1697. & 1698. une lettre: *de Dendritis aliisque lapidibus, qui in ſuperficie ſue plantarum, florum, foliorum figuras exhibent.*

4.) *Herbarium Diluvianum* par le même auteur. La premiere Edition a paru à Zuric l'an 1709. in fol. avec XII. Planches. La ſeconde a été publiée a Leyde l'an 1723. qui eſt beaucoup augmentée, avec XIV. Planches. On y a ajouté un Catalogue bien prolixe de toutes les plantes & fruits pétrifiés, que les autres ont indiqués. On y compte encore parmi les premiers les Coraux pétrifiés.

5.) *Muſeum*

5.) *Museum Diluvianum* par le même auteur, à Zuric. 1716. in 8vo. C'est proprement un Catalogue de son Cabinet de Pétrifications. Il commence par les plantes pétrifiées, parmi lesquelles il rapporte 56. de Suisse & 219. plantes d'autres païs, où cependant les coraux & les bois pétrifiés, sont aussi comptés.

6.) *Oryktographia Helvetica* par le même auteur, dont la premiere Edition a paru à Zuric en 1718. la seconde 1752. in 4to, qui cependant n'est point du tout augmentée. Nous faisons mention de cet Ouvrage ici, puisque tous les Phytolithes, qu'on a trouvés en Suisse, y sont rangés suivant le Système de Tournefort.

7.) *Gottlob Fred.* MYLIUS, dont il faut à juste titre rapporter ici les *Memorabilia Saxoniæ subterraneae*, dont le premier Tome a paru à Leiplic en 1709. & le second 1718. in 4to. Dans le premier Tome il est traité principalement des schistes herborisés & des Carpolithes, & particulierement des schistes d'Eisleben, de Manebach & d'Ilmenau, & des amandes & fèves pétrifiées.

8.) *Antoine* de JUSSIEU, duquel nous avons: *Examen des causes des impressions des Plantes marquées sur certaines pierres des environs de Saint-Chaumont dans le Lionnois.* Ce Traité se trouve dans les Memoires de l'Academie royale des Sciences de Paris, de l'an 1718. p. 363.

9.) *George Antoine* VOLKMANN. Entre toutes les Oryktographies nous faisons ici mention de l'Oryktographie de Silesie, que ce savant Medecin de Ligniz a publiée sous le titre: *Silesia subterranea*, à Leipsic. 1720. in 4to, puisqu'il y a traité fort prolixement & avec beaucoup de solidité des Phytolithes & des Carpolithes, qu'on a trouvés en Silesie, quand même il n'a pas encore trop sçu distinguer les formes accidentelles de plusieurs pierres d'avec les véritables Pétrifications.

10.) *Jean Fred.* HENKEL, qui a publié un savant Ouvrage sur l'affinité du Regne Végétal & du Regne Minéral, sous le titre: *Flora saturnizans*, à Leipsic. 1722. in 8vo. Dans ce Traité il y a un Chapitre assés long sur la Pétrification des Végétaux.

11.) *François Ernest* BRUKMANN, qui dans le *Thesaurus subterraneus Ducatus Brunswigi*, publié à Brounsvic l'an 1728. in 4to, traite dans le troisiéme Chapitre des amandes pétrifiées de l'Asie, dans le huitiéme des Carpolithes de Marienthal, dans le neuviéme d'un Pigeon petrifié, dans le quinziéme des Bibliolithes de Koenigslutter & dans le vingt-troisiéme du Zingiberite. Toutes ces pierres qu'il a décrites, & dont il a donné des figures, ne sont que des corps d'une forme accidentelle, & point des Petrifications.

12.) Ce *même auteur* a fait insérer dans le Recueil de Breslau de l'an 1725. une description des Carpolithes d'Hongrie & des lentilles pétrifiées du Comté de Liptau.

13.) *Jean Crét.* KUNDMANN. Dans ses *Rariora Naturæ & artis* à Breslau 1773. in fol. il faut rapporter ici le Chapitre XV. & XVI. Dans le XV. il est traité de différentes semences & fruits pétrifiés, dans le XVI. des Champignons & des Agarics pétrifiés.

14.) *Paul Henri Gerard* MÖHRING. Nous avons de cet auteur un Traité: *Phylolithus Zet Linnæi in Schisto nigro duriusculo.* Il se trouve dans les Act. Physic. Medic. Vol. VIII. p. 448.

15.) *Emanuel* SWEDENBORG. Dans son *Regnum subterraneum de Cupro & Orichalco*, publié à Dresde en 1634. in fol. il traite aussi des schistes herborisés d'Eisleben & de Manebach.

16.) Mr. de SAUVAGES. Dans les Memoires de l'Academie royale des Sciences de l'an 1743. p. 557. nous trouvons de cet auteur l'Ouvrage suivant: Memoire sur différentes Petrifications tirées des animaux & des végétaux. Il y est question particulierement des environs d'Alais, où l'on trouve sur plusieurs pierres des empreintes de plantes dont l'auteur donne ici la description.

17.) Christoph

17.) *Chriſtofe Charles* REICHEL, qui a publié: *Diatribe de Vegetabilibus petrefactis* à Wittenberg l'an 1752.

18.) *Chret. Fred.* SCHULTE. Ce ſavant Naturaliſte a bien mérité des Phytolithes par deux Ouvrages. L'un eſt une Explication des empreintes des plantes dans le Regne des foſſiles, qui a été publiée à Dreſde en 1755. in 4to, & dont on a inſéré un Extrait dans le Hamb. Magaz. Vol. XV. p. 860. Il y traite de leur origine, de leur différence ſpecifique & autres qualités. L'autre Traité ſur les empreintes de plantes trouvées près de Zwikau, ſe trouve dans les *Geſellſchaftliche Erzehlungen* Part. I. p. 42.

19.) *Emanuel Mendes da* COSTA. Il a décrit les empreintes des Plantes ſur des ſchiſtes, qu'on trouve en Angleterre dans les carrieres de houille, dans un Traité particulier, qui eſt inſéré dans les Tranſact. Philoſ. Vol. 50. p. 228.

20.) *Jean Gottlieb* LEHMANN. Nous avons de cet auteur un Traité ſur les empreintes de la fleur de l'Aſter montanus à fleur bleue & à feuilles de Saule. Il ſe trouve en françois dans les Memoires de l'Acad. de Berlin Vol. XII. p. 127. & en allemand dans les *Mineralogiſche Beluſtigungen.* p. 260.

21.) *Jaques Theodor* KLEIN. Il y a des Extraits de ce ſavant Naturaliſte dans la quatrième Partie des *Neue Geſellſchaftliche Erzehlungen.* Il y eſt auſſi traité des pretendus Carpolithes ou fruits pétrifiés.

22.) D. *Fred.* HEYN, autrefois Inſpecteur des mines à Gotha, a fait une Collection de fort beaux Phytolithes & en partie fort rares, particulierement des Carrieres de ſchiſte de Thuringe, & a compoſé un Ouvrage: *de Plantis lapidibus impreſſis*, qui cependant n'a pas paru, l'auteur étant mort avant l'avoir fini.

Il nous reſte encore d'ajouter un abregé de l'Hiſtoire de la Botanique du Regne des Pétrifications. Les Grecs ne ſemblent ni avoir beaucoup connu les végétaux pétrifiées, ni s'en être beaucoup occupés. La connoiſſance qu'ils avoient de l'Hiſtoire naturelle, étoit en quelques articles plus étendue, qu'elle ne l'eſt aujourd'hui, & il ſeroit bien à ſouhaiter que nous fuſſions tout ce qu'une longue expérience leur a apris ſurtout à l'égard de l'inſtinct & des proprietés des animaux. Ils s'occupoient principalement de ces objets dont la connoiſſance exacte leur faiſoit eſperer une influence réelle ſur ce qui eſt utile. Mais de là même vint que la moindre partie en trouvoit quelque gout à s'occuper des corps pétrifiés du Regne Végetal, car ſûrement il ne leur vint guéres dans l'eſprit d'appliquer la Lithologie à étendre plus loin la connoiſſance des plantes, & d'enrichir celle-ci par la connoiſſance des Pétrifications.

Cependant on découvre des veſtiges qui prouvent du moins qu'ils ont eu quelque connoiſſance des végétaux pétrifiés, quand même le peu qu'ils en ſavoient, n'a pas été tout à fait ſans erreur. THEOPHRASTE 12) fait mention du jonc petrifié, mais nous avons dit plus haut que par là il a entendu une Madrepore branchue ou peut-être une Tubulaire. De même les *Junci lapidei*, dont cet auteur parle, 13) ne ſont pas les Pétrifications de cette plante, mais à ce qu'il ſemble, la même eſpèce de Coraux, qui a déja été décrite plus haut ſous cette dénomination. Il y a près des Pyramides d'Egypte des collines entieres de pierres écraſées, parmi leſquelles on trouve une quantité infinie de petites pierres qui ont la forme & la grandeur des lentilles. STRABON 14) dit, qu'on les a priſes autrefois pour des lentilles pétrifiées, que les ouvriers y ont laiſſées; mais qui ne reconnoîtroit pas par tout ce rapport que ce ſont des pierres, que chaque connoiſſeur rangeroit aujourd'hui parmi les Piſolithes ou les Méconites & ces eſpeces qu'on nomme pierres idiomorphes? STRABON même ne les prend que pour un ſimple Tuf tel qu'on en trouve en Egypte de même que dans ſa patrie.

Aa 2

II

12) *de Lapidibus* §. 68. p. 219. ſuivant les Editions allemandes.
13) hiſt. natur. libr. IV. cap. 8.
14) libr. XVII. geograph.

Il femble que les Romains ont fait encore moins d'attention aux végétaux pétrifiés. Ce que principalement PLINE dit à ce fujet & ce qui pourroit être rapporté ici, n'eft en plus grande partie qu'on extrait penible des auteurs Grecs. On trouve à la vérité que ce Natura-lifte Romain fait mention de différentes pierres qui tiennent leurs dénominations des végé-taux, mais on ne peut point du tout inférer par là, que cette pierre ait été une Pétrification végétale. Chaque pierre, qui avoit ou une forme accidentelle, ou qui préfentoit fur la fur-face quelques configurations accidentelles, par des taches, des lignes, des ftries etc. d'une couleur différente, reçut fa propre dénomination empruntée de ce corps, auquel il paroiffoit reffembler en quelque maniere. De là eft né le grand nombre de noms dans PLINE, dont plufieurs n'étoient ni des noms génériques ni des noms fpécifiques, de forte qu'il ne fçut pas lui même comment il falloit ranger commodément tous ces noms dans les genres & les efpe-ces de pierres; & qu'il fe trouva obligé par là de les communiquer dans une lifte alphabé-thique. Plufieurs de ces dénominations femblent indiquer des Pétrifications végétales, mais ce n'en font point, & la plûpart ne font nées que d'une conformation fimplement accidentelle, ou d'une reffemblance avec quelque plante. Ainfi par ex. le *Ciffites* 15) eft une pierre blan-che, qui eft marquée d'outre en outre de taches & de ftries obfcures, qui reffemblent aux feuilles de lierre. Le *Narciffites* différe, fuivant cet auteur, par les veines, 16) & ce n'eft pas fans raifon qu'on fuppofe par là, que dans ce paffage il n'a pas été dit *Narciffites* mais bien *la-ciffites*, du mot Ἴσα, les veines & κισσός, la lierre. 17) La *Cyamea* de PLINE, 18) qui doit ren-fermer des pierres qui reffemblent aux féves, & être de couleur noire, eft fuivant toute ap-parence un pretendu Carpolithe ou une pierre en forme de féve, telle que nous l'avons dé-crite plus haut, & probalement il en eft de même des féves de pierre du Nil, dont STRABON 19) & PLUTARQUE 20) font mention, & qui, comme l'on pretend, font taire les chiens ab-boyeurs, & chaffent même les malins efprits. Le *Pyren* 21) eft une pierre qui reffemble au noyau d'une Datte. Les Cenchrites & les Méconites 22) font encore connuës fous ce nom aujourd'hui, & ne font pas, comme tout le monde le fait, des Pétrifications. Les Calami-tes & les *Junci lapidei* de PLINE (Lib. II. Cap. 15) femblent bien avoir été les mêmes corps que THEOPHRASTE nomme Καλαμοι Ἰνδικον ἀπολιθούμενον, 23) c'eft à dire des Lithophytes ou des plantes marines pierreufes. Le *Phoenicites* 24) étoit une pierre qui reffembloit à un gland, & le *Phycites* 25) avoit des ftries qui reffembloient à la mouffe de mer. Le *Syringites* 26) porte fon nom de cette efpèce de jonc, qui eft creufe en dedans, & dont on fe fervoit autrefois pour en faire des flutes. 27) Peut-être eft-ce un corps incrufté comme l'étoit le STELECHITE de Mercatus; 28) le *Botryites*, qui avoit, à ce qu'on pretend, une reffemblance avec une grappe de raifin, n'étoit probablement qu'une pierre formée par accident, & peut-être l'un, qu'il nomme *Pineus*, étoit-il un Tuf, comme le Botrites de KENTMANN; 29) le noir étoit py-riteux, & l'on fait que la Pyrite prend fouvent la forme d'une Sphère ou d'une grappe. L'*Ixe-petalos* de PLINE, 30) dont déja Orphée 31) fait mention, n'eft pas un Bibliolithe ou une feui-

pétri-

15) PLIN. Libr. XXXVII. Cap. 73. Ciffites in candido perlucet ederæ foliis, quæ totam tenent.
16) dans le même endroit.
17) MERCAT. Metalloth. Vatic. p. 275. SCHEUCHZER herbar. Diluv. p. 99.
18) Libr. XXXVII. Cap. 73.
19) Serm. 58.
20) Libr. de Ifiide.
21) PLIN. dans le même endroit.
22) PLIN. Libr. XXXVII. Cap. 63. et 73.
23) SCHEUCHZER Herb. p. 70.
24) PLIN. Lib. XXXVIII. Cap. 66.
25) dans le même endroit.
26) PLIN. Libr. XXXVIII. Cap. 67.
27) PLIN. Libr. XVI. Cap. 66.
28) Metallotheca Vaticana p. 277.
29) GESNER de foff. Tom. I. p. 37.
30) Libr. XXXVII. Cap. 58.
31) περὶ λίθων III. 1. p. 312. fuivant l'Edition de GESNER.

le pétrifiée, mais, suivant la conjecture de quelques Naturalistes il doit avoir été une pierre feuilletée ou lamelleuse, & suivant le rapport de PLINE, de couleurs différentes. Tout cela nous fait voir afsès clairement, que par ces dénominations PLINE n'a pas voulu indiquer des Pétrifications végétales. Par cette raison il ne se sert jamais des expressions, qui d'ailleurs lui étoient afsès familières, *lapidescere*, *in lapidem mutari*, mais il parle simplement ici d'une ressemblance, (*similitudo*) c'est à dire que ces espèces de pierres ressemblent, par leur forme externe, à quelque corps végétal, cependant il a connu les feuilles incrustées, comme l'on voit dans son Histoire Naturelle Lib. II. Cap. 106. Il savoit que l'eau tufeuse pétrifioit ou plûtôt incrustoit les feuilles.

On ne trouve guères ou point du tout de vestiges, que dans le moyen age on ait eu quelque connoissance des Pétrifications du Regne Végétal.

Dans les tems plus modernes la connoissance de la Nature a commencé à dissiper les ténèbres dont elle avoit été enveloppée jusqu'ici, & c'est ce qui se fit dans le seizième siécle. AGRICOLA, KENTTMANN, GESNER & plusieurs autres eurent à cet égard beaucoup de mérite, cependant la Botanique du Regne des Petrifications étoit dans un état très médiocre. Tout ce qu'on en peut dire se reduit aux articles suivans: I.) On suivit PLINE trop exactement, & de là vint qu'on rangeoit les pierres suivant leurs noms, & qu'on mit dans une Classe toutes celles dont les noms étoient dérivés des Plantes, sans faire attention si ces noms se rapportoient ou à la couleur des Plantes ou à leur forme, ou aux feuilles, & si les pierres étoient formées par accident, ou si la forme leur appartenoit proprement, ou si elle provenoit de quelque corps étranger. Il est aisé d'imaginer la confusion qui en a dû naitre. C'est pourtant là la methode que GESNER d'ailleurs très savant a suivie. Il rapporte les pierres qui portent leurs noms d'après les Plantes, mais parmi ces pierres il n'y en a pas une seule qui appartienne proprement aux Plantes pétrifiées, à moins qu'on ne veuille y compter le *Hederæ folium in lapidis naturam versum*, qu'ALDROVANDI 32) doit avoir possédé. Il en est de même des fruits pétrifiés. Il fait simplement mention des amandes, des glands, d'une nèfle, 33) & d'une chataigne. 34) Les deux premiers ne sont surement que des conformations accidentelles, & les deux dernières ne semblent être que des Alcions ficoïdes. (*Alcyonia ficus*) II.) La plûpart de ces corps qu'on a rangés parmi les Végétaux pétrifiés, étoient en eux mêmes de substance pierreuse, savoir des Lithophytes ou des Coraux, mais on croyoit alors, & cela suivant une ancienne tradition, que les Coraux étoient dans la mer des Plantes molles, & qu'étant exposés à l'air ils se changeoient d'abord en pierre. III.) On connoissoit les feuilles sur les pierres tufeuses, comme l'on voit dans KENTMANN. 35) IV.) Non seulement on connoissoit les Pisolithes, les Méconites & les Cenchrites, mais on les prenoit aussi en plus grande partie pour ce qu'ils étoient véritablement, & on les rangeoit parmi les Tufs. 36) V.) On s'est donné toutes les peines de trouver les pierres dont PLINE nous a laissé les noms, & c'est là en quoi consiste principalement le mérite de GESNER & de MERCATUS. L'idée étoit fort bonne, & il seroit à souhaiter qu'on eut continué dans le même bon train, qu'on avoit commencé. Mais on s'y prit mal en ce qu'on ne fit usage des Collections d'ailleurs utiles de PLINE, que simplement pour une terminologie lithologique sans Système & sans ordre, & que par là on n'apprit pas afsès à bien distinguer les véritables Pétrifications d'avec les figures de pierres simplement accidentelles. Il faut bien chercher la cause principale de ce que dans ce Siécle on n'eut pas encore beaucoup de connoissance des Plantes pétrifiées & de leurs empreintes, en ce que les carrières de Houille & de schiste, par lesquelles les amateurs de l'histoire naturelle ont apris à connoitre les Phytolithes, n'ont été connues, suivies & mises à profit que dans le tems suivant.

Dans

32) de fossil. p. 123.
33) dans le même livre p. 125. 128. 139.
34) dans le même livre p. 166.
35) Nomenclator rerum fossil, p. 38.
36) KENTMANN dans le même endroit.

Dans le dix-septiéme siécle la connoissance des Plantes pétrifiées a été très peu augmentée. Ceux qui faisoient des collections de Pétrifications, rangeoient parmi leurs Végétaux
pétrifiés tout ce qui étoit de pierre, & ce qui avoit la moindre ressemblance avec un corps Végétal, sans se mettre en peine si cette ressemblance étoit simplement accidentelle ou bien essentielle. On voit cela par les Cabinets, qui ont été décrits dans ce tems, particuliérement
par ceux de Calceolarius & de Moscardi. Par le premier on aprit cependant à connoitre pour
la première fois les véritables joncs pétrifiés ou les Calamites. 37) On ignoroit alors en plus
grande partie la grande différence qu'il y a entre les Plantes véritablement pétrifiées, entre
leurs empreintes & entre les incrustations tuseuses, & l'on jettoit tout dans une Classe sans ap-
profondir les Caractères essentiels de ces Pétrifications. *Jean Dan.* MAJOR 38) fut le premier,
qui dans ce siécle composa un Traité particulier sur les Plantes pétrifiées, qui cependant ne
contient rien d'important. Ceux qui dans ce Siecle commençoient, en suivant la doctrine
d'Aristote sur la génération équivoque, de s'imaginer un Archée, un esprit universel, un
Aura seminalis, un *Vis plastica*, ont aussi transféré ces réveries dans la doctrine des Plantes
pétrifiées, & encore d'autres ont supposé une véritable semence, qui dans le sein de la terre
se développe & produit sur les pierres de pareilles figures de Plantes, comme l'on voit dans
les Ouvrages de KIRCHER, de LIBAVIUS, de HOOK de PLOT & de plusieurs autres. 39)
Lorsque l'on combine tout ce qu'on a fait à cet égard dans ce Siecle, il se reduit aux
points suivans. I) La plûpart des Naturalistes avoient de fausses idées de ces pierres qui
présentent des figures de Plantes. II.) Ceux qui accordoient la Pétrification des Végétaux, ne
connoissoient pas encore le caractère essentiel d'une Pétrification Végétale, & prenoient plusieurs corps pour des Pétrifications qui ne l'étoient pas. On voit cela par les Descriptions des
Cabinets de ce Siécle, où il est toujours question de Citrons, de poires, de pommes & autres pareils fruits pétrifiés. III.) Les Naturalistes de ce Siecle n'ont pas rapporté ni caractérisé
en particulier les Schistes herborisés; il semble donc qu'ils n'ont encore été connus qu'à la
moindre partie d'entr'eux. IV.) On s'appliquoit bien encore moins à comparer les Plantes
qu'on avoit trouvées sur les pierres, avec les analogues & a déterminer qu'elles etoient les Plantes qui se trouvoient sur ces pierres. V.) On ne faisoit point alors des Observations Cosmologiques sur la couche des Schistes herborisés, ni sur la qualité des montagnes où on les trouvoit,
ni sur l'espèce de la matrice qui les renfermoit, vû qu'alors la Physique n'a point encore été
appliquée à l'histoire naturelle pour donner par la première l'explication de plusieurs phénomènes particuliers, qui se présentent lorsqu'on examine les Plantes dans le Regne des fossiles.

Vers la fin du dix-septiéme Siécle & dans le commencement du dix-huitième cette Partie de l'Histoire naturelle prit aussi une forme tout à fait différente, quand même il reste
encore asses d'observations à faire à ceux qui viendront après nous. Les carrières de houille
d'Angleterre ont fourni une belle occasion à LUID 40) & à LISTER 41) de découvrir dans le
Regne des Pétrifications plusieurs Productions Végétales, qu'on avoit ignorées jusqu'alors, &
à faire connoitre au Lithologiste les schistes herborisés. Mais à cet égard le savant SCHEUCHZER
a le plus grand mérite. Il débuta par une lettre particulière, qui est inférée dans les Act.
Nat. Curiosor. 42) & qui excita les amateurs des Pétrifications à faire attention aux figures de
Plantes, qui se trouvoient sur les Schistes & autres pierres. Après avoir combattu dans la suite,
dans sa *Lithologia Helvetica*, l'opinion de ceux qui soutenoient les Jeux de la Nature, il hazarda
de publier son *Herbarium Diluvianum*. Il aprit le premier au Lithologiste à connoitre la différence entre les figures de Plantes accidentelles & essentielles, entre les Phytolithes & les
Dendrites. Après avoir fait cela il publia non seulement son *Museum Diluvianum*, mais il s'ap-
pliqua aussi à comparer les Schistes herborisés, que lui & d'autres avoient découverts, avec
leurs

37) Mus. Moscard. p. 421.
38) Lithologia Curiosa, sive de animalibus & plantis in lapides versis. à Iene 1664. in 4to.
39) Quiconque souhaite une information plus détaillée à ce sujet, pourra la trouver dans le Traité de
Mr. SCHULZE sur les Empreintes des Plantes dans le Regne des fossiles pag. 9. 10.
40) Lithophyl. Britt.
41) Transact. Philosoph. Vol. VIII. Num. 100. p. 6181.
42) de l'an 1697. 1698. On entend ici l'*Epistola Acarnanis* ci-dessus allegué.

leurs analogues, d'où il se mit en état de ranger & de classifier dans son *Oryctographia Helvetica* les Phytolithes suivant le Système de Tournefort. Independamment de tout son grand mérite, il n'étoit pas tout à fait à l'abri de toute erreur. Il ne distinguoit pas assès justement les empreintes des Plantes d'avec les véritables Pétrifications, il s'en tenoit simplement à la connoissance historique, sans examiner les causes naturelles des différens phénomènes particuliers, qui se présentent dans la Botanique du Regne des fossiles, & sans les expliquer par là. Il prit toutes les Pétrifications du Regne Végétal pour des productions du Déluge universel, & il prétendit même déterminer par les Végétaux pétrifiés, qu'on avoit trouvés, la saison & le mois dans lequel le Déluge de Moïse a commencé.

SCHEUCHZER ayant frayé le chemin, ne laissa pas d'avoir de dignes imitateurs, qui suivirent ses traces. Quelques uns s'opposèrent à l'égard des Pétrifications Végétales aux pretendus Jeux de la Nature, & c'est ce que BÜTTNER 43) & HENKEL 44) ont fait principalement. D'autres firent connoître les Phytolithes & les Carpolithes de leurs païs, & enrichirent par là la Botanique du Regne des fossiles, ce qui est assès prouvé par les Ouvrages de LANGE, 45) BAIER, 46) MYLIUS, 47) HERRMANN, 48) MORTON, 49) HELLWING, 50) VOLKMANN, 51) BROKMANN, 52) & SPADA. 53) D'autres encore ont prêté une attention particulière aux empreintes des Plantes exotiques sur des schistes d'Europe, & ont par là fourni l'occasion de faire plusieurs observations importantes. C'est ce que Mr de JUSSIEU 54) & de SAUVAGES 55) ont fait principalement. Il y avoit cependant encore plusieurs défauts dans cette Botanique lithologique. Parmi ces auteurs il y a plusieurs, qui, surtout à l'égard des Carpolithes, prennent pour Pétrification tout ce qui a quelque ressemblance avec un fruit ou quelque autre production végétale, & ne jugent d'un corps que simplement par sa forme externe & superficielle. Ils n'ont pas eu non plus, en plus grande partie assès de connoissance en fait de Botanique pour expliquer les schistes herborisés, & se contentent souvent d'avoir rapporté dans BAUHIN une figure peu ressemblante, lorsqu'il s'agit de déterminer la plante qu'on trouve sur une pierre. La moindre partie de ces Naturalistes ont fait assès d'attention à la couche des schistes herborisés, à la profondeur, & à leur rapport à d'autres couches & aux contrées où il y a des couches de coquilles de mer, circonstances très necessaires, pour mettre plus au jour la véritable origine des schistes herborisés.

Dans les derniers quinze ans quelques savans Naturalistes ont heureusement commencé à corriger ces défauts. Mr. le Licencie SCHULZE 56) a beaucoup éclairci la doctrine de l'origine des schistes herborisés & de la véritable qualité des empreintes de Plantes, par les principes de Physique & les Observations Cosmologiques. Mr. LEHMANN 57) a le premier examiné dans un Traité particulier les empreintes des fleurs. Le savant Mr. GESNER 58) a commencé à distinguer bien soigneusement les véritables Pétrifications du Regne Végétal d'avec les fausses, & dans le Cabinet de Mr. DAVILA on a présenté des fruits pétrifiés, dont on peut d'autant moins révoquer en doute l'authenticité, moins on se feroit douté de les trouver dans le Regne des Pétrifications.

E b 2

Nous

43) Lapides diluvii testes.
44) Flora Saturnizans.
45) Hist. lap. fig. Helvet.
46) Oryctogr. Norica.
47) Memorabil. Saxon. subterranex.
48) Maslographia.
49) Natural history of Northamptonshire tab. X.
50) Lithographia Angerburgica.
51) Silesia subterranea.
52) Thesaur. subterr. Ducat. Brunsvigii.
53) Catalog. corporum lapidefactorum agri Veronensis,
54 Memoires de l'Academie des Sciences de l'an 1718.
55) dans ces mêmes Memoires de l'an 1743.
56) dans le Traite sur les empreintes des Plantes à Dresde 1755. in 4to.
57) sur les empreintes de l'After montanus; dans les *Mineralogische Belustigungen*, Tome II. p. 260.
58) dans son beau Traité: *de Petrificatis*, à Leyde 1758. in 8vo.

Nous n'avons voulu donner ici qu'un abregé de l'Histoire de la Botanique du Regne des fossiles. Les Naturalistes qui viendront après nous, trouveront encore bien des choses à examiner & à éclaircir. Il y a beaucoup de schistes herborisés, où il reste encore a décider s'ils portent effectivement la Plante ou son empreinte, qu'on croit y voir. Plusieurs d'entre eux ne conviennent pas exactement avec les Plantes qu'on indique, & cependant l'un le redit d'après l'autre. On n'a pas encore assés comparé les schistes herborisés avec les Ouvrages de Botanique les plus modernes. On prend plusieurs Plantes pour indigènes, qui peut-être sont une espèce exotique de la Plante indiquée. En peu de mots, personne n'a encore mis à profit, aussi justement qu'il faudroit, la Botanique à l'égard de la Lithologie. Si les Plantes exotiques ont été transportées dans les païs de l'Europe, & comment cela a pû se faire, pourquoi on ne les trouve principalement que dans des schistes marneux & argilleux, dans les carrières de houille, pourquoi l'on ne trouve jamais des coquilles de mer entremélées, pourquoi l'on ne trouve presque jamais des racines des Plantes dans les schistes, s'il y a encore effectivement des analogues inconnus des schistes herborisés qu'on a trouvés, ce sont là toutes des questions, où l'esprit curieux d'un Botaniste & d'un Lithologiste trouvera encore assés d'occupation à les resoudre & à les examiner solidement.

Nous venons à présent a la description des schistes herborisés qui sont representés dans cet Ouvrage.

PLANCHE ε.

Un Schiste herborisé de Manebach tout couvert de couches de Fougère. Les deux plus grandes des couches semblent être le *Filix mas non ramos. Casp. Bauhin.* Sur l'un des côtés supérieurs on voit quelques empreintes qui semblent appartenir au *Filix foemina* ou *Thelypteris ramosa.*

PLANCHE ϛ.

Une Plaque de Schiste fendue dans le milieu, de Manebach, sur laquelle il y a deux tiges entières & différens fragmens de Plantes, qui approchent le plus du *Filicastrum Septemtrionale Ammanni.*

PLANCHE ζ.

Ce sont de petites feuilles isolées de la même espèce qui a été représentée en entier Pl. ϛ. Plusieurs de ces feuilles présentent le côté élevé, d'autres la surface concave. Dans leurs petits lobes on voit fort distinctement les veines. A travers il y a une feuille de jonc, ou, comme on la nomme encore, un *Neurophyllon.* Ce Schiste est aussi de Manebach.

PLANCHE η.

Num. 1. est l'extrémité supérieure du *Filicastrum Ammanni* représenté Pl. ϛ.; elle se présente fort distinctement & d'un noir brillant avec toutes les veines des petits lobes, sur un Schiste gris avec un enduit jaune; Cette piéce est aussi de Manebach.

Num. 2. est un Schiste grisâtre sur lequel il y a des empreintes de différentes Fougères, dont les deux grandes semblent appartenir au *Filix non ramosa dentata, Tournefortii.* Ce morceau est des mines de Rothenbourg dans le Saal Creis.

PLANCHE φ.

Num. 1. & 2. est une Pétrification qui n'est pas trop frequente & qui avec cela n'est pas encore assés connuë. MYLIUS est le premier qui l'a fait connoitre dans ses *Memorabil. Saxon. subterran.* sur la Planche fol. 19. Elle est dans un Schiste de Manebach. Il dit pag. 36. que cette Pétrification ressemble assés au fruit de l'arbre Ahovai, & même à la plus petite espèce

SCHEUCH

SCHEUCHZER l'a rapportée d'après MYLIUS dans son *Herbarium Diluvianum* Tab. 2. fig. 6. mais dans ce même Ouvrage pag. 71. Num. 83. conféré. avec *Muf. Diluv.* Num. 25. il fuppofe que c'eft l'*Equifetum adhuc tenellum in denfam foliorum fpicam congeftum*, ou un *Spica Plantæ alicujus hactenus ignotæ*. Il dit dans le même endroit, qu'on le trouve auffi en Angleterre. Il eft bien inconteftable que c'eft une Plante aquatique, & lorfque l'on veut la comparer avec une de ces Plantes, il faudroit que ce fût le *Myriophyllon Linnæi* f. *Millefolium aquaticum flofculis ad foliorum nodos*. Num. I. on voit afsès diftinctement les feuilles dentelées rangées par anneaux & par étages, mais les fruits rangés par anneaux & par étages fe préfentent plus diftinctement Num. 2. Seroit-ce peut-être le *Pinaftella Ruppii* avec les fruits? Ces deux morceaux font de Manebach.

Num. 3. eft un Schifte d'Eisleben fur lequel fe préfentent les empreintes brillantes d'une éponge, qui reffemble parfaitement au *Spongia fluviatilis Linnæi* ou *Badiaga Buxbaumii*, & qui a un brillant d'argent.

PLANCHE ♃.

Num. 1. 2. 3. préfentent la même efpèce d'une production Végétale. Communément on croit voir ici des rameaux de fapin pétrifiés ; mais c'eft plûtôt le *Ceratophyllon Linnæi*. Num. 1. & 2. font d'Eisleben. Num. 3. de Manebach. Comme ce *Ceratophyllon* eft une Plante aquatique molle, il n'eft pas étonnant que fon empreinte ne fe préfente pas trop diftinctement.

PLANCHE ♄.

On fuppofe communément que ce Schifte d'Eisleben porte auffi un rameau de Sapin. Cependant la forme entière convient avec les Schiftes de la Planche précédente; il faut donc le prendre pour le même *Ceratophyllon Linnæi*. L'empreinte entière a un brillant d'argent.

PLANCHE ω.

Cette Planche-ci & les deux fuivantes repréfentent en plus grande partie des Schiftes herborifés des montagnes de Sevennes. Ceux qu'on trouve là font d'une beauté particulière, & ils mériteroient bien d'être examinés avec plus d'exactitude, qu'on n'a fait jufqu'ici, par quelque favant Naturalifte, qui fût en même tems bon Botanifte. Les Schiftes, qu'on tire de ces montagnes, font d'une double efpèce. On laiffe les uns tels qu'on les tire des mines de Houille, & ceux-ci font communément couverts d'une fi grande quantité de différentes Plantes, que fouvent il eft difficile, furtout lorfqu'il s'y eft interpofé beaucoup de bitume, de diftinguer exactement l'une d'avec l'autre. Ce qu'il y a de remarquable c'eft que ces mêmes Plantes, malgré l'irrégularité avec laquelle elles font entremêlées & couchées les unes fur les autres, ne font que fort rarement froiffées ou entortillées & contournées les unes fur les autres, mais que la plûpart en font étendues, quand même il ne s'en préfente que des morceaux courts. J'infére par là qu'il faut que ce foient des Plantes dures & roides, & qu'elles foient parvenues dans ces couches après avoir été déjà entierement deffechées. Il fe pourroit donc bien que l'eau les pût charrier & amaffer dans un endroit, mais elle ne pouvoit point les plier ou rouler; elles reftèrent roides & étendues, & fe caffèrent plûtôt que de fe laiffer plier ou entortiller. Dans d'autres Schiftes de ces contrées, fur lefquels il fe diftingue particuliérement une Plante principale & bien exprimée, on a coutume d'effacer en raclant ou par le poli les Plantes moins connoiffables, & quand même cette maniere n'eft guères trop utile, puifque par là telle Plante encore inconnue peut-être détruite au defavantage de l'Hiftoire naturelle, il faut cependant avouer, que le fond étant poli, donne une apparence très belle à la Plante qui y eft reftée. Mr. le D. & Consr GÜNTHER à Cahla, qui me fait l'honneur d'être

de

de mes amis, un Savant qui joint à la Médecine une connoiſſance ſolide & étendue de la Nature, & avec lequel j'entretiens depuis pluſieurs années une correſpondance ſur les objets les plus agréables de l'Hiſtoire naturelle, a jugé dignes ces beaux Schiſtes de Sevennes de les examiner de plus près. Il m'a communiqué dans la ſuite ſes idées à leur ſujet, qui ne ſont pas fondées ſimplement ſur des figures reſſemblantes taillées ou gravées, mais ſur ſon Herbier, & comme ces idées différent en pluſieurs points des miennes de même que des explications de SCHEUCHZER, de VOLKMANN & d'autres, qui ont fait connoître les Schiſtes herboriſés de leur païs, qui portent de pareilles figures, j'eſpère que le Naturaliſte ne trouvera pas mauvais, que je lui propoſe en même tems les différentes opinions, pour les examiner de plus près, ſurtout puiſque la Botanique n'a pas été à beaucoup près autant appliquée au Regne des Pétrifications, qu'elle auroit dû l'être. On a ſouvent décidé par une reſſemblance ſimplement ſuperficielle d'une Plante, qui peut-être a été trouvée dans BAUHIN, avec un Schiſte herboriſé, ſans examiner la choſe plus exactement, & lorſqu'un auteur a fait cela, dix autres l'ont redit après lui, ſouvent ſans avoir conféré BAUHIN ou ſans avoir comparé les figures de cet auteur avec les Planches des Ouvrages Botaniques plus modernes & encore moins avec les analogues mêmes.

Num. 1. ſe trouve ſur les Schiſtes herboriſés de Sileſie, dans VOLKMANN *Siles. ſubterra.* Tab. XIII. fig. 8. & Tab. XV. fig. 3. Suivant l'opinion de cet auteur c'eſt une eſpèce de *Rubia Sylveſtris* ou *mollugo montana anguſtifolia*, *Gallium album latifolium* Caſp. Bauhin, *Gallium album vulgare* Tournefortii. Caillelait. Dans les Carrieres de Schiſte d'Angleterre on trouve cette même Plante; elle eſt auſſi repréſentée dans LUID Tab. III. num. 201. ſous le nom de *mænia mineralis.* SCHEUCHZER eſt de cette même opinion dans ſon *Herbar. Diluv.* p. 19. de la nouvelle édition. Il a comparé l'Exemplaire d'Angleterre, qui lui a été fourni, avec celui de BAUHIN 334. Sur le Schiſte de Sevennes, qui eſt repréſenté ici, Mr. le Consr. GÜNTHER m'écrit qu'il ſemble être un amas de petits rejettons couchés les uns ſur les autres du *Rubia parva, flore cærulea, caulicula per terram ſpargens* Joh. Bauhini, apud Chabræum p. 547. AUFF. Flor. Jenenſ. ſub nomine *Aſperula purpurea.* Il eſt vrai que dans ſ'état naturel les feuilles de cette petite Plante ſont pointués par en haut, tandis que les feuilles ſur ce Schiſte ſont émouſſées & arrondies. Mais ſi l'on conſidére, comme l'experience le fait voir, que cette Plante, pour peu qu'on la laiſſe ſur la table, contracte en peu de tems les extrémités ſuperieures de ſes feuilles, qui alors prennent une figure plus arrondie, on peut auſſi ſuppoſer avec probabilité, que ces feuilles ont auſſi ſubi le même changement avant que leur empreinte ait été achevée dans le limon molaſſe.

Num. 2. Pluſieurs Naturaliſtes croient voir ici une eſpèce de l'*Aparina denſius foliata* de LUID Lithoph. Britt. 201. que SCHEUCHZER a auſſi communiquée *Herbar. Diluv.* tab. III. 3. & où il range auſſi le *Rubeola Luidii* Num. 201. Ce morceau appartient donc auſſi aux Caillelaits, & l'eſpèce qui ſe préſente ici, porte le nom de *Gallium album latifolium pratenſe*, dans AUFF. Flor. Jenenſ. *Gallium album latifolium* Caſp. Bauhin. Pinac. p. 334.

Num. 3. ſemble être l'extrémité ſupérieure ou la pointe d'un rameau du *Thelypterii Diſcoridis*, ou *Filix ramoſa major, pinnulis obtuſis non dentatis.* Caſp. Bauhin. Pinac. 357. Les feuilles ſupérieures ſemblent différer un peu par la forme des feuilles inférieures. La matrice n'en eſt pas la cauſe ici, mais dans la Plante naturelle de cette eſpèce les extrémités des feuilles ſupérieures ſe terminent ſouvent en pluſieurs lobes longs & plus étroits, & par là elles diffèrent des feuilles inférieures,

Num. 4. Voici la conjecture de Mr. le Consr. GÜNTHER à l'égard de cette Pétrification Végétale: J'étois diſpoſé, dit il, de ranger cette Pétrification parmi les Rhizolithes. Mais la Symmétrie des points qui s'y trouvent, & qui ſont toujours égaux, m'oblige de la ranger parmi les tiges pétrifiées des Plantes ligneuſes, vû qu'on ne trouve point de racines auſſi ſymmétriquement garnies de points, mais on trouve bien cela dans les tiges ligneuſes des Plantes qui parviennent à une certaine hauteur, par ex. L'*Imperatoria Libanotis, Angelica* &c. où le beaux

formes

forme toujours là, où il y avoit une feuille, dans une diftance *fymmétrique* une petite boffe, Jufques là Mr. le Cons[er] GÜNTHER. Pour moi je crois qu'il faut ranger cette Pétrification parmi les Cardaffes, & qu'il faut même la prendre pour un *Organa Carbonaria*, dont j'ai fait mention plus haut dans le Chapitre des Plantes pétrifiées, vû que ce morceau convient exactement avec les Cereïtes, qui nous ont été communiqués d'Angleterre par Mr. COLLINSON, dans la Première Partie de cet Ouvrage tab. X. c. Ce qu'il y a de remarquable c'eft que, comme nous avons vû jufqu' ici, il y a une grande affinité entre les Schiftes herborifés d'Angleterre & ceux de Sevennes, tant à l'égard de l'efpèce générique que de l'efpèce de Pétrification. Quant aux Cereïtes mêmes & leurs différentes efpèces dans le Regne des foffiles, nous en avons affés traité plus haut.

PLANCHE N. 1.

Num. 1. eft un rameau entier du *Thelypteris Diofcoridis* RUPP. Flor. Jenenf. ou *Filix ramofa major pinnulis obtufis non dentatis* Cafp. Bauhin. 357. Fougère femelle. Les pinnules femblent un peu plus courtes qu'elles ne font dans la Plante fraiche, & c'eft ce qui confirme la conjecture que j'ai propofée ci-deffus, que les Plantes en plus grande partie, après s'être flétries & deffechées, ont été couvertes & enfoncées dans la terre.

Num. 2. Sur ce Schifte de Sevennes on voit le Polypode, *Lonchitis folio Polypodii* Joh. Bauh. 3. 744. *Polypodium anguftifolium* Tournefort. Inftitut. 540. *Spicant* RUPP: Flor. Jenenf.

PLANCHE N. 2.

Num. 1. La Fougère & la Prêle fe trouvent le plus frequemment fur les Schiftes, & principalement la première. Prefque tous les Lithologiftes qui ont repréfenté des Plantes pétrifiées, font mention de cette Plante fous le nom d'*Equifetum*. Lorfque nous comparons le Schifte de Sevennes que nous préfentons ici, avec de pareilles empreintes des Plantes d'autres païs, qui fe trouvent dans SCHEUCHZER *Herbar. Diluv.* Tab. I. fig. 5. Tab. II. fig. 1. MYLIUS *Memorabil. Saxon. fubt.* p. 30. fig. 3. & 5. ad pag. 16. & fig. 12. ad pag. 19. VOLKMANN *Silef. fubterr.* tab. XIV. fig. 7., nous obfervons la même Plante à la vérité, cependant il y en a peu qui foient auffi fines & auffi diftinctement exprimées que la préfente; le fond du Schifte eft gris & l'empreinte de la Plante dans toutes les parties les plus petites eft noire comme charbon & en même tems d'un beau brillant. J'ajoute les propres termes dont Mr. le Conser GÜNTHER fe fert en parlant de ce Schifte de Sevennes; *Gallium luteum omnium antforum*; Caillelait. Ce font de jeunes tiges qui n'ont pas encore pouffé la fleur. Les anneaux des feuilles (*verticilli*) mêmes ont entre eux la même diftance que dans la Plante naturelle. Cette Plante provient copieufement dans les prés humides, & par cette raifon elle peut facilement être enfoncée dans la terre par quelque inondation. Et comme avec cela celle eft roide, elle eft moins fujette à la putréfaction & par confequent très difpofée à laiffer fon empreinte.

Num. 2. & 3. Mr. le Conser GÜNTHER prend ces morceaux pour des fragmens qui paroiffent avoir quelque reffemblance avec certaines écorces d'arbres, mais on ne fauroit déterminer l'efpèce d'arbre à laquelle ils appartiennent, cependant fig. 2. reffemble beaucoup à l'écorce d'un vieux Platane. Nous avons déja traité plus haut de ces Pétrifications remarquables de Sevennes, qui avec d'autres empreintes Végétales s'y trouvent dans les lits de Houille & nous y avons remarqué qu'à l'égard de quelques unes VOLKMANN a déja conjecturé que ce pourroient bien être des empreintes d'écorces d'arbres. Mais dans le Chapitre II où il eft traité des Plantes pétrifiées, nous les avons rangées parmi les Pétrifications Végétales encore inconnues, & comme elles ont toutes, précifément comme les Cierges, des enfoncemens fymmétriques en certaines diftances, nous les avons placées en attendant parmi les Cereïtes, jufqu'à ce que tout cela foit plus éclairci. Parmi ces Cereïtes Num. 2. eft l'*Undulatum Carbonarium* & Num. 3. appartient aux *Ungella Carbonaria*, & même à ceux qui ont des enfoncemens

cubi-

cubiques, ce dont nous avons traité plus en detail & assés expliqué ces corps particuliers dans l'endroit ci-dessus ellegué.

Num. 4. On trouve sur les Schistes les empreintes non seulement de différentes espèces d'herbe, comme l'on voit dans SCHEUCHZER *Herbar. Dilav.* p. 69. mais aussi certaines formes qui ressemblent à des épis, mais on ne sauroit exactement déterminer si ce sont des épis d'herbe ou de blé, ou autre chose, puisque même dans les simples empreintes les bâtes, les pointes roides de la barbe, dont ces épis sont d'ordinaire garnis, sont devenues fort méconnoissables par la substance bitumineuse qui s'y est insinuée. On voit cependant dans cet Exemplaire, que le corps qui y a laissé son empreinte, doit avoir eu beaucoup de fibres & de filets ressemblans à de la soye d'un sanglier, ce que l'on reconnoit assés, en l'examinant avec attention, par les intersections des stries droites en partie enfoncées en partie élevées. On trouve des figures semblables dans SCHEUCHZER tab. II. 5. & particuliérement dans VOLKMANN *Siln. subterr.* Part. III. tab. IV. fig. 8. mais qu'elles soient proprement ces empreintes c'est sur quoi l'on n'est pas encore d'accord. VOLKMANN prétend y reconnoître ou le second Genre du *Gramen alopecurinum* Tabernæmont: ou le troisième Genre du *Gramen caninum* Tabernæmont: Encore d'autres en font d'espèces d'herbe,& quelques uns les prennent pour des Châtons, qui suivant leur opinion sont du Peuplier noir. Nous avons déja traité plus haut des Châtons pétrifiés de même que de différentes espèces d'épis d'herbe & de blé. Monsr. le Consr GÜNTHER est d'une opinion différente à l'égard de la Pétrification de ce schiste. C'est, dit-il, l'empreinte d'une gaine qui dans les tiges ligneuses des Plantes se trouvent là où les feuilles poussent, Lorsque la tige se desseche, & que les feuilles en tombent, la gaine fletrie se sépare de la tige & s'arrondit en se contractant. Probablement c'est dans cet état que la présente gaine s'est trouvée lorsqu'elle s'est imprimée dans le limon. L'on ne sauroit dire si elle appartient à l'Armarinto (*Libanotis*) ou à la grande Cigüe (*Cicuta*) ou à l'Angelique (*Angelica*) ou à la grande Pimprenelle (*Pimpinella*). Toutes ces Plantes ont de pareilles gaines.

Num. 5. de Calebrookdale en Schropshire. Une espèce de schiste herborisé ou plûtôt de rognon d'une beauté particulière, dans laquelle lorsqu'on la met en piéces, les Plantes renfermées & leurs empreintes se présentent fort distinctement. La pierre est ferrugineuse, & comme dans sa composition il est entré beaucoup de particules sulfureuses, la pyrite sulfureuse d'un brillant d'or, qui en est née, & qui renferme les feuilles en forme d'une bordure très fine, contribue beaucoup à rendre l'apparence très belle sur le fond d'un brun rougeître. L'empreinte qui, comme dans les schistes de Sevennes, est nettement élevée, semble être d'une jeune feuille du *Libanotis alba*, *Laserpitium* RUPPII Flor. Jenens. Il est vrai que dans l'état naturel même les feuilles les plus jeunes de cette Plante se présentent plus grandes, qu'elles ne sont sur ce schiste. Cependant elles peuvent aussi s'être ratatinées & fletries, & il faut que la feuille se soit plus contractée plus elle a été jeune & tendre.

CHAPITRE III.

DES TRILOBITES DANS LE REGNE DES PETRIFICATIONS, OU DE LA CONQUE RIDEE A TROIS LOBES (*CONCHA TRILOBA RUGOSA*)

Si jamais de nôtre tems Pétrification a excité l'attention des Naturalistes c'est surement celle qu'on nomme d'ordinaire la conque ridée à trois lobes, *Concha triloba rugosa*. On n'a découvert dans le commencement que la partie postérieure ou la queüe, & comme l'on y trouvoit un Test comme celui des autres coquilles, la plûpart l'ont prise pour une espèce de coquille encore inconnue, & ont taché d'en découvrir l'analogue. Dans la suite on a aussi trouvé la partie antérieure du Test, mais isolée, & personne ne se seroit avisé alors de conjecturer que cette figure particulière dût faire partie de la Pétrification qui etoit déja découverte.

verte. Peu de tems après on a déterré des morceaux moins mutilés, tant courbés qu'étendus, et c'est alors qu'on vit dans le Regne des Pétrifications un corps, dont on n'avoit point jusqu'ici observé de pareil dans tout le Regne de la Nature, une Créature, qui avoit la tête ressemblante en plus grande partie à une araignée, le dos partagé en trois lobes & garni d'anneaux testacés comme la quêue d'une ecrevisse, & l'extrémité de la queue large également partagée en trois lobes. On observa en même tems que l'animal devoit avoir sous son Test le mouvement libre, & être en état de se courber, de s'étendre & de se contracter en tout sens. Car on a trouve successivement dans le Regne des fossiles des Exemplaires, qui confirmoient cette observation d'une maniere incontestable. On ne sçait pas même jusqu'ici déterminer positivement & avec certitude le véritable analogue de cette Pétrification particuliere, malgré toute la peine qu'on y a employée; & surtout depuis quelques ans les Naturalistes les plus savans se sont piqués pour ainsi dire, à l'envi, de faire des découvertes heureuses, & d'approcher par là de cet analogue, en le cherchant, & en comparant exactement les Exemplaires qu'ils avoient trouvés. Je suivrai à présent ce parti, je donnerai l'Histoire naturelle de cette Pétrification, & je proposerai mes conjectures sur son analogue, afin que les amateurs des curiosités souterraines puissent les examiner. Mes amis m'ont fourni une quantité d'Exemplaires instructifs, que j'ai comparés avec beaucoup d'attention non seulement entre eux, mais aussi avec les pretendus analogues marins. Par une correspondance d'à peu près trois ans, que j'ai entretenue sur cette Pétrification avec quelques savans Naturalistes, & particulierement avec Mr. le Prévôt OENZMER à Stargord, j'ai appris plusieurs choses, qui pourroient bien encore ou être tout à fait ignorées, ou du moins ne pas être asses connues. Mais je viens au propos même.

Comme dans le commencement on n'avoit trouvé que des fragmens de cette Pétrification, & qu'on ne sçut pas sous quelle espèce de corps il falloit la ranger, presque chaque Naturaliste, qui la fit connoître, crût avoir le droit de lui donner une propre dénomination, BROMEL 1) la nomma *Lapis insectiferus*, *Insectum vaginipenne*, puisqu'il croyoit que c'étoit l'empreinte & la Pétrification de certains Insectes, dont les ailes sont couvertes d'écailles dures & cornées. Mr. WOLTERSDORF 2) l'a rangée parmi les Pétrifications des coquilles bivalves, & comme elle a trois éminences, il lui a donne le nom de *Conchites trilobus*, dénomination que plusieurs autres ont adoptée à quelque petit changement près, & c'est où il faut entre autres rapporter les noms de *Concha τρίλοβος*, *Concha triloba rugosa*, *Pectunculites trilobus*, comme l'on voit dans les Ouvrages de Mrs. GENZMER, 3) WILKEN, 4) KLEIN, 5) BERTRAND 6) & de plusieurs autres. Il faut dire cependant que dans un certain sens déjà HERRMANN 7) est l'inventeur de cette dénomination, car son *Pectunculites trilobus fabricatus* est précisément la coquille, que nous nommons *Concha triloba*. Le célèbre Naturaliste Mr. DE LINNÉ 8) donne à cette Pétrification à cause de sa forme particuliere, le nom d'*Entomolithus Paradoxus*, BRANDER dans DAVILA 9) lui donne celui d'*Eruca anthropomorphites*, BRUKMANN 10) la nomme *Petrefactum Polypi marini* & *Armata Veneris*, Mr. BAUMER 11) *Trigonella striata* & Mr. l'Inspecteur WILKE 12) *Entomolithus branchiopodis cancriformis marini*. Plusieurs Naturalistes Allemands se servent des noms de *Cacadu Muschel* & de *Kefermuschel*. On pretend que la premiere dénomination a été donnée

1) Lithogr. Suec. p. 76, 79.
2) Mineral-System. p. 42.
3) dans la Description d'une coquille, dont le dos a trois lobes. voy. *Arbeiten einer Gesellschaft in der Oberlausz.* Vol. II. & III. 1750- 1752. in 8vo.
4) *Nachricht von seltenen Versteinerungen, vornehmlich des Thierreichs.* à Berlin. 1769. in 8vo p. 28.
5) Oryctographia Gedanens. tab. XV.
6) Dictionnaire des fossiles Tome II. p. 213.
7) Maslograph. tab. IX. 50. p. 214. Num. 50.
8) Syst. Nat. tom. III. p. 160. & Abhandl. der Schwed. Acad. der Wissenschaften Vol. XXI. p. 20.
9) Catalogue systematique & raisonné Tome III. p. 204. comparé avec le Vol. XLVI, des Transactions Philosoph. p. 600.
10) Crat. I. epist. itinerar. 23, & 64. tab. III. fig. 5.
11) Natur. Geschichte des Mineral-Reichs, I. Theil. p. 328.
12) dans son Ouvrage ci-dessus allégué. p. 43.

Tome III.   D d

donné à cette Pétrification à caufe de la reffemblance qu'elle a avec le plumage dreffé de l'oifeau d'Amboine nommé Cacadou, & la derniere d'après le nom de *Lapis infectifer*, que MEL. lui a donné. Suivant le rapport de Mr. LEHMANN 13) l'efpece étroite des queues de cet animal porte auffi le nom de Lievre de mer. En Angleterre on la nomme communément *Dudleysfoffil* de l'endroit où on la trouve, & d'autres la nomment *Eruca* ou *bivalva*, comme l'on voit dans les Tranfactions Philofoph. Vol. XLVI. p. 598. Plufieurs de ces noms ont été donnés à cette Pétrification avant qu'on ne l'eut affès connue, & dans un tems où l'on prenoit encore l'extrémité de la queue pour l'une des deux valves d'une coquille. En examinant tous ces différens noms, l'on voit qu'ils lui ont été donnés ou par rapport à la forme & à la reffemblance que cette Pétrification a avec d'autres corps, ou par rapport au pretendu analogue qu'on a pris pour tel, quoique le plus fouvent fans fondement, ou par rapport à l'endroit où cette Pétrification a été trouvée. Nous lui donnerons la dénomination la moins étudiée en la nommant une *Trilobite*. Les trois lobes du dos & de la queue font des caractères par lesquels ce corps fe diftingue de tous les autres, & comme ces caractères font vifibles, nous les jugeons convenables, d'autant plus que pour à préfent il ne feroit guéres à propos de lui donner une denomination tirée d'un analogue, autant que cet analogue eft encore fujet à plufieurs disputes & à plufieurs doutes.

Ce corps particulier, lorsqu'il eft entier, eft compofé de trois parties, d'une tête, d'un tronc & d'une queue, qui, lorsqu'elles font étendues, forment enfemble un Ovale oblong. La tête eft couverte d'un teft vouté, qui eft tantôt liffe tantôt parfemé de petits grains fouvent imperceptibles, comme la cuiraffe d'une ecreviffe. Elle a d'ordinaire certaines éminences & enfoncemens fymmétriques, qui la partagent en trois parties. Le tronc ou le dos, comme on le nomme communement, eft la plûpart cylindrique & compofé de trois lobes. Il a une cuiraffe lamelleufe, c'eft à dire, l'écaille qui le couvre, eft compofée, comme celle d'une queue d'écreviffe, de purs anneaux, dont chacun repréfente trois arcs, puisque le dos a trois lobes. Ces anneaux peuvent rentrer & fortir l'un fous l'autre, fuivant que l'animal s'étend ou fe courbe, de maniere qu'il a le mouvement libre non obftant fa cuiraffe cruftacée. La croûte, ou comme on la nomme, l'écaille de la queue confifte, comme celle de la tête, en une feule pièce, & eft partagée en trois élevations. Comme l'on a pris autrefois ce morceau ifolé de la queue pour une coquille, on lui a donné le nom de cenque à trois lobes (*Concha trilobs*). Le teft, qui fait la cuiraffe de cet animal eft comme celui d'une coquille, il fe décompofe en lames & en feuilles, ce que j'ai obfervé dans plufieurs Exemplaires, & remarqué qu'il étoit compofé de plufieurs lames comme le teft des coquilles. Communément ce teft eft mince, furtout dans les Exemplaires, où quelques lames fe font déjà détachées; on ne peut donc point faire la conclufion par la fineffe du teft d'une Pétrification à l'épaiffeur de ce teft dans l'analogue. Il y a des Exemplaires où le teft a l'épaiffeur d'un dos de couteau, même dans les groffes pièces il a celle d'un tuyau de plume, & dans des pièces encore plus grandes l'épaiffeur du teft eft d'un quart de pouce. Cependant l'on obfervera auffi en même tems, que le teft du tronc eft communément à beaucoup près plus mince que l'écaille qui couvre la tête & la queue de l'animal. La furface interne de l'écaille, lorsque celle-ci fe détache de fon noyau, ce qui arrive quelquefois, a des rayons ou des lignes très fines, fouvent imperceptibles, un peu ondulées & avec cela parallèles. Ces lignes font encore apparentes fur le noyau qui fe trouve immédiatement au deffous de l'écaille, par l'empreinte qu'elles y ont faite, & là où ces impreffions fe trouvent, ce qu'on remarque le plus fouvent fur la queue, c'eft une marque certaine, que le teft, qui y a été, s'en eft féparé. Perfonne n'a encore jamais pû découvrir quelque veftige d'un teft du côté inférieur, fur les noyaux mêmes on trouve jusqu'à l'extrémité de la queue l'empreinte de la furface interne de la coquille fupérieure fans jamais y obferver qu'il y tienne ou qu'il s'y uniffe une coquille d'en bas à celle d'en haut. Quelques favans Naturaliftes ont bien crû obferver dans les pierres, où une Trilobite a été transverfalement diffequée, une coquille d'en bas, 14) qui devoit être de même que celle d'en haut

13) Abhandlung von Flöz-Gebürgen. p. 72.
14) voy. le Traité de Mr. le Prevôt GENZMER, qui eft inféré dans les: *Oberlaufitzsche Arbeiten einer Gefellschaft*. Vol. III. p. 134. compare avec la Planche Num. 7.

haut, compofée de trois arcs, & avoir tenu des deux côtés à celle-ci. Cependant cette obfervation ne prouve rien. Car la fection s'étant faite à travers une Trilobite prefque contournée en rond, le dos a été difféqué par là deux fois, & par conféquent il fe devoit préfenter
fur la furface de la pierre deux lignes à trois arcs, tournées l'une vers l'autre. Au refte
comme l'animal qui eft caché dans cette coquille, a un mouvement libre en tout fens, il n'eft
pas non plus en mourant, toujours dans la même attitude. Quelques uns font étendus tout
droit 15) & ont ainfi une figure ovale allongée. D'autres font contractés, de maniere que la
queuë fe trouve au deffous de la tête, ce qui donne à l'animal une figure de cœur. 16)
D'autres encore ont une forme vermiculaire étant courbés vers en haut & vers en bas. Suivant la différence de cette attitude les anneaux du dos font entrés tantôt plus tantôt moins avant les
uns fous les autres, & par là les anneaux paroiffent plus ou moins larges. Lorfque l'animal eft
étendu, les anneaux entrent fouvent de deux tiers les uns dans les autres, ce que l'on voit
très diftinctement dans les lobes latéraux de quelques individus. 17)

Il nous faut à préfent examiner de plus près la tête, le tronc & la queuë de cet animal
particulier. On trouve la plûpart la tête féparée du tronc, & l'on peut inférer par là, qu'elle
ne doit y tenir que par quelques mufcles, qui vont bien vite en putréfaction, ce qui donne
à la tête un mouvement plus libre. Cette tête, ou pour mieux m'exprimer, cette coquille
fous laquelle la tête de l'animal eft cachée comme fous un cafque, a des figures fi différentes
dans le Regne des foffiles, qu'on fe trouve embaraffé lorfqu'il s'agit de commencer à rapporter
& à déterminer toutes ces variations. Mais il faut convenir en même tems qu'on prend plufieurs morceaux pour des cafques des têtes de Trilobites qui furement ne le font pas, & qui
font des coquilles d'autres corps marins, qui fe trouvent en compagnie avec les Trilobites
& qui ont été pétrifiées avec elles.

La coquille de la tête repréfente un croiffant; 18) elle eft communément fort convexe
& confifte en une feule piéce. Dans quelques unes on remarque fimplement une furface liffé
& en même tems courbée, fans entaillures, éminences ou enfoncemens, 19) & il eft probable
qu'alors ce ne foient que de fimples noyaux, qui ont été dépouillés de leur teft naturel, ou
qu'elles ont été endommagées & ont perdu leurs tubercules, à moins qu'il n'y ait effectivement
une efpéce, qui dans fon état naturel ait la tête couverte d'un cafque tout à fait uni. Elles
font la plûpart garnies de certaines éminences & fillons. C'eft à dire il y paffe d'en haut vers
en bas jufqu'à l'extrémité du bord de la coquille deux cannelures ou fillons, 20) d'où la coquille
entiere, qui couvre la tête de l'animal, eft partagée en trois parties, favoir celle du milieu &
les deux parties latérales. Il nous faut, pour parler plus intelligiblement, des noms pour
marquer les différentes parties de la tête. Nous emprunterons donc ces noms des parties de
la tête d'un animal, fans croire cependant, que dans notre animal les parties foient précifement
ce qu'elles font dans les animaux quadrupédes. Nous nommerons ainfi les deux parties latérales les *joues*, & nous partagerons la partie du milieu en trois parties, que nous nommerons le
front, le *nez* & les *levres*. Il y a en haut aux deux côtés du front deux hémifphéres ou tubercules, que nous appellerons les *yeux*. On remarque outre cela dans quelques Exemplaires là
ou communément fe trouvent les yeux, certaines éminences cylindriques, qui reffemblent à
de longues oreilles ou à des cornes, qui font garnies de petits grains, & qui à l'égard de la
ftructure ont beaucoup de reffemblance avec les yeux de plufieurs Infectes. Comme je n'ai

D d 2

pas

15) voy. la Planche dans cet Ouvrage Suppl. IX. b. Num. 3. & IX. b. Num. 4.
16) Suppl. IX. a. Num. 1. & 2.
17) Suppl. IX. c. Num. 4. & 6.
18) Suppl. IX. a. 2. IX. t. 3. Mr. GENZMER *Laufz. Arb.* Vol. 3. Pl. N. 3. WILKE, tab. I. fig. A.
19) *Laufz. Arb.* Vol. 3. Pl. N. 1. Les Planches du Supplément de cet Ouvrage VIII. d. 1. IX. b. 3.
20) voy. le Supplément Pl. IX. t. 3. WILKE tab. I. A. Mr. GENZMER dans l'Ouvrage ci-deffus allégué
    Vol. 3. Pl. Sign. II. Dans quelques Exemplaires ces fillons ne vont que jufques au milieu, & comme
    d'ailleurs ils ont peu de reffemblance avec les cafques des Trilobites, il refte encore à décider fi ce
    ne font pas des coquilles d'autres corps marins. Une pareille coquille, & dont je parle principalement
    ici, a été communiquée par Mr. le Prevôt GENZMER dans les *Oberlaufz-Arbeiten* Vol. 3. fur la Planche
    qui s'y rapporte Num. 6.

pas toute l'expérience qu'il me faut, je n'oferois déterminer, fi ces éminences font, dans les efpèces de Trilobites qui en ont, précifement ce que font dans d'autres les hémifphéres que nous avons nommés les yeux, cependant il eft fûr que j'ai obfervé deux efpèces d'Exemples. Dans quelques uns qui avoient ces éminences garnies de petits grains, on voyoit tout près de ces éminences vers le front, encore deux petits tubercules communément allongés, dans d'autres au contraire le front étoit plat, & il fembloit que ces cornes tenoient en haut aux hémifphéres que nous avons nommés les yeux. Qu'elles foient des cornes ou autre chofe, nous les nommerons cependant les cornes pour les diftinguer de ces yeux hémifphériques, quoique nous foyons difpofés de les prendre pour quelque autre chofe, & que nous croyons découvrir une ftructure très artificielle d'yeux. Il faut que le tems à venir nous défille les yeux pour pouvoir juger de ceux de cet animal.

Nous avons dit que la partie mitoienne de la coquille ou le front, le nez & la fèvre font féparés des joues par deux fillons. Ces fillons paffent quelquefois tout droit & fans être courbés, 21) ce qui donne au front & au nez une largeur égale, mais la plûpart ces fillons font en arcs, 22) & repréfentent des arcs tantôt étroits tantôt larges, tournés tantôt en dedans tantôt en dehors, d'où il faut que la figure du front & du nés fe préfente en différente maniere fuivant la différence de ces arcs. Quelques unes ont deux pareils arcs, d'autres en ont trois. La plûpart de ces Trilobites, qui ont de pareils fillons courbés entre le front & les joues, ont les joues unies, où l'on ne voit point de tubercules que ceux qui font formés par ces arcs. J'ai remarqué auffi que les Trilobites qui ont de pareils arcs, ont la plûpart le nés d'une largeur médiocre, mais en même tems beaucoup élevé.

Le *front* eft la partie fupérieure du milieu de la coquille, qui par un lien tient tout près à la coquille du dos. Il eft tantôt plat, tantôt fort convexe, d'ordinaire plus étroit que le nés, 23) communément uni, marqué d'une ride, qui confifte en une ligne tranfverfale élevée. Au deffus du front fe trouve le *bandeau*, qui paffe par en haut fur les joues & les temples, & qui confifte en un bord, qui peu à peu prend la forme de trois arcs, & qui unit les lobes du dos, c'eft à dire, le premier anneau à trois arcs de la coquille du dos, avec la tête. 24) Si l'on vouloit donner à ce bandeau le nom de *Collum trilobum* & le prendre pour le cou de l'animal, je ne trouverois rien à redire. Ce morceau eft endommagé dans la plus grande partie des calques ifolés, ou bien il eft enfoncé trop avant dans la pierre pour pouvoir être remarqué. Le *Nés* eft comme le nés plat d'un Negre. Puifque d'ordinaire les fillons forment en bas fur la lèvre un arc bien fort, dirigé en dehors, le nés eft dans ce cas toujours plus large que le front. 25) Il eft plat à la verité, cependant la coquille entiere de la tête étant convexe, il eft plus élevé que les joues. Les *yeux* font des hémifphéres, à proportion de la tête plus ou moins grands, plus ou moins élevés ou applatis. 26) Communément ils fe trouvent aux deux côtés du front, à la partie fupérieure des joues, cependant dans quelques unes ils fe trouvent plus bas, aux deux côtés du nés. A côté de ces yeux on trouve dans quelques individus encore de petits tubercules, au nombre de trois ou quelquefois au nombre de quatre, qui ne différent des yeux que par la grandeur. Ils font communément plus près du front que les hémifphéres plus grands, que nous avons nommés les yeux. 26 a) Les joues font un peu convexes dans quelques efpèces plus ou moins grandes, fuivant que les fillons, qui font le contour du front & du nés, forment un arc plus ou moins grand. Par conféquent fi le nés eft bien large, les joues font petites. Elles ont d'une certaine maniere une forme triangulaire, & elles font

placées

---

21) voy. le Supplément Pl. IX. a. 3. IX. c. 2. IX. f. 3. & les Tranfactions Philofophiques Num. 496. Pl. II. p. 604. fig. 9.

22) Mr. WILKE tab. I. A. B. C. Mr. GENZMER Laufiz. Arbeit. Vol. 2. Tab. N. 13. 17. Vol. 3. Num. 1. Tranfactions Philofoph. dans le paffage ci-deffus allégué fig. 3. & 7.

23) Mr. GENZMER dans le même endroit Vol. 3. N. 11.

24) voy. Tranfactions Philofophiques dans l'endroit ci-deffus allégué, fig. 6.

25) dans les Supplémens Pl. IX. a. 2. IX. c. 4. Mr. GENZMER dans le même endroit Vol. 3. Num. 11.

26) dans les Supplémens Pl. VIII. d. 17. IX. a. 3. IX. b. 3. IX. f. 3.

26 a) voy. Tranfactions Philofophiques, dans l'endroit ci-deffus allégué fig. 8. 9. 11. & 12.

placées de sorte que là où les lobes latéraux commencent, elles se terminent en une pointe, qui dans quelques Exemplaires contournés avance un peu & nous fait conjecturer que cette pointe ou cet aiguillon pourroit peut-être servir à l'animal de sa derniere defense, en cas que la cuirasse ou la coquille, dans laquelle il pourroit s'envelopper, lui refusât le secours. Nous donnons ici le nom de *levre* à cette partie, que Mr. l'Inspecteur WILKE 27) nomme le pivot (*Hængstok*) Elle forme un arc rond, de sorte que de l'extrémité de l'une des joues, qui tient le plus près à l'un des lobes latéraux, elle passe jusqu'à la même élevation de la joue du côté opposé.

Ce qu'il y a de plus remarquable dans la tête de cet animal ce sont les cornes; 28) car c'est là le nom que nous avons donné à ces éminences cylindriques, qui s'élevent aux deux côtés du front. On ne sçauroit jusqu'ici pas plus déterminer l'usage pour lequel elles ont été données à cet animal, que celui de plusieurs autres parties, mais du moins je suis convaincu, que si je trouvois ces mêmes parties, telles qu'elles se trouvent sur cette Trilobite, sur un Insecte, je les prendrois sans hésiter pour les yeux. Nous leur laisserons en attendant le nom de Cornes, pour les distinguer d'avec les hémisphéres, que nous avons nommés les yeux. On n'observe pas ces Cornes dans tous les individus qu'on a trouvés, ni dans aucun de ceux que les auteurs Anglois ont fait connoître dans les Transactions Philosophiques, & cette différence de même que plusieurs autres, que nous avons déjà remarquées dans le casque de cet animal, font assés connoître, que le genre des Trilobites doit être un genre fort étendu, qui comprend un grand nombre d'espéces & d'espéces subordonnées. Lorsque ces cornes se trouvent dans une Trilobite, elles tiennent à la partie supérieure de la joue, à chaque côté. Quelques unes se terminent en pointe, d'autres ont en haut, au lieu de la pointe, une petite surface en forme de croissant, du milieu de laquelle il s'éleve une petite éminence conique. Ces cornes sont garnies de grains très fins, avec autant de régularité, qu'on auroit de la peine à se figurer quelque chose de plus fin & de plus net. Ces grains sont fort près les uns des autres & tous parfaitement de la même grandeur, & pailent en lignes droites au tour des cornes. Ils se présentent en trois manieres différentes; ils sont premièrement ou entiers, sans être endommagés, & alors ils se trouvent sur les cornes comme des grains de millet, de maniere qu'une moitié est enfoncée dans la pierre, & que l'autre avance, d'un beau brillant, de couleur brunâtre comme un Onyx: ou, en second lieu, ils sont émousés, & c'est alors qu'on n'observe point de grains, mais simplement des figures circulaires, qui renferment chacune l'autre moitié du petit grain; ou troisièmement ces grains sont tombés, & c'est alors qu'on voit bien aussi des figures circulaires, mais qui, au lieu d'être remplies, ont chacune une cavité hémisphérique. Dans ce dernier cas, qui cependant ne s'observe pas sans le secours d'un Microscope, on voit fort nettement en petit des espéces de cellules de ruche, aussi symmétriquement disposées que ces cellules mêmes.

Nous ne pouvons nous dispenser de faire mention ici d'un certain insecte crustacé, dont les yeux ressemblent exactement à ces parties, que nous avons nommées préalablement les Cornes des Trilobites. Je laisse reflechir là dessus mes lecteurs, si ces parties peuvent nous être utiles pour trouver l'analogue, & je me contente d'ajouter ici, que cet Insecte testacé a un dos composé de pareils anneaux comme celui des Trilobites, a cela près qu'il n'est pas partagé en trois lobes. Cet Insecte crustacé porte le nom d'Aselle, Cloporte ou Scolopendre de mer d'Islande (*Oscaköra*) & d'après les rapports de THORLESIUS & de SONNICHSUS il y a, dans les *Neue Gesellschaftliche Erzehlungen* 29) la description suivante de ses yeux: Les yeux de ce cloporte marin meritent d'être admirés, il y en a un nombre infini, ils sont fermement enchassés dans une membrane de substance cornée, oblongs & de couleur verdâtre..... Etant

encore

27) dans le Traité ci-dessus allégué. p. 11.
28) voy. le Supplément. Planche IX. c, d.
29) Part. IV. p. 19.

encore dans le casque ils se présentent comme un rezeau composé de mille mailles, & un peu verdâtre, mais à l'aide de la louppe l'on voit qu'ils sont composés de deux cornées oblongues & convexes, où l'on observe dans chacune au moins deux cent petits yeux avec leurs orbites, mais qu'on auroit de la peine a compter exactement . . . . On croit y voir un gâteau de miel avec ses cellules. Jusques là l'auteur anonyme des *Neue Gesellschaftliche Erzehlungen,* ronischius donne à cet Insecte crustacé, dont le dos ressemble à la queuë d'une écrevisse, le nom d'*Argus Islandicus* à cause du grand nombre de ses yeux, & que c'est la mer d'Islande, qui est sa patrie.

Je n'ai point pû découvrir d'autres parties dans la tête de cet animal. Dans les Mémoires de l'Académie Royale des Sciences de Suede on représente une pareille Trilobite avec des antennes. Quoique j'aye examiné un grand nombre de Trilobites, & que mes amis, principalement Mr. le Prevôt GENZMER, Mr. le D. HEMPEL & Mr. le Pasteur WOLTERSDORF aient eu la complaisance de me communiquer pour ce dessein les meilleurs piéces & les plus instructives, je n'ai pourtant pas pû trouver dans aucune outre ces cornes, que je viens de décrire, la moindre vestige de quelques antennes, chose que dans la Petrification je crois impossible par elle même. Par cette raison je revoque en doute l'authenticité de cette figure jusqu'à ce que je sois convaincu du contraire. Car quand même nous voudrions supposer que l'animal eût au dessous de sa coquille des antennes comme les escargots, elles n'ont pû se pétrifier non plus qu'une autre partie charnue & disposée à la putréfaction. Peut-être a-t-on pris pour des antennes un reste, ou une partie du bord inférieur & un peu élevé de ces lèvres.

Le dos fait le caractére par lequel cet animal se distingue de tous les autres animaux crustacés. Il est partagé en trois lobes, & couvert de la même maniere d'une écaille, dont les trois lobes sont composés, comme la queuë d'une écrevisse l'est d'anneaux qui passent l'un des l'autre lorsque l'animal s'étend ou se courbe vers en haut, & qui avancent l'un au dessous l'autre & s'élargissent, lorsque l'animal se contourne sur lui même de maniere que la queuë & la tête s'approchent l'une vers l'autre. 30) Communément ces trois lobes sont de la même épaisseur, cependant il y a des Exemplaires ou le lobe du milieu est plus étroit, & encore d'autres, ou il est plus épais, plus large, & considerablement plus haut que les lobes des deux côtés. Les anneaux ont d'ordinaire l'écaille plus mince que celle qui couvre la queuë & la tête de l'animal, probablement puisque c'est là que l'animal peut le moins supporter quelque lésion. La délicatesse de cette partie pourroit bien aussi être la cause de ce que les Trilobites sont la plûpart cassées & détruites avant qu'elles ne passent dans le Regne des fossiles. Car on trouve bien rarement un pareil anneau, dont les trois arcs soient restés entiers. Ces anneaux font ana. ? un petit sillon près qu'ils ont aux deux extrémités, où ils couvrent les lobes latéraux. 31) Chaque anneau consiste en trois inflexions ou en trois arcs, de sorte qu'il couvre toujours une partie du dos entier, qui est composé de trois lobes, & par là le nombre des anneaux est le même sur chaque lobe. Ces trois courbures semblent à la vérité dans quelques Exemplaires ne pas consister en une piéce d'écaille, vû que dans les deux sillons du dos, qui le divisent en trois lobes, elles paroissent quelquefois écartées & interrompues. 32) Cependant cela provient d'une terre durcie, qui s'y est attachée; si l'on pouvoit l'emporter de l'écaille qui est cachée dessous, on verroit que chaque anneau du dos consiste en trois arcs, qui forment ensemble un anneau entier. Ce qu'il y a de plus remarquable dans ces anneaux, c'est la maniere dont ils s'emboîtent l'un dans l'autre, & dont ils s'écartent l'un de l'autre. Chaque anneau est composé, pour ainsi dire, de deux stries rondes élevées, de maniere cependant qu'une strie est plus élevé que l'autre. Cette derniere strie moins élevée est cachée au dessous de l'anneau, qui suit immédiatement, lorsque l'animal est étendu, mais lorsque l'animal est courbé, cette strie moins élevée ne paroit qu'entre les anneaux du lobe du milieu, vû que

lorsque

---

30) Mr. le Prevôt GENZMER dans les *Laußz-Arbeiten* Vol. III. p. 194.

31) Ce sillon est exprimé par une ligne obliquement tirée, dans les Mémoires de l'Acad. Roy. des Sciences de Suede. Part. XXI. Tab. I. fig. 1.

32) voy. les Planches du Supplément dans cet Ouvrage, tab. IX, f. 3.

lorſque l'animal ſe contourne, les anneaux s'écartent l'un de l'autre comme dans une queuë
d'écreviſſe recourbée. Mr. l'Inſpecteur WILKE a remarqué dans les Trilobites cette même cir-
conſtance particuliere, dans ſon beau Traité : *Nachricht von ſeltenen Verſteinerungen* pag. 7.
Je m'en vais rapporter la deſcription, qu'il en fait : „Il y a, dit-il, entre chaque articulation
„ dans le milieu une éminence ſphérique, qui s'emboîte parfaitement dans la cavité de l'an-
„ neau & s'y joint, ſans cependant être adherante. Au contraire elle eſt plûtôt attachée a la
„ plus grande élevation de l'anneau qui eſt au deſſous, comme ſi elle en faiſoit partie, & le
„ tout étant joint enſemble, elle remplit la cavité de l'articulation, qui étoit courbée aupara-
„ vant, & elle avance même un peu, comme il ſemble, au deſſous de cette articulation.
„ Cependant chacune de cés éminences eſt ſéparée, par un petit ſillon, de l'anneau ſur le-
„ quel elle ſe trouve.

Le nombre des anneaux n'eſt pas le même dans tous les individus. On en a compté
huit, dix, douze & au delà, & même quelques Naturaliſtes en comptent vingt quatre. Il ſe
peut cependant auſſi qu'ils aient pris les ſillons de la queuë pour des anneaux, & les y aient
comptés. Probablement ces anneaux tiennent l'un à l'autre par de certains nerfs, de maniere
que l'animal qui loge au deſſous, peut ſe tourner comme il veut, & que, ſuivant ce mouvement, les anneaux peuvent facilement s'emboîter l'un dans l'autre ou s'écarter l'un de l'autre.
Lorſqu'après la mort de l'animal ces nerfs vont en putréfaction, choſe qui ſuivant toute apparence, doit ſe faire aſſès tôt, il faut que ces anneaux ſe détachent l'un de l'aute, & ſe ſéparent du casque & de la queuë. Il faut, ſuivant ce qu'on peut conjecturer d'après quelques
Exemplaires, qu'il y ait au deſſous des anneaux, de même qu' au deſſous de l'écaille de la
queuë une peau membraneuſe, qui ſe ratatine apres la mort. C'eſt par là qu'on peut expliquer un certain phénomêne. Les anneaux étant cruſtacés, & par là point diſpoſés à ſe courber ou à ſe rider, ſont ſymmétriquement placés, que l'animal ſoit étendu ou contourné ſur
lui même, & repréſentent des écailles unies & jamais des rides irrégulieres ou défigurées. On
trouve cependant des Exemplaires, qui ſur les trois lobes juſqu' à l'extrémité de la queuë ne
préſentent pas tant des anneaux unis & fermes qui ſortent l'un de l'autre, que plûtôt des plis qui
ne ſont pas trop réguliers. Suivant toute apparence ces Exemplaires ont été dépouillés de leur
coquille naturelle, ou bien celle ci eſt reſtée dans la matrice, lorſqu'on l'a miſe en pieces, de
ſorte qu'il n'en eſt ſorti que le ſimple noyau, qui préſente alors les rides de la peau contractée.
Dans ce cas cette peau exiſte encore, ou bien l'on ne voit que ſon empreinte ſur le noyau.
Ces rides paſſent alors juſqu'à l'extrémité de la queuë, qui par cette raiſon eſt beaucoup plus
contournée dans ces Exemplaires qui ſont contractés, que dans ceux qui ont encore leur
coquille naturelle. Il me ſemble que c'eſt ſous cette eſpèce qu'il faut ranger l'Exemplaire de
Link, d'ailleurs aſſès connu.

La queuë ou plûtôt l'extrémité de la queuë n'eſt pas moins différente que le casque ou la
coquille qui couvre la tête. Si cependant chaque eſpèce de casque ſuppoſe une eſpèce propre
de queuë, qui appartient en particulier a telle eſpèce de casque ou a une autre, c'eſt ce qu'on
ne ſauroit encore déterminer juſqu' ici, vû qu'on ne trouve les coquilles de la tête & de la
queuë qu'en plus grande partie iſolées. La coquille de la queuë ne conſiſte qu'en une ſeule
piece, comme le casque, & par deux ſillons longitudinaux elle eſt diviſée en trois lobes, de
maniere que près de l'extrémité de la coquille le lobe du milieu ſe termine en une pointe
émouſſée. 33) La coquille en elle même a la forme ou d'un demi Ovale ou d'un demi
Cercle, 34) ou bien elle eſt quelquefois conique. 35) Il n'y a donc pas dans toutes la même
proportion entre la largeur & la longueur. Car il y en a qui ſont plus longues & plus etroites
que les autres. 36) Tous les trois lobes ſont convexes, 37) & finiſſent en bas dans le milieu

E e 2

du

33) Supplém. Tab. IX. b. 2. & 6.
34) Supplém. Tab. IX. & IX. c. 2.
35) Supplém. Tab. IX. b. 4. Mr. WILKE Tab. II. fig. 2.
36) voy. Mr. GENZMER *Lauſiz-Mém.* Vol. II. Tab. 5. & 9.
37) Mr. WILKE tab. II. fig. 3. Supplém. Tab. IX.

du bord par une pointe plus ou moins émouffée. Le lobe du milieu eft communément plus étroit & plus court, 38) mais auffi plus convexe que les deux lobes latéraux. Il y en a cependant, qui ont le lobe du milieu fort large, & qui à l'extrémité inférieure n'ont pas une pointe émouffée, mais une figure parfaitement ronde. 39) Lorfque les deux lobes latéraux ont encore leur coquille naturelle, ils fe joignent en bas au deffous du lobe du milieu, 40) fi non, l'extrémité de la queuë eft ou trop enfoncée dans la coquille, ou bien la coquille a été détruite. Autour des lobes latéraux on voit dans plufieurs un bord liffe 41) qui avec le refte de la coquille fait un continu, & c'eft cette circonftance qui nous difpofe à croire que ce bord n'eft pas la peau de l'animal, 42) vû qu' autrement cette peau ne pourroit être contiguë à la coquille même. On obferve en haut, là où la queuë tient au dos, un bord étroit un peu élevé. Ce bord en fe féparant, préfente une furface oblique, & juftifie par là la conjecture, que la queuë ne tient au dos que par un ligament fort qui eft dans le milieu.

Les trois lobes de la queuë différent en plufieurs manieres à l'égard de la furface de la coquille. Je ne connois qu'une feule efpèce, qui ait la coquille tout à fait unie & fans plis, 43) toutes les autres en ont, mais en même tems elles différent auffi beaucoup entre elles, où cependant il faut bien fe garder, lorfque la coquille manque, de ne pas prendre pour la coquille même la peau contractée & pliffée qui eft au deffous. Dans quelques unes ce n'eft que le lobe du milieu qui eft tranfverfalement pliffé, & c'eft alors que les lobes latéraux font unis, & avec cela pas trop convexes ni courbés 44) & les plis tranfverfaux mêmes du lobe du milieu plus ou moins plats ou enfoncés. Il faut ranger ici une très petite efpèce particuliere de coquilles de la queuë, qui fe trouve dans une Pierre-pore noire tant dans les environs de Berlin, qu' auffi, fi je ne me trompe, dans le païs de Meklenbourg. Les lobes latéraux font unis, mais celui du milieu a de certaines éminences, qui des deux côtés vont obliquement en haut, s'uniffent dans le centre du lobe du milieu, & femblent former, pour ainfi dire, un angle obtus. Les coquilles de la queuë, qui fe trouvent fur les fchiftes alumineux d'Andrarum, & qu'on connoit par la *Lithographia Suecana* de BROMEL, font de cette même efpece, mais plus fines & plus nettes, & avec cette différence, que vers l'extrémité inférieure elles repréfentent un arc comprimé, & qu'on y obferve tant à l'extrémité du bord, que là où le lobe du milieu finit, une ferie tranfverfale élevée. Je crus du commencement voir dans cette figure une efpèce particuliere de cafque de la Trilobite, mais j'ai été defabufé en examinant avec plus d'attention ce fchifte d'Andrarum. C'eft, comme toutes les circonftances le prouvent, la queuë d'une efpèce particuliere de Trilobite. Dans d'autres tous les trois lobes font pliffés, 45) & ces plis conviennent entre eux en ce que vers l'extrémité ils deviennent plus étroits & plus fins, mais ils différent entre eux, en ce que dans quelques unes ils font grands & en petit nombre, 46) & dans d'autres étroits & nombreux, 47) d'où il arrive auffi, que les côtes, qui s'élevent entre les plis, font tantôt plus tantôt moins fines ou épaiffes. Dans quelques unes les côtes s'uniffent toujours, deux à deux, aux extrémites, d'où elles deviennent bifourchues 48) Dans quelques efpèces le nombre des plis des lobes latéraux eft égal à celui des plis du

lobe

38) Supplém. IX. 1. 7. Mr. WILKE tab. II. fig. 5. tab. III. fig. 7. & 10.

39) BROMEL Lithogr. Suecan. p. 77.

40) Mr. GENZMER dans le même Ouvrage, Num. 4. Mr. WILKE tab. III. fig. 6. 7. Supplém. Tab. IX. 1.

41) Mr. WILKE tab. IV. fig. 17. tab. V. 19.

42) C'eft l'opinion de Mr. l'Infpecteur WILKE dans fon Traité: *Nachricht von feltenen Verfteinerungen* p. 13. 14.

43) J'en poffede moi même de cette efpèce, enchaffées dans une Pierre-pore noire, du Meklenbourg, où dans toutes l'on ne decouvre pas le moindre veftige de quelque pli. Outre cela Mr. WOLTERSDORF m'a communiqué un Exemplaire d'un grand bout de queuë, où le lobe du milieu, qui a encore fa coquille naturelle, ne préfente pas le moindre veftige de quelques plis tranfverfaux.

44) Mr. GENZMER dans l'endroit ci-deffus allégué, Vol. 2. Tab. N. 2. Suppl. Pl. IX. b. 2. IX. e. 2.

45) Supplém. Pl. IX. b. 6.

46) Supplém. Pl. IX. 8.

47) Supplém. Pl. IX. 2. 6. IX. b. 5.

48) Mr. le Prevôt GENZMER *Laufiz-Arbeit.* Vol. III. Tab. N. 7.

lobe du milieu, 49) dans d'autres au contraire le lobe du milieu a plus de plis que les deux lobes latéraux. 50) Les plis mêmes font ou unis ou garnis de grains, & dans ce cas ces grains fe trouvent ou fimplement fur le lobe du milieu, 51) ou en un rang, ou en deux rangs, ou bien ces grains fe trouvent aufli fur les lobes latéraux. Le nombre de ces petites éminences ou grains, fur tout fur le lobe du milieu, eft tantôt plus tantôt moins grand, mais tous ces grains deviennent fucceflivement vers l'extrémité plus petits & plus ferrés. La difpofition des plis & des côtes qui en naiffent, n'eft pas non plus la même dans tous les individus. Sur le lobe du milieu ces plis font toujours transverfaux. Sur les lobes latéraux il n'en eft pas toujours de même, mais ils vont en defcendant en direction oblique, & forment un angle là où ils joignent les plis du lobe du milieu.

Voici encore une circonftance dans la queue des Trilobites qu'il ne faut pas negliger. La différence de la grandeur des coquilles de la tête & du dos n'eft pas à beaucoup près aufli fenfible que dans les coquilles de la queue. La raifon n'en fauroit être que la grande quantité de ces dernieres. Si l'on avoit trouvé autant d'écailles de la tête & du dos, que de la queue, on trouveroit entre elles la même différence de grandeur qu'entre celles-ci. Il y a des écailles de la queue qui ont à peine la grandeur d'une tête d'épingle, mais on a aufli des piéces de la grandeur d'une main & au delà, & même des piéces d'un demi pied. 52) Il eft aifé de juger par là que cette différence importante ne provient pas fimplement de la croiffance, mais aufli de la grandeur génétique, & qu'il faut que dans la mer il y ait des créatures de cette efpèce, dont la longueur doit être au delà d'une demie aune, vû que l'écaille de la queue fait le tiers ou le quart de la longueur de l'animal entier. Independamment de cela on ne fauroit encore jufqu'ici determiner exactement, par la forme de la queue, le genre même à l'égard de fa grandeur naturelle. Car l'on découvre, même parmi les petites, fur tout à l'aide d'une louppe, ces mêmes efpèces differentes, que nous avons indiquées ci-deffus, & j'ai remarqué cette même différence dans les Trilobites, qui avoient la grandeur d'une main.

Dans les contrées qui font préférablement la patrie des Trilobites, l'on trouve, & même en partie parmi les Trilobites, certaines Pétrifications, au fujet defquelles l'on ne fçait pas pofitivement jufqu'ici s'il faut les ranger dans le genre des Trilobites, ou bien fi ce font d'autres corps, que le hazard a mêlés avec les Trilobites, & dont les analogues nous font de même inconnus que ceux des Trilobites. Ces corps ne font pas tous de la même efpèce. Nous pouvons fort commodément les partager en quatre Claffes. Quant à ceux qui appartiennent à la *premiere* Claffe, il eft probable que ce foient les queues de certaines efpèces particulieres de Trilobites, où il faut ranger par exemple la Pétrification de Weftgothland, que Mr. de BROMEL a communiquée dans fa *Lithographia Suecana*. 53) Suivant toute apparence il faut aufli rapporter ici les Trilobites quarrées que ce même Naturalifte 54) & Mr. de LINNÉ 55) ont obfervées fur les fchiftes alumineux d'Andrarum. On les trouve communément mêlées parmi les queues des Trilobites, & peut-être font-ce des morceaux ifolés de la coquille du dos à trois arcs, & même de cette efpèce, dont le lobe du milieu eft plus convexe que les deux lobes latéraux. 55*) Quant aux corps de la *feconde* Claffe, il eft encore fort douteux s'ils ap-

par-

49) Voy. le Traité de Mr. le Prof. *François* ZENO fur les Pétrifications, qui fe trouvent dans les environs de Prague, dans le Vol. I. des *Prager Phyfic. Beluft.* Tab. I. fig. 1.

50) voy. Supplém. Pl. IX. 1. Mr. l'Infpecteur WILKE dans fon Traité ci-deffus allegué. tab. II. fig. 2. Mr. GENZMER *Laefz-Arbeit.* Vol. II. Num. 7.

51) Mr. GENZMER Vol. II. Tab. N. 6. Mr. WILKE tab. IV. 17.

52) voy. le Nouveau *Hamb. Magaz.* Art. XI. p. 440.

53) p. 80.

54) p. 77.

55) dans les Mémoires de l'Acad. Roy. des Sciences de Suede. Vol. XXI. Tab. I.

55*) J'ai été confirmé dans cette fuppofition par le Schifte alumineux d'Andrarum, que Mr. le Paft. WOLTERSDORF eut la complaifance de m'envoyer dans la fuite, & fur lequel on pouvoit obferver fort diftinctement, que ces figures quarrées étoient des morceaux ifolés de la cuiraffe à trois arcs de la Trilobite.

partiennent au genre des Trilobites. C'est où il faut ranger principalement la Pétrification, dont Mr. l'Inspecteur WILKE 56) a donné une description détaillée, & que l'on prend communément pour un fretin de Trilobites. L'on ne sçauroit disconvenir que sur les pierres, où ces corps se trouvent en si grande quantité, comme s'ils y étoient semés, il n'y ait quelques morceaux isolés, qui ont une grande ressemblance avec les queues des Trilobites. Cependant en plus grande partie ils ne leur ressemblent point du tout, & jusqu'ici je n'en ai trouvé aucun de ceux où j'eusse pû découvrir le moindre vestige de quelques plis ou stries tels, qu'il y en a sur les queues, quoiqu'en les examinant je me sois servi des meilleurs Microscopes. Cependant il est sur que ces petits corps consistent en une coquille dont la surface inférieure a une concavité là où dans les convexités d'en haut l'on remarque quelque chose qui ressemble aux lobes. Si ces petites coquilles se trouvent aussi parmi des morceaux plus gros, c'est ce que je ne saurois dire, mais ce que je puis assurer, c'est que sur tous les morceaux, qui jusqu'ici me sont tombés entre les mains, je n'ai jamais trouvé quelque vestige d'une véritable queue de Trilobite. Nous rangeons dans la *troisième* Classe les corps, qui ressemblent aux Trilobites à la vérité, mais dont il est constaté qu'ils appartiennent aux Coquilles bivalves, dont un battant a dans le milieu un pli rond beaucoup élevé, & dont l'autre a ce même pli, mais qui au lieu d'être convexe, est enfoncé. Il y en a beaucoup d'espèces dans le Regne des Pétrifications. Les uns les ont rangées parmi les Ammonites, d'autres parmi les Pectoncules & particulierement celles qui sont striées, & encore d'autres parmi les faciles Arches, principalement celles dont les extrémités de la charnière se trouvent en quelque distance l'une de l'autre. C'est parmi ces véritables Casques bivalves a trois lobes qu'il faut aussi rapporter l'espèce dont Mr. l'Inspecteur WILKE 57) a donné une figure. Dans la *quatrième* Classe nous rangeons certains corps qui se trouvent parmi & avec les Trilobites, mais qui évidemment doivent être pris pour des corps étrangers encore inconnus, dont ni le tems ni la place ne nous permettent de traiter ici. Peut-être sont ce les cuirasses de certaines écrevisses de mer du Nord encore inconnues & d'autres Insectes crustacés. 58)

J'ai donc décrit jusqu'ici avec toute l'exactitude possible toutes les parties de cette creature particuliere, à laquelle on a donné le nom de Trilobite. Avant que je parle de son analogue, il naît la question, s'il ne seroit pas possible de faire une certaine Classification des différentes espèces & espèces subordonnées qu'on a indiquées? Je crois que jusques ici c'est trop tôt d'y penser. On a trouvé jusqu'ici trop peu d'Exemplaires parfaits & aisés à instruire, non obstant la quantité de morceaux isolés & de coquilles de la queue, que le Regne des fossiles nous a fourni jusqu'ici. Nous ne sommes donc pas encore en état d'indiquer exactement la forme entière de chaque espèce de Trilobite, ni de déterminer quelle soit l'espèce de casque qui appartient à telle espèce de coquille de la queue ou à une autre. Il est sûr du moins, que lorsqu'on aura fait plus de découvertes, la division pourroit principalement être fondée sur la forme de la tête, & par cette même raison j'entreprends de faire un petit essai, & de proposer préalablement l'esquisse d'une Classification des Trilobites. La division principale doit bien être fondée sur la différence des sillons du casque. Quelques espèces n'ont point de sillons du tout, au contraire la coquille est convexe sans aucun enfoncement, 59) d'autres ont des sillons qui ne sont point courbés, & où les deux sillons, qui partagent la tête en trois lobes egaux, descendent en ligne droite du front jusqu'à la lèvre, 60) & d'autres encore ont les sillons courbés. C'est de cette espèce que les Trilobites sont en plus grande partie, & alors la direction de la courbure détermine les différentes espèces subordonnées. Car suivant que les arcs que les sillons forment sont plus ou moins grands ou plus ou moins nombreux,

---

56) *Nachricht von Seltenen Versteinerungen* p. 75.

57) Tab. VI. 26. 27.

58) C'est là où il faut peut-être rapporter la coquille, qui se trouve dans le Traité de Mr. WILKE Tab. II. Num. 13 et 14. ce que j'ai allégué ci-dessus, d'après le Mémoire de Mr. GENZMER dans les *Ober Lausiz-Arbeit* Vol. III, sur la Planche N. 6.

59) voy. Supplém. Pl. VIII. d. 17. IX. b. 5. & les Transactions Philosophiques Vol. XLVI. N. 496. Tab. I. p. 603. fig. 10.

60) Supplém. Pl. IX. a. 3. IX. c. 2. IX. f. 3. et les Transactions Philosoph. dans le même endroit, fig. 9.

breux, ces animaux auront le front & le nés tantôt étroits tantôt larges, & les joues tantô grandes tantôt petites. C'est ainsi que quelques uns ont par exemple le front étroit, le nés large
& les joues étroites, 61) d'autres ont le front étroit, & le plus souvent évasé aux extrémités
par les sillons courbés, le nés étroit & les joues larges, 62) d'autres encore ont le front large,
le nés plus large encore & les joues presque imperceptibles, 63) & à la fin il y en a encore,
qui ont le front large, le nés étroit (qui ne s'élargit qu'en bas vers la lèvre) & les joues rondes & fort larges. 64) Je suis en doute ici, si je dois ranger encore pour le présent dans une
classe particuliere les Trilobites qui ont les cornes, dont nous avons parlé ci-dessus, car qui
sait si la plûpart des têtes de Trilobites, qu'on a trouvées, n'ont pas eu ci-devant de pareilles
cornes sur leurs tubercules, & les ont perdues. C'est peut être le tems à venir qui
éclaircira cela.

Quel est donc à présent l'analogue de cette créature particuliere, que le Regne des fossiles nous a appris à connoître jusqu'ici? L'a-t-on déja découvert, ou bien quel est l'endroit
où il faudra le chercher? Y a-t-il déjà une espèce d'animal, sous laquelle on puisse ranger
l'analogue en cas qu'on le trouve? Le faut-il chercher parmi les Insectes, ou parmi les coquilles ou ailleurs? Ce sont là des questions bien difficiles lorsqu'il s'agit d'y répondre positivement, des questions que plusieurs de nos meilleurs Naturalistes ont tâché de résoudre. Quant
à l'analogue je m'en vais premierement rapporter les différentes opinions, & les examiner, &
alors j'ajouterai la mienne.

Les opinions des Naturalistes au sujet de l'analogue des Trilobites peuvent commodément être rangées en trois classes. Car les uns ont crû le trouver parmi les Insectes, d'autres
parmi les coquilles, & encore d'autres parmi d'autres espèces de corps marins. Les Partisans
de la premiere opinion sont LYDDLETON, 65) MORTIMER, 66) BROMEL, 67) le Chevalier de
LINNÉ, 68) WILKE, 69) DAVILA, 70) GUETTARD, 71) Eman. MENDES da COSTA 72) & plusieurs autres, & ceux-ci différent encore entre eux en plusieurs articles. Quelques uns, &
particulierement Mr. de BROMEL, ont pris les Trilobites pour des Pétrifications d'Insectes Co-
léoptères, de Scarabées & d'autres Insectes de cette espèce, & ont crû qu'il y avoit sur ces
pierres les vestiges de ces petits animaux, (*Scarabaeorum vel aliorum vaginipennium animalculorum
vestigia*.) D'autres au contraire les ont rangées parmi les Insectes Apteres ou sans ailes, mais
ils n'ont pas été d'accord non plus s'il falloit chercher l'analogue parmi les écrevisses ou parmi
les Monocles. Mr. GUETTARD & DAVILA les placent parmi les Astacolithes, & croyent que ce
sont des animaux crustacés, qui ont le dos articulé, tout comme les écrevisses ont la queue
articulée. Ils rangent les Trilobites parmi les poux de mer, (*Pediculus marinus*) & si ces Naturalistes de même que Mr. *Eman. da* COSTA, duquel je parlerai ci-après, comprennent sous le
nom de *Pediculus marinus*, l'Insecte de mer, qu'on nomme en Islande *Oscabiörn*, & dont le dos

res-

---

61) Supplém. IX. c. 4. Mr. WILKE Tab. VI. 24.

62) voy. les Transactions Philosoph. dans l'endroit ci-dessus allégué, fig. 3. fig. 7. & fig. 12. Mr. GENZMER
    Landb-Arbeit, Vol. III. Pl. N. II. Quelquefois la coquille du front découpée en forme d'arc se trouve
    isolée, voy. dans le même Ouvrage, Vol. II. Pl. Num. 2. & 13. Mr. WILKE tab. V. 21. 22. com-
    paré avec tab. I. A, B, E, F.

63) Supplém. Pl. IX. b. 1. Mr. WILKE tab. IX. fig. 15. Dans quelques unes de cette espèce le front & le
    nés ont une convexité ronde, comme l'on en trouve dans le Traité de Mr. le Prof. *François* ZENO sur
    les Pétrifications des corps marins des environs de Prague Tab. I. fig. 2.

64) Supplém. Pl. IX. c. 3.

65) *a letter, concerning a non descript petrified Insect*, avec les remarques de Mr. MORTIMER dans les
    Transact. Philosoph. Vol. 46. Num. 496. p. 598.

66) dans le même endroit.

67) Lithograph. Suecan. p. 76. *seq.*

68) Une Pétrification particuliere d'un Insecte, dans les Mémoires de l'Acad. Roy. des Sciences de Suede
    Vol. XXI. p. 20. *seq.*

69) *Nachricht von seltenen Versteinerungen des Thierreichs.* p. 37. *seq.*

70) Catalogue systematique & raisonné. Tome III. p. 404.

71) Mémoires de l'Académie royale des Sciences de Paris, de l'an 1757. p. 82.

72) *Gentleman's Magazine* Vol. 25. p. 24. 25.

reſſemble à une queuë d'écreviſſe, ils ont, ſuivant mon opinion, approché de plus près de la véritable analogue des Trilobites, comme je le prouverai dans la ſuite. En examinant l'Inſecte qui porte le nom d'*Oſcabiörn*, je ſuis tombé moi même ſur la conjecture, que l'analogue des Trilobites devoit appartenir à ce genre, avant que j'euſſe connu les penſées de ces trois ſavans Naturaliſtes. Mrs. de LINNE', MORTIMER & WILKE ſuppoſent que leur analogue appartient au genre des animaux qu'on nomme Monocles (*Monoculus*). Le premier eſt cependant en doute encore, s'il ne faut pas plûtôt le ranger dans un genre mitoyen entre les écreviſſes, les Monocles & les Aſelles (*Oniſcus*) vû qu'il ſe diſtingue d'eux en ce que ſur un corps ovale il a vingt interſections; quant aux pieds, ajoute-t-il, qui dans ce genre ſe ſéparent aiſement, lorſque l'animal ſe détruit, on n'a pas encore pû les découvrir bien diſtinctement. Dans le *Muſeum Teſſinianum* p. 98. il déclare cette Pétrification pour un *Monoculus*, & il lui donne auſſi des pieds, où cependant il faut qu'il s'y ſoit gliſſé quelque erreur. Car ſi l'Exemplaire qu'il repréſente ſur la Planche III. a effectivement des pieds, ſon dos ne peut pas être partagé en trois lobes, & alors ce n'eſt plus une Trilobite. Mais s'il a pris les deux lobes latéraux, qui étoient trop enfoncés dans la matrice, pour des pieds, & que ces pretendus pieds ſont véritablement des lobes, il ne ſubſiſte plus d'autre raiſon de prêter des pieds à cet Exemplaire. Il a confirmé cette même opinion dans une lettre adreſſée à Mr. le Prevôt GENZMER du 9. Nov. l'an 1767. *Teſtaceum*, dit-il, *ſeu Chiton eſſe nequit. Quod ſit ſpecies Monoculi licet animal nondum detectum, convictus ſum.* Mr. MORTIMER ſuppoſe que l'analogue de la Trilobite eſt en affinité avec le *Scolopendra aquatica ſentata*, & même avec celui que Mr. KLEIN a décrit ſous ce nom dans les Tranſactions Philoſophiques Vol. XL. Num. 447. p. 150. mais c'eſt la préciſement le Monocle, dont Mr. SCHÆFFER 73) a donné une deſcription plus detaillée. Mr. l'Inſpecteur WILKE croit auſſi trouver l'analogue parmi les Monocles, & encore parmi ces mêmes Monocles en forme d'écreviſſe, quoiqu'il ne diſe pas préciſement que le Monocle, dont Monſ. SCHÆFFER donne la deſcription, ſoit l'analogue de nos Trilobites, mais il ſuppoſe qu'il appartient, comme une eſpèce encore inconnue au genre des *Monoculus*, & que c'eſt probablement une eſpèce, qui a plûtôt ſon domicile dans les lacs marécageux, & peut-être dans la mer même, que dans nos eaux douces. Mr. da COSTA 74) donne pour l'analogue le Pou de mer (*Pediculus marinus*) nom, qui appartient, comme je vois, tant aux Chitons, qu'à un Inſecte marin du Nord, qui a des pieds, & dont je parlerai plus en detail dans la ſuite. Cependant il croit que le véritable analogue n'eſt pas encore découvert, & il donne à nôtre Trilobite le nom de *Pediculus marinus maior trilobus*. Mr. LEHMANN a inſéré dans le Tome X. des *Nov. Commentar. Acad. Petropolitan.* p. 410. ſqq. un Traité *de Entrochis & Aſteriis columnaribus*, où il eſt encore en doute pour quoi il doit prendre la Conque à trois lobes. Dans la ſuite & après que ce Tome eût déjà ête imprimé, il a ajouté aux Sommaires une Apoſtille, où il ſe declare pour l'*Oniſcus*, & ou il entend proprement, comme l'aſſure Mr. le Prof. *Bekmann* à Göttingue, l'*Oniſcus entomon* de Mr. de LINNE', qui, ſuivant ſon opinion, doit être l'analogue de la Trilobite.

Suivant la *ſeconde* opinion principale à l'égard de l'analogue des Trilobites, ce n'eſt pas un Inſecte mais un animal teſtacé, qu'il faut chercher parmi les coquilles. SCHEUCHZER, 75) le P. TORRUBIA, 76) Mr. le Prevôt GENZMER 77) Mr. le Prof. *François* ZENO 78) & pluſieurs ingénieux & ſavans Naturaliſtes ſe ſont mis de ce parti. Or comme les coquilles ſe partagent en conques & en limaçons, les unes & les autres ont trouvé leurs partiſans. Il n'y a guères d'autre Naturaliſte que le ſavant Anglois LEIGH 79) qui l'ait rangé parmi les limaçons. Il crût que cette Pétrification étoit un morceau d'un Nautile, opinion qui probablement ne ſera adoptée de perſonne. Tous les autres Naturaliſtes ſont donc tombés ſur les genres des conques, pour
trouver

73) Ce Traité ſur le Monocle en forme d'écreviſſe a été publié à Ratisbonne l'an 1756. in 4to.

74) *A deſcription of a curious foſſil animal*, dans le *Gentieman's Magaz.* Vol. XXV. p. 24.

75) Muſ. Dilur. Num. 759. Oryctogr. Helvet. p. 316. ad fig. 131.

76) dans l'Hiſtoire naturelle de l'Eſpagne. Pl. III. fig. 4. ſuivant la Traduction allemande de Mr. de MURR.

77) *Lauſiz-Arbeit.* Vol. II. p. 288. ſqq.

78) *Abhandlung von See-Verſteinerungen und Foſſilien bey Prag.* 1769. 8.

79) nat. hiſt. of Lancashire tab. VII. f.

trouver parmi eux quelque chofe qui reffemblât à une Trilobite. Or comme les Coquilles font ou univalves ou bivalves ou multivalves, aucune de ces claffes n'a pas manqué non plus de fes Partifans. SCHEUCHZER a rangé nôtre Trilobite parmi les Coquilles univalves, en fuppofant que ce pourroit bien être une efpèce de Patellite, opinion, que dans la fuite le favant Prof. ZENO 80) à Prague a adoptée. La plus grande partie des Naturaliftes a été pour les Coquilles bivalves. Plufieurs entre eux ont pris la queuë de la Trilobite, avant de la bien connoître, non pas pour une partie d'un animal entier, mais pour un animal entier, c'eft à dire pour une coquille entière, & même pour une valve entière d'une conque bivalve, vû qu'une telle queuë, fur tout lorfqu'elle décrit, comme il arrive fouvent, un demi cercle, a dans fa circonférence quelque reffemblance avec une conque. HERRMANN 81) étoit déjà de cette opinion, & par cette raifon il a donné à cette queuë le nom de *Pectunculites trilobatus*. Mr. WOLTERSDORF 82) la range auffi parmi les conques bivalves, ce qu'un Anonyme a fait de même dans le Magazin de Berlin. 83) Quelques Naturaliftes qui font de cette opinion, & qui connoiffent la coquille entière de la Trilobite, foutiennent qu'on ne fauroit lui difputer la place dans le Regne des coquilles, par cette raifon puifque cet animal peut, comme toutes les autres conques, cacher fon corps charnu entier fous la coquille, puifqu'il peut l'ouvrir & la fermer, & que, ce que dans d'autres conques eft la charnière, eft ici le dos articulé. Dans les tems modernes quelques Naturaliftes ont commencé à chercher l'analogue de cette Pétrification parmi les conques multivalves.

Il y a parmi celles-ci un certain genre, qui, comme le Chiton, a la coquille compofée d'anneaux, & qui, comme les Patellites, n'a point de valve par deffous, qui s'attache aux rochers, & qui, lorfque l'on en arrache l'animal, fe contracte comme les Trilobites. Il a différens noms; le Chevalier de LINNÉ le nomme *Chiton*, d'autres *Ofcabrion*, Pou marin, Pou de Baleine, *Pediculus marinus* &c. Cet animal multivalve doit donc, fuivant l'opinion de quelques uns, être un genre, auquel l'analogue de nôtre Trilobite pourroit bien appartenir comme une efpèce. Deux favans Naturaliftes font de ce fentiment, l'un c'eft le Pere TORRUBIA, 84) l'autre c'eft mon ami, Mr. GENZMER à Stargard, avec lequel j'ai entretenu trois ans une correfpondance très inftructive pour moi au fujet de nos Trilobites. Le Pere TORRUBIA dit, que du commencement il avoit pris ces Trilobites pour une efpèce d'écreviffes de mer, mais que dans la fuite, après avoir apris à connoître dans le Cabinet des Raretés d'Amboine de RUMPHIUS ce que c'étoit qu'un *Limax marinus*, il avoit changé d'avis, & qu'à prefent il fe croyoit convaincu, que ce même *Limax* étoit l'analogue de nôtre Trilobite.

Il nous faut à la fin encore faire mention de la *troifieme* opinion principale au fujet de l'analogue des Trilobites, & c'eft celle qui ne veut les ranger ni parmi les Infectes ni parmi les coquilles. C'eft ainfi que BRÜKMANN 85) dit que la Trilobite eft la Pétrification d'un Polype de mer, fans s'expliquer davantage là deffus, & d'autres pretendent, fuivant le rapport de Mr. l'Infpecteur WILKE, 86) le ranger dans le genre des *Tethys*. Quelle foit proprement l'efpèce d'animal qu'ils comprennent par là, c'eft ce que je ne faurois dire. Je n'efpere pas qu'ils s'aviferont de chercher l'analogue parmi les Mollufques, (*Mollufca*) auxquels, comme l'on fçait affès, appartient le Tethys proprement dit.

Plufieurs

80) dans le Traité fur les Pétrifications & les foffiles des environs de Prague p. 5. Dans les *Laufiz-Arbeit*. Vol. III. p. 184. Mr. le Prevôt GENZMER a du commencement auffi propofé cette conjecture.
81) Maslograph. p. 214. comparé avec. Tab. IX. 50.
82) Mineral-Syftem. p. 42.
83) Vol. IV. p. 54. Le beau Traité, qui fe trouve là, porte le Titre: *Befchreibung einiger Anomiten*, parmi lefquelles on range auffi nos Trilobites. L'auteur, que je n'ai pas l'honneur de connoître, fuppofe là p. 51. que je prends ces Trilobites pour les noyaux de la Fraife blanche de RUMPHIUS, dans mon Regne des foffiles Tom. I. p. 112. Jamais cela ne m'eft venu dans l'efprit. Peut-être ne me fuis-je pas expliqué affès clairement, car ce que j'ai dit là du *Nucleus quadrantis fragi albi*, ne fe rapporte pas aux Trilobites, mais aux Trigonelles, fur lefquelles fe rapportent auffi les paroles qui fuivent immediatement.
84) dans fon Hiftoire naturelle de l'Efpagne. Tab. III. fig. 4.
85) Centur. I. Epift. Itinerar. 23.
86) *Nachricht von feltenen Verfteinerungen*. p. 36.

Tom. III.   Gg

Plufieurs de ces opinions n'ont pas la moindre probabilité, & une refutation prolixe feroit une chofe auffi facile que fuperflue. D'autres ont plus de vraifemblance & méritent d'être examinées avec plus d'attention. Toutes ces opinions s'accordent fur le point principal, c'eft à dire que l'analogue doit appartenir au Regne animal & même aux animaux marins. Les Partifans de cette opinion s'accordent encore outre cela, que le véritable analogue ne s'eft pas encore trouvé, vû que jufqu'ici de tous les corps marins on n'en a point encore vû, qui ait le dos partagé en trois lobes, & avec cela le dos cruftacé articulé. Lorfque donc ils parlent de l'analogue des Trilobites, & qu'ils propofent leurs conjectures a ce fujet, ils ne pretendent qu'indiquer le genre, auquel l'analogue, encore à découvrir dans le tems à venir, doit appartenir comme une efpéce encore inconnue dans fon état naturel, ou bien ils déterminent une efpéce, de laquelle on pourroit confiderer le corps inconnu comme une efpéce fubordonnée. C'eft là deffus qu'ils s'accordent bien tous, mais ils fe divifent en deux partis principaux, en ce que les uns pretendent ranger l'analogue encore à découvrir parmi les coquilles, & les autres parmi les Infectes. Il eft fur que la chofe fera bien facilement décidée, lorfqu'on aura découvert l'analogue, cependant on peut dire préalablement à ce fujet bien des chofes, fi l'on veut juger par le caractére des Claffes & des genres, qu'on a une fois adoptés & établis dans le Regne animal.

Lorfqu'il eft queftion en général, fi l'on peut plus commodément ranger l'analogue parmi les Coquilles ou parmi les Infectes, j'avoue ingenûment que l'une & l'autre de ces opinions a bien de bons argumens pour elle, mais auffi plufieurs difficultés qui la combattent. le Teft & principalement celui de la queue reffemble, dans toute fa fubftance & fon tiffu lamelleux, parfaitement à celui des coquilles de mer, & comme l'on connoît déja des coquilles dont le dos reffemble à une queue d'écreviffe, comme par ex. les Chitons; comme outre cela il y a des coquilles, qui ne font couvertes que d'un côté, & qui de l'autre côté tiennent ferme aux rochers, comme par ex. les Patelles; & que, fuivant le rapport de RUMPHIUS ces limaçons, lorfqu'on les arrache de force de leur place, fe contractent de même que nos Trilobites, & donnent à leur corps oblong une forme ronde, il femble préfque que ce Lieur de RUMPHIUS, que nous apprendrons à connoître de plus près dans la fuite, eft l'analogue de nôtre Petrification. Independamment de cela ceux qui prennent l'analogue pour un Infecte, ne veulent pas encore fe rendre, & ils ont même encore de bonnes raifons pour eux. Car fuivant leur opinion la forme entiere d'une Trilobite repugne au caractére conftant & effentiel d'une coquille, & même la différence fpécifique qu'il y a entre une coquille (*animal teftaceum*) & un Infecte cruftacé (*Infectum cruftaceum*) met hors de doute l'opinion que l'analogue de la Trilobite ne peut être une coquille, mais bien un Infecte cruftacé. Le Teft d'un animal teftacé n'a jamais, comme l'on fçait, des articulations, de maniere que l'on puiffe diftinguer dans la coquille la tête, le dos & la queue, & que même dans ces parties principales on puiffe remarquer encore d'autres parties, comme par ex. les tubercules & les Cornes de la tête d'un Chiton. Au contraire la coquille d'un animal teftacé forme un continu, fans qu'il y ait des membres & des parties du corps féparés, que la coquille foit en forme de jatte, ou de tuyau ou d'une autre forme. Mais c'eft en revanche là ce que l'on obferve dans les Infectes par. ex. dans les écreviffes, les Afelles, les Monocles etc. & leur caractére diftinctif confifte dans ces articulations vifibles de leurs corps ou cruftacé ou corné. Or comme dans les Trilobites on trouve ces mêmes caractéres vifibles, qui conftituent la difference de la tête, du dos & de la queue, c'eft, comme le foutiennent quelques uns, & par tout à fait fans raifon, agir contre tous les Principes Zoologiques, que de prendre un animal comme la Trilobite pour un animal teftacé. En vérité il n'y a pas beaucoup à redire à cela. Mais que feroit-ce fi le parti contraire combattoit de la même maniere les Infectes comme les pretendus analogues de la Trilobite, & qu'il difoit qu'il repugne à la premiere idée d'un Infecte de fe le repréfenter fans pieds? La Trilobite n'a point de pieds, vû qu'on n'en a jamais découvert dans les Exemplaires pétrifiés qu'on a trouvés, par confequent elle ne fauroit être un animal cruftacé, & comme il n'y a point de troifieme genre, il faudroit la ranger parmi les teftacés. Cette objection a beaucoup de probabilité, je crois cependant qu'il y auroit bien des cho-

chofes à redire avec raifon. Nous voulons fuppofer en attendant, qu'on n'ait pas encore découvert des pieds dans les Trilobites, peut-on donc inferer par là pofitivement, fur tout
lorsqu'on fait attention à plufieurs particularités, qui fe trouvent dans cette Pétrification, que
ces pieds manquent auffi dans l'analogue? Lorsqu'on ne connut que la queue de la Trilobite,
& qu'on la prit pour une coquille, qui fe feroit douté que cette pretendue coquille eût le dos
reffemblant à une queue d'écreviffe, vû qu'alors on ne l'avoit point encore obfervé? Non obftant cela on a trouvé ce dos dans la fuite, & à préfent on regarde cette Pétrification rare
d'un oeil bien different qu'on ne l'avoit regardée autrefois. Combien longtems n'a-t-on pas
connu les Trilobites, les Entroques & les Aftéries avant de connoitre la couronne qu'elles
portent? Si alors quelqu'un avoit conjecturé l'exiftence d'une pareille tête ou couronne, il
auroit furement rencontré bien des contradictions, & l'on fe feroit principalement fondé fur
ce qu'on n'en a pas encore découvert fur les Entroques qu'on avoit trouvées jusqu'alors.

Il peut y avoir des raifons, pour quoi les Trilobites font en plus grande partie dépouillées de leurs pieds après la mort. La raifon, pourquoi dans la plus grande partie des
Trilobites les anneaux du dos fe féparent l'un de l'autre, & qu'entre quelques
centaines de queues on en trouve à peine une feule, où les anneaux du dos tiennent encore
ferme, eft la même que celle qui fait perdre les pieds aux Trilobites. Perfonne ne disconviendra que l'animal vivant, qui eft l'analogue de la Trilobite, ne doive avoir des nerfs, par
lesquels non feulement fes articulations teftacées tiennent l'une à l'autre, mais qu'il puiffe
auffi les etendre & contracter, & faire par là un mouvement libre de fon corps. Les ligamens, qui
attachent les anneaux du dos l'un à l'autre, doivent, comme perfonne ne disconviendra
non plus, être beaucoup plus forts & plus compacts que ceux, par lesquels il met en mouvement fes pieds tendres.

Or comme dans la plus grande partie les anneaux du dos fe font féparés l'un de l'autre,
par cette raifon puisque le ligament a été detruit par la putréfaction avant que la
Trilobite morte ne fut paffée dans le Regne des foffiles, combien plûtôt ne faut-il pas que
par cette même raifon elle ait été dépouillé de fes pieds? Il en eft de même des Encrinites;
pourquoi trouvons nous une quantité fi immenfe de Trochites, pourquoi beaucoup moins d'Entroques & pourquoi encore beaucoup plus rarement des Encrinites? Puisque le fyftéme nerveux de ce Zoophyte a été detruit avant qu'il n'ait eu dans le Regne des foffiles une place
tranquille, & puisque par cette deftruction il falloit que tous fes articles fe désuniffent. C'eft
ainfi que nous ne trouvons point d'Echinite qui porte encore les piquans, puisque la peau & les
nerfs, qui donnent un mouvement libre aux piquans fur le teft, ont été détruits par la putréfaction. Il falloit donc qu'ils tombaffent avant que l'Ourfin de mer ne paffât dans le Regne
des foffiles. Par confequent fi les analogues des Echinites étoient encore inconnus, perfonne
ne pourroit aifément fe convaincre que l'animal dans fon état naturel eut des piquans, dont
il fe fervit au lieu de pieds.

Il faut encore ajouter une circonftance qui mérite de l'attention. Les Trilobites fe trouvent dans le Regne des Pétrifications ou étendues où contractées. Il eft probable que cet
animal en mourant fe contracte, & fi dans cet état il paffe bientôt dans le Regne des foffiles,
il retient fa forme ronde contournée. Mais lorsque fon fyftéme nerveux va en putréfaction,
il ne peut plus retenir fa forme contractée, le corps mort & à moitié putréfié fe décompofe,
& il eft probable qu'alors les pieds, à caufe de la fineffe de leurs nerfs, fe féparent les premiers, la coquille du dos refte encore un peu attachée à la tête & à la queue, & par un heureux hazard quelques Trilobites trouvent une place tranquille avant d'être entièrement détruites, mais en plus grande partie elles perdent les coquilles de la tête & de la queue, lesquelles ayant une forme de jatte, peuvent plûtôt être transportées par l'eau & enfoncées que les anneaux du dos, qui d'ailleurs font fragiles. Par cette raifon il ne fera guère poffible de trouver des pieds aux Trilobites étendues. Outre cela le nombre des Trilobites étendues eft à
beaucoup près trop petit pour qu'on puiffe en inférer quelque chofe en général, principalement puisqu'à caufe de la rareté des Exemplaires parfaits perfonne ne s'avifera facilement de
mettre en piéces un morceau bien confervé pour chercher fous la coquille les pieds, qui

pour-

pourroient peut-être encore être cachés dans le noyau. Quant aux Trilobites fermées, il est plûtôt possible, que, si l'on vouloit faire l'essai en les coupant dans leur milieu, l'on y trouve encore des vestiges de pieds. Mais comme les beaux & parfaits Exemplaires sont encore une rareté dans les Cabinets les mieux instruits, personne ne veut en faire un sacrifice, pour ré-soudre ce Probleme, quoiqu'il vaudroit bien la peine. Et quand même un pareil essai ne réussiroit pas, on ne pourroit pas inferer par là, que les Trilobites dans leur état naturel n'eussent point de pieds. Qu'on se souvienne ici de l'exemple des Echinites; combien de différens os ne renferment-elles pas dans leur coquille, lorsqu' elles sont encore vivantes? On devroit penser qu'on trouveroit d'autant plûtôt ces os dans les Echinites qu'on met en pièces, vû que tout à l'entour ils sont renfermés dans la coquille, & cependant on n'a presque point du tout encore trouvé des os d'Echinites enveloppés dans les noyaux.

Tout ce que je viens de dire au sujet des pieds de l'analogue de la Trilobite, est beau-coup confirmé par une observation du D. *Cromies* MORTIMER, insérée dans les Transactions Philosophiques Vol. XLVI. p. 600. Car comme à présent même je reçois ce Volume, en le parcourant je trouve que parmi les Exemplaires des Trilobites, qui ont été envoyés à l'Aca-mie Royale des sciences, il a remarqué une Trilobite étenduë, qui est représentée là fig. 10., au dessous de laquelle il y a quelque chose qui avance d'un côté, & qui ressemble parfaite-ment à des pieds, que jusqu'ici on n'a pas voulu accorder à cet animal. MORTIMER même est de cette opinion. En expliquant f. f. fig. 10. il dit: „ il se présente quelques vestiges de pieds qui „ semblent être cachés sous le corps. Mais comme le ventre ou le côté inférieur ne se pré-„ sentoit pas distinctement, & qu'il étoit encore rempli de particules pierreuses & terrestres, „ je n'ai pas pû découvrir un plus grand nombre de pieds. „ J'ai lû cette observation de MOR-TIMER avec beaucoup de satisfaction. Car ma conjecture étoit effectivement fondée par là, & je ne regrette pas à présent la peine que je m'etois donnée à rendre probable l'existence des pieds des Trilobites, avant que je ne sçus qu'en Angleterre on en eût trouvé des vestiges dans un Exemplaire. Et même à présent je trouve qu'en France on a fait la même decouverte dans un Exemplaire qui se trouve dans le Cabinet de Mr. DAVILA, comme l'on voit dans le Traité de Mr. GUETTARD inséré dans les Mémoires de l'Academie Royale des sciences de l'an 1757. p. 81. L'opinion de chercher l'analogue des Trilobites parmi les coquilles tombe donc par là d'elle même.

Nous n'avons traité jusqu'ici qu'en général de la question si les Trilobites doivent être rangées parmi les coquilles ou parmi les Insectes crustacés. Nous venons à présent aux opi-nions des Naturalistes en particulier au sujet de l'analogue des Trilobites. Je n'en rapporterai que celles qui méritent qu'on les examine & qu'on y fasse attention.

L'opinion, que la Trilobite soit la moitié d'une conque bivalve, tombe d'elle même, vû que cette idée n'a pas pû trouver lieu qu'à l'égard de la queuë, & aussi longtems qu'on n'avoit point connu encore le corps entier de la Trilobite, & qu'on se persuadoit que cette queuë constituoit un corps entier. Si quelques Naturalistes soutiennent que non obstant cela on puisse regarder le corps entier comme une conque bivalve, qui à la place du gond ou de la charnière a le dos articulé & flexible, cela repugne en général à l'organisme des conques bivalves, & dans ce cas j'aimerois mieux ranger l'analogue parmi les Patellites ou parmi les conques multivalves.

L'opinion, que l'analogue appartienne aux Chitons, me semble avoir plus de probabilité, & j'avoue que dans le commencement j'avois adopté moi même cette idée, sur laquelle Mr. le Prevôt GENZMER est tombé le premier en Allemagne. J'ai eu dans la suite quelques espèces de ces Chitons, encore dans leur état naturel, ce qui m'a fourni l'occasion de les examiner d'autant plus exactement & de les comparer avec nos Trilobites. On a donné différens noms à ces Chitons; on les nomme Poux de mer, *Pediculus marinus*, Poux de Baléne, Poux d'Ele-phant & Oscabrion, mais par cette derniere dénomination on a manifestement confondu l'Os-cabiörn d'Island, qui est un Insecte crustacé à quatorze pieds, & que nous apprendrons à
mieux

nieux connoître dans la fuite. Car les Chitons appartiennent aux coquilles, & n'ont point en
dehors des articles, en revanche les Oícabiörns appartiennent aux Infeêtes & reffemblent
beaucoup aux Cloportes (Onifci) & par cette raifon la plus grande partie des Naturaliftes les
y rangent auffi. La coquille des Chitons reffemble parfaitement à un œuf coupé longitudinalement en deux piéces, elle eft creufe en bas, & hemifphérique en haut, & par cette raifon
on la compare avec une nacelle large. La coquille entiere eft compofée, comme la Trilobite, d'anneaux, qui fuivant le mouvement que l'animal fait pour s'etendre ou pour fe contraêter, rentrent ou fortent l'un fous l'autre. L'on compte du moins fix & tout au plus huit
de ces anneaux. Comme c'eft un animal mollufque qui loge dans cette coquille, il n'a point
d'articulation vifible, comme les Infeêtes cruftacés, & par cette raifon l'on ne fauroit y diftinguer la coquille de la tête ou de la queuë, mais fa cuiraffe teftacée hemifphérique entiere eft
compofée d'anneaux, avec cette différence, qu' ayant le contour ovale, les anneaux font plus
courts & plus émouffés vers les extrémités que ceux du milieu. Il y a fur les anneaux memes
des feuilles élevées, larges par en bas & appointées par en haut vers le dos, que RUMPHIUS 87)
nomme les épines. En bas au bord de la coquille il y a tout à l'entour un grand bourlet
coriacé, dans lequel ces anneaux font attachés. Ce bourlet eft garni d'écailles très fines, de
maniere qu'il reffemble a du chagrin. Ces Chitons tiennent, comme les Patelles, aux rochers
du fond de la mer, dont on ne les arrache qu' avec peine, & alors ils fe roulent & fe con-
tournent fur eux mêmes. Il y a plufieurs efpeces de ces Chitons, 88) mais qui conviennent
toutes enfemble à l'égard de ce caraêtére genérique que je viens de rapporter. On les trouve
repréfentées dans les Ouvrages de Mr. d'ARGENVILLE, 89) SEBA, 90) RUMPHIUS 91) & KNORR,
92) fans faire mention d'autres. Cependant nous n'avons dit au fujet de ce corps marin multi-
vaive qu' autant qu'il nous en faut auffi pour nôtre propos. Il en nait donc la queftion fi ce Chiton peut-être pris pour l'analogue de nos Trilobites? Voici les argumens qui m'ont rendu
douteux a cet égard. Le Chiton n'a ni un cafque ni une coquille de la queuë, & ne peut pas
non plus l'avoir auffi longtems qu'il appartient aux coquilles; en revanche dans la Trilobite l'on
voit diftinêtement des articles teftacés, un cafque, & un teft au dos & à la queuë. Les anneaux ou les écailles du Chiton font garnies d'une efpèce de feuilles elevées & pointues ou
d'épines applaties, caraêtére qui manque entierement dans les Trilobites. Tout au tour de la
coquille du Chiton il y a un bourlet large haut & écailleux, mais on ne trouve point non plus
ce bourlet écailleux dans les Trilobites. Mr. DAVILA a dans fon Cabinet une quantité confidérable de Chitons & de même plufieurs efpéces de Trilobites. Il fe donne de la peine, avec
Mr. GOETTARD, qui ne connoît que trop bien les Chitons, à indiquer leur analogue, cependant
il faut que parmi tous ces Chitons il n'ait pas trouvé une feule efpèce qui eut quelque reffemblance avec la Trilobite. Par cette raifon il range les Chitons parmi les conques multivalves,
& en revanche il compte les Trilobites parmi les Infeêtes cruftacés & même parmi les
Aftacolithes.

Pour dire ingenûment mon opinion, je trouve beaucoup moins de reffemblance entre un
Monocle & une Trilobite qu'entre une Trilobite & un Chiton. Il faut donc que dans tous les
Exemplaires la peau cornée convexe du dos ait été perdue, qui cependant de tous les membres & parties de fon corps eft la plus difpofée à fubir la Pétrification. Le corps articulé ou annulaire caché fous cette peau eft d'une fubftance de beaucoup trop molle pour refifter à la pu-
trefaêtion, pour ne point fe contraêter, &, ce qui eft le plus remarquable, pour fe changer
en une écaille dure & feuilletée. Quant à la coquille de la queuë, qui déjà dans l'état

naturel

87) Cabinet des Raretés d'Amboine. pag. 38.
88) voy. le Syftéme de la Nature de Mr. de LINNÉ p. 1106. Edition XIIme. DAVILA Catalogue fyftéma-
    tique & raifonné Tome I. p. 192. & les remarques de Mr. le Prof. MÜLLER fur la Defcription des Co-
    quilles de feu Mr. KNORR Tome IV. p. 29.
89) Conchyliologie. Pl. XXV. L. M.
90) Thef. rerum nat. locuplet. Part. II. Tab. 61. Num. 3. Sqq.
91) Cabinet des Raretés d'Amboine Pl. X. 4.
92) Tome IV. Pl. XVII. 3. 4.

naturel doit bien être ou cruftacée ou teftacée, on n'en découvre pas le moindre veftige. Si l'on fuppofe, que le corps du Monocle fe foit pétrifié étant dépouillé de fon écaille, il faudroit ou que la feule peau molle flexible fe fût pétrifiée, ou bien que la fubftance molle chacune ne fubi le même changement. Dans le premier cas on ne fçauroit comprendre comment cette peau molle puiffe, fans fe putréfier, & fans fe contracter, fe feparer de la chair & fans fouffrir aucune compreffion, être enveloppée dans la pierre avec autant de régularité. Dans le dernier cas il faudroit du moins qu'on trouvât fous la coquille du dos de la Trilobite une fubftance fpathique née des parties molles pétrifiées de l'animal, ce que cependant, autant que je fçai, l'on ne trouve jamais, & ce qui nous fait conjecturer par là, que ce n'eft qu'une fimple écaille, qu'elle foit ou cruftacée ou teftacée, qui a paffé dans le Regne des foffiles, & qui nous fournit à préfent le corps que nous nommons une Trilobite.

Pour dire mon opinion au fujet de l'analogue de cette Pétrification, je crois que jufqu'ici il n'a pas encore été découvert, puifque parmi tous les animaux tant teftacés que cruftacés on n'en a point trouvé un feul, qui porte enfemble & en même tems une cuiraffe du dos divifée en trois lobes, une coquille de la tête ou un cafque & une coquille de la queuë. Je ne fuis pas moins convaincu qu'il faut chercher l'analogue dans la mer, puifqu'on la trouve communement dans des marbres & des pierres calcaires, qui tirent leur origine de la mer, & qu'on la trouve en compagnie avec des corps marins & point avec des corps terreftres. Je crois auffi que fi l'on découvroit le véritable analogue, il pourroit bien conftituer un genre feparé, puifqu'il ne fauroit être convenablement rangé fous un des genres connus, à moins qu'on ne voulut établir des caractéres trop étendus & trop peu déterminés, & en déterminant les genres, negliger les caractéres qui cependant font effentiels à ces corps. Je fuis enfin auffi du fentiment que jufqu'ici c'eft trop tôt de déterminer le genre des Trilobites, jufqu'à en conftituer avec certitude une efpéce d'un genre déjà connu, foit des coquilles, foit des Infectes. Car tant que la chofe ne doit être décidée que fuivant les Pétrifications en plus grande partie imparfaites qu'on en a, l'on fera toujours plûtôt des conclufions négatives que pofitives, & il fera plus facile de dire ce que l'animal n'eft pas que ce qu'il eft. D'ailleurs dans le Regne des Pétrifications il fe cache devant nos yeux plufieurs parties de ces corps en plus grande partie détruits, qui font pourtant néceffaires pour déterminer le genre, & en revanche il fe préfente plufieurs parties, qu'il nous faut confidérer d'un point de vuë tout à fait différent, lorfque nous fommes affés heureux pour pouvoir comparer avec le corps même un analogue qui à été inconnu jufqu'ici, & qu'on aura découvert alors. La Bélemnite & la Trilobite juftifieront un jour affès la conjecture que je viens de propofer ici. Mais lorfqu'un jour l'analogue de la Trilobite fera découvert, le Zoologue n'aura point de peine à lui affigner fa place parmi les animaux, & à le ranger ou dans un genre déjà établi, ou, comme je fuppofe, à en établir un genre à part. Le meilleur parti eft donc à préfent celui de chercher parmi les corps marins teftacés, qu'on a déjà découverts, fans faire attention à leurs Claffes, familles & genres ou aux méthodes des Claffifications, qui d'ailleurs font affès variables, le corps fur les confins duquel nôtre Trilobite pourroit probablement être placée, fi l'on venoit à la decouvrir. Tout depend de la reffemblance plus ou moins grande qu'il y a entre nôtre Trilobite & les corps marins, qu'on a déjà découverts, Où je trouve la plus grande reffemblance, - où dans un corps marin je trouve des qualités effentielles à l'égard de la ftructure organique externe & vifible, de la forme entiere du Teft du dos annulaire, (car ce font là des caractéres effentiels & vifibles, que la Nature nous préfente pour difcerner les corps d'entr-eux) où je trouve, dis-je, ces marques & ces traits caractériftiques, qui conviennent le plus, & de la maniere la plus naturelle & fans le fecours de l'imagination, avec la Trilobite, c'eft fur ces confins du Regne animal que je veux placer en attendant la Trilobite, jufqu'à ce qu'on aura propofé une opinion plus fondée & plus probable, & alors je ferai le premier à reconnoître & à revoquer mon erreur. Dans les mers du Nord, par confequent donc dans les contrees, ou principalement la terre ferme eft la patrie des Trilobites, il y a un certain Infecte marin teftacé, que les habitans d'Islande nomment Ofcabiorn. On le nomme auffi Afelle de mer, puifqu'il fe trouve dans la mer, & qu'il a

beau-

beaucoup de reſſemblance avec un Aſelle ou Cloporte. J'ai moi même dans mon Cabinet un pareil Inſecte, & je l'ai comparé exactement tant avec les deſcriptions & les figures qu'on en a données qu'avec mes Trilobites. Chaque lobe de la Trilobite a beaucoup de reſſemblance avec le dos teſtacé de cet Inſecte, & il n'y manque que les deux ſillons qui le diviſent en trois lobes comme celui des Trilobites. *Hanns.* THORLEV né en Islande nous a laiſſé une deſcription de cet Inſecte qui ſe trouve dans BARTHOLIN. Act. Med. & Phyſic. 93) Après cet auteur un autre auteur anonyme a inſéré une deſcription très exacte de cet Inſecte dans les *Neue Geſellſchaftliche Erzehlungen.* 94) Le corps de cet Inſecte eſt ovale. La tête, le dos & la queue ſont couverts d'une écaille liſſe, qui convient en quelque maniere avec celle d'une écreviſſe, mais qui ſemble être d'une ſubſtance plus compacte que celle d'une écreviſſe de riviere, de ſorte que je ſerois preſque tenté de croire que cette écaille, ſurtout lorſqu'elle eſt forte & épaiſſe, dut ſe diviſer en feuillets. La coquille de la tête ou le caſque ne conſiſte, comme dans les Trilobites, qu'en une ſeule piéce. Dans quelques uns, comme l'on voit dans le *Muſeum* de WORMIUS, 95) cette coquille eſt grande & parfaitement proportionnée à la grandeur de la tête de la Trilobite & du reſte du corps. Dans d'autres, comme dans mon Exemplaire, cette coquille eſt conſidérablement plus petite, cependant elle a, de même que les Trilobites, deux ſillons fins, courbes, qui commencent en haut près de la premiere articulation du dos, & qui diſparoiſſent peu a peu en bas vers la lèvre. Le dos eſt compoſé, comme je viens de le dire, de même que dans toutes les Trilobites, d'anneaux, qui entrent & qui ſortent l'un ſous l'autre, & il ne lui manque que le double ſillon pour lui donner la forme d'un dos à trois lobes. Le nombre de ces anneaux du dos eſt inégal; dans mon Exemplaire j'en compte douze, dans l'Exemplaire de WORMIUS la coquille de la queue eſt très petite, à moins qu'elle ne ſoit mutilée, car dans mon Exemplaire j'ai remarqué que la moindre violence ſuffit pour la ſeparer des articulations du dos. En revanche dans l'Exemplaire que j'ai dans mon Cabinet, & dans celui que Mons. GESNER a communiqué *Inſect. marin.* p. 268., la coquille de la queue eſt de beaucoup plus grande que dans celui de WORMIUS, elle ſe termine en une pointe émouſſée, & ſon contour repréſente tout à fait la coquille de la queue d'une Trilobite, à cela près qu'elle n'eſt pas diviſée en trois lobes, & que les plis tranſverſaux lui manquent, car elle eſt tout à fait unie. Au reſte l'écaille eſt aſſès forte à porportion du corps; & comme celui de mon Exemplaire a la longueur à peu près d'un pouce, il faut que dans les Exemplaires plus grands & de la longueur de quatre ou cinq pouces, l'écaille ſoit d'une épaiſſeur conſidérable. On voit à la partie inférieure quatorze pieds fort tendres, dont l'extremité eſt munie d'un crochet recourbé comme la griffe d'un d'oiſeau. A l'aide de ces ongles ces Inſectes s'attachent aux poiſſons, de maniere qu'ils ne s'en ſéparent pas facilement. Ils tiennent ferme à la place ou ils ſe ſont attachés une fois, & tuent le poiſſon en lui ſucçant le ſang. Dans quelques uns de ces petits animaux la coquille de la tête eſt garnie de deux éminences; c'eſt avec raiſon que je dis, dans quelques uns, car dans mon Exemplaire il n'y en a point. Ces éminences ſont les yeux de cet Inſecte. Suivant la deſcription de THORLEV & de BORRICHIUS 96) elles reſſemblent exactement aux cornes granulées de quelques Trilobites. Au deſſous de la coquille du dos on n'a point encore découvert, outre les pieds, quelques viſcéres, mais bien une ſubſtance viſqueuſe & gélatineuſe, qui ſe durcit dans quelque tems. Cette ſubſtance eſt fcſſile, à moitié tranſparente, & communément d'un jaune rougeâtre. Les habitans d'Islande la nomment la Pierre de St. Pierre, (*Peters-Stein*). Comme l'on n'a point trouvé dans cet animal d'autres parties molles & fluides, & qu'ainſi il eſt pour la plus grande partie creux, c'eſt peut-être là la raiſon qu'il pout cacher ſes pieds ſous la coquille du dos & les contracter de maniere qu'ils y ſont couchés comme dans une jatte, & que du dehors on ne peut s'appercevoir d'aucune trace de pieds. Ainſi cet animal, étant couché ſur le ventre, ne fait pas même ſoupçonner d'avoir des pieds; car ils touchent preſque la ſurface interne de la coquille. L'individu, que Wormius repréſente du côté du dos & du ventre, n'offre

Hh 2

point

93) Vol. V. Num. 90; pag. 219.
94) Vol. IV. pag. 37.
95) p. 241.
96) Neue Geſellſchaftliche Erzehlungen. p. 36.

point de pieds. Il doit en avoir déjà été dépouillé; car, d'après Mr. le Chevalier de Linné, les pieds tombent de fort bonne heure à cet insecte testacé. Peut-être ces animaux s'accrochent-ils si fort aux poissons à l'aide de leurs griffes très courbées, qu'en mourant ils y restent attachés. Que le poisson en échappe ou non, on conçoit aisément, que lorsqu'ils vont en putréfaction, les pieds ainsi accrochés restent attachés au poisson, & que les coquilles qui couvrent la tête, le dos & la queue, tombent ou ensemble, ou, ce qui arrive plus souvent, par piéces.

Tout Naturaliste impartial tombera d'accord, que de tous les corps marins connus il n'y a pas un seul qui ressemble plus à nôtre Trilobite que cet insecte marin; au moins on leve ainsi beaucoup plus facilement les difficultés qu'on rencontre dans les autres opinions. Il ne suffit d'avoir offert un insecte testacé, dont l'espèce renferme l'analogue de la Trilobite; J'abandonne au Zoologiste de trouver la Famille & le Genre sous lequel il veut le ranger. Parmi les Aselles (*Oniscí*) dira-t-on-peut-être. Quant à moi je trouve beaucoup de difficulté dans cette opinion. Je ne puis pas encore gagner sur moi de ranger nos cloportes & d'autres insectes mollusques aptéres dans un même genre avec des animaux qui ont une cuirasse testacée, un casque & une coquille à la queue. Je conviens qu'une cloporte a quatorze pieds & autant d'entaillures au dos: s'en suit-il donc de là, que tout ce qui a quatorze pieds & des entaillures au dos, soit un Aselle? La différence qu'il y a entre une peau molle & une cuirasse testacée, est trop essentielle pour être négligée dans la classification des insectes aptéres. Il eût donc juste de séparer tous les cloportes couverts d'une cuirasse comme les écrevisses d'avec ceux qui ont la peau molle, & d'en faire un genre particulier, que je placerois entre les écrevisses & les cloportes à peau molle. Ce genre mitoien pourroit porter le nom d'Armadille, qu'on donne d'ailleurs à une certaine espèce de cloportes, & la description en seroit la suivante: *Corpus ovato-oblongum crustaceum, segmenta dorsi articulati* VII-XII. *testa capitis & caudae integra, pedes* XIV. Peût être pourroit-on ranger sous ce nouveau genre, qu'on établiroit entre les écrevisses & les cloportes, plusieurs animaux marins, qu'on a rangés jusqu'ici, selon moi, à tort, ou parmi les écrevisses ou parmi les cloportes. Car lorsque l'on établit pour le caractére de l'écrevisse la queue articulée, on peut très à propos ranger sous un genre particulier les animaux marins qui ont le dos articulé & crustacé, & les placer avant les cloportes, qui n'ont point de cuirasse crustacée. On rangeroit alors dans ce genre mitoien la plûpart des Insectes, que Mr. de Linné a allégués sous le nom de *macroura manibus adactylis*, Syst. Nat. p. 1054. Et certainement, si l'on considére le *Scyllarus* dans Rumphius, Cab. des Rar. d'Amboine Tab. III. Fig. F., le *Pulex marinus* dans Frischius. Tom. VII. Tab. XVIII, dont le dos est quasi partagé en trois lobes, si l'on fait attention à d'autres insectes aquatiques qui s'y raportent, on remarquera une analogie très naturelle entre eux & nos Trilobites. Je rangerois aussi, sans difficulté, dans la même classe l'insecte testacé, dont la pétrification nous a été communiquée dans les Mémoires de l'Academie des Sciences de Paris de l'année 1757. p. 82. Tab. VII. Fig. 1. Car en l'examinant avec attention, on trouvera sans peine une très grande ressemblance entre le *Scyllarus* ou le *Squilla arenaria marina* dans Rumphius Tab. III. Fig. F. & une Trilobite etendue, de sorte que toutes ces espèces de corps pourront fort bien constituer un genre mitoien particulier sous le nom d'Armadille.

Je dois à présent encore traiter de l'état dans lequel se trouve ce corps dans le Regne des fossiles, de la matrice dans laquelle il est enchassé, & des endroits où on le trouve. Les Trilobites qu'on rencontre, sont pour la plûpart imparfaites & defunies. L'écaille de la queue & celle de la tête est ordinairement isolée, & séparée des lobes du dos, tandisque les anneaux de ceux-ci se rencontrent beaucoup plus rarement dans la pierre, isolés ou en partie cohérens. On en peut alléguer une raison assés probable. Comme l'écaille de cet animal est composée de parties mobiles, liées entre elles au moyen de certains tendres ligamens, il faut qu' après la mort de l'animal, lorsque ses parties molles & fluides vont en putréfaction, l'écaille tombe par piéces, tout comme dans cette même situation les piquans des Oursins de mer tombent ordinai-

ordinairement. Mais la raison principale pourquoi on a trouvé jusqu'à préfent fi peu d'anneaux du dos ifolés, pourroit bien être par ce qu'ils font pour la plûpart trop fins & trop fragiles pour qu'ils puiffent, comme les ecailles de la tête & de la queue, paffer dans le Regne des foffiles, fans être détruits. Peût-être ne les a-t on pas examinés jusqu'ici avec affés d'attention par ce qu'on ne les a pas connus, & qu'on les a pris probablement pour des fragmens de coquilles papyracées, car on en trouve effectivement 97). Je poffede moimême une plaque trouvée dans le païs de Meklenbourg, couverte de pareils anneaux ifolés, qui font éparpillés fur la pierre avec plufieurs écailles de la queue. Souvent le teft n'y eft plus, ou bien, lorsqu'on fend la pièce, il refte dans cette moitié qui offre l'empreinte de l'animal. Mais lorsqu'il y eft encore, il eft communément de couleur blanche, ou jaune grifâtre, quelque fois de couleur jaune foncée ou brune, ce qui depend beaucoup auffi de la couleur & de la qualité de la pierre dans laquelle fe trouve la petrification. Le teft eft ou pétrifié, ou calciné, 98) ou métallifé; dans ce dernier cas il eft ordinairement pyriteux. 99) Les Trilobites fe trouvent communément en fociété avec d'autres corps marins. On les rencontre en particulier avec les Bélemnites aux environs de Prague, avec les Pectinites & les Pectonculites près de Francfort fur l'Oder, avec les Orthocératites dans le païs de Meklenbourg, 100) & avec les Coralliolithes, ainfi qu'on peut le voir diftinctement fur un de mes exemplaires, qui offre d'un coté une Trilobite de moyenne grandeur, & de l'autre une Tubulaire fungiforme.

La matrice eft, particuliérement dans le Nord de l'Allemagne, un marbre gris ou rougeâtre, fouvent ce n'eft qu'une pierre calcaire. Dans différentes contrées on les trouve dans une pierre puante noirâtre, comme à Neu Ruppin, en Suede d'apres Mr. BROMEL, & particuliérement dans les environs de Prague. La contrée de Stargard fournit auffi un fchifte arénacé noir, qui renferme des Trilobites. J'en ai reçu de Gnoyen dans le païs de Meklenbourg qui font enveloppées dans un grais grifâtre très fin & avec cela peu compacte. Dans le païs de Meklenbourg on les trouve auffi dans des pierres à feu à moitié décompofées.

Quant aux endroits, on les trouve beaucoup plus frequemment dans les païs feptentrionaux qu'ailleurs. Dans le Nord de l'Allemagne l'*Uker-mark* & le Meklenbourg en offrent abondamment, & non obftant cela, même dans ces contrées là, rien n'eft plus rare qu'un exemplaire parfait. On en trouve d'ailleurs de très expreffifs aux environs de Berlin & de Francfort fur l'Oder; le Cabinet de Mr. WOLTERSDORF en renferme de très beaux. On peut dire la même chofe de plufieurs provinces de Suede. Particuliérement dans les contrées de l'Oft-Gothie & de l'Oueft-Gothie, dans l'Oelande & la Scanie les coquilles de la queue des Trilobites fe trouvent en fi grande quantité, que, fuivant le rapport de Mr. LINNÉ 101), elles paroiffent former des rochers. On trouve en particulier de belles Trilobites en Angleterre, où on les nomme *Dudley-Foffils*, d'après un endroit dans le Comté de Worcefter nommé Dudley, où on les tire des mines calcaires, tant ifolées qu'enchaffées dans leur matrice, & fouvent en grandes & belles plaques. Près de Colebrookdale en Schropshire on trouve de même de très belles Trilobites, comme l'on voit par le Vol. XXV. du Gentleman's Magazine p. 14. Déjà Luid les connut fous le nom de *trinucleus*, & en a trouvé dans le Merionetshire (*Comitatus Maridunie*), comme il confte par la première lettre inférée dans fon *Lithophylacium Brittannicum* pag. 96.

On

97) voy. Mr. GENZMER Laufiz-Arbeit. Vol. III. p. 192. Mr. WILKE *Nachricht von feltenen Verfteinerungen*, Tab. VI. Fig. 8. 9. il faut rapporter ici en particulier la belle Planche de Trilobites, dans les Transact. Philof. Vol. XLVI. p. 198. fur laquelle on voit par ci par là des fragmens ifolés de l'écaille du dos de la Trilobite qui faillffent de la pierre.

98) GENZMER loc. cit. Vol. III. p. 191.

99) DAVILA Catalogue fyftématique & raifonné Tom III. p. 205. Nr. 261. pag. 206. Nr. 266. BROMEL Lithograph. Suec. p. 77.

100) Hamb. Magaz. Vol. XI. p. 440.

101) voy. fes voyages par l'Oelande & Gothlande P. 162. édition allemande, & Abhandlung der Königl. Schwed. Acad. Vol. XXI. p. 20.

On les trouve bien auſſi, mais beaucoup plus rarement, dans d'autres païs tant dedans que dehors l'Allemagne. *Brukmann 102)* en a eu de Stemme dans l'Evêché de Paderborn. Dans le Magazin de Berlin 103) il eſt fait mention de celles qu'on trouve près d'Aix-la-Chapelle, & près de Burgwenden en Thuringe. Elles ſe trouvent de même dans les environs de Prague, & ſuivant toute apparence elles s'étendent là auſſi loin que la chaîne des montagnes calcaires qui de là s'étend vers le Sud-Eſt, & d'où l'on tire la pierre puante noire. Suivant la remarque de feu Mr. KLEIN 104), le Mont-Cyngal près de Danzig fournit de même ces pétrifications; cependant il ſemble qu'elles n'y ſoient pas trop frequentes. On en rencontre bien auſſi en Suiſſe, 105) mais les ſimples têts de la queue, qu'on y trouve, ſont déjà aſſez rares. On les trouve auſſi dans la France, mais de même, à ce qu'il paroit, fort rarement, ſur les ardoiſes d'Angers. 106). En Eſpagne le P. Torrubia, comme l'on voit dans ſon Hiſtoire naturelle de l'Eſpagne 107), en a auſſi découvert ſur les limites de Pardos à deux lieues de Molina de Aragon, dans les environs d'Anchuela.

On ne peut dire juſqu'ici que fort peu de choſe au ſujet de l'hiſtoire de cette pétrification. Dans le ſiécle paſſé elle étoit bien entiérement inconnue; du moins je ne ſaurois alléguer aucun auteur, qui en eut fait mention. Sur la fin du ſiecle paſſé & dans le commencement du préſent les Anglois la firent connoitre les premiers, ſans cependant ſavoir ce qu'elle étoit. Lew 108) la nomme *trinucleus*, & avoue qu'il ne ſait où ranger cette petrification. Bientôt après lui LHUID 109) en fit l'eſſai, mais il n'y fut pas trop heureux, vû qu'il s'aviſa de la prendre pour un fragment d'un Nautilite. Ce n'eſt que dix ans après que HERMANN 110) trouva la premiere Trilobite en Allemagne, en Sileſie; mais il ne ſçut pas plus que les autres, ce qu'il devoit en faire; cependant il conjectura que la coquille de la tête, qu'il avoit trouvée, pût être un Echinite, & la coquille de la queue un Pectoncule. Seize ans après SCHEUCHZER 111) en trouva auſſi dans la Suiſſe. Il ne devina non plus ce que c'étoit que la Trilobite, & la prit pour une eſpèce de Petellites, ou même pour un Oſtracite. Ces ſavans naturaliſtes ignoroient les uns les découvertes des autres.

Depuis ce tems on n'en entendit ni n'en voya rien juſqu'à l'an 1730. dans lequel BROMEL dans ſa *lithographia ſuecana* fit connoitre les coquilles de la queue de nos Trilobites ſous le nom d'inſectes vaginipennes petrifiés. La traduction allemande de cet Ouvrage les fit auſſi connoitre aux naturaliſtes allemands, & quand même ils ne les prirent pas avec BROMEL pour des eſcarbots pétrifiés, ils ne ſçurent pourtant non plus pour quoi les prendre, juſqu'a ce que Mr. WALTERS-DORF en 1748 leur aſſigna dans ſon Syſtême de Minéralogie une place parmi les coquilles bivalves. Depuis cette époque les naturaliſtes allemands les ont rangées parmi les coquilles pétrifiées, dans leurs Syſtemes & Ouvrages lithologiques, & c'eſt ce qu'on a fait preſque généralement juſqu'à l'an 1750.

Depuis cette année la Trilobite a fait l'objet des recherches de pluſieurs naturaliſtes, qui ont publié pluſieurs ſavans Ouvrages à ſon ſujet, que voici:

1. Mr. GRONMAR, Prevôt à Stargardt dans le Mecklenbourg. Ce ſavant naturaliſte a le premier décrit les Trilobites dans un mémoire particulier, ſous le titre: Deſcription d'une coquille pétrifiée à trois lobes (*concha rugoſa triloba*). Elle ſe trouve Vol. II. *Arbeiten einer vereinigten Geſellſchaft in der Ober-Lauſiz zu den Geſchichten und Gelahrtheit*, 1758. in 8vo.

102) Cent. I. epiſt. itinerar. 23.

103) Vol. IV. p. 56.

104) Oryctogr. Gedanens. ad tab. XV.

105) Berlin. Magaz. Vol. IV. p. 56. SCHEUCHZER *Muſ. diluv.* 759. Conféré avec ſon Oryctographie p. 132.

106) DAVILA *Catalogue ſyſtematique & raiſonné*. Tom. III. p. 205.

107) Dans la traduction allemande, que Mr. de MURR a publiée, ces Trilobites ſe trouvent Pl. III. Num. 4.

108) lithoph. Britann. epiſt. I. p. 98. comparé avec la Planche qui appartient à p. 120.

109) nat. hiſt. of Lancaſhire tab. VII. J.

110) Maslograph. tab. IX. 50. IX. 44. XII. 31.

111) Muſ. diluv. 759. comparé avec ſon Oryctographie ad fig. 132.

785. La continuation de ce savant mémoire se trouve Vol. III. p. 183. Il a comparé ensemble & décrit très exactement les Trilobites qu'on avoit trouvées dans le païs de Mecklenbourg, particuliérement celles qu'il a lui même dans son beau cabinet. Premiérement il prit la trilobite pour une espèce de coquille, mais dans la continuation ci-dessus alléguée il suppose de raison, que l'analogue en est un animal marin inconnu, dont le test est composé de purs anneaux en forme de croissant. Il est disposé en même tems de prendre le Chiton ci-dessus décrit pour analogue à l'animal marin encore inconnu. Nous sommes redevables à ce même savant des informations sur les Trilobites, qui se trouvent Art. XI du nouveau Magazin de Hambourg pag. 440. Encore en 1771. il inséra un petit mémoire sur la conque à trois lobes dans l'Art. II. Vol. III. du Recueil de Berlin, où il suppose qu'il se pourroit bien qu'un Chiton fut l'analogue de la Trilobite.

2. *Emanuel MENDES da COSTA.* Nous tenons de lui: *a description of a curious fossile animal*, qui se trouve dans le *Gentlem. Magazine* Vol. XXV. pag. 24. L'animal *curieux* qu'il y décrit, est précisément nôtre Trilobite; il lui donne le nom de *pediculus marinus maior trilobus.*

3. GUETTARD. Nous tenons de lui les *mémoires sur les ardoises d'Anzers*, qui se trouvent dans les *mémoires de l'académie des sciences* de l'an 1757. p. 82. sqq. Il y traite aussi de certaines *Chevrettes*, qui se trouvent sur ces ardoises, & il comprend sous ce nom nos Trilobites & quelques autres espèces d'astacolithes qu'on trouve sur ces ardoises.

4. Pétrification particuliére d'un insécte, *entomolithus paradoxus*, décrite par Mr. de LINNE', dans le Cabinet du Comte Tessin. C'est là le titre d'un petit mais savant mémoire inséré dans l'édition allemande des Mémoires de l'academie royale de Suede Vol. XXI. pag. 20. Il suppose, comme nous l'avons dit plus haut, que la Trilobite tient une place intermédiaire entre les écrevisses, les monocles & les aselles.

5. *Charles* LYTTLETON. Il a publié: *a letter concerning a non descript petrified Insect.* Cette lettre se trouve dans les Transact. Philosoph. Vol. XLVI. Num. 496. pag. 598. On y voit aussi des figures très exactes des Trilobites étendues & contournées, qu'on a trouvées dans les carrières de Dudley en Worcestershire. Le D. *Charles Mortimer* y a ajouté plusieurs choses qui servent d'explication à la description de Lyttleton.

6. *Jean Gottl.* LEHMANN. Dans le Vol. X. des *Nov. Commentar. Acad. Petropolit.* il y a pag. 401. sq. de ce savant naturaliste un Traité: *de entrochis & asteriis columnaribus trochleatis*, auquel il a ajouté un *Problema de petrefacto incognito naviter intento*, nom, sous lequel il comprend précisément nôtre Trilobite. Lorsqu'il écrivit ce problème, il ne se déclara pas pourquoi il prenoit cette pétrification. Mais il a ajouté au sommaire de ce volume un supplément, dans lequel il reconnoît un onisque indigène de ces eaux (*Entomon Lin.*) pour l'analogue de la Trilobite. Mr. le Prof. BERMANN de Gœttingue, qui alors étoit à Petersbourg, & Mr. STAEHLIN, Sécretaire de l'Academie des sciences de Petersbourg envoyérent un onisque vivant de cette espèce à Mr. LEHMANN, & ces deux savans assûrent d'avoir par là convaincu ce dernier qu'il falloit chercher l'analogue parmi les onisques. Mr. BERGMANN dans sa Géographie physique pag. 161. rapporte que Mr. STAEHLIN étant dans sa maison de campagne, a trouvé dans les filets, parmi d'autres petits poissons, un certain insécte aquatique (probablement dans l'eau douce) dont l'épaisseur étoit à peine d'une ligne, & la peau blanche comme neige, mais auquel on ne pouvoit découvrir ni autre ouverture, ni pieds. Il n'avoit point d'écailles, mais bien des rides dépliées (*rugæ explicatæ*), qui à l'attouchement se contractoient, de manière que l'animal, qui d'ailleurs avoit la forme large & platte, lorsqu'il se contractoit, représentoit un corps rond. Mr. STAEHLIN fit voir cet insécte à Mr. LEHMANN qui le reconnut pour un onisque, & le prit d'abord pour l'analogue de nôtre Trilobite.

7 *Nachricht von einigen seltenen Anomiten, oder Bohrmuschelsteinen.* C'est là le titre d'un savant mémoire qui se trouve dans le Magazin de Berlin Vol. IV. p. 36. L'auteur y traite aussi pag. 54. de nôtre Trilobite, & la range parmi les coquilles bivalves à valves inégales.

8. *Nachricht von seltenen Versteinerungen, voraemlich des Thierreichs, welche bisher auch nicht genau genug beschrieben und erklaert worden, in drey Send-Schreiben an seine Goenner und Freunde, abgefasset von Christian Friedrich Wilkens, Inspektoru der Cotbusischen Dioeces und Pastore Primario,* à Berlin & à Strasbourg 1769. in 8vo. avec 8. Planches. L'auteur de ce savant ouvrage y a donné une description bien detaillée des Trilobites. Il suppose, comme il a été dit plus haut, qu'il faut chercher l'analogue de cette pétrification dans le genre des cloportes aquatiques, (*branchiopus*).

CHAPITRE IV.

EXPLICATION DES PLANCHES QUI SE TROUVENT DANS LES SUPPLEMENS.

Il étoit difficile de se dispenser, dans un ouvrage comme celui-ci, d'y ajouter des supplémens des Planches. Comme la nature ne nous présente pas des corps si différens dans une même contrée; comme il faut en faire le recueil des païs si éloignés & de différens Cabinets; comme souvent l'on ne reçoit que fort tard les meilleures piéces & les plus instructives, & qu'alors, pour rendre la collection aussi complette qu'il est possible, on est obligé en attendant d'avoir recours à des exemplaires moins parfaits; comme plusieurs possesseurs des Cabinets ne veulent, ou faute d'un bon peintre, ne peuvent communiquer leurs meilleures piéces, sans beaucoup de peine & de fraix; comme outre cela on découvre encore toujours de nouveaux corps dans le Regne des pétrifications, vûque nos prédécesseurs, qui souvent n'étoient pas assez instruits, n'y ont pas fait assez d'attention, ou les conservoient sans les connoître: il est aisé à comprendre, que dans le tems même où l'on étoit occupé à publier cet ouvrage, il s'est présenté des additions très importantes, & que les Supplémens d'ailleurs necessaires, se seroient beaucoup multipliés, si l'on n'avoit pas crû être obligé, pour ne pas trop augmenter le volume & le prix de cet ouvrage, de se borner à un certain nombre de Planches. Même après que le nombre fixé des Planches eût été gravé, mon Cabinet a été enrichi de plusieurs productions assez peu connues jusqu'ici, lesquelles étant communiquées aux curieux, auroient pû fournir l'occasion de faire plusieurs découvertes agréables & peut-être interessantes. Mais, par les raisons ci-dessus alléguées, je n'ai pas voulu passer les bornes fixées. Peut-être le tems à venir présentera-t-il l'occasion de faire ce qui n'a pû se faire à présent. Par les observations reitérées sur les corps connus & par les recherches sur les nouvelles productions un naturaliste doit de jour en jour enrichir sa connoissance. J'étois dans ce cas durant cet ouvrage. J'ai non seulement emploïé le tems qui me restoit de mes autres occupations, à examiner les pétrifications que j'avois dans mon Cabinet & qu'on m'a envoyées dans la suite, & à les comparer, autant que je pouvois, avec leurs analogues, mais j'ai aussi, dans le tems, où je travaillois à cet ouvrage, lû & examiné avec attention les écrits les plus nouveaux. C'est ce qui n'a pu manquer d'enrichir, pour ainsi dire, ma connoissance de supplémens, & je me crois obligé de les communiquer en abrégé aux curieux, de même que Messieurs les Editeurs leur communiquent leurs Planches. Ce sera là la matiere de ce dernier Chapitre. Je commence par

SVPPL. I. II. & III.

QUELQUES CALAMITES

qui se trouvent dans le Cabinet de Mr. le Conseiller privé de Cour Schmidel, & qui, à cause de leur beauté & de leur rareté, méritent une place ici. Pl. I. & II. représentent un morceau

de

de roseau de deux côtés. Il est applati, & l'on voit assez par la dimension que dans son état naturel il doit avoir eu au moins quatre à cinq pouces de diamètre. La grosseur prouve incontestablement que ce n'a pas été un roseau indigène, mais bien un roseau exotique. Mr. SCHSIDEL suppose donc que c'est un morceau de Bambou. On y voit fort distinctement les stries fines, longitudinales & parallèles, principalement sur le côté qui est représenté Pl. I. La couleur est brune obscure, & la strie plus claire qui passe dans le milieu, fait voir le remplissage, puisque dans cet endroit le tuyau comprimé s'est un peu fêlé. La strie transversale plus claire nous présente distinctement le diaphragme du roseau. On observe outre cela dans les endroits marqués d' *a*, certains noeuds, & c'est là ou autrefois tenoient les branches & les feuilles. Parmi les espèces de Calamites, que nous avons rapportées ci-dessus, ce morceau rare pourroit bien appartenir au Nro. 3. Autrefois Mr. HEYNE, qui a si bien mérité des schistes de Manebach, en étoit le possesseur, & comme il s'est beaucoup appliqué à faire une collection des schistes herborisés de Manebach, dans le dessein de publier un mémoire particulier sur les empreintes des plantes, l'on suppose que le morceau en question a aussi été trouvé la. Si cette supposition est iuste, ce morceau prouve que des plantes exotiques ont aussi été transportées dans nos pais, & y ont été enfoncées dans le sein de la terre. Sur les schistes de Manebach mêmes Mr. MYLIVS à donné quelques informations dans ses *Memorabil. Saxon. subterr.* Part. I. pag. 17. sq. Pl. III. offre encore quelques belles pétrifications de roseaux, dout les deux premières Nro. 1. & 2. sont d'Italie & arénacées, & n'ont pas perdu par quelque compression leur forme cylindrique. L'on y voit fort distinctement les diaphragmes. Nro. 1. présente en relief des stries épaisses, mais Nro. 2. ne semble être qu'un noyau; cependant le noeud qu'on y voit au milieu, prouve que ce noyau s'est moulé dans la cavité d'un gros roseau. Nro. 3. semble appartenir à la même espèce que le morceau comprimé Pl. I. & II. Il a encore la forme cylindrique, mais il a pris de la matrice & de l'endroit où il étoit couché, une couleur grise bleuâtre. De la même espèce semble être Nro. 4. & ce n'est que la compression, qui d'un côté y a fait naitre une carne. Nro. 5. présente des feuilles de roseau couchées les unes sur les autres, probablement de la même espèce que les tuyaux, que je viens de décrire.

Les Planches du Supplément III. a. & III. b. présentent des

CARPOLITES,

dont quelques unes servent à éclaircir ce qui a eté dit plus haut à leur sujet, & dont les autres sont remarquables à plusieurs égards. On a communiqué Pl. III. a. Num. 1. 2. 3. 4. 5. différentes sortes de fruits & de fèves pétrifiés fausses & réelles, pour faire voir par leurs caractéres la différence qu'il y a entre elles & ces carpolites. Les carpolites naissent de différente manière. Il y en a, à la verité, qui sont effectivement ce pour quoi on les donne; mais ce ne sont pas tant des fruits pétrifiés, que plûtôt des fruits incrustés. La substance tuseuse s'y fait bientôt connoitre; on peu souvent en détacher la croûte & l'on voit alors le corps même, qui n'a point subi de changement du tout, excepté l'exsiccation, ou bien il est entiérement détruit. C'est à ces incrustations qu'il faut rapporter la piéce Num. 1. qui m'a été envoyée de Tennstaedt. Ce sont des péricarpes ou plûtôt des capsules séminales, à ce qui paroit, de la Nummulaire. Ces capsules membraneuses sont encore creuses en dedans & enduites d'un tuf très-fin. On les trouve beaucoup plus rarement que les feuilles & les tiges incrustées. Elles ne doivent leur conservation qu'à la situation avantageuse. Num. 2. 3. & 5. sont aussi de fausses pétrifications, mais d'une autre espèce, & qui différent encore l'une de l'autre. Num. 2. est de Camsdorf, à une lieue de Zwikau; les pretendues sèves, qui sont enchassées dans la pierre, ont en plus grande partie, beaucoup de ressemblance avec les fèves naturelles. Elles sont farineuses en dedans, couvertes d'une croûte jaune comme d'une peau, & renfermées dans une pierre brunâtre. Lorsque la pierre se casse de façon qu'une pareille sève est fendue transversalement, la ressemblance avec une fève naturelle en devient d'autant plus grande, &

l'on croit voir fort distinctement son noyau farineux & sa peau jaunâtre. Mais lorsque l'on examine un pareil morceau avec attention, & que l'on y remarque, que ces fèves sont de forme & de grandeur différentes — qu'elles ne consistent qu'en masses de marne, qui de leur matrice ferrugineuse ont pris une croûte ochracée — que cette croûte même est la pretendue peau, que chaque petite masse de marne, suivant sa grandeur & la compression, qu'elle a soufferte, représente une autre espèce de fèves, & qu' outre tout cela il n'y en a pas une seule qui convienne parfaitement avec la structure organique d'une fève, il est évident qu'il faut compter ces fèves & ces amandes de Zwikau parmi les fausses Carpolites. Num. 3. est de même une fausse Carpolite, mais de toute autre qualité que la précédente. Les pretendues graines de semence sont de grandeur si différente, qu'il y en a qui sont dix ou douze fois plus grosses que les autres, circonstance, qui déjà ne permet pas de supposer ici une véritable pétrification. Les petites graines sont rondes, les grandes sont un peu applaties, vû que, durant la compression, elles étoient moins dures que les petites. Ces graines semblent effectivement être enveloppées dans des capsules; mais on se tromperoit de même, si pour cela on vouloit d'abord les prendre pour des véritables Carpolites. Car la peau de ces capsules est à proportion du noyau qu'elles renferment, à beaucoup près trop épaisse pour être une véritable peau, qui, comme l'on voit dans les fèves & dans les pois, est une membrane roide, à la vérité, mais en même tems mince. Ces graines semblent plûtôt être nées de la même maniere que les Oolites. Pendant le roulement d'une petite masse encore molle de marne calcaire une terre fine s'y est attachée tout autour, & plus cette petite masse étoit humide, plus cette croûte pulverulente, qui s'y colloit, devenoit épaisse. Par hazard ces petits globules ont été enfoncés dans une autre terre molle, qui successivement a pris la dureté d'une pierre. Num. 5. est de même une fausse Carpolite qui diffère aussi des deux précédentes. Ici les graines, qui sont de grandeur & forme différentes, n'ont point de croûte du tout, mais elles sont de la même substance que la matrice, dont la matiere primitive est une marne argilleuse, ferrugineuse & arenacée. C'est de la que viennent la couleur brune rougeâtre & la solidité de la pierre. Nro. 4. a été ajouté pour présenter une véritable Carpolite. J'aurois souhaité cependant que le dessinateur y eut mieux exprimé la forme naturelle des grains de seigle, telle qu'on la voit sur la surface & dans l'intérieur de la pierre. Ces grains présentent tous les caractéres d'une véritable pétrification. Ils sont tous de la même grandeur & de la même forme. Ils ont le plus de ressemblance avec les grains de seigle. On voit très-distinctement que chaque grain est renfermé dans une bale, & que celle-ci n'est pas un enduit d'une substance ochracée. La proportion entre cette bale & le grain est la même que dans un grain naturel. Outre cela la pierre est si avantageusement fenduë, qu'on y voit quelques grains entiers, & d'autres qui sont fendus longitudinalement ou transversalement, & encore une bale vuide de laquelle le grain est sorti.

Num. 6. est une pétrification, selon toute apparence, végétale, mais de laquelle on ne sçauroit encore dire positivement, quel en est l'analogue. Ce morceau nous a été communiqué par feu Mr. Borlach, Conseiller des mines à Koesen près de Naumbourg, pour le copier, mais il en a envoyé un autre beaucoup plus gros, & d'au-de-là de cent livres, de la même espèce, dans le Cabinet de Dresde. M. Eulenbourg dans sa belle description de ce magnifique cabinet l'a jugé digne d'en faire mention, comme d'un morceau très-rare, parmi les Coralloïdes & plantes marines pétrifiées, puisqu'en attendant on lui a assigné cette place. Le morceau représenté ici fut trouvé en 1751. dans un marais près d'un village nommé Lednica, dans les environs de Wieliczka en Pologne. Celui de Dresde est cylindrique, cassé aux deux bouts, à peu près de la hauteur d'une aune, tout noir en dedans, d'une substance pierreuse dure, dont le grain est très-fin, & qui ressemble beaucoup à la pierre de touche. On y remarque deux sortes de figures, de grandes & de plus petites, aux quelles on connoit distinctement, qu'un corps hétérogène a été enveloppé & renfermé dans une matrice noire qui dans la suite a pris la dureté d'une pierre. Les petites figures sont des trous lenticulaires la plûpart remplis, qui vont obliquement vers le centre & qui ressemblent à peu près à la tige d'un

Narcisse

Narcille transverfalement coupée, qui dans le milieu de la coupe a le plus d'épaiffeur, & qui va en diminuant vers les deux côtés. Les figures un peu plus grandes reffemblent à des capfules féminales rondes, un peu comprimées en forme angulaire, coupées dans le milieu, qui ont renfermé une fubftanae grenue. Le corps plus grand qui paroit par ci par là entre les figures lenticulaires, eft auffi dirigé vers le centre, comme Mr. BORLACH pretend l'avoir obfervé diftinctement dans le grand morceau de Dresde. Mr. EULENBOURG dans fa Defcription du Cabinet de Dresde pag. 24. prend ce morceau pour des hippurites pétrifiés, ce que je crois pouvoir révoquer en doute, puisque dans l'exemplaire de Mr. BORLACH je ne puis obferver ni ftries, ni lamelles, ni une figure conique, effentielle aux hippurites. D'autres fe font avifés de le prendre pour la cime pétrifiée d'un palmier; mais cette fuppofition eft fujette à plufieurs difficultés. Seroit-ce peut-être un Végétal compofé de plufieurs tiges dont les extrémités fupérieures s'écartent les unes des autres, & dont les inférieures naiffent d'une racine commune comme d'un centre, vû que fuivant le rapport de Mr. BORLACH, ces figures lenticulaires font dirigées vers un centre? Ces figures lenticulaires font-elles peut-être les tiges, & les corps grenus plus gros, font ils les péricarpes ou les capfules féminales? Nous remettons cette conjecture à la décifion du connoiffeur, & nous ferons bien aifes de nous voir un jour mieux inftruits.

J'ai fait la defcription de cette pétrification particuliére fur le petit morceau qui eft repréfenté fur la Planche, & qui m'a été communiqué du Cabinet de Mr. BORLACH. La complaifance de Mrs. EULENBOURG & SCHULZE à Dresde m'a mis en état de communiquer ici la defcription de deux gros morceaux de cette même pétrification que Mr. BORLACH envoya en 1743 de Wieliczka dans le Cabinet de Dresde. En les y envoyant il y a ajouté par écrit l'information fuivante: „ Le petit morceau fut déja trouvé en 1746. a Lednice, village qui appartient ,, aux falines, a une demi-lieue de Wieliczka, dans un lit d'eau; & alors il fut d'abord fendu ,, dans le milieu. Mr. SCHOBER trouva l'autre morceau en 1753. près du même village fur ,, une colline élevée à peu près de 250. aunes au deffus du niveau de la Viftule, qui paffe ,, de là environ à la diftance d'une lieue, dans un marais, où probablement les paifans, qui ,, ont coutume de rouir le chanvre dans ces marais, l'ont transporté d'un autre endroit, mais ,, qui ne peut pas avoir été beaucoup éloigné de là. Je n'en ai point vû encore de femblable, ,, furtout pour ce qui concerne le grand morceau; par cette raifon je l'ai jugé digne ,, d'être gardé dans un Cabinet. Je fuis curieux de favoir ce que les naturaliftes diront à ,, fon fujet, s'il faut le prendre pour une plante marine, ou pour le nid de certains animaux ,, marins, ou pour un végétal pétrifié, comme par ex. la cime d'un palmier, qui pour la ,, ftructure auroit peut-être la plus grande reffemblance. Dans ce dernier cas, & s'il fe préfentoit une plante dont la ftructure fut femblable à celle-ci, cela pourroit fervir à prouver ,, la pétrification de pareils végétaux; car il me faut avouer, que tout ce que j'ai vû jusqu'ici, ,, & ce qu'on a donné pour du bois pétrifié, ne m'a paru ni affez diftinct, ni affez convain- ,, cant. Si c'étoit une plante qui ne provient que dans les climats chauds, fous la ligne, fur ,, les bords de la mer; on en pourroit peut-être inférer que l'axe de nôtre globe eût été ,, changé, vû qu'il n'eft pas croyable que les eaux l'ayent transportée de là jusques dans les ,, climats froids. Il eft vrai que dans toutes ces contrées, où ces morceaux ont été trouvés, il y a peu de pierres à fleur de terre; au contraire, le fond, autant qu'on peut le voir ,, dans le lit des eaux & dans ces fentes, eft limoneux, & au deffous de ce limon il y a plufieurs couches d'une terre argilleufe; mais affez près de là, à peine à un quart de lieue de ,, diftance, il y a fur une colline une couche entière de toutes fortes de pierres compactes, ,, parmi lesquelles on a déja trouvé autrefois un morceau de la même efpèce que celle dont ,, eft le morceau plus petit; & qu'autrefois ces endroits étoient des rivages de la mer, c'eft ,, ce qui eft non feulement prouvé par les coquilles de mer qu'on trouve dans le fable affez près ,, de là en grande quantité & point du tout altérées, mais ce qu'on peut auffi obferver dans ,, les mines à 100. ou 150. ftades de profondeur. A ce rapport de Mr. BORLACH, Mr. EULEN- ,, BOURG a fait l'addition fuivante. „ La pétrification décrite dans ce rapport a au de-là de cent ,, livres, & une forme cylindrique un peu ovale, tronquée par des extrémités raboteufes. Le

Kk 2

,,grand

„ grand diamétre est de 22. pouces & le petit de 20. pouces : la hauteur en est d'une aune. La véri-
„ table couleur de cette pétrification est noire, quoiqu'à l'une de ses extrémites elle tire plus
„ sur le brun, & qu'elle ressemble là aux charbons fossiles. Elle a la dureté d'une agate ou
„ d'une pierre à fusil, & par là elle est susceptible d'un beau poli. Quand on en abbat un
„ morceau & le met dans le feu, il prend une couleur grise cendrée, & il exhale une odeur
„ comme le succin; cependans il ne se décompose ni ne créve, comme le font
„ d'autres pierres dures dans un feu violent. Quant a la structure externe de cette pé-
„ trification particuliére, elle est tout autour percée de trous qui se trouvent tous dans une
„ certaine symmétrie, à côté & au dessus les uns des autres, & qui ont en plus grande par-
„ tie la figure & la grandeur d'une noix, excepté que dans quelques uns il y a dans le milieu
„ du côté long une pointe émoussée proéminente. On voit presque partout trois ou quatre
„ de ces trous ovalaires, qui se font obliquement opposés, & par ci par là autant de trous
„ l'on à côté de l'autre, qui percent tous la pierre en forme conique à la profondeur de deux
„ ou trois pouces, & qui en plus grande partie font comme tapissés d'une croûte lisse blan-
„ châtre; mais dans quelques uns il y a un noyau de la même substance que la pierre, excepté
„ qu'il y a sur ces noyaux de petits pores placés suivant leur longueur. Outre les trous ova-
„ les ci-dessus mentionnés, on voit encore par ci par là d'autres trous beaucoup plus petits,
„ presque tous de la grandeur d'un pois, & la plûpart placés en ovale les uns autour des au-
„ tres, parmi lesquels il y en a qui font comme défigurés par quelque compression. Su
„ quelques autres places on voit encore avancer un peu hors de la pierre un végétal parti-
„ culier, si j'ose m'expliquer ainsi, en forme d'un bouton, qui ne s'est pas encore epanoui,
„ tout comme des trous ci-dessus décrits il y en a quelques uns qui renferment un noyau
„ poreux semblable à un grain d'orge, tandis que les autres & même en plus grande partie,
„ font creux ou vuides. Dans un endroit de cette rare pétrification un morceau de la pierre
„ en est tombé, ce qui a fait naître une cavité en forme d'entonnoir, dont la pointe est diri-
„ gée vers l'axe, où l'on reconnoit en même tems, que les trous de la profondeur de deux
„ ou trois pouces, dont j'ai parlé plus haut, font convergens vers un point." Mr. Schulze
suppose que cette pétrification doit son origine à une plante inconnue, puisque les végétaux
de cette espèce prennent en plus grande partie, en se pétrifiant, une substance d'agate, tandis que dans les Corallites pierreux pétrifiés on observe presqu'en général une pétrification
calcaire.

Pl. III. b. offre différentes belles piéces qui se trouvent dans le Cabinet instructif de Mr.
Haydenreich à Weimar. Nr. 2. 3. 4. 5. appartiennent aux Carpolites; on a ajouté Num. 2
pour remplir la place d'ailleurs vuide d'un morceau particuliérement remarquable. Num. 2
& 3. font de pretendus Geodes (*Schnulen*) d'Ilmenau, qui peuvent servir à desabuser ceux,
qui ne prennent les configurations qu'on voit dans ces géodes que pour simplement accidentelles, & qui supposent que dans une cavité née par hazard il s'est déposé une substance
spathique 1) J'accorde ce dernier, c'est à dire, que dans la plûpart de ces corps on trouve
une concrétion spatique tantôt en forme de graines, tantôt en forme de baies; mais je ne
saurois accorder le premier, c'est à dire, que cette cavité ne soit restée que par hazard dans
la pierre, qui étant encore molle, s'est conglutinée. Au contraire l'expérience m'a convaincu
bien souvent que cette cavité a toujours été produite par un corps étranger, le plus souvent
végétal, enveloppé dans le limon noir, qui y a laissé son empreinte; ce corps aiant été décomposé & détruit, l'eau, s'insinuant dans l'espace vuide, & mêlée de particules terrestres
a fait naître la substance spathique que nous observons dans les pretendus épis d'Ilmenau.
Car la forme imprimée dans les pierres représentées sur cette Planche fait voir clairement
qu'il y avoit ici autrefois des épis, soit d'herbe, soit de seigle ou de froment. Il en est de même
de ces corps que des poissons sur les schistes noirs. On croit communément y trouver encore la substance du poisson qui y a été autrefois, tandis que celui-ci est détruit depuis bien
longtems avec toutes ses arêtes. Ce n'est donc qu'un bitume mêlé de particules métalliques
terres-

1) voy. LEHMANN *Mineralogie* §. 70. pag. 109.

terreftres, & peut-être de particules animales diffoutes, qui s'eft infinué dans la cavité vuide, & qui préfente en relief l'empreinte que le poiffon y a laiffée. Num. 3. repréfente une pétrification qui a été trouvée en Angleterre, & qui appartient aux Calamites, dont nous avons déjà parlé plus en detail. Il faut la ranger fous la cinquième des efpèces de Calamites que nous y avons rapportées fous Num. 5. C'eft probablement une efpèce de rofeau exotique. Elle eft marquée, comme l'on voit dans la figure, de deux côtés de deux fillons profonds, & comme le morceau même ne préfente pas le moindre indice qui pourroit faire conjecturer, que peut-être trois tiges de rofeau, l'une plus groffe, & les deux autres plus minces, fe fuffent unies; il fe pourroit bien que précifément ces fillons fuffent propres & naturels à cette efpèce de rofeau, & il eft prefque probable qu'elle ait une tige ronde étroitement ftriée & cannelée de quatre fillons profonds, & que la forme large que ce morceau a à préfent, provienne d'une compreffion qu'il a foufferte dans le Règne des foffiles.

Comme dans cet ouvrage je n'aurai plus l'occafion de parler des Calamites, je trouve à propos d'ajouter que, par la complaifance de Mr. le D. STIEFF à Breslau, j'ai obtenu quelques beaux morceaux des pretendus *lithoxyla de* VOLKMANN, &, qu'après les avoir examinés avec attention, je puis foutenir en affurance, que les morceaux, qui ont des ftries longitudinales parallèles, doivent appartenir à des efpèces de rofeau exotiques. Il y en a qui préfentent encore fort diftinctement leurs diaphragmes; mais ce qu'il y a de particulier c'eft que tout le rempliffage ne confifte dans quelques uns qu'en une arène groffière, dans d'autres en gravier & en petits cailloux, & que non obftant cela la furface externe eft toute liffe & luftrée. Or fi l'on voyoit que l'écorce du rofeau fût confervée, je n'en ferois pas furpris; mais on n'y en voit pas le moindre veftige, tandis qu'elle devroit furement fe faire reconnoitre par une croute ou par une ftrie fur la circonférence de la fracture. Il faut donc que ces morceaux de rofeau aient été tout à fait privés de leur fubftance fpongieufe, avant d'être remplis d'arène & de gravier; ces deux fubftances fe font attachées à la pellicule fine interne, qui tapiffe l'écorce externe ligneufe du rofeau, & cette écorce s'étant féparée par la putréfaction d'avec la pellicule, celle ci a été confervée & pétrifiée par les particules terreftres très-fines qui s'y font infinuées. Dans quelques morceaux il faut pourtant qu'il y ait eu encore quelque partie de leur moëlle fpongieufe, lorfque l'eau y a introduit l'arène & le gravier, & que le tems dans la fuite en a formé un noyau pierreux. La furface de ces morceaux n'eft ni liffe ni ftriée, mais elle approche beaucoup du tiffu fpongieux du rofeau. La grandeur de quelques morceaux fait conjecturer que ce font des efpèces de rofeau exotiques. Mr. le D. STIEFF me marque qu'à la Bibliotheque de Breslau on voit des pieces, tant entières que fendues, de la groffeur d'une buche de bois.

Num. 5. On range cette efpèce de corps parmi les champignons, communément parmi les terreftres; cependant il y en a d'autres qui les rangent parmi les champignons de mer; par cette raifon nous en avons déjà fait mention en peu de mots plus haut Chap. X. Num. 41. fous le nom de Fongites. On en trouve la defcription entre autres dans HERMANN *Maslograph.* tab. XI. num. 2. 5. 6. MOSCARDI *Muf.* p. 187. & dans les Mémoires de Mr. GUETTARD Tom. II. tab. XIV. & tab. LXXI. 7. 8. Qu'on prenne cette figure de Fongite, telle qu'elle eft repréfentée ici, & qu'elle fe trouve dans les auteurs que je viens de citer, ou pour un champignon de mer ou pour un champignon terreftre, c'eft toujours, fuivant mon opinion, fans fondement. Car quand même la forme externe a quelque rapport avec celle d'un champignon, on voit pourtant, en examinant ces corps avec attention, qu'ils n'offrent pas le moindre veftige du tiffu lamelleux qui appartient proprement à ces champignons, mais que toute leur fubftance eft tuteufe, & qu'ils doivent leur configuration ou au hazard ou à quelque petit artifice. Par cette raifon on obferve communément que les tiges y font emboitées ou collées. Que ces formes de champignons font fouvent accidentelles, c'eft ce que HERMANN prouve dans fa Maslographie pag. 219., ou l'on voit affez par la defcription qu'il donne de ces corps, qu'ils ne peuvent être des pétrifications. „On les tire, dit-il, à Maffel de l'eau; ils naiffent dans le

„ fein & de la fubftance d'une terre argilleufe; ils font de différente qualité; leur couleur eft
„ blanche, jaune, brune ou noirâtre; ils font de médiocre grandeur, ou bien petits; ils ont
„ les chapiteaux élevés, bas, larges & concaves, & les tiges épaiffes ou grêles, courtes &
„ longues - - - ils font creux en dedans & renferment ou une pierre ou une matiere qui a été
„ détachée de la maffe, & qui fait du bruit, quand le corps eft agité; quelquefois il y a une
„ pierre à la place de la tige. „ De la même qualité font les champignons factices, fur lefquels BAIER 2) a écrit à VOLKMANN, qui lui en avoit envoyé de Maffel: *fungitæ Maffelenfes;
quales obtinui, plerique (quod bona artificis venia dixerim) funt efficti e duobus fruftulis fophi um
mollioris faxi, ceu gluten inter ftilum & capitulum clare confpiciendum prodit.* KUNDMANN dans fes
rarior. nat. & art. art. XVI. p. 151. dit la même chofe, & Mr. GUETTARD le confirme dans les
Tom. II. & III. de fes Mémoires. Il préfente un pareil champignon Tom. II. Pl. 14. & un
autre Pl. 71. Du premier il avoue ingenüment T. III. p. 435. qu'il eft factice, & en parlant
du dernier pag. 540. il avertit d'être fur fes gardes pour ne pas prendre le change. Il y a,
dit-il, des figures femblables aux champignons, qui ne font pas des pétrifications mais de fimples ftalactites. Le pretendu champignon, qui eft repréfenté ici, eft de Schneckopf près
de Suhl.

Dans le milieu de cette Planche on communique fous Nro. 1. une très belle efpèce de
typolithes de trochites, qu'on a trouvée entre autres à Steinbach & à Altkirchen dans les
Duchés de Juliers & de Bergen. C'eft un grais très fin & pas trop compacte, communément
de couleur jaune, mais auffi quelquefois de couleur noirâtre. Toute cette pierre eft pleine
d'empreintes fort nettes d'entroques finement ftriées, non feulement fur les deux furfaces,
mais qu'on la fende comme l'on voudra, ou qu'on en détache les lamelles les plus fines, on
trouvera fur les furfaces internes de pareilles empreintes de trochites de la même efpèce, de
la même fineffe, & dans la même quantité. Les trochites mêmes appartiennent à celles qui
ne font pas hautes, mais qui confiftent en difques minces, d'où leur empreinte n'eft jamais
profonde. Les entroques mêmes font entièrement détruites & il n'en eft refté que l'empreinte.
Ces pierres femblent avoir été compofées autrefois de maffes entières d'entroques mêlées d'un
fable fin. Il eft furprenant qu'on trouve une quantité fi immenfe d'entroques dans les endroits
qui ont fait autrefois leur domicile, & que cependant les corps, defquels elles ont fait partie,
foient fi rares.

En fuivant l'ordre des Planches, nous venons aux

LITUITES ET AUX ORTHOCERATITES,

qu'on a communiqués fous Nro. IV. fur fix Planches, comme un Supplément de ce qui en a
été dit plus haut. Il y a ici des morceaux qui méritent préférablement quelque attention.
Il nous faut commencer par dire quelque chofe au fujet des Lituites, car, en traitant des Orthocératites, nous n'avons fait mention des Lituites, qu'en paffant, comme d'une efpèce qui
appartient fous ce genre. Les Lituites font des Tubulites cloifonnés, qui ont l'extrémité grêle
contournée fur elle-même, & un fiphon qui paffe par les cloifons. Cette defcription s'accorde
avec celle de feu Mr. KLEIN, fuivant laquelle un Lituite eft une *tefta longa*, *cylindrica*, *apice
fpiræ modo intorto*, *cuius cameras cavas fiphunculus percurrit*. Comme ce corps teftacé reffemble
donc en quelque façon à une croffe d'évêque, on lui a donné le nom de Lituite.

La partie droite & la partie courbe ne confiftent qu'en cloifons qui tiennent à la furface
interne de la coquille, & qui forment par là des concamérations. A l'extrémité de la partie
étendue il y a un efpace vuide fans compartimens, & c'eft là proprement le fiége de l'animal qui habite cette coquille. Les concamérations mêmes font plus larges en bas vers la partie étendue qu'en haut, & elles deviennent plus étroites à mefure qu'elles font plus proches de
l'extrémité contournée. Les cloifons font concaves vers l'extrémité droite & convexes vers
l'extré-

a) *Joannis Jac.* BAIERI epiftolæ ad viros eruditos cel. curante filio *Frid. Jac.* BAIERO 1760. in 4to p 114.

l'extrémité contournée; cependant à moins qu'il ne s'y foit gliffé quelque petite
erreur, on pretend avoir auffi obfervé dans quelques uns des cloifons finueufes (diaphragmata finuofa), ce dont nous allons parler bientôt plus en détail. On prend à la
vérité la coquille entiére, qui renferme les concamérations, pour cylindrique, cependant
on obfervera que toutes ces coquilles, ou du moins la plus grande partie s'en rétréciffent
peu à peu mais presqu' imperceptiblement vers la partie contournée; c'eft ce qu'on remarquera le plus diftinctement en comparant la dimenfion de l'extrémité courbe avec l'ouverture
de la partie droite. D'ordinaire la coquille externe eft ronde; cependant il femble qu'il y
en a qui ont le côté interne faillant & crénelé. Le Lituite, dont Klein fait mention dans
fes *Tubul. marin.* doit avoir eu au delà de 50. compartimens; dans d'autres, qui ont les compartimens un peu plus larges (car c'eft auffi à cet égard que j'ai obfervé quelque difference)
le nombre en eft moins grand; comme en général il femble que le nombre des compartimens
plus ou moins grand fe rapporte à l'âge du Lituite. La partie arquée confifte en une fpirale
chambrée de façon que des deux côtés les contours internes font un peu enfoncés. Le teft
de cette fpirale, lorsqu'il n'eft point du tout endommagé, eft marqué de ftries très-fines ondoyantes, telles qu'on en voit fur quelques efpèces d'Ammonites à dos faillant. J'ai fait cette
découverte fur un exemplaire de Gothlande qui étoit encore revétu de fon teft, mais fi la
partie droite l'eft de même, c'eft ce que je ne faurois dire, vû que dans cet individu elle
manque entiérement. Probablement les lituites de même que les orthocératites, ne font pas,
à cet égard, de la même qualité; j'ai même obfervé que, dans les lituites de même grandeur,
le teft n'eft pas de la même épaiffeur. Celui-ci eft en général toujours mince, & le plus épais
ne paffera guére le dos d'un couteau. Il y a communément deux fpirales; cependant j'ai
trouvé des lituites qui font voir le commencement de la troifième. Presque dans aucun exemplaire on ne peut découvrir diftinctement l'extrémité de ces fpirales, d'où quelques favans
naturaliftes fuppofent que dans les lituites elles ne vont pas jusqu'au centre, & qu'il y a toujours là un vuide. Cependant dans l'individu de Klein ces fpirales femblent aller jusqu'au
centre. Peut-être l'accroiffement du teft influe-t-il auffi fur cette difference. Car fi les coquilles ne croiffent pas feulement par l'application d'une nouvelle couche, mais que peut-être
auffi elles s'élargiffent & grandiffent avec l'âge, comme les os des hommes & des animaux,
il faut que dans un vieux lituite cette place centrale foit remplie par l'élargiffement de l'extrémité. Tous les lituites font contournés fur eux mêmes de la même maniere, en ce que les
tours vont en fpirale, & ne s'élevent d'aucun côté; mais la difference qu'on y remarque,
c'eft que dans plufieurs individus les tours font contigus comme dans les Ammonites; mais
dans la plûpart le premier tour eft dégagé, de façon qu'entre lui & la partie droite refte un
interftice vuide plus ou moins large. Les tours fuivans de la derniere efpèce de lituites différent entr'eux de la même maniere, c'eft à dire que dans quelques uns le fecond & le troifième tours font dégagés, & que dans d'autres ils font contigus, quand même le premier ou
l'extérieur refte eloigné de la tige ou de la partie droite du lituite. Peut être cette différence n'eft-elle pas une différence fpécifique, comme le fuppofe le favant *Plancus* 1); mais
peut-être provient-elle de l'âge & de la groffeur du tuyau qui en depend; car fi avec l'âge
ce tuyau s'élargit, il faut qu'a la fin les tours, qui étoient premierement écartés les uns
des autres, deviennent contigus. Le Diamétre de la fpirale entiére eft petit à proportion de
la longueur du tuyau droit, vû qu'on trouve des lituites, où ce tuyau eft huit fois plus
long que ce diamétre. L'extrémité eft communément émouffée & arrondie, dans les exemplaires mêmes, qui dans le centre n'ont point de vuide. Très probablement les cloifons vont
jusqu'à l'extrémité de la pointe émouffée. En combinant tous ces caractéres de la fpirale d'un
lituite, il eft aifé de le diftinguer d'avec une corne d'Ammon, quand même, comme il arrive
fouvent, la partie droite y manqueroit entiérement. Les circonvolutions le plus fouvent écartées les unes des autres, qui dans tous les Ammonites font contigues, — les cloifons convexes, — l'extrémité émouffée & le fiphon qui communique d'une chambre à l'autre, nous

L l 2

pré-

1) Il nomme *Semilitui* les lituites trouvés à Livourne, dont les tours s'entretouchent, pour les diftinguer
d'avec ceux qui ont les tours écartés. voy. *Fab.* COLUMNA *phytobaf.* p. 94. compare avec *tab.* 48.
fig. D. E.

préfentent des caractéres fuffifans pour diffinguer un lituite d'avec un ammonite, quand même le tuyau en feroit tout rond. Quant à ce fiphon on l'a trouvé jusqu'ici dans tous les lituites, mais on a obfervé en même tems, comme dans les orthocératites, qu'il n'occupe pas dans tous la même place. Dans quelques uns il paffe par le milieu des cloifons, dans d'autres il eft hors de leur centre, & tantôt vers le côté externe tantôt vers le côté interne du tuyau teftacé. Outre cela la grandeur du fiphon eft différente, comme dans les orthocératites, quand même les coquilles font de même grandeur. Dans quelques uns il eft très fin; il y a des lituites qui ont un demi-pouce de Diamétre, & dont le fiphon eft à peine de la groffeur d'un grain de millet; dans d'autres au contraire, le fiphon eft à proportion beaucoup plus gros.

La différence qu'on obferve entre les lituites, peut fervir à les divifer en plufieurs efpéces; ou cependant il faut bien diftinguer la différence effentielle d'avec l'accidentelle. Car fi la contiguité des circonvolutions ne dependoit que de l'âge, ce qui cependant n'eft pas encore conftaté, on ne fauroit pourtant pas faire attention ici à cette différence. La fituation du fiphon, la forme des cloifons & le bord dentelé ci-deffus mentionné ne pourroient ils pas peut-être nous fournir une bafe plus folide de divifion? La fituation différente du fiphon eft bien à la verité un caractére fûr, mais le mal y eft que le fiphon n'eft pas toujours apparent, fur-tout dans les exemplaires complets, dont l'extrémité antérieure eft beaucoup enfoncée dans la matrice. Quand aux cloifons Mr. GESNER 2) foutient qu'à l'egard de la forme de celles-ci il y a deux efpéces de lituites, dont les uns ont les cloifons hémifphériques (*diaphragmata concava & fere fegmentum fphere referentia*), les autres les ont, comme les ammonites, courbées en plufieurs inflexions (*diaphragmata finuofa*). Cependant je ferois prefque tenté de conjecturer qu'on confond ici certaines efpéces d'orthocératites avec les lituites. De nos jours on a effectivement trouvé des orthocératites qui différent de ceux, qu'on a connus jufqu'ici, en ce qu'ils n'ont pas les cloifons convexes mais courbées en plufieurs inflexions. Autant qui je fai, Mr. DAVILA 3) les a fait connoître le premier; Mr. le Bar. de HÜPSCH 4) en fit de même, & à la fin feu Mr. KLEIN dans l'*Oryctogr. Gedan.* que Mr. le Bar. de ZORN a publiée, en a auffi fait mention 5). Cependant tous ces morceaux font droits & point du tout arqués; il ne faut donc point les ranger parmi les lituites, mais parmi les orthocératites. Le petit lituite de Mr. DAVILA 6) paroit bien faire ici quelque exception, mais il n'eft pas décidé encore, fi l'on doit de raifon le compter parmi les lituites. On a plus de raifon de le ranger parmi les *orthocératites apice inflexo Kleinii* 7), & il a plus de rapport avec celui que Klein y a communiqué 8) qu'avec les lituites. Outre cela fes cloifons, fi l'on peut les nommer ainfi, ne font point courbées en inflexions, & n'ont qu'une pofition oblique. Quant au bord dentelé que j'ai obfervé dans une certaine pétrification parfaitement femblable aux lituites, je n'oferois en faire un caractére fpécifique jufqu'à ce qu'on en ait trouvé plufieurs femblables. Il faut donc jufqu'ici prendre la fituation du fiphon pour le caractére fpécifique des lituites. J'aurai dans la fuite l'occafion de parler plus en detail du corps pétrifié même qui reffemble à un lituite & qui a le bord dentelé.

On a trouvé parmi les coquilles, qui dans la mer étoient autrefois le domicile de certains animaux, quelques efpéces dont la ftructure convient avec celle des lituites, & qui méritent ainfi d'être prifes pour les analogues du moins de quelques efpéces. Nous y comptons le petit Cornet de Poftillon à circonvolutions écartées, dont RUMPHIUS 9) & plufieurs autres Conchyliologiftes 10) font mention. La plûpart des auteurs le prennent à la verité pour une efpéce

2) tract. de petrificat. p. 27.
3) Catalogue fyftématique vol. III. p. 66. tab. II. D.
4) dans les *Neue Entdeckungen in der Naturgefchichte des Niederdeutfchlands* p. 125, comparé avec les Planches fig. II.
5) tab. III. fig. 1. 2. 3.
6) Catalogue fyftématique & raifonné, vol. III. tab. II. lit. E.
7) *tab. marin.* p. 9.
8) tab. V. fig. 5. & 6.
9) Cabinet des raretés d'Amboine tab. XX. 1.
10.) On les trouve allégués dans MARTINI *fyftematifch Conchylien-Cabinet* Tom. I. p. 261.

espèce de l'analogue de l'ammonite. Mais comme ces Cornets de Postillon ont les circonvolutions distantes - comme ils ont les cloisons convexes & un siphon - comme on ne les tire jamais entiers de la mer, vû qu'ils s'attachent aux rochers avec la partie antérieure problablement encore plus distante ou un peu étendue, & que, s'ils en sont arrachés par force, cette partie antérieure y reste attachée; il est beaucoup plus convenable de les ranger parmi les lituites que parmi les cornes d'Ammon. Outre ces cornets de Postillon on peut aussi de raison prendre pour les analogues des lituites les crosses de Livourne, que Plancus a fait connoître dans Fab. Columna *Phytobasan* 11); & encore dans son traité *de Conchis minus notis* 12), quoique ce Savant, à cause de leurs circonvolutions contiguës, ne les prenne que pour des *semilitui*. Car ils ont un tuyau droit, les circonvolutions en spirale, des cloisons & un siphon; & ce sont là les caractères essentiels d'un lituite 13).

On ne peut dire jusqu'ici que fort peu sur la structure des lituites, vû que ce sont des pétrifications peu frequentes. Ils ont encore souvent leur test naturel, la plûpart changé en spath, & communément les concamérations sont aussi remplies de cette substance. Il y en a aussi de pyriteux 14). Comme les cloisons sont cachées sous le tuyau testacé, ce test doit toujours avoir été détruit dans les lituites, où ces cloisons sont bien apparentes en dehors. Communément la matrice est une pierre calcaire ou un marbre gris ou rougeâtre. Leur patrie, autant qu'on en sçait jusqu'ici, est la Gothlande, & particulierement l'Oelande; ceux mêmes que feu Mr. Klein avoit dans son Cabinet, n'étoient pas, comme l'on croyoit, des environs de Danzic, mais d'Oelande 15). On en a trouvé de belles pièces en Allemagne dans le pais de Meklenbourg. Mr. Davila en avoit quelques uns de la Normandie 16). L'on peut conférer sur ces lituites Breyn *de Polythalam.* p. 17. Klein *de tubulis marinis.* p. 10. Leopold *de itinere suevico.* à Londres, 1720. in 8vo. Hill *natural. hist. of fossiles.* p. 650. Gesner *traité. de petrificatis.* p. 47. & Martini *Conchylien - Cabinet.* p. 254. Comme j'ai traité plus haut des orthocératites, il ne me faut ici qu'ajouter à la description que j'en ai donnée, ce que j'ai apris depuis ce tems à leur sujet par expérience 17).

De nos jours on a apris à connoître encore deux espèces d'orthocératites jusqu' alors inconnues, dont l'une n'a pas les cloisons convexes comme tous les autres orthocératites, mais sinuées comme les ammonites, & dont l'autre a d'un côté le bord dentelé. Ainsi l'on connoit à présent des Orthocératites les espèces suivantes, que je vais rapporter ici, ne l'ayant pas fait ci-dessus. I) *Orthocératites coniques* à surface lisse 1). Ce sont entr' autres les plus ordinaires, & ils différent entr' eux à l'égard de l'espace qu'il y a entre les concamérations, à l'égard du siphon & de la situation de celui-ci. Car il y en a qui ont les concamérations amples, d'autres, de la même grandeur, les ont étroites. Dans les uns le siphon est gros, dans d'autres il est grêle. Dans les uns il passe par le centre, dans d'autres il est hors du centre & plus près du bord, & encore dans d'autres il est contigu au bord. II) *Orthocératites cylindriques* à surface lisse. Ils ont les concamérations tantôt étroites, tantôt larges; la grosseur & la situation du siphon varient de même que dans l'espèce précédente 2) III) *Orthocératites légérement courbés (orthocératite dentaliformes)* à surface lisse. 3) Ils ont, comme les dentalites, l'extrémité un peu arquée. Jusqu'ici on n'en a point trouvé d'autres, autant que je sai, que de tels qui avoient le

siphon

11) tab. 18. fig. D. E.

12) tab. 1. fig. X. O.

13) Mr. le D. MARTINI en donne une belle description dans son *systematisch Conchylien - Cabinet.* pag. 256. & pag. 265.

14) DAVILA Catalogue systématique T. III. p. 66.

15) voy. le Discours préliminaire de Mr. le Bar. de ZORN à la tête de l'*Oryctograph. Gedanens.* de KLEIN.

16) Catalogue systém. T. III. p. 66.

17) Sur les orthocératites on trouve un savant mémoire, duquel probablement Mr. le D. MARTINI est l'auteur, dans le Magazin de Berlin. Vol. II. p. 17.

1) KLEIN tub. mar. tab. II. fig. 1. 2. tab. III. fig. 1. 4.

2) KLEIN. Tab. IV.

3) ibid. Tab. V. 1. 2. 3. 4.

fiphon fitué entre le centre & le bord extérieur. IV) *Orthocératites beaucoup courbés mais fans circonvolution* (*orthocératile apice inflexa* 4) La fituation du fiphon varie comme dans les Nro. II. & III. Ils font très rares. V) *Orthocératites contournés* 5). Ils ont l'extrémité grêle contournée en fpirale, & ce font là les lituites ci-deffus décrits, qui dans le genre des orthocératites conftituent une efpèce particulière. Ils font de même très rares parmi les Tubulites chambrés. VI) *Orthocératites fillonnés* (*Orthoceratite fulcati*) 6). Ils ont des fillons longitudinaux plus ou moins jnombreux. La fituation du fiphon varie de même que dans les précéden[s] VII) *Orthocératites ftriés* (*orthoceratite circulis afperi*) Ils portent des ftries élevées tranfverfales qui dans les uns font annulaires 7), dans les autres légérement courbées & comme ondoyantes 8) VIII) *Orthocératites dentelés.* Ils font ronds d'un côté, & de l'autre ils ont le bord un peu tranchant, (*tefta carinata*), & ce bord eft dentelé. 9) On n'en a trouvé jufqu'ici que de petits de cette efpèce. IX) *Orthocératites à cloifons fimples* (*Orthoceratitae diaphragmatibus fimpl. homaloceratitae*). On en trouve dans les ouvrages de Mrs. DAVILA 10), HÜSCH 11) & KLEIN 12).

Je trouve à propos de communiquer à cette occafion quelques remarques tirées de la correfpondance que j'ai entretenue fur les orthocératites avec feu Mr. le Prevôt GENZMER à Stargardt. Comme il a vecu dans un pais qu'on peut auffi regarder comme la patrie des orthocératites, il les a examinés avec beaucoup d'attention, & a eu l'occafion de faire plufieurs obfervations fondées fur l'expérience, qui pourroient bien encore aujourd'hui être ignorées de la plupart des amateurs des pétrifications. C'eft ainfi qu'entr' autres il remarque juftement qu'aucun orthocératite n'a les concamérations d'une ftructure différente, à moins qu'elles n'aient été comprimées ou défigurées par quelque violence. Si dans les orthocératites polis on obferve quelquefois que les cloifons forment un angle aigu avec le fiphon qui y paffe par le milieu, & qu'en haut, lorfqu'on n'y voit plus de fiphon, elles font convexes, Mr. GENZMER en allègue la caufe fuivante : De tout côté les cloifons font dirigées vers le fiphon en angle aigu. Or fi en donnant le poli à l'orthocératite, on découvre le milieu du fiphon entier, toutes les cloifons formeront de deux côtés un angle aigu là où elles touchent le fiphon: mais fur ces places de l'orthocératite, où le fiphon refte caché dans la pierre, ou bien d'où il eft entièrement emporté par le poli, les cloifons fe préfenteront toujours convexes ou en forme de croiffant. Par là on peut folidement expliquer la forme des compartimens du grand orthocératite repréfenté dans cet ouvrage. Sur cette même Planche on en a communiqué un autre plus petit, qui paroit avoir des doubles cloifons entre les chambres; comme Mr. KLEIN même fuppofoit auffi qu'il y avoit des orthocératites dont les concamérations étoient féparées par des doubles cloifons. C'eft ce que Mr. GENZMER ne lui accorde pas; mais il explique ce phénomène de la maniere fuivante: la créature qui habite l'orthocératite, y ajoute tous les ans une nouvelle chambre. Pour la conftruire elle n'y applique qu'une parois toute mince en forme de jatte, qui pendant un an lui doit fervir de loge, fe trouvant épuifée par la production de la cloifon tubiforme. Comme cette chambre lui devint trop étroite & qu'elle fût obligée d'y en ajouter une nouvelle, elle groffit cette fimple cloifon, qui jufqu'ici lui avoit fervi de domicile, d'une autre lamelle, & c'eft ce qui a fait que la paroi eft double. Or fi l'on y remarque, comme dans les orthocératites ci-deffus décrits, un rempliffage ou bien une ligne rouge, elle eft ou d'un fluide martial rouge qui s'y eft infinué, ou bien la couleur rouge pourroit bien être propre à l'orthoceras, comme elle l'eft à plufieurs Entroques & à l'*Jfis entrocha.* Auffi trouve t-on, quoique rarement, des Orthocératites rouges. remplis d'une fubftance pierreufe rougeâtre dans un marbre

4) Ibid. Tab. V. f. 6.
5) Ibid. Tab. V. B.
6) KLEIN tab. V. f. 9.
7) KLEIN tab. VI. f. 2. f. 3. 7.
8) voy. les Planches de cet Ouvrage. P. II. A. VIII, fig. 2.
9) voy. les Planches du Supplément de cet Ouvrage. IV. c. fg. f. & 6.
10) Catalogue fyft. Vol. III. p. 66. tab. II.
11) Neue Entdeckungen in der Naturgefchichte. p. 115. fg. 11.
12) Oryftograph. Gedanen. tab. III. fg. 1. 2. 3.

marbre grifâtre. Quant au fiphon des orthocératites il remarque qu'il a toujours des boffes là où fe trouvent les apophyfes des cloifons, mais qui dans les uns font plus apparentes que dans les autres, de façon qu'ils repréfentent quelquefois une rangée de pois. Ces boffes font principalement apparentes dans les Orthocératites d'une grandeur & groffeur diftinguées. Lorf.qu'on taille un pareil orthocératite jufqu'au fiphon, ces boffes fe préfentent toujours fymmétriquement placées l'une vis à vis de l'autre. Mais lorfque le fiphon eft détaché de l'orthocératite, il paroit tourné en vis, ou plûtot les apophyfes des cloifons forment autour du fiphon des anneaux placés obliquement, c'eft à dire, qui ne forment pas avec l'axe un angle droit.

Il convient encore de remarquer outre cela au fujet des Orthocératites 1), qu'on ne trouve pas les grands, qui font renfermés dans un marbre rouge brunâtre ou cendré, avec d'autres créatures qu' avec les Trilobites ci-deffus décrites: 2) qu'ils font également frequens dans l'Ukermark, dans la Poméranie & dans le païs de Meklenbourg; 3) mais qu'ils font beaucoup plus frequens dans les plaques de marbre gris & brun de Gothlande & d'Oeland: 4) qu'on trouve très fouvent les petits Orthocératites de la Marche & du Meklenbourg entre d'autres coquilles dans les coquillieres marbreufes, mais très rarement ou prefque jamais entre des coralloïdes. 5) que dans quelques uns le fiphon eft fi fin que fon diamétre eft à peine un dixiéme de celui de l'orthocératite, & que dans d'autres au contraire il eft fi gros qu'il remplit le tiers ou la moitié de l'orthocératite: 6) que les plus grands orthocératites ont prefque quatre pouces de diamétre, au de-là d'une aune de longueur, & prefque foixante-dix concamérations.

Au fujet des lituites & des orthocératites repréfentés fur les Planches du Supplément, je trouve à propos d'ajouter les remarques fuivantes:

SUPPL. IV.

Sur tous les lituites qu'on a apris à connoître de nôtre tems, celui-ci mérite la preference par fa parfaite confervation. Il a fait partie autrefois du Cabinet de Mr. Brexn, & Mr. le Baron de Zorn nous en a communiqué une copie très fidele. Nous voyons par ce morceau qu'elle eft la longueur de la partie droite d'un lituite, dont dans la plûpart il ne s'eft confervé que la moitié. La partie arquée eft donc à proportion fort petite. Il a les circonvolutions écartées & feulement doubles, terminées en une pointe émouffée. Le centre en doit avoir été autrefois creux & vuide. Les cloifons vont en diminuant. Celles de la partie droite ne font plus connoiffables. Ce lituite avoit le fiphon placé entre le centre & le bord. Il eft d'Oeland.

SUPPL. IV. a.

Num. 1. Ce lituite eft de même d'Oeland. Vers la partie arquée fes concamérations font encore, à ce qu'il paroit, cachées fous le teft. Ses circonvolutions font endommagées, & l'on voit fort diftinctement que les deux premières concamérations font défigurées & qu' ainfi ce lituite a fouffert quelque violence par la compreffion. Il femble à la verité que le fiphon s'y trouve dans le milieu, mais comme la partie inférieure de ce lituite ne paroit pas être polie jufque dans le centre, & que la partie fupérieure, étant trop enfoncée, ne paroit l'être point du tout, le fiphon eft entiérement invifible.

Num. 2. On n'a trouvé jufqu'ici que de très-petits Orthocératites dans leur état naturel, particuliérement dans le fable de Rimini. Il y en a de différentes efpèces, & ils ont été principalement décrits & communiqués par GUALTIER 1), PLANCUS 2), LINNÉ 3), LEDERMÜLLER 4)

M m 2

&

1) ind. teft. tab. XIX. L. LL. O. P. R. S.
2) de conchis minus notis tab. 1. fig. VI. G. p. 15.
3) fyft. nat. ed. XII. p. 1164.
4) mikrofcopifche Augen- und Gemüths-Ergözungen, Tab. 2. E. F.

& MARTINI 5). On n'a pas encore trouvé les tout petits dans le Règne des Pétrifications, à l'exception de ceux qu'on a déterrés à Avignon & dans le Piémont 6). De ceux dont le volume est un peu plus gros, c'est à dire, qui ont un demipouce jusqu'à un pouce de longueur, on a découvert jusqu'ici deux espéces dans le Règne des petrifications. L'une en est dessinée, de laquelle il sera parlé plus en détail dans la suite. L'autre est celle qu'on offre ici & qui appartient aux *orthocératites superficie circulis aspera Kleinii*, desquels elle ne semble différer que par la grandeur générique. D'après la classification des orthocératites que nous avons établie ci-dessus, elle doit être rapportée à la septieme espèce générique. Il faut se garder de la confondre avec les dentalites articulés & avec les entroques de la derniere grandeur. J'ai observé que de ces petits orthocératites transversalement sillonnés il y a deux espèces subordonnées. L'une en a les anneaux fort près l'un de l'autre, comme le présent morceau, dans l'autre les anneaux sont plus écartés l'un de l'autre & forment quasi des articles. J'aurois presque pris moi même les orthocératites de cette espèce pour des dentalites articulés, si je n'eusse observé dans quelques uns, dont le frottement avoit emporté une partie de la substance, les cloisons cachées sous le test, & le siphon qu'on ne pouvoit decouvrir qu'à l'aide du microscope. Les orthocératites qu'on communique ici, sont coniques, & les petits anneaux sont très-fins & beaucoup plus beaux que le peintre n'a pû l'exprimer.

SVPPL. IV. b.

Num. 1. Un Lituite du païs de Mecklenbourg, duquel je suis redevable à la bonté de Mr. le Prevôt GENZMERN. Il est enchassé dans un marbre rouge, qui remplit aussi la plusgrande partie des concamérations. Celles qui ont une couleur blanche, sont spathiques & transparentes. On y voit très-distinctement les cloisons jusqu'à l'extrémité; cependant on observe aussi dans ce morceau, tout comme dans les autres, que l'extrémité n'y remplit pas le centre, mais qu' elle y laisse un vuide qui se remplit de la matrice lorsqu'elle est encore molle. La moitié de la premiére circonvolution est écartée de la partie droite; mais l'autre moitié & le reste de la circonvolution sont contigus à la première. Il est à plaindre que la plus grande partie du noyau droit soit détruite. A en juger par la grandeur de la partie arquée, ce lituite doit avoir été d'une longueur considérable.

Num. 2. & 3. Pour bien faire voir la véritable situation du siphon d'un grand orthocératite, contigu au bord, j'en ai communiqué ici un qui de plusieurs autres est le plus instructif, & je l'ai représenté de deux côtés; mais c'est par la faute du peintre qu'un côté est dessiné un peu plus grand qu'il ne l'est en effet. J'ai dit plus haut que la contiguïté des cloisons avec le siphon forme des anneaux dont la direction est oblique, & c'est ainsi que le siphon Num. 2. doit se présenter si on le regarde des deux côtés les plus proches. Lorsqu'on le regarde tel qu'il se présente Num. 2., ces anneaux sont en forme de croissant, puisque ce côté est contigu à la convexité des cloisons. Le côté opposé est représenté Num. 3., où les cercles se joignent en une pointe émoussée, puisque ce côté est contigu à la surface interne du test de l'orthocératite.

Num. 4. 5. 6. 7. 8. J'ai communiqué, pour ne pas laisser cette place vuide, quelques morceaux instructifs du beau Cabinet de Mr. GENZMER, qui peuvent servir d'explication de ce que j'ai dit plus haut au sujet des entroques rameuses. Je m'en rapporte à ce qu'il a été dit plus haut au sujet de ces espèces de Zoophytes qu'on ne connoit pas encore assés. Num. 4. & 5. sont des entroques rameuses. A la tige du premier il y a une grosse branche, & le dernier semble avoir l'extrémité supérieure trifourchue, tandis que d'ordinaire ces espèces de Zoophytes ne se partagent qu'en branches bifourchues. Ces deux morceaux sont du païs de Mecklenbourg. La plaque de trochites Num. 6. est remarquable puisque quelques entroques

pri-

5) Systematisch Conchylien-Cabinet B. I. p. 54.
6) voyés les lettres de Mr. ANDRE', écrites de la Suisse dans les *Hannoverische Anzeigen* de l'an 1766. p. 508.

préfentent dans le centre, au lieu du trou rond qui donne paffage au fiphon, une fente oblongue qui paffe au travers de toute la pierre. Dans les grands orthocératites de Gothlande il faut faire attention aux cercles & aux trous qui s'y trouvent, & aux fillons qui font entre ces cercles, & qui ne font que les jointures de deux articles contigus. Si de pareils morceaux, qui fouvent font d'une grandeur confidérable, font frottés par le roulement & par la dépouillés de leurs anneaux, il en nait ces efpéces de corps, qui fur la furface, qui communément a perdu fa forme ronde, ne préfentent que des trous places en rangs. Ces trous paffent jusqu'au fiphon, & il eft fort probable qu'ils aient auffi donné paffage à des nerfs unis avec le nerf principal, du moins on y remarque quelquefois des petits rameaux percés d'un trou qui fe communique au trou de la fouche qui conduit au nerf principal du centre.

SUPPL. IV. c.

Num. 1. Un Lituite de Stargard dans le pais de Mecklenbourg, dans lequel la première circonvolution eft contiguë à la partie droite. On ne diftingue plus affez quelle a été la feconde circonvolution. Le teft qui fe trouve a la partie inférieure du tuyau droit, fait voir qu'il y avoit autrefois fur la furface des ftries transverfales très-fines.

Num. 2. Un très bel orthocératite pyriteux dans un marbre gris de Neuftreliz. Dans ces morceaux pyriteux, les cloifons paroiffent, comme dans les ammonites, être compofées de deux lames; cependant ce n'eft qu'un apparence & non pas effectivement. La pyrite s'attache aux deux côtés des cloifons, & l'on croit voir de doubles cloifons là où l'on ne voit qu'un double enduit pyriteux.

Num. 3. Une plaque polie qui préfente la première circonvolution d'un lituite; du pais de Mecklenbourg. On y voit encore diftinctement une portion du fiphon. A en juger par la circonférence de la circonvolution, il faut que ce lituite ait été très-grand. Il n'a pas le contour parfaitement circulaire, ce qui peut provenir d'une compreffion, que la maffe, étant encore molle, a foufferte dans le Régne des foffiles.

Num. 4. Un lituite du même pais, qui préfente en entier fa circonvolution, telle qu'elle doit être d'ordinaire dans un lituite qui n'eft pas endommagé. Il a les circonvolutions écartées, dont deux en font toutes entières; l'extrémité en eft fine, chofe qu'on trouve rarement. Comme il eft encore revêtu de fon teft, on n'y voit ni concamérations ni fiphon.

Num. 5. & 6. préfentent les petits orthocératites dentelés, dont j'ai fait mention plus haut, comme d'une efpéce particulière, qui n'eft pas encore affez connue. On les trouve dans une pierre calcaire grifâtre affez compacte, près de Stargard dans le Mecklenbourg. Num. 5. eft un morceau brut, qui nous fait voir cette efpéce d'orthocératites, telle qu'on la trouve dans la pierre; Num. 6. eft un morceau poli, où l'on peut voir fort diftinctement les concamérations de ces corps, & par là fe convaincre que ce ne font pas des *Dentalia geniculati*; car ils font tout droits & fe diftinguent affez des dentalites par leurs concamérations. On voit dans ceux qui ont été bien confervés, qu'ils font ronds d'un côté, que de l'autre côté ils ont un bord faillant, & que les cloifons font obliquement placées. On les nomme orthocératites dentelés; où il ne faut pas s'imaginer que la caufe de cette dénomination foit le bord faillant dentelé du tuyau teftacé; car lorsque celui-ci n'eft pas endommagé, on n'y voit ni dents ni concamérations: mais ils portent ce nom, puisque les extrémités endommagées & détachées des cloifons fe trouvent fouvent dans la pierre du côté tranchant, & forment ainfi une empreinte dentelée. Ces orthocératites appartiennent aux cylindriques. On n'y a point encore découvert de fiphon; il faut cependant qu'ils en aient, qui doit être contigu au bord faillant; & c'eft là la raifon pourquoi il n'eft pas aifé de le découvrir, furtout dans des corps d'un fi petit volume. D'autres efpéces de plus grands orthocératites fe font quelquefois mélées avec cette famille de petits orthocératites. Le nombre des concamérations femble être égal dans tous ceux de même longueur. Dans quelques uns, qui avoient à peu près un pouce de longueur, j'en ai pû compter vingt. Celles d'en haut font, comme dans les autres ortho- cératites, plus étroites que celles d'en bas. Tous ces orthocératites font noirs comme char- bon dans la pierre, tandis que les autres, qui s'y font mêlés, font, comme d'ordinaire, d'une couleur grifâtre, grife-jaunâtre ou brunâtre. Or comme ces orthocératites, les uns & les autres, préfentent encore leur teft naturel, & que ce ne font pas de fimples noyaux, il en naît la queftion, fi la couleur noire n'appartient pas proprement à ces orthocératites dentelés dans leur état naturel.

S U P P L. IV. d.

Cette Planche offre plufieurs pièces remarquables & inftructives, tant de lituites que d'orthocératites.

Num. 1. La tête d'un lituite dans une pierre de corne; de Neuftreliz. Ce morceau nous fait voir, que les lituites de médiocre grandeur ont auffi des circonvolutions contiguës, -- que dans toutes les efpèces, ou du moins dans quelques unes, le teft naturel, quand il y eft encore, a des ftries tranfverfales très fines, un peu ondoyantes, -- qu'il y a des orthocé- ratites à trois circonvolutions entiéres, -- que le centre ne refte pas vuide ou creux dans tous les orthocératites, & que pourtant l'extrémité du lituite eft émouffée. Peut-être quel- ques Naturaliftes prendront-ils ce morceau pour une efpèce particuliére de Difcites. Ce- pendant le bout de la premiére circonvolution femble plûtôt être droit que contourné, & les circonvolutions de même que les ftries conviennent très-parfaitement avec le lituite de Gothlande, qui a été décrit ci-deffus.

Num. 2. Ce morceau d'un lituite de Neuftreliz continue auffi fes circonvolutions pref- que jufqu'au centre. Les cloifons en forme de croiffant prouvent fuffifamment que ce n'eft pas un morceau d'un ammonite.

Num. 3. L'empreinte d'un lituite, dont le teft a eu des ftries tranverfales très-fines. On y voit diftinctement trois circonvolutions écartées l'une de l'autre. Elle eft de Stargard dans le Mecklenbourg.

Num. 4. Cette partie fupérieure d'un orthocératite de Stargard en Poméranie a cela de particulier, qu'elle tient, pour ainfi dire, le milieu entre les *orthoceratitæ dentaliformes* & les *orthoceratitæ apice inflexo;* cependant j'aimerois mieux la ranger parmi les premiers que parmi les derniers. Elle eft encore revêtue de fon teft naturel, & par cette raifon les cloifons ne font pas apparentes.

Num. 5. eft une pièce auffi remarquable que la précédente, à caufe des trois taches rondes qui fe trouvent à la partie vuide de devant, où l'animal, qui autrefois a habité ce do- micile teftacé, a eu fa loge. Ces taches font des Alcyons; &, à ce qu'il femble, de l'efpèce qu'on nomme *Alcyonium burfa.* Ces Alcyons fe font retirés dans la cavité de l'orthocératite, s'y font établis & ont été petrifiés dans la fuite avec le domicile qu'ils avoient occupé après la mort de l'ancien habitant. Ce morceau eft de Friedland, d'une contrée où les petrifica- tions ne font guère frequentes.

Num. 6. Un morceau d'un orthocératite ferrugineux de Stargard dans le Mecklenbourg. On y voit par ci par là de petits points ferrugineux. Les cloifons femblent être compofées de deux lames étroitement jointes.

Num. 7. La ftructure entiére & la concamération de cet orthocératite nous offrent bien des particularités. Les cloifons y font placées irréguliérement & de biais: Car elles font con- vexes du coté où elles devroient être concaves. La double concamération peut être née d'un enduit de parties métalliques qui s'eft attaché à la furface antérieure & poftérieure d'une cloifon.

Num. 8.

Num. 8. Ce bel Alcyon, qui appartient à l'*Alcyonium aurantium* de Mr. Pallas *de Zooph.* p. 357., me fournit l'occasion de dire quelques mots au sujet de la structure interne de ces Alcyons, qu'on nomme Figues, balles, pommes de mer &c. autant qu'on en peut juger dans le Règne des fossiles. Car en parlant plus haut des Alcyons je n'ai taché que d'en faire connoître la forme externe, & de les comparer, là ou cela se pouvoit, avec les analogues. Lorsque l'on fend les Alcyons, dont il est question ici, on y voit assez distinctement, que, dans leur état naturel, ils avoient des nerfs, ou que leur substance interne étoit en plus grande partie un tissu de nerfs & de muscles. Il est fort naturel que le remplissage pierreux se forme d'après la distribution de ces nerfs; il est donc ou lamelleux, c'est à dire composé de lames qui s'unissent dans le centre du Système nerveux; ou bien il ressemble à un rezeau ou à un tissu cellulaire. Pour bien observer la différence entre le tissu lamelleux & le tissu cellulaire, on n'a qu'à comparer ensemble les Alcyons qui se trovent dans les Mémoires de Mr. Guettard Vol. II. Pl. II. fig. 2. Pl. V. fig. 2. & Pl. VI. fig. 4. 5. Dans le Regne des fossiles on n'observe ce tissu bien distinctement que lorsque l'Alcyon est poli, ou que le test, qui enveloppe le corps entier, & son tissu nerveux ont été détruits. Mais quelle est la substance qui se trouve entre les mailles de ce rezeau? Dans le Règne des fossiles ce n'est souvent qu'un remplissage pierreux, mais de là on ne peut inférer qu'il soit de la même qualité dans l'état naturel, vû que dans le Règne des fossiles plusieurs substances deviennent méconnoissables par la dissolution & par la destruction, & que dans les Alcyons il faut souvent se figurer le système nerveux, qui y étoit autrefois, d'après le simple noyau, qui en est resté & qui s'est deposé entre les nerfs, qui dans la suite ont été entiérement détruits. Quelques individus qu'on a trouvés, nous font plutôt supposer qu'il y avoit, entre ce tissu nerveux, certains tubules peut-être cartilagineux, qui ont servi d'habitation aux polypes, & que ces tubules entrelacés dans le tissu nerveux, ont été étroitement unis avec les nerfs mêmes. Si la peau externe se trouve encore sur les Alcyons pétrifiés, ces tubules se font connoître par de très-petits trous. Tout ce que je viens de dire, nous peut servir à expliquer facilement l'Alcyon représenté ici. La peau en est detruite & par là la structure nerveuse de ce Zoophyte est mise à découvert; la ramification des nerfs principaux est réguliére, ce que l'on n'observe pas dans tous assez distinctement, puisqu'il y en a plusieurs qui ont souffert quelque changement par la compression, le choc & le frottement. Ce corps présente en quelque maniere des hexagones, entre lesquels on observe de petits points, mais qu'il ne faut pas confondre avec les taches brillantes spathiques & pyriteuses. On trouve ces corps dans une pierre compacte dans les environs de Sabel, village près de Stargard dans le Mecklenbourg. Mais sçait-on l'analogue de cet Alcyon pétrifié? Mr. Guettard 1) dit que non; mais peut-être n'a-t-il pas vû ni assez examiné l'*Alcyonium aurantium* de Mr. Pallas 2). C'est le même que celui que Mr. Donati 3) a fait connoître sous le nom de *Tethis sphærica*. Du moins on trouvera que ce corps a beaucoup de ressemblance avec nôtre pétrification, & il faudra avouer que, si ce n'est pas le même, il lui appartient pourtant comme une espèce subordonnée.

SUPPL. IV. e.

Les orthocératites représentés sur cette Planche, sont d'Oeland. On en trouve beaucoup dans les plaques carrées, qu'on transporte de là à Dantzick, pour carreler les appartemens des étages d'en bas. Ceux qu'on représente ici, sont de médiocre grandeur; car on en trouve là qui ont quatre pieds de longueur. Celui du Nro. 1. appartient aux cylindriques; il a le siphon fort gros, situé entre le centre & le bord, ce que l'on observe distinctement à la partie inférieure plus grosse, jusqu'à l'endroit marqué d'un asterisque. On y voit très bien les bosses ou les apophyses qui vont en serpentant, desquelles j'ai traité plus haut, & où j'ai remarqué qu'elles naissent de la contiguité du siphon avec les cloisons. Le remplissage de cet orthocératite est une substance presque toute spathique, puisqu'il ne s'y est insinué que de l'eau,

N n 2

laquelle

1) dans ses Mémoires Vol. II. p. 105.

2) Zooph. p. 357.

3) della Storia naturale marina dell' Adriatico. p. 64. comparé avec Pl. IX. A. & C.

laquelle s'étant mêlée avec les particules calcinées du teſt, a été changée à la fin en ſpath, &, comme l'on peut conjecturer, en ſpath gypſeux.

Num. 2. eſt un *orthoceratites dentiformis*, conſervé en entier. On y voit à la partie inférieure juſque vers A, la cavité vuide & ſans compartimens, qui a ſervi autrefois de loge à l'animal. Viennent en ſuite les concamérations, dont les intérieures juſqu'à B. & au de B, remplies de particules terreſtres que l'eau y a introduites, ont pris la même ſubſtance pierreuſe que celle qui conſtitue la matrice. Dans les ſuivantes il n'a pû pénétrer que l'eau pure, qui, s'étant unie avec la terre fine du teſt calciné, a fait naître ce rempliſſage ſpathique. On diſtingue très bien juſqu'à l'extrémité, toutes les concamérations & toutes les cloiſons. Près de C. on découvre un petit veſtige du ſiphon.

Num. 3. Un orthocératite dans lequel, lorſqu'il paſſoit dans le Regne des foſſiles, une compreſſion accidentelle a froiſſé en plus grande partie les concamérations, d'où l'on n'en voit que par ci par là quelques veſtiges. Le ſiphon eſt tout près du bord.

Num. 4. Un orthocératite conique à concamérations amples, dont le teſt s'eſt bien conſervé, d'où ſa couleur eſt auſſi toute différente de celle de la matrice. Le poli ne va pa juſqu'au ſiphon, qui par cette raiſon ne peut ſe voir ici. Probablement il ſe trouve dans le milieu; car communément les orthocératites à concamérations amples ſont dans le même, choſe que Mr. Bruyn a déjà obſervée.

Num. 5. Un petit orthocératite revêtu de ſon teſt naturel, de couleur jaune, qui me paroit être remarquable, parce qu'un corps marin étranger, & peut-être des fragmens des Milleporites y ſont entrés par hazard, & ont été pétrifiés avec lui. Nous avons déjà remarqué plus haut qu'il arrive de la même maniere qu'un orthocératite entre dans l'autre. Cet orthocératite ſe trouve ſur la même plaque que le précédent.

S U P P L. IV. f.

La connoiſſance que nous avons aujourdhui des Bélemnites, eſt encore très-défectueuſe. Elles conſtituent un genre fort étendu, & il nous faut encore pluſieurs découvertes & pluſieurs obſervations particuliéres pour pouvoir, d'après les eſpèces, en établir les caractères génériques. Non obſtant cela il y aura bien des choſes obſcures & incertaines juſqu'à ce que l'analogie ſoit tiré de ſa demeure du fond de la mer. Cette Planche offre différentes pieces remarquables. Elles ſe trouvoient autrefois dans le Cabinet de feu Mr. Klein à Dantzick, & ſuivant les a, à la vérité, déjà fait connoître dans ſa *Deſcript. tabul. marin.* Pl. XIX. cependant il n'étoit rien moins que ſuperflu de les communiquer encore dans cet Ouvrage. Nous n'avons pû nous diſpenſer de les ajouter, pour completter l'hiſtoire naturelle des Bélemnites dont nous avons traité; outre cela ce ne ſont pas de ſimples copies, mais elles ont été de nouveau deſſinées & peintes très exactement d'après les originaux. Il faut ajouter que les ouvrages de Klein commencent à devenir rares aujourdhui, & que pluſieurs Naturaliſtes s'en paſſent à regret. Ces raiſons ſont ſuffiſantes pour nous juſtifier de ce que nous communiquons une ſeconde fois ces Bélemnites de Klein.

Num. 1. Un fragment d'une grande Bélemnite d'un gris cendré avec les alvéoles renfermés. Ces alvéoles ſont de couleur jaune, & encore enchaſſés dans l'enveloppe teſtacée naturelle. Il faut ſe garder de confondre cette enveloppe, qui couvre la cavité chambrée de la Bélemnite, avec la teſt qui renferme la Bélemnite entiére. Klein n'a pas indiqué l'endroit où ce morceau a été trouvé.

Num. 2. Suivant le rapport de Mr. Klein cette Bélemnite eſt de Lauffenbourg. Elle eſt fendue dans ſa longueur & ſe diſtingue de toutes celles qu'on a découvertes juſqu'ici, en ce que là, où les Bélemnites ſe terminent en une pointe, elle eſt d'une forme ſphérique. Ce n'eſt pas le roulement ou le frottement qui lui a donné cette forme, comme cela arrive dans d'autre tres corps, mais il faut qu'elle lui foit naturelle & effentielle, comme le prouve la conformation entiére. Car non feulement les alvéoles ont à l'extrémité cette même forme ronde, mais auffi tous les rayons font tout à l'entour convergens vers l'extrémité de l'alvéole, qui pourtant feroient en direction horizontale, fi cette Bélemnite avoit perdu fa pointe par quelque accident. Cette Bélemnite conftituera bien une efpèce particuliére du genre entier.

Num. 3. & 4. Un morceau qui a été tiré des mines de fer de Fürftenberg. Scheuchzer en étoit autrefois le poffeffeur, & l'a donné, à ce qu'on dit, à Mr. Klein, dans le Cabinet duquel il fe trouve à préfent. On a repréfenté à part la furface inférieure Num. 4. pour mettre en vue d'autant plus diftinctement les cercles concentriques qui entrecoupent les rayons convergens vers le centre. On fçait que le tiffu rayé fe préfente en double maniere fur la fracture des Bélemnites. Dans quelques unes on n'obferve que des rayons qui font tous dirigés vers un point, qui cependant n'eft pas dans toutes dans le centre. Dans d'autres on obferve bien auffi ce tiffu rayé, mais il eft entrecoupé, comme dans le préfent morceau, de plufieurs cercles concentriques. Qu'on caffe une Bélemnite de travers dans tel endroit qu'on voudra, on trouvera fur la fracture les cercles concentriques, ce qui prouve affez que cette efpèce de Bélemnites doit être compofée d'alvéoles enchaffés les uns dans les autres. Comme ces cercles concentriques ne s'entretouchent pas fur la fracture, on en peut inférer que chaque alvéole doit être éloigné de l'autre à une certaine diftance. L'expérience confirme cette conjecture, lorfque l'on fend une telle Bélemnite dans fa longueur, comme on l'a fait dans le morceau repréfenté fous

Num. 5. Ne voit-on pas ici des cones dont les fommets font tous dirigés vers la ligne centrale? On voit fort diftinctement dans le milieu le *Funicule* de Klein ou le ligament qui attache le teft des alvéoles à l'extrémité. Cependant il n'eft refté de ce ligament que le conduit, dans lequel, de même que dans la fente tranfverfale il s'eft infinué une terre rouge, qui dans la fuite a pris la dureté d'une pierre. Or que faut-il juger de ces traits coniques? Par quelques individus il femble être prouvé que ces traits coniques, de même que les cercles concentriques fur la fracture, proviennent des tuyaux teftacés coniques, enchaffés les uns dans les autres fans s'entretoucher, tout comme l'on enfonceroit un petit cornet dans un cornet plus grand. Le nombre de ces cercles marque-t-il peut-être l'âge de ce corps marin, comme les cercles concentriques dans le bois indiquent l'accroiffement annuel? Ou ne font-ce que des fibres, dont quelques unes, comme dans les arbres, font longitudinales, d'autres vont tranfverfalement vers le centre? Tout cela eft encore problématique; cependant il eft fûr qu'il y a certaines efpèces de tubules ou d'Entalites compofés de tuyaux enchaffés les uns dans les autres. On les trouve dans les carrières de grais de Maftricht, & je les ai décrits & repréfentés dans le Supplément Pl. V. a. Suivant la gradation de la nature, l'analogie femble ici fournir une preuve affez probable de l'exiftence de pareilles Bélemnites tuniquées. S'il exifte des tuyaux fimples à plufieurs couches, ou qui n'ont point de concamérations, il peut de même exifter dans la mer des tuyaux chambrés à plufieurs couches, où il faut rapporter les Bélemnites. Ce que je viens de dire au fujet de ces Bélemnites à plufieurs couches, eft clairement prouvé par le morceau communiqué fous

Num. 6, à l'égard duquel Klein même affure qu'on trouve ici des coquilles coniques empilées les unes dans les autres (*coni alii aliis inferti*). Cette bélemnite eft de Warwick en Angleterre.

Num. 7. Mr. Klein a auffi rangé ce cylindre parmi les Bélemnites fans indiquer l'endroit où il a été trouvé. Les éminences fur la furface proviennent de certains vermiffeaux de mer, qui accompagnent fouvent les Bélemnites. Du moins on trouve toujours plus fouvent un vermiculite qu'une coquille fur une Bélemnite. Là où fe trouvent ces vermiculites, il faut qu'il y ait encore le teft naturel de la bélemnite, ou bien il faut fuppofer que la bélemnite s'eft pétrifiée dans la mer, qu'alors elle a été dépouillée de fon teft, & que ce n'eft que dans la fuite que les vermiffaux de mer s'y fon attachés.

Num. 8. & 9. La bélemnite représentée sous Num. 8. est le *Belemnites polynices de* Scheuchzer, duquel j'ai déjà parlé plus haut Part. II. Chap. XV. Klein dit qu'elle est comme calcinée. Je suis encore de la même opinion que j'ai déclarée plus haut, c'est à dire que les traits, qu'on voit sur cette pièce, ne sont qu'accidentels. Peut être sont ils nés de certains vermisseaux testacés, qui s'y sont attachés, probablement des *Serpula*, que Mr. de Linné dans son Système de la Nature nomme *planorbes*, *spirula* & *spirorbes*. Num. 9. est de la Birse dans le Canton de Bâle.

Num. 10. Mr. Klein a de même eu cette bélemnite de Scheuchzer. Deux circonstances la rendent remarquable. On y voit non seulement des vestiges de deux valves d'une huître, tournées l'une vers l'autre, mais aussi elle va en diminuant vers la base, de manière qu'elle semble avoir appartenu aux bélemnites tubiformes.

Il nous faut encore rapporter dans le Supplément quelques

COQUILLES PETRIFIEES,

c'est à dire de telles qui n'ont ou point été représentées du tout, ou ne l'ont pas été par des pièces si belles & si instructives. J'ajouterai quelques remarques que Mr. le D. Martini a eu la complaisance de me communiquer sur différentes coquilles représentées dans ce Supplément, & sur leurs analogues. Je commence

SUPPL. V.

par une pierre nommée communément pierre de Mégare, uniquement pour ne pas passer dans cet ouvrage sur aucune espèce de pierres qui appartiennent à juste titre au Règne des Pétrifications. On donne dans la Lithologie le nom de pierres de Mégare à ces masses qui renferment une quantité de coquillage mêlé ensemble sans aucune régularité, de manière que lorsque le roulement ou l'art a donné quelque poli à la pierre, & qu'il ne se présente en plus grande partie que les bords tranchans des coquilles sur la surface de la pierre, il en naît un dessin de différentes lignes courbes entrelacées, desquelles l'imagination fait des feuilles, des fleurs, des visages ou autres figures. Les premières de ces pierres furent apportées de Mégare, ancienne ville de la Turquie Européenne dans la Livadie, & c'est ce qui leur a fait donner ce nom; il en étoit de même de ces pierres que des pierres judaïques, des pois de Bethléem, des melons du Mont-Carmel, & d'autres pierres & pétrifications, qu'en estimoit beaucoup, puisqu'elles venoient des pais éloignés, & qu'on ne savoit pas qu'on en pouvoit avoir d'aussi belles & de beaucoup plus près en Allemagne & dans les autres provinces de l'Europe. Par cette raison on leur donna les noms d'après les pais étrangers, qu'on a retenus dans la suite. Dans le tems où l'on abusoit de la connoissance des pétrifications pour n'en faire qu'un jeu, on fit beaucoup de cas de ces pierres de Mégare; aujourdhui elles sont moins estimées, vu qu'à présent on ne cherche plus sur les pierres ni des visages, ni du feuillage entrelacé artificiellement, mais bien des corps réels pour en éclaircir & enrichir le Règne animal & le Règne végétal.

SUPPL. V. a.

Num. 1. & 2. représentent une espèce de Tubulites jusqu'ici assez peu connue, qu'on trouve non seulement dans la contrée de Poesneck, mais aussi dans la pierre de corne des montagnes calcaires & métalliques de la Thuringe 1) J'en ai donné une description dans le Tome I. de mon Regne des fossiles 2), & on en trouve aussi une description dans les Act. Acad. electoral. Mogunt. 3) & dans l'ouvrage de Mr. Baumer 4). Dans la suite j'ai assigné dans cet

ouvrage

---

1) voy. BAUMER Naturgeschichte des Mineral-Reichs. Tom. I. pag. 304. & Act. Acad. electoral. Mogunt. Tom. II. 2. Ao. 5. 16.

2) pag. 129. 130. de la nouvelle édition.

3) dans l'endroit ci-dessus allégué.

4) dans l'endroit ci-dessus allégué.

ouvrage à ces tubulites la cinquième place entre les tuyaux de mer simples, sous le nom de Dentalites unis [cylindriques 5). Ce sont des tuyaux droits sans la moindre courbure ou diminution, de la même grosseur en bas & en haut, d'un brillant argenté & nacré, qui ne s'altére pas beaucoup dans la pierre. Quoiqu'ils soient très minces, le test du tuyau est pourtant à proportion assez épais & d'une épaisseur égale au diamétre de la cavité du canal, qui d'ordinaire est remplie de la substance pierreuse de la matrice. Les plus fins sont souvent comme un fil, ceux de médiocre grosseur, comme une aiguille à tricoter, & les plus gros comme le tuyau d'une plume de corbeau. On ne sauroit déterminer quelle est leur longueur dans l'état naturel, puisque dans le Regne des fossiles ils sont tous mutilés par quelque violence. Les plus longs, qui cependant sont assez rares, ont deux pouces ou deux pouces & demi de longueur. Le test est lamelleux & se décompose en feuillets. Ceux de Poeseneck se trouvent en compagnie tant des Gryphites que nous avons décrites plus haut sous le nom de Gryphites de Gera 6), que de certaines pectonculites transversalement striés, à trois lobes. La matrice est une substance pierreuse, seche, argilleuse, peu compacte, de couleur grise obscure. Dans d'autres pais on trouve aussi des vestiges de cette espèce de tubulites, mais qui, étant enfoncés dans une autre terre, n'ont pas conservé leur brillant de nacre. J'en ai découvert ainsi dans la pierre puante de Prague avec des Bélemnites, & on en trouve de même à Rotenbourg sur le Tauber, communément avec des pectinites. Parmi les tuyaux de mer naturels je n'ai pas trouvé encore une seule espèce qui convienne parfaitement avec nôtre espèce petrifiée. Car les tuyaux de mer cylindriques lisses, même les plus minces, ont toujours l'une des extrémités un peu plus effilée que l'autre, & toujours un peu arquée 7), tandis qu'on observe ici le contraire de l'un & de l'autre.

Num. 3. Ce sont les entalites coniques ridés, qui se trouvent dans les carrières de grais de Mastricht, & que j'ai décrits plus haut 8). Ils méritent par leur qualité particuliere d'être connus de plus près des amateurs par des représentations exactes. La matrice est un grais peu compacte; leur test est très mince & fragile. Après que j'en eusse donné la description, j'ai réitéré l'essai, j'ai détaché plusieurs morceaux complets de leur matrice, & après avoir ouvert le test de dessus, j'ai trouvé, tout comme je l'avois trouvé auparavant dans la plus grande partie, encore un autre test distant du test externe, comme deux cornets empilés l'un dans l'autre, de maniére qu'ils ne se touchent pas l'un l'autre, & qu'il y reste un vuide entr'eux. Cette observation pourroit bien, comme je l'ai dit plus haut, servir un jour à repandre quelque lumiére sur la structure de la bélemnite.

Num. 4. & 5. Nous avons déjà communiqué un morceau défectueux de cette espèce particuliére de coquilles Part. II. Pl. B. I. a. Pour à présent nous sommes à même d'en représenter des exemplaires plus complets, & de donner une description plus exacte de cette coquille. Suivant la classification des coquilles dans le Regne des fossiles, que nous avons établie ci-dessus, elle appartient aux coquilles bivalves, qui sont plus larges que longues, par consequent aux musculites & aux mytulites, & à ceux qui n'ont pas la charnière dans le milieu, mais à l'extrémité du bord. Son premier caractére specifique consiste en ce qu'elle a un bord latéral aplati. Cette partie comprimée n'est pas concave, mais un peu elevée, comme dans la coquille de Venus, & dans ce même endroit la coquille est ventrue comme la coquille de Venus, mais elle va en diminuant jusques vers le bord latéral opposé; le bord, où se trouve la charnière, est un peu évasé, & forme avec les deux piéces, qui s'y joignent en direction oblique, une surface, qui, tant par les éminences & cavités placées alternativement que par de petites bosses & des stries transversales élevées près de la charnière, présente une belle structure. Sur le bord latéral aplati ou comprimé l'on remarque des côtes, qui s'élevent

O o 2

de

5) Part. II. Cap. XVI. p. 279.
6) Part. II. Chap. IV.
7) voy. le recueil exact de tous les tuyaux de mer jusqu'ici connus dans le beau Cabinet systématique des coquilles de Mr. le D. MARTINI Vol. I. Pl. I. II. III.
8) Part. II. Chap. XVI.

de l'endroit où les piéces se ferment, deviennent peu à peu plus grosses & se terminent à l'extrémité de ce bord comprimé par des tubercules simples ou doubles. Je n'oserois soutenir avec assurance, qu'il y eut eu là autrefois des piquans comme dans les coquilles de Venus; mais je n'oserois non plus en nier la possibilité. De ces côtes tuberculeuses, dont le bord latéral comprimé est marqué, il y a aussi un nombre plus ou moins grand sur la surface des deux battans. Elles passent depuis le bord de la charnière, en ligne un peu courbe vers le bord latéral comprimé jusqu'au bord opposé où la coquille s'ouvre, cependant de maniere, que communément celles de devant sont plus courtes que les autres, & ne vont pas jusqu'au bord même. J'ai observé deux espèces de ces coquilles particuliéres; l'une en est celle que je viens de décrire ici, & l'autre a été décrite Part. II. B. I. d. Num. 1. 2. 3. Sa différence spécifique consiste en ce qu'elle n'a pas au côté comprimé tant une figure angulaire que plutôt sphérique, qu'elle est obliquement tronquée, & que les côtes des surfaces latérales vont en direction oblique jusqu'à la jointure du bord latéral comprimé, sans être tuberculeuses comme les autres. Ces coquilles ont bien aussi le bord de la charnière large; mais ici il est marqué de stries transverfales élevées, qui cependant ne se sont pas assez bien conservées dans tous les exemplaires. On trouve les deux espèces de différente grandeur; les plus petites ont dans la plus grande dimension, un pouce & demi, & les plus grandes, que j'ai vues, ont quatre ou cinq pouces de largeur. Il n'y a que peu de contrées qui en fournissent. Les meilleures piéces & les plus belles sont sans contredit celles, qu'on a trouvées autrefois en grande quantité à Guntershofen à deux lieues de Bouxweiller, & qu'on n'y trouve aujourd'hui qu'en très-petit nombre. En voici la raison. Feu Mr. de Ganeau Commandant de Sarbourg les a fait rechercher très-soigneusement à Guntershofen, & les a envoyées, en échange pour d'autres pétrifications, en Allemagne & dans d'autres pais, principalement en France. C'est ainsi qu'il a fait l'acquisition d'un très beau Cabinet, qui après sa mort a été vendu en Italie. Il faisoit outre cela un grand mystère de l'endroit, où la coquille avoit été trouvée, & lorsqu'il en envoya dans d'autres cabinets, il indiqua toujours un autre pais que celui où elle avoit été trouvée; de là vient qu'on en trouve bien en France presque dans tous les Cabinets quelques pièces, mais auxquelles on donne toujours un autre pais natal. Au moins il est sûr que les coquilles de Guntershofen sont communément très bien conservées, excepté qu'elles sont quelque fois applaties par quelque compression. Elles ont encore les deux battans avec le test considérablement épais changé en spath. L'on trouve encore ces coquilles à Uimat dans le Canton de Bâle & dans les argillières de Tanningen dans le même Canton. Mr. Zwinger a décrit ces derniéres dans le Tome III. des Act. Helvet. 1). Les coquilles de la seconde espèce m'ont été envoyées en partie de la Bourgogne, en partie d'Aix-la-Chapelle, & en partie des carrières de grais de Quedlimbourg. Je n'ai encore trouvé nulle-part l'analogue de cette pétrification. Communément on le compte parmi les coquilles de Venus. D'après la division de Mr. de Linné il faut ranger ces coquilles parmi les *donax*. Je trouve à propos d'inférer la remarque de Mr. le D. Martini. ,, Les No*. 4. & 5. représentent une espèce de co-
,, quilles pétrifiées déja assez rare dans le Régne des fossiles, mais que je n'ai trouvées dans leur
,, état naturel ni dans aucun Cabinet de coquilles, ni dans aucun auteur. Cependant comme
,, dans les exemplaires pétrifiés on ne peut examiner ni la qualité ni les jointures de la char-
,, nière, il faut s'en tenir à la figure externe. Si les deux valves se joignoient au bord par
,, quelques petites échancrures, on pourroit ranger ces coquilles avec les fausses arches tu-
,, berculeuses (Gualt. T. 87. E. d'Arg. Pl. 13. C) dans la famille des moules rhomboidales.
,, Mais comme ce caractère nous manque, je crois que la forme externe de cette pétrifica-
,, tion nous met en droit de la ranger parmi les cordiformes triangulaires. Dans aucun auteur
,, Conchyliologiste je n'en ai trouvé à côtes tuberculeuses, mais à stries élevées il y en a une
,, figure assez ressemblante dans Gualt. Pl. 90. f. c. La figure que Lister en donne dans l'hist.
,, *Conchyliorum* de même que la représentation qui se trouve dans l'Ouvrage de Knorr Tab. V.
,, c. f. i. semblent justifier le droit de ces pétrifications à la famille des moules cordiformes. ,,
Le nom de Conque de Venus convient à la pétrification représenté sous Num. 6. Elle ressemble

1) p. 231, comparé avec Pl. VIII. F, & dans les Recréations minérologiques Tome V, p. 52.

ble affez par la forme au *Concha Veneris* proprement dit, excepté qu'elle eft un peu plus ventrue, & que le bord latéral aplati eft d'une forme un peu différente. D'un côté elle eft aplatie, de maniere que cette partie s'éléve peu-à-peu vers le milieu, & que dans le milieu même
elle commence à s'enfoncer. Cette partie aplatie a des ftries longitudinales élevées, entrecoupées par d'autres. Les furfaces latérales préfentent, comme dans les conques de Venus ordinaires, des côtes groffes, tranfverfales & paralléles. Dans le Régne des pétrifications j'ai obfervé deux efpèces de cette véritable conque de Venus. L'une, que j'ai eue de la Suiffe, eft
étroite, & c'eft celle qui eft repréfentée ici fous Nro. 6, l'autre eft de Guntershofen, plus large, & ainfi plus reffemblante à la conque de Venus ordinaire. On la trouve dans le Supplément Pl. Num. 3. & 4. Celles qu'on trouve en Suiffe, mais auffi rarement qu'a Guntershofen,
ont été décrites par Mr. Zwinger dans les Act. Helvet. Vol. III. 3) Ces coquilles de Venus
ont communément encore leur teft naturel, & l'on trouve d'ordinaire leurs deux valves jointes & fermées. Plufieurs efpèces de trigonelles ne font que les noyaux de ces conques de
Venus. Au fujet de la conque de Venus que je viens de décrire, Mr. le D. Martini fait la
remarque fuivante „Fig. 6. la jointure des deux valves de même que la furface cordiforme an-
„ térieure reffemblent beaucoup au double cœur de Venus (Gualt. Tab. 83. c. Rumph. T.
„ XLIV. H.) La feule différence nait de la direction des côtes latérales, qui font tranfverfales
„ ici comme dans les conques de Venus, & qui dans le double cœur de Venus font oblique-
„ ment longitudinales. Independamment de cela la furface cordiforme reffemble toujours
„ trop à une conque cordiforme, pour pouvoir être féparée de ce genre. Je n'ai encore vû
„ nulle-part l'analogue de cette belle pétrification. Les conques de Venus, qui confinent de
„ plus près aux cames, ne font jamais tant renflées des deux côtés, que les cœurs & que cette
„ pétrification. Sa furface antérieure, qui a fait donner le nom aux coquilles de Venus, eft
„ à beaucoup près moins large, & d'une forme toute différente de cette figure, à la-
„ quelle je donnerois le nom de *Conchites cordiformis triangularis, lateribus transverfim coftofis,*
„ *plano anteriore ftriis oblique perpendicularibus granulatis notato.* „

Nom. 7. Nous avons dit plus haut 1) que les fpires des buccinites différent beaucoup
entr'elles, qu'elles font tantôt rondes, tantôt concaves, tantôt aplaties, tantôt un peu abruptes
de façon que là où elles s'entretouchent, elles forment une fpirale femblable à un fentier qui va
autour d'une montagne. Je ne pouvois alors communiquer un tel buccinite, vû que dans
le Régne des pétrifications cette efpèce eft très rare. Dans la fuite j'ai eu un pareil morceau
d'Hollande. On donne la Suiffe pour fon pais natal. Ce buccinite a huit fpires très-faillan-
tes, & cette partie fupérieure point du tout endommagée. Il appartient proprement à ces
buccinites qui fe terminent en pointe alongée, & que par cette raifon les Conchyliologiftes
nomment fufeaux, & qu'on prend pour une efpéce particuliére de buccins. Dans cet individu
le bec eft un peu endommagé. J'ajoute ce que dit Mr. le D. Martini au fujet de cette efpèce
de buccinites: „Si j'ofe fuppofer que le bec n'a pas été plus long qu'il n'eft ici, & qu'il n'a pas
„ été alongé en forme de fufeau, j'ai moi même deux petits analogues de ce buccinite. Ils
„ ont la bouche allongée & le bec creufé en gouttière, & toutes les fpires autant cannelées
„ qu'elles le font dans cette pétrification. La première fpire eft auffi grande que les fept fui-
„ vantes prifés enfemble. La bouche eft garnie en dedans d'echancrures ou de dents, & le
„ bec racourci eft garni de cercles obliques, mais que je ne trouve pas affez grands pour être
„ vûs fur un noyau, principalement puifqu'un noyau n'offre, que l'empreinte de la furface interne
„ de la coquille. J'ai eu mes analogues de Danemarck, & je n'ai trouvé nulle-part que dans
„ Petiver une figure affez reffemblante. Il lui donne dans le Gazophyl. T. 102 f. 12. le nom
„ de *Buccinum breviroftrum productum, ore dentato, lividum, leve, finuatum & apicibus donatum.*
„ La hauteur entiére de mes analogues eft à peine d'un pouce & demi, & la figure externe
„ reffemble beaucoup à l'exemplaire pétrifié, quoique, ne fachant quelle a été la longueur du
„ bec de la pétrification, je n'ofe avec affurance les donner pour fes analogues. Comme je

n'ai

<hr>

3) p. 251. comparé avec Pl. VIII. D. E.
1) Part. II. Chap. 6.

Tome III. P p

„ n'ai trouvé nulle part une figure tout à fait reſſemblante, j'ai donné à mes analogues le nom
„ de *Buccinum rarum, læve, ore canaliculato, claviculà contabulata, producta.* „

S U P P L. V. b.

Dans les païs de Weimar, de Sondershauſen & dans d'autres contrées voiſines on trouve
quelquefois de très grands nautilites, détruits d'une maniere ſi heureuſe, que le remplilſage
des concamérations en eſt caſſé, & que du ſiphon il eſt reſté ſouvent des morceaux très gros
& longs. Ce ſiphon ou plûtôt le noyau du ſiphon qui y étoit autrefois, reſſemble d'ordinaire
à une enfilade de pois. Dans les Cabinets on met ces morceaux, qui cependant ne ſont pas
trop frequens, à côté des nautilites, pour pouvoir montrer d'autant plus clairement la parfaite
conformité de la ſtructure d'un nautile naturel avec celle d'un nautile pétrifié.

S U P P L. V. c.

Num. 1. J'ai décrit ci-deſſus cette coquille pétrifiée en expliquant la Pl. V. 2. du Supplément, mais j'offre ici la copie de cet exemplaire puiſqu'on y peut reconnoître beaucoup plus
diſtinctement les caractéres que j'en ai rapportés dans la déſcription, & que par là la déſcription même devient plus claire. Dans pluſieurs exemplaires les côtes du côté aplati ſont émouſſées, ou endommagées d'une autre maniere, ici elles ſont entierement conſervées. Chaque
côte ſe termine ici en un tubercule ſimple; il y en a cependant, où les côtes inférieures ont
à leur extrémité les tubercules doubles. Dans ce morceau les côtes latérales antérieures tu-
berculeuſes, courbées vers le côté comprimé, vont juſqu'au bord de l'ouverture; dans d'autres au contraire elles ſont plus courtes.

Num. 2. Une eſpèce de coquilles très rare, qui pourroit bien être rangée parmi les Tel-
linites. Elle a été trouvée, de même que la précédente, à Guntershofen. Un individu aſſez
ſemblable à celui-ci fût trouvé, il y a quelque tems, à Neuſtreliz dans le Meklembourg, dans
une pierre calcaire griſe, duquel on a donné une deſcription exacte avec une figure dans le
Vol. IV. du Magaſin de Berlin. Cette coquille a la pointe de la charnière alongée, & ſes
ſtries ou côtes élevées, longitudinales, un peu obliques, dont celles qui ſont les plus proches
de la charnière, ſe joignent ſous un angle. Au bord de l'ouverture il y a quelques ſtries qui
reſſemblent à celles de l'exemplaire de Neuſtreliz dont je viens de parler. Les petites lignes
tranſverſales ſur la pointe de la charnière ne ſont pas ſi apparentes dans l'exemplaire de Guntershofen, que dans celui de Neu-Streliz. L'analogue de cette pétrification n'a pas été trouvé
juſqu'ici. Mr. le D. MARTINI ſoutient la même choſe. Fig. 6., dit il, „ſemble bien par la
„ forme être une véritable telline pétrifiée & être en quelque affinité avec celle que nous trou-
„ vons décrite & repréſentée dans le Magaz. de Berlin Vol. IV. Tab. I. f. 6. p. 58. Mais je
„ n'ai jamais vû ni une coquille naturelle, ni même une pétrification parfaitement reſſem-
„ blante, qui eût ces ſtries convergentes en forme d'arc entre leſquelles les interſtices ſont
„ cordiformes. „

Num. 3. & 4. Cette véritable conque de Venus eſt auſſi de Guntershofen, & nous l'avons
repréſentée ici pour faire remarquer d'autant plus diſtinctement la différence qu'il y a entre
les larges & les étroites, & que nous avons rapportée Pl. V. 2. Nous avons repréſenté plus
haut la conque étroite, ici on offre la large. Num. 4. repréſente la véritable forme du bord
latéral comprimé dans cet exemplaire. Voici ce que dit Mr. le D. MARTINI au ſujet de cette
coquille de Venus: „Fig. 3. préſente tous les caractéres d'une véritable conque de Venus &
„ a la plus grande reſſemblance avec cette eſpèce qu'on connoit ſous le nom de *fleur näre*.
„ Les côtés ſont legérement voutés & garnis de ſtries tranſverſales élevées: au bord antérieur
„ on voit le bourrelet duquel naît la ſurface étroite, qui préſente, dans la jointure des valves, la
„ figure qui lui a fait donner le nom. „

Num. 5. & 6. Ces deux morceaux font de Thionville dans le Luxembourg. Les pétrifi-cations de cette contrée se distinguent de toutes les autres par la beauté. Elles font très bien conservées & de couleur noire bleuâtre. Elles ont le test naturel pétrifié en entier. Jusqu'ici elles font fort rares & peu connues, sur tout en Allemagne. Les manteaux de Guntershofen leur ressemblent le plus pour la couleur & pour la substance de la pétrification; mais la sub-stance pierreuse attachée à celles ci est la cause de ce qu'elles se présentent moins distinctement que ces manteaux. La coquille Num. 4 porte dans le Régne des pétrifications le nom de *Cochlites trochiformis*, & diffère d'un trochite en ce qu'elle a les spires rondes, & que le tro-chite les a aplaties & la base platte, sur laquelle la circonvolution n'est pas arrondie mais sail-lante. Dans la Conchyliologie ce limaçon appartient aux Sabots nacrés. On trouve l'analo-gue dans la Conchyliologie de feu Mr. Knorr Part. III. Pl. XX. num. 1. & la description de Mr. le Prof. Müller pag. 29. Dans le Régne des pétrifications ces limaçons font très-rares, sur tout ceux dont le test s'est conservé. Mr. Baier dans son Oryctogr Noric. 1) a communi-qué une très-belle pièce qui ressemble beaucoup à celle ci. Le beau manteau a encore ses deux battans, & il ne lui manque que les oreilles, qui probablement étoient inégales; car les valves de cette coquille font un peu convexes, tandis que les manteaux proprement dits, qui ont une valve convexe & l'autre aplatie, ont communément les oreilles égales.

Num. 7. Cette petite corne d'Ammon pyriteuse n'est pas ronde comme les autres, mais de forme ovale; tant les opinions des Lithologistes font encore partagées à ce sujet. La plû-part en cherchent la cause de cette figure extraordinaire dans une compression, & nient l'exis-tence des ammonites ovales: d'autres la soutiennent. Au moins il est sûr que dans tous les in-dividus, que j'ai eus entre les mains, on ne voit pas le moindre vestige de quelque violence, & les spires ovales s'y trouvent sans la moindre obliquité, placées aussi réguliérement que les rondes, ce qui ne se pourroit presque pas, si dans le Régne des fossiles elles avoient souffert quelque compression. Mr. Andar dans ses lettres écrites de la Suisse 2) suppose aussi l'existen-ce des Ammonites ovales. Mais cependant il est sûr aussi que jusqu'ici nous n'avons vû dans les coquilles des limaçons que des spires rondes, & que nous ne connoissons encore point de limaçon où la nature ait choisi la figure ovale.

S U P P L. V. d.

Num. 1. Un orthocératite de Guntershofen. Si ce morceau étoit tout entier, il pourroit sûrement disputer la préférence aux plus beaux orthocératites que nous avons aujourd'hui. Il a les cloisons fort étroites, & semble avoir été de forme conique. Les concamérations ou plutôt leurs noyaux font un peu défigurés par quelque accident, & l'on trouve par-ci par là sur ce morceau des vestiges du test qui autrefois a formé ces chambres.

Num. 2. Un orthocératite moins grand de Bousweiler, mais qui est plus complet que le précédent. C'est une pièce instructive. Le test qu'on y voit encore, est épais. Là où le test s'en est séparé, on voit la structure interne de cet animal testacé dans toute sa beauté. Il n'y paroit rien du siphon: probablement il se trouve dans le milieu.

Num. 3. Ce morceau est d'Oxfordshire. Nous voyons ici ce que c'est proprement dans le Régne des fossiles qu'un véritable boucardite: car on donne ce nom à plusieurs corps qui ne le font pas. Dans la Conchyliologie on range cette coquille parmi les fausses arches ou parmi les cames, qui ont les sommets de la charnière écartés, & entre ceux ci une espèce de bosse. Comme j'ai traité plus haut de cette coquille, je ne m'y arrête pas à présent, & je me contente d'ajouter la remarque de Mr. le D. Martini: ,, en comparant exactement le bou-,, cardite représenté Pl. V. d. fig. 3. avec les analogues, je trouve que c'est un véritable *Arca* ,, *spuria lapidea*, ou un *nucleus Corbule Argenvilli*. Mais on ne peut pas juger par le noyau s'il ,, appartient aux fausses arches à stries unies ou à stries tuberculeuses. ,,

Pp 2

Num.

Num. 4. Ces grands pectinites se trouvent à Waldenheim dans l'Alsace. Ils appartiennent aux Camites peu convexes à côtés inégaux, dont un bord latéral est un peu comprimé. On y trouve tant des valves isolées, que les deux valves fermées, & tel est le présent morceau. Les dents ou les stries élevées dont les valves sont garnies, sont très-petites à proportion de la coquille. De distance en distance elles sont entrecoupées par des doubles stries transversales: elles sont encore revêtues du test naturel. Dans l'ouvrage de Conchyliologie de feu Mr. Knorr [1] il y a une coquille qui ressemble beaucoup à la nôtre, à cela près que elle est plus longue à proportion & plus étroite, & que par cette raison Mr. le Prof. Müller range parmi les moules. Une autre espèce de très grands pectinites à stries fines se trouve dans Volkmanns *Silesia subterranea.* Part. III. Tab. IX. p. 339.

SUPPL. V. e.

Num. 1. Un fragment d'un pinnite, du Piémont. Le test naturel qui y est encore, a un beau brillant de nacre, & ne semble avoir subi d'autre changement que celui, que quelques couches des lames, dont il étoit composé, s'en sont détachées.

Num. 2. Un morceau assez ressemblant par la forme au précédent, mais qui, outre la couleur, en diffère en ce que le test, qui s'est conservé au côté représenté ici, n'a point de brillant, & qu'il est changé en spath dur qui a à peu près deux lignes d'épaisseur. Cette dernière circonstance prouve que c'est un fragment d'un très grand Pinnite. A côté du sommet il y a un fragment de l'opercule d'un gryphite. Ce morceau est d'Aristorf.

Num. 3. Une arche, dans une pierre calcaire, dont le test est détruit en plus grande partie: du même endroit.

Num. 4. Ce morceau paroit convenir très-exactement avec cette espèce de conque de Venus que Mr. Davila décrit dans son Catalogue raisonné Tome I. p. 365. N. 844. sous le nom: *Conque de Venus Orientale ou Levantine &c.* & de laquelle il rapporte aussi un morceau fossile, Tome III. 161. N. 201. Cette pièce est du Piémont; elle a subi un degrez de calcination.

Num. 5. & 6. Une coquille dont l'analogue pourroit bien encore être inconnu. Scheuchzer la décrit sous le nom de *concha fossilis Tellinoides porosa levis,* Spec. Lithogr. p. 11. & Oryctogr. p. 306. Mrs. Bertrand & Davila supposent qu'elle appartient à une espèce de conque anatifère encore inconnue, Fig. 5. représente sa surface externe percée d'un nombre infini de petits trous & assez semblable à une escare. Fig. 6. offre le côté interne légérement rayé de stries transversales. Le test est fort épais à proportion de la grandeur, car il a au de-là de deux lignes. Il y en a qui ont trois lignes & demi d'épaisseur. Les présentes pièces diffèrent de celles de Scheuchzer en ce qu'elles sont plus compactes & moins fragiles. Elles sont pétrifiées en entier, & de substance calcaire. Du Randenberg.

Nous allons à présent suppléer ce qui manque encore à ce que nous avons dit plus haut au sujet des

CORALLIOLITHES

& d'autres espèces de Zoophytes. Depuis ce tems le savant Naturaliste François Mr. Guettard a beaucoup éclairci cette partie de la Lithologie. Il a publié un ouvrage [2], dans lequel la plus grande partie du second & du troisième Tome traite de la Coralliologie dans le Regne des fossiles. Par une double raison je trouve à propos de rapporter ici en abrégé le système de sa classification. La première est que peut-être tous les amateurs des pétrifications ne pourroient se procurer cet ouvrage, dont le prix est considérable; la seconde, parce qu'un Naturaliste solide doit connoître les systèmes des auteurs les plus modernes pour être

---

[1] Part. IV. Pl. XXX. Num. 2.

[2] Mémoires sur différentes parties des sciences & arts, à Paris Tome I. 1768. Tomes II. & III. qui appartiennent proprement ici, 1770, in 4to.

à même de les conférer avec les autres, sur tout si un tel systéme contient, comme celui - ci, une terminologie toute nouvelle. Je crois donc par là rendre un service réel à plusieurs de mes lecteurs.

Il convient de remarquer d'abord que Mr. GUETTARD donne aux Zoophytes du Regne des fossiles, que ce soient des corallines, ou des coraux, ou des alcyons, ou d'autres corps, le nom de Polypiers. Les polypes, dit - il, qui se trouvent dans ces corps, se construisent de petits tubes; or suivant la différente forme de ces polypes, & suivant l'instinct particulier qu'ils ont de se placer & de s'attacher ensemble, la forme des polypiers sera différente; il se forme des figues de mer, des pommes de mer, des alcyons en forme de gobelet, des esca-res &c. tout comme l'on peut construire du même bois des batimens de structure toute différente.

Après cette supposition préalable il établit une classification de toutes les espèces de Zoophytes pétrifiés, & prend la structure pour la base de la division, en passant de la structu-re simple à celle qui est plus composée. Il établit seize classes de polypiers. Les voici:

1. *Caricoides* Tab. I. -- VI. Il donne ce nom aux alcyons que nous avons nommés Part. II. Chap. X. alcyons en forme de figue, de paume, de pomme &c. Il range parmi les Caricoï-des tous les corps, qui appartiennent, aux alcyons & qui ont une forme sphérique, avec une tige ou sans tige, & sur la surface externe des trous, & en dedans des cavités cylindriques. Il donne aux alcyons un pédicule, ou qu'ils en aient effectivement ou qu'ils soient terminés en une pointe alongée qui avec le corps fait un continu. Il établit de ces Caricoïdes les espè-ces suivantes : 1) Caricoïdes à forme sphérique, & ce sont là ceux qu'on appelle proprement alcyons en forme de figue, de pomme, de poire, de paume &c. Voy. nôtre Histoire na-turelle Tom. II. Chap. X. p. 39. Num. 5. 8. 9. 2) Caricoïdes à forme conique ou alongée, & à pointe émoussée. Ils appartiennent aux alcyons en forme de doigt, qui ont été décrits plus haut p. 38. num. 3. 3) Caricoïdes dont la pointe va en diminuant comme une rave; ils ap-partiennent aux alcyons en forme de poire. 4) Caricoïdes dont la surface sphérique est par-tagée en six lobes, & qui portent sur une tige courte applatie. Dans quelques uns le nom-bre des lobes est plus ou moins grand. 5) Alcyons fusiformes, qui sont ronds enhaut, ren-flés dans le milieu, & dont les extrémités vont en se rétrécissant; ils appartiennent aux al-cyons en forme de doigt, dont il a déjà été fait mention. 6) Caricoïdes qui à la partie d'en-haut ont deux rangs de grands tubercules, tab. XIV. fig. 3. 7) Caricoïdes ovales sans pédi-cule. 8) Ficoïdes dont la surface présente une ouverture (*osculum*) à douze rayons. Il désigne par là cette espèce que nous avons rapportée dans cet ouvrage Part. II. Pl. F. 1. fig. 1. 2. 3. 4. On peut en général fort bien ranger tous ces alcyons de Mr. GUETTARD dans les Classes d'al-cyons ci - dessus établies, à moins qu'on ne veuille prendre ses *alcyonia lobata* pour une nou-velle espèce particulière. Cependant ils pourroient bien aussi appartenir aux mains de mer tronquées.

2. *Brechites*, tab. VII. C'est une pétrification encore peu connue jusqu'ici, mais à l'égard de laquelle il n'est pas décidé encore si l'analogue appartient aux coraux, ou bien s'il doit constituer une espèce particulière parmi les tubulites. La pétrification est le plus souvent cylindrique, mais quelquefois elle va en diminuant vers l'une des extrémités. Elle est garnie de stries longitudinales, entrecoupées par des stries transversales, ce qui lui donne la forme d'un corail articulé. Ce qu'elle a de plus particulier c'est l'opercule qui se trouve enhaut, qui est poreux & ressemblant à un cone tronqué. Parmi les coquilles elle ressemble donc à l'ar-rosoir. Cependant tous les caractéres prouvent que ce n'est pas là son analogue. C'est une pétrification très - rare. Il y a encore une espèce de coralliolithes, qui a de même au dessus de l'extrémité un opercule, qui ressemble à un cone ou troche renversé, & qui n'a point de trous. Cette espèce de corail est articulée; elle a avec cela des stries en forme de treillis, & tel est aussi le chapeau ou l'opercule conique d'en haut. J'en ai eu un exemplaire des en-virons de Stargard dans le Mecklembourg, & en l'examinant avec attention je me suis con-

vaincu qu'il faut le compter parmi les coraux pierreux, &, jusqu'ici encore, parmi les coraux ftriés articulés.

3. *Fongites*. tab. VIII. IX. X. Mr. GUETTARD prend ce mot dans toute la rigueur de l'acception, & ne comprend que cette efpèce de fongites dont la furface externe & interne eft poreufe ou percée de trous, qui avec cela reffemble à un cone-renverfé ou plûtôt à un entonnoir concave & creux en dedans, mais qui n'a point de pédicule. Cette efpèce appartient à nos fongites poreux à furface concave, dont nous avons fait mention Part. II. pag. 30. Num. 46. Les fongites de ce genre ne font pas lamelleux: Mr. GUETTARD en rapporte les efpèces fuivantes. 1) Fongites en forme d'entonnoir avec une tige, Pl. IX. fig. 1. 2) Ces mêmes fongites fans tige, Pl. VIII. fig. 2, dont quelques uns ont l'extrémité inférieure percée d'un trou. 3) les mêmes fongites, mais qui avec cela ont la forme d'un hémifphère ou d'une jatte. Son analogue pourroit être la manchette de Neptune. Tous ces fongites ont la circonférence ronde, mais il y en a auffi 4) une efpèce qui eft tantôt ronde, tantôt angulaire; le plus fouvent carrée, & qui appartient auffi aux fongites poreux, c'eft à dire qui ne font pas compofés de lames. BAIER *monim. rerum petrif.* tab. II. Num. 3. & 4. BOURGUET tab. XI. fig. 9.

4. *Porpites*, tab. IX. Mr. GUETTARD défigne de ce nom tous les fongites feuilletés qui ont la furface fupérieure convexe, l'inférieure un peu concave, & les feuillets divergens du centre vers la périphérie, de façon que dans le milieu il refte une concavité ronde ou oblongue. Nous avons décrit cette efpèce de fongites Part. II. Chap. X. p. 26. fous le nom de Fongites ronds à furface fupérieure convexe & à furface inférieure concave.

5. *Hélicites*, tab. XII. XIII. Mr. GUETTARD range les hélicites parmi les polypites ou coraux petrifiés. Ils appartiennent aux limaçon chambrés, contournés fur eux mêmes. Nous en avons donné une defcription détaillée. Part. II. Chap. III. p. 61.

6. *Porites*, tab. XIV. fig. 1. & 2. Une efpèce de fongites qui confifte en un chapeau rond, convexe, & une tige feuilletée. Cette efpèce de fongites approche de plus près des champignons (*fungus capitatus*); mais elle eft très peu connue jufqu'ici, fi nous en exceptons les factices & les concrétions tufeufes. Nous en avons parlé Part. II. Chap. X. p. 29. Num. 51. fous le nom de Fongite poreux à furface convexe avec une tige.

7. *Paronites*, tab. XX. fig. 9. c'eft la même efpèce de fongites que nous avons nommée Chap. X. p. 29. fongites feuilletés, & dont nous avons rapporté deux efpèces fubordonnées, l'une à feuillets régulièrement placés, l'autre à feuillets placées fans fymmétrie. Ils font compofés de lamelles courbes ou quelquefois circulaires couchées les unes fur les autres.

8. *Méandrites*, tab. XV. fig. 1. 4. 7. tab. XVI. fig. 1. C'eft l'efpèce de fongites affez connue fous ce nom, que nous avons décrite plus haut Chap. X. num. 41. fous le nom de fongites dont les lames repréfentent des ondes. Mr. GUETTARD en rapporte cinq efpèces: 1) Méandrites ondulés à lames minces & écartées 2) à lames ondulées, épaiffes & écartées, 3) à lames peu tortueufes, & la plûpart droites, garnies de ftries fines, 4) Méandrites fphériques à lames très-tortueufes & contigües, qui forment une efpèce de treillis, 5) Méandrites dont plufieurs lames font contigües entr'elles, & repréfentent à la furface inférieure des cannelures longitudinales, tab. XVII. fig. 1. Cette dernière efpèce eft l'aftroite ondulé de Wallerius.

9. *Efcharites*, tab. VII. fig. 4. c'eft une efpèce de coralloïde qui de même eft déjà connue fous ce nom, & dont nous avons rapporté plus haut différentes efpèces fubordonnées fous le nom de Rétéporites. Une efpèce encore inconnue c'eft l'Efcarite tuberculeux, tab. XVII. fig. 3. dont les trous font remplis de certains petits mammelons ou tubercules, qui en fortent facilement.

10) *Caryophylloïdes* tab. XXI. fig. 9. tab. XXII. XXIII. 6. 7. XXIV. XXV. XXVI. 4. 5. Mr. GUETTARD comprend fous ce nom tous les corps fphériques, hémifphériques, conigro

& presque cylindriques, qui ne sont pas branchus, & sur la surface plus ou moins concave desquels les lamelles dirigées vers le centre présentent une figure rayonnée ou étoilée. Tous les corps marins pierreux, rangés sous ce genre, ont été comptés parmi les fongites lamelleux Part. II. Chap. X. & décrits sous les Nros. 37. 38. 39. 40. Il faut encore en particulier rapporter ici les espèces d'hippurites dont il est fait mention dans le même endroit.

11) *Madréporites*, tab. XXVII. 1. 3. XXIX. 2. 3. 4. 5. 6. 8. XXX. XXXI. XXXII. 1. 2. Mr. GUETTARD donne ce nom à toutes les coralloïdes poreuses, c'est à dire qui ont des trous sans étoiles, qu'elles soient avec cela branchues ou non. On voit par là qu'il entend les corps marins pierreux, qu'on connoit d'ailleurs assez sous le nom de milleporites. Voici les espèces principales qu'il en rapporte: 1) les sphériques, 2) les coniques, à entaillures transversales rondes, spongieuses en dedans, 3) hémisphériques, tubuleuses en dedans, 4) madréporites épais, qui se séparent en articles applatis, & qui ont l'extrémité supérieure arrondie, 5) madréporites raccourcis, à branches tronquées & arrondies à l'extrémité, 6) — a branches plus longues, 7) — branchus, minces, percés de grands & de petits trous, 8) — applatis, percés de trous presque ronds, 9) madréporites à tige ronde, branchus, percés de trous presque ronds, 10) madréporites à stries longitudinales & transversales, percés de trous, 11) — à cotes circulaires, percés de trous oblongs, 12) madréporites percés de trous en forme de quarre long, dont 13) quelques uns ont des pointes saillantes: 14) madreporites qui ont les pores de même figure & les branches articulées, 15) — à pores carrés, 16) madréporites à pores serrés pentagones, qui ont le bord élevé & qui dans le milieu présentent une ligne un peu saillante d'une lamelle, 17) — sans cette ligne saillante, 18) — à pores hexagones, 19) — à stries fines, entre lesquelles il y a de très-petits trous ronds, 20) — a cercles larges, élevés, percés de trous, 21) madreporites qui n'ont ces trous qu'entre les cercles, 22) — à stries transversales, percés de trous de différente grandeur, 23) madréporites à grosses branches serrées, tuberculeuses, 24) madréporites très poreux, dont les branches cylindriques s'écartent plus de la tige. Nous avons trouvé à propos d'insérer ici les espèces principales que M. GUETTARD rapporte, puisqu'il y en a qui ne se trouvent pas encore dans cet ouvrage, & nous en avons omis quelques autres, qui ne font que de simples variétés, quoique nous croyons que, parmi celles que nous avons rapportées, il pourroit bien y en avoir aussi qui ne fussent que de simples variétés.

12) *Calamites.* Une coralloïde composée de tubules la plûpart cylindriques peu tortus & parallèles, qui parvient à une hauteur considérable, qui produit rarement des branches latérales, & qui sur la superficie présente une figure étoilée. Dans la tige il n'y a point d'étoiles. Ne voit-on pas que Mr. GUETTARD désigne par cette description l'espèce de madréporites, que nous avons suffisamment expliquée Part. II. Chap. X. num. 9. sous le nom de Madréporites composés de tubules serrés & un peu tortus, qui ont les extrémités étoilées? Mr. GUETTARD en rapporte les espèces suivantes: 1) Calamites à tuyaux striés & articulés, marqués d'une étoile à six rayons. 2) Calamites avec une étoile à douze ou quinze rayons. 3) Calamites dont les tuyaux font quelquefois bifourchus, avec une étoile à douze rayons. 4) Calamites à tuyaux lisses, parmi lesquels il y en a à double bifurcation. 5) Calamites dont les tuyaux se partagent en plusieurs fourches, & qui par là deviennent rameux, & portent une étoile à vingt-quatre rayons. 6) Calamites dont les tuyaux sont en plus grande partie rameux; ils ont les tuyaux fins, à peine de deux lignes de diametre. Une espèce subordonnée en a les tuyaux plus gros.

13) *Corallinites.* Mr. GUETTARD comprend sous ce nom des corps marins très fins & rameux, & probablement certaines espèces de corallines ou sertulaires proprement dites, dont il a été fait mention plus haut Chap. X. Cependant il ne dit pas qu'elles soient articulées, à moins qu'il n'y comprenne les corallines tubuleuses.

14) *Coralloïdes*, tab. XLI. & XLII. Mr. GUETTARD donne ce nom à ces espèces de coralloïdes branchues, que nous avons nommées ci-dessus Chap. IV. Coralloïdes unies, c'est à dire

qui

qui n'ont ni points ni étoiles visibles. Il en rapporte les espèces suivantes : 1) Coralloïdes à surface unie, sans stries & sans points, rameuses, a branches coniques, 2) Coralloïdes, dont la superficie est grenue, 3) — longitudinalement striées, 4) — articulées & unies, 5) — articulées & striées.

15) *Heliolithus* tab. XXXI. 41. 42. XXXII. 1. 2. XLIII. 2. 3. 4. XLVII. 3. c. Mr. GUETTARD désigne par ce nom tous les aftroïtes & madrépores, ou tous les corps marins pierreux, qu'ils soient ou en masse informe ou en forme d'arbre, pourvu qu'ils présentent sur la superficie des étoiles ou parfaitement rondes ou à rayons inégaux, & renfermées dans des figures circulaires. En distribuant les espèces il fait principalement attention a la grandeur des étoiles, & rapporte les espèces suivantes : 1) Héliolithes étoilées, dont les étoiles ont une demi-ligne de diamétre, 2) Héliolithes dont les étoiles ont une ligne de diamétre, & dont les unes ont six rayons, & dont les autres en ont douze, 3) — dont les étoiles ont deux lignes de diamétre 4) — dont les étoiles ont trois lignes de diamétre, 5) — qui ont le diamétre encore plus grand, c'est à dire de trois à six lignes. Ces cinq espèces n'ont rien de ressemblant à un arbre ou à une branche, mais elles sont rondes, hémisphériques, ou d'une autre forme irrégulière. Viennent les héliolithes arborescentes, c'est a dire, qui présentent des branches, & qui en même tems sont marquées d'étoiles rondes. Il y range 6) les héliolithes rameuses qui ont des étoiles de deux lignes de diamétre, & ce sont là les corps qu'on nomme communément madrépores arborescentes. Il y ajoute encore deux espèces d'héliolithes, qui, comme les cinq premiéres espèces, ne sont pas rameuses, mais qui, à l'égard des étoiles se distinguent de toutes les autres espèces, c'est à dire 7) celles dont les étoiles ont un pouce de diamétre, & 8) celles qui portent deux sortes d'étoiles, de grandes & de petites. Les corps de ces deux espèces n'ont pas en entier quelque forme déterminée ; ils sont tantôt ronds, tantôt hemisphériques, tantôt pyriformes &c.

16) *Aftroïtes.* Suivant Mr. GUETTARD c'est cette espèce d'Aftroïtes, qui n'ont pas des étoiles rondes, mais des étoiles à cinq ou à six pans, que du reste ils soient branchus ou non. Il les partage encore en différentes espèces, suivant le diamétre d'une demi-ligne jusqu'à un pouce.

Nous venons à présent aux corallites mêmes représentés dans le Supplément.

SUPPL. VI.

Num. 1. a. & b. présente un beau fongite, duquel je trouve à propos de donner l'explication suivante : c'est un fongite orbiculaire, que nous avons décrit plus haut Part. II. Cap. X, & duquel nous avons rapporté l'analogue assez connu, auquel Mr. le Prof. PALLAS donne le nom de *Madrepora fongites*. Suivant la classification de Mr. BERTRAND ce morceau appartient à la quatrième classe de ses fongites, dans son *Diction. des fossiles* Tome I. p. 236. Suivant la classification & la terminologie de Mr. GUETTARD, dans ses Mémoires Part. II. Pl. XI. il appartient aux porpites. Quand même le nom & la classification sont arbitraires, il est sûr que la nature a assez caractérisé ce genre tout comme plusieurs autres ; que du reste nous rangeons ce caractére, en établissant les genres, dans tel endroit, & sous tel nom ou sous un autre. Nous avons déjà rapporte plus haut différentes espèces de ces fongites ; il nous en faut encore parler ici d'une, qui n'a pas été rapportée ci-dessus. Les lames de ces champignons de mer partent ou du centre ou d'un sillon central. A cette derniére espèce il faut rapporter non seulement le morceau de Mr. GUETTAD Pl. XXI. 18. mais aussi celui qui est représenté ici, il est d'une grandeur plus qu'ordinaire. Num. 1. b. en présente la superficie inférieure avec les lignes concentriques, dont les lames sont comme entre-coupées, & que plusieurs prennent pour l'effet d'une nouvelle apposition par laquelle le fongite prend son accroissement. Je ne saurois dire avec assurance si ce fongite, d'ailleurs très-beau, est pétrifié en entier, mais il me paroit plus probable qu'il appartienne aux fongites fossiles, qu'il faut distinguer d'avec les véri-

véritablement pétrifiés & d'avec les naturels, dont la substance est d'ailleurs pierreuse, & desquels nous avons parlé à une autre occasion.

Num. 2. & 3. Nous avons déjà présenté dans cet ouvrage des ammonites pyriteux, & nous avons remarqué qu'on trouve quelquefois des ammonites encore revêtus de leur test qui est ou changé en spath ou calciné. Cependant il n'est pas superflu d'ajouter ces deux morceaux, qu'on a placés entre les corallites, pour remplir cette place. Num. 2. présente un ammonite ferrugineux, qui à tous égards est plus rare que les pyriteux. On en trouve aussi en Bourgogne, suivant le rapport de Mr. Andræ dans ses lettres écrites de la Suisse. 2) Le fragment d'un ammonite Num. 3. est remarquable à cause du test nacré dont il est encore revêtu, car quand même ces animaux testacés présentent encore leur test, il arrive très rarement que dans le Régne des fossiles la couleur n'en ait pas été altérée. Ici il se trouve encore tout entier, & aussi beau que le test des nautilites de kent.

SUPPL. VI. *

Num. 1. C'est le *Milleporites repens*, auquel j'ai assigné Part. II. Chap. X. la quinzième place entre les espèces des milleporites. Il ne s'élève pas, comme les *milleporite arborescentes* proprements dits, mais il se repand sur les pierres ou sur les autres coralloïdes & les enveloppe en se prêtant aux éminences & aux concavités de leur superficie. Le morceau même qu'on présente ici, & qui est un *tubularia fungiformis*, comme l'on voit assez distinctement de l'autre côte, a une éminence qui ressemble d'une certaine maniere à la tige d'un champignon. Le présent milleporite l'a de même, comme enveloppée dans un rezeau; les branches de ce milleporite sont rondes, lisses, de la même grosseur par tout; dans nôtre exemplaire elles sont aussi grosses qu'un tuyau de plume d'un corbeau. Chaque pièce se fend en deux branches écartées (*rami divaricati*). Ces branches & toutes les suivantes se divisent de même, d'ou naît un rezeau à mailles larges, qui paroit être tendu sur la superficie d'un autre corps. Là ou deux branches se fendent, il y a toujours un trou saillant. Ce morceau est de Bensberg dans le pais de Bergen, contrée très-riche en belles pétrifications. Mr. Fougt a décrit cette espèce de milleporites dans les *Corall. Baltic.* 1)

Num. 2. Voici ce qu'il y a à remarquer su sujet de ce corps particulier. Cette pierre se tire a Planschwiz dans le Voigtland. Elle est ferrugineuse, & de là vient que les corps marins calcaires, tant les coquilles que les coraux s'y dissolvent de façon qu'il n'en reste que le noyau ou le remplissage. Parmi les coralloïdes cette pierre contient principalement des millepores à trous larges. Dans le Régne des fossiles les cavités de ces corps, qui, comme l'on sçait, s'étendent du milieu de la tige de tous les côtes vers la superficie, sont remplies de terre, qui prend la dureté d'une pierre. Or ce corail étant détruit par la substance martiale corrosive de la matrice, il n'en reste que le remplissage des cavités qu'il y avoit autrefois, qui nous présente alors toute la belle structure interne d'une pareille millepore, mais beaucoup plus nettement & plus distinctement que le peintre n'a pû l'exprimer. Les morceaux de millepores qui se trouvent encore dans cette pierre dispersés, & qui ne sont pas détruits, sont conoître très clairement la naissance du noyau que je viens de décrire.

Num. 3. Il en est de même de cette pierre ferrugineuse de Hüttenrode. C'est la matrice des grandes entrochites, ou plûtôt des trochites qui en naissent. Or il arrive que dans les entroques la partie qui sur la superficie présente la figure d'une étoile ou d'une fleur, se sépare du reste de la péripherie rayonnée, avant qu'elles ne passent dans le Régne des fossiles, comme nous l'avons remarqué 2). Lorsque cette cavité, qui est comme composée de cinq canelures, est remplie de terre, & que cette terre prend la dureté d'une pierre; lorsque la

matrice

1) LINN. Amoen. acad. Tom. I. p. 105.
2) Part. II. Chap. XI.

matrice corrofive a détruit l'entroque même, il n'en refle que le rempliffage, & c'eft là ce qu'on voit fur cette pierre. La où il eft attaché on voit encore diftinctement l'empreinte de fon ancienne circonférence. Il fe préfente de la même maniere quelquefois dans les pierres de Hüttenrode des poinçons, ou des aiguilles fines renfermées dans de certaines cavités rondes, & ce ne font de même que le rempliffage du petit trou, qui paffe par le milieu de l'entroque, & qui autrefois a probablement renfermé un nerf. Num. 4 -- 7. Ces petits porpites font de Lohberg, près d'Aix-la-Chapelle. Num. 5. & 7. on repréfente un peu groffis les deux morceaux Num. 4. & 6. Car les lamelles, dont ces petits iongites orbiculaires font compofés, font fi fines qu'on a de la peine à les diftinguer fans microfcope. Nous avons traité plus haut des porpites mêmes. 3) Il convient de remarquer que dans certaines contrées on trouve ces mêmes porpites dans des pyrites. Il ont quelquefois en dedans ou fur la fuperficie des taches blanches circulaires de la grandeur d'un fenin. Lorfqu'on les examine avec attention, fur tout à l'aide d'une loupe, on voit qu'elles font compofées de ftries ou rayons très fins, qui vont tous d'un centre ou d'une ligne centrale à la périphérie. J'ai eu de pareilles pierres qui renferment des porpites, tant de Hittfeld près de Harbourg, que de Gnoyen dans le Mecklembourg. Une médufe eft l'analogue de ces porpites, fuivant la fuppofition de Mr. Bergmann 4). Cependant ce n'eft pas fans raifon qu'on en doute.

Num. 8 -- 17. Les pétites étoiles de mer pétrifiées de Maftricht font à tout égard de belles & remarquables pétrifications. Quant à la forme elles appartiennent toutes aux étoiles fendues (*ftella fiffa*) & parmi celles-ci, aux étoiles qui ont le corps gros, hériffé de petites éminences, & dont les rayons font petits. Le nombre des pans ou des rayons varie, comme dans les grandes étoiles de cette efpèce. On en trouve à quatre, à cinq, à fix & à plufieurs pans. Elles font toutes de la derniere grandeur générique, communément telles qu'on les repréfente fous les Nros. 8. 9. 11. 13. & 15. Vues à travers la loupe, elles paroiffent comme Num. 10. 12. 14. 16. Elles ne font pas endommagées en plus grande partie, à l'exception des extrémités des pans, qui, à caufe de leur fineffe, fon caffées dans quelquesques unes. On en trouve à Maftricht de blanches & de jaunes. On reconnoit à vue d'œil qu'elles appartiennent aux étoiles fendues, mais comme celles-ci ont d'un côté une fiffure, la plus grande difficulté c'eft que dans ces petits corps on ne peut pas, même à l'aide du microfcope, obferver quelque fiffure. Ils font donc ou un genre encore tout à fait inconnu d'étoiles marines, qu'on n'a pas trouvé dans fon état naturel, ou bien de fimples noyaux, lesquels n'étant que le rempliffage, ne peuvent préfenter la fiffure qui fe trouve dans le corps naturel. Parmi ces étoiles de mer il y a de même de petits corps, qui un peu groffis, préfentent la figure Num. 17. Ce ne font pas, à ce qu'il me femble, des étoiles de mer, car on n'y voit pas le moindre veftige de quelques rayons. Je n'oferois décider fi ce font des corps marins encore tout à fait inconnus, ou bien leurs noyaux, mais par la couleur, par la grandeur & par la fubftance ils conviennent exactement avec les étoiles marines mêmes, dans la compagnie defquelles ils fe trouvent.

SUPPL. VI. a.

Ce beau Corallite articulé eft de Gothlande, & quand même cette pétrification n'y eft pas trop rare il n'eft pas moins fur, que les morceaux qui fe diftinguent par la grandeur & la confervation, n'y font pas trop frequens. On trouve l'un & l'autre dans le préfent morceau, duquel Num. 1. repréfente la fuperficie fupérieure, & Num. 2. l'inférieure. L'original eft deux fois plus grand que la copie qu'on en donne ici, & les tubules fins, joints les uns aux autres fe préfentent fi diftinctement fur la fuperficie, qu'ils reffemblent parfaitement à une chaine qu'on auroit jettée & qui fe feroit entortillée en forme de rezeau, par cette raifon ce corallite porte auffi le nom de *Corallium catenulatum & reticulatum*. Les tubules mêmes de cette

3) Part. II. Chap. X.
4) Phyfikalifche Befchreibung der Erdkugel. p. 163. Sur les porpites mêmes on peut conférer, outre les auteurs ci-deffus allégués, les Mémoires de Mr. GUETTARD Part. II. p. 341.

cette espèce de tubiporites sont creux dans l'état naturel; il faut donc que les tubercules qu'on y voit par ci par là, ou les figures sphériques ci-dessus mentionnées ne soient qu'accidentelles. J'ai déja traité plus haut 5) de ces corallites mêmes, mais je trouve à propos d'y ajouter ce qui suit: On trouve aussi ces corallites en forme de chaine dans différens endroits de la Marche, principalement dans les environs de Ruppin, d'Arendsen, de Freyenwalde, d'Arnebourg & de Havelberg. Dans le Vol. 1. du Magaz. de Berlin p. 163. sqq. il y a quelques bonnes instructions au sujet de ces corallites de la Manche. Je n'ai pû savoir jusqu'ici si l'on a découvert l'analogue de cette espèce de tubiporites. Dans l'*Index testaceorum* 1) de Gualtieri il y a bien, à la vérité, un certain corps marin sous le nom de *choana saxea crispata*, qui ressemble en quelque maniere à ce corallite en forme de chaine, & que plusieurs naturalistes veulent prendre pour son analogue; mais je ne saurois le prendre pour cela puisqu'il n'est pas composé de tubules continus, ce qui est cependant le caractére distinctif de nôtre corallite. Les spirales que nôtre corallite forme, ressemblent quelquefois à un cone renversé, mais souvent aussi les parois sont parallèles de la longueur d'un empan. Il arrive rarement que ces tubules soient divergens sans toucher une autre lame, & sans s'unir avec elle pour former un rezeau; c'est ce qui a fait donner à Mr. le Prevôt Genzmer la description très-exacte de cette espèce de corallites: *tubularia tubulis continuis, quorum series per anfractus ad se invicem redeuntes figuram retis irregulariter contexti, efformant.* Ces tubules sont de différente grosseur; il y en a qui sont à peine comme une épingle, d'autres ont la grosseur d'un tuyau de plume d'un corbeau, ou même celle d'un gros chaume de paille. Lorsqu'on taille un tel morceau en tablettes, & qu'on le polit, le corallite devient transparent & susceptible de quelque lustre, tandis que la matrice calcaire reste d'ordinaire matte, & ne prend que rarement quelque brillant.

S U P P L. VI. b.

Num. 1. Cette pétrification est de Gothlande, où elle est assez frequente. Elle appartient aux tubiporites ou tubulaires; car lorsqu'on l'examine avec attention on voit qu'elle n'est composée que de tubes, qui s'étendent horizontalement d'un centre vers tous les côtés, qui ont avec cela la base platte, & la superficie communément convexe. Cette espèce de tubiporites a été décrite Part. II. Chap. X. Num. 24. Ce qu'il y a de plus remarquable ce sont les rides concentriques de la base, que Fougt dans sa Diss. *de corall. Balth.* Cap. II. §. 2. nomme *rugae annulares.* On ne sauroit dire jusqu'ici avec certitude comment les tubules couchés horizontalement peuvent former ces rides concentriques, vû qu'on n'a pas encore trouvé l'analogue de ces tubiporites. Probablement les premiers tubes, partant d'un centre commun, sont-ils couchés horizontalement, & forment ainsi une péripherie ou base ronde. Les suivans s'y appliquent dessus, mais de façon qu'ils s'étendent plus loin; les autres s'érigent successivement, & représentent ainsi un buisson arrondi. Or si les interstices entre les tubes se remplissent de terre, qui avec la tubipore entiere se durcit, il en nait une pierre hémisphérique, qui sur la base applatie doit présenter des rides concentriques avec des stries tubulaires, & sur la superficie convexe de petites figures circulaires placées en certaines distances. Il faut se garder de confondre cette espèce de tubiporites avec les fongites *superficis foliacea*, que nous avons décrits Part. II. On trouvera aisément la différence, lorsqu'on voudra comparer le tubiporite représenté ici avec l'espèce de fongites de Mr. Guettard dans ses mémoires Pl. XX. fig. 1. & 3.

Num. 2. Ce milleporite est de même de Gothlande. Il appartient à ceux qui ont des entaillures ou ouvertures en forme d'alêne (*lineole subulate*) sur lesquels il faut conférer ce que nous avons dit Chap. X. Num. 14. Depuis peu Mr. Guettard a fait connoitre cette même espèce de milleporites dans ses Mémoires Part. II. Pl. XXX. fig. 7. & Part. III. p. 476. il a conjecturé que ce milleporite pourroit bien être une espèce du Myriozoon de Donati, dans son

R r 2

histoire

---

5) Part. II. Chap. X.

1) voy. Class. II. Part. 3. la vignette qui se trouve à la fin.

hiftoire naturelle de la mer Adriatique; ce qui eft cependant encore bien douteux. Car on pourroit bien dire, à la vérité, que la forme des polypes qui habitent le Myriozoon, reffemble en quelque façon à celle d'une aléne, mais les trous, par lesquels le polype fort, font ronds de même que fon opercule, & ainfi ne conviennent point du tout avec les entaillures oblongues du milleporite qu'on offre ici.

Num. 3. Ce madréporite a de même été trouvé en Gothlande. Il appartient aux madré-porites fimples, ftriés, que nous avons décrits Part. II. Chap. X. Num. 6, qui ont l'extrémité fupérieure étoilée & l'inférieure retrecie en une petite bafe.

Les trois Planches qui fuivent, offrent des pétrifications très remarquables, c'eft à dire des corallites nommés corallites de Maftricht, puisque c'eft là qu'on les trouve. Ils méritent préférablement d'être examinés par un naturalifte, & préfentés dans un ouvrage particulier aux amateurs des Zoophytes & de la Lithologie fur des planches & par des défcriptions juf-tes. Peut-être le favant Mr. Hormann Chirurgien-Major à Maftricht s'en chargera-t-il, st qu'il a fait bien des depenfes à y faire fouiller la terre, & qu'ainfi il s'eft procuré une collec-tion incomparable de pareils coralites. Ce favant médecin, qui n'eft pas moins naturalifte folide, eft à même de nous offrir quelque chofe de complet à ce fujet. Je vais en attendant donner une petite explication préalable de ce que j'ai vû & trouvé dans ces pétrifications remarquables. Je conviens très volontiers, que ce que j'en puis dire jusqu'ici, ne fera qu'in-complet, & ainfi fusceptible de bien des additions. Cependant il vaut mieux de dire quel-que chofe, quoique très peu, fur des fujets interreffans, que de n'en dire rien du tout, de crainte que ce ne foit quelque chofe d'incomplet. Ce n'eft donc pas dans le deffein de pré-fenter aux amateurs une collection complette des coralliolithes de Maftricht, qu'on com-munique ces trois Planches, mais pour leur donner un petit echantillon de ce qu'ils pour-ront encore attendre de là à l'avenir. Les productions corallines du Petersberg près de Ma-ftricht fe diftinguent préférablement de toutes celles des autres pais. Le tiffu y a presque atteint le plus haut degré de fineffe. Elles préfentent fort diftinctement des corps qui autre-fois étoient des corps marins, dont cependant bien fouvent le connoiffeur même eft embar-raffé, ne fachant pour quoi les prendre, quand même il voit du premier coup d'œil que ce font des productions corallines, vû qu'elles préfentent fouvent fous une forme tout à fait chan-gée, les mêmes corps qui naiffent dans d'autres pais. On y trouve outre cela une quantité de corps marins pétrifiés qu'on n'a pas trouves jufqu'ici dans d'autres pais; il y en a même plu-fieurs dont les analogues n'ont pas été découverts jufqu'ici. Tout cela pris enfemble les rend d'une certaine manière préférables à toutes les autres coralloïdes. Leur matrice eft une pierre fine, calcaire & ferrugineufe, qui dans plufieurs morceaux fait entrevoir quelque fubftance argillacée, & qui par là reffemble à une marne fine argillacée, mais fans admixtion de tube. Sur la fracture cette matrice préfente une belle couleur blanche, qui, à caufe de l'admixtion des particules martiales, fe change en jaune ou en partie en rougeâtre, fur la furface qui ren-ferme la pétrification. La matrice ne fe divife pas en lames, mais etant frappée, elle fe rompt en morceaux irréguliers. Elle eft remplie de fragmens de coralloïdes de toute forte, mais fans régularité, entre lefquels on trouve non feulement des noyaux de petites coquilles, la plûpart des cochlites, des hélicites &c. mais auffi de petites pièces des coquilles brifées, & des cailloux arrondis. Toutes ces circonftances prouvent que les corallites de Maftricht ne font pas entaffés dans des eaux dormantes, mais que ce font des orages, des vagues & des in-ondations qui les ont ainfi bouleverfés. Cependant la fuperficie ne préfente communément qu'une efpèce de corallites, à l'exception de quelques alcyons qu'on voit parmi les corallites; mais au deffous de la fuperficie la matrice eft le plus fouvent remplie d'autres petits morceaux de coralloïdes, qui ne femblent avoir été enveloppés dans la maffe qu'après avoir été brifés. Voici ce qu'il y a de plus fingulier. Les efpèces de coraux qui ont les cellules des polypes ou fituées les unes fur les autres en maffes entières, & qui ainfi préfentent une fubftance tant tubuleufe que fpongieufe, ne paroiffent jamais ici fous une telle forme, & l'on n'obferve qu'une figure qui leur reffemble dans le tiffu très fin fur la fuperficie de la matrice, à ce

communément ne confiste qu'en une lamelle très-fine. Si par ex. les tubulaires préfentent des maffes entières de tubules, il n'y a ici que de petites colonnes ifolées, rangées fans régularité. Si les aftroites conftituent des maffes entières, dans lefquelles les cavités étoilées des polypes entrent, il ne fe préfente ici que de petites colonnes ftriées, féparées mais fouvent affez près les unes des autres, qui, étant examinées avec attention, ne font que des rempliffages des cavités étoilées qui autrefois étoient les loges des polypes, mais où l'on connoit affez diftinctement, que le tiffu fpongieux autour de ces loges eft entiérement détruit. La bafe n'eft pas moins digne d'attention dans plufieurs de ces coralloïdes. Elle eft ou bien régulierement garnie de très petits grains, qui ne paroiffent qu'à l'aide d'un microfcope, & reffemble par là a du chagrin, ou compofée de ftries très-fines, parallèles, un peu arquées. Cependant cette belle tapifferie, qui eft de même l'ouvrage des polypes, & qui doit avoir fait partie de leurs anciennes loges, ne fe trouve pas dans tous.

Il n'y a que très peu de ces coralloïdes de Maftricht qui aient encore leur teft naturel; au contraire en les examinant avec attention, j'ai trouvé que la plûpart ils n'ont point d'autre fubftance que celle de la matrice, —— qu'ils ne préfentent que fur la fuperficie quelque reffemblance avec le corail, & qu'en dedans ils ne renferment rien du tout d'un tiffu des coraux, —— que dans ces corps dont il eft queftion ici, on ne découvre rien du tout de quelque fubftance fpatheufe, qui cependant conftitue un des caractères des coralloïdes, & que dans plufieurs ce n'eft que la fuperficie de la matrice qui préfente dans une empreinte la figure d'un corail. Cependant on découvre auffi des morceaux, qui ont confervé ou entiérement ou en partie leur fubftance coralline, & à cet égard il faut partager les coralloïdes de Maftricht en trois claffes. La premiere en comprend ceux qui font véritablement pétrifiés, dans lefquels la fubftance coralline fe trouve encore ou toute entière, ou bien dans lefquels elle a pris quelque fubftance pierreufe, & c'eft ou il faut ranger principalement, a ce qu'il femble, différens efcarites & rétéporites. Je place dans la feconde Claffe les noyaux, dans lefquels les creux intérieurs, les conduits & les interftices des corallites & des fongites font remplis d'une terre; cette terre s'étant durcie, & la maffe coralline même ayant été diffoute & detruite par quelque fubftance corrofive, de façon qu'il n'en eft refté que les rempliffages ou les noyaux, ceux-ci préfentent la ftructure interne & les cavités des polypes, qui autrefois ont conftruit cette maffe coralline pour leur domicile. De cette efpèce font la plûpart des pétrifications de Maftricht, particuliérement les Aftroites. La troifième claffe ne renferme que les empreintes que les corps corallins ont laiffés fur la fuperficie ou dans l'intérieur de leur matrice, & ce font là les typolithes corallines. Le corps même ne paroit pas, comme dans celles des autres pais, en être détaché, mais, comme l'on remarque diftinctement, il a été diffout avec fon rempliffage terreux, & l'on ne voit fur la fuperficie ou dans l'intérieur de la maffe pierreufe que l'empreinte de fon ancienne forme externe, chofe que j'ai remarquée principalement dans différentes efpéces de tubulites & de fongites.

Parmi les corallites de Maftricht on trouve, comme il a déjà été dit ci-deffus, des noyaux de différens corps, qu'on n'a pas découverts jufqu'ici ni dans le Régne des foffiles ni dans la mer. Si cependant il y en a parmi ces corps, dont la ftructure & le tiffu exigent l'établiffement d'un nouveau genre, c'eft de quoi j'ai raifon de douter; au moins parmi tous ces corps, que j'ai eus entre les mains, & dont le nombre eft affez confidérable, il n'y en avoit que de tels qui doivent être pris pour des nouvelles efpèces des genres déjà connus. Ils appartiennent ou aux tubulaires, ou aux efcares & aux rétepores, ou aux fongites ou aux aftroites. Quant aux millepores, je n'en ai découvert, parmi les fragmens d'autres coquilles & coraux, que de petites pièces, communément encore dans leur état naturel. Parmi ces corps je n'ai encore point découvert de madrépore rameufe; cependant il y en a, quoique bien rarement. Mais la quantité des efpèces d'alcyons, qu'on y trouve, eft très confidérable, quand même elles ne font pas d'une auffi belle apparence que les coralloïdes pierreux. Il femble même que de leur ancienne fubftance il en eft refté peu fur les pierres de Maftricht. J'ai fait

plufi-

S 2

plufieurs effais pour y découvrir ou la croûte fpatheufe qui appartient proprement aux alcyons, ou quelques veftiges du tiffu fibreux & en partie lamelleux, propre aux alcyons; mais je n'ai jamais réuffi, & j'ai trouvé au contraire, que le corps entier étoit de la même fubftance que la matrice, fans le moindre veftige d'un corps étranger qui y eut été autrefois. Cependant Mr. HOFMANN en a trouvé parmi un grand nombre, une couple où il a découvert les traits (*oftala*) propres aux alcyons. Il faut donc que la plûpart des alcyons ne foient que des moules, & que la terre ne s'y foit infinuée qu'après la deftruction de leur tiffu fibreux. Ils ne contiennent donc proprement que le rempliffage de la cavité interne de ces corps marins. Sur quelques pierres ces alcyons fe trouvent à part ou féparés d'avec les coralloïdes, fur d'autres ils font mêlés de différente maniere. J'avoue cependant que parmi ces alcyons il fe trouve plufieurs corps, dont il n'eft pas décidé que ce foient de véritables alcyons: comme en général on range aujourd'hui plufieurs corps parmi les alcyons, par cette feule raifon puifqu'on ne fait les ranger convenablement dans une autre Claffe de ces corps marins.

Jufqu'ici ce ne font, autant que je fai, que les environs de Maftricht qui fourniffent ces coralloïdes remarquables, à moins qu'on n'en trouve auffi de pareils près de Mellorune en Normandie. Du moins Mr. GUETTARD a allégué dans fes Mémoires Part. III. p. 429. cette contrée comme le Magazin de certaines productions corallines, dont la defcription & la repréfentation conviennent exactement avec celles des coralloïdes de Maftricht.

Je paffe de la defcription en général à celle en particulier, & j'ajoute en abrégé une lifte avec la defcription des efpèces de corallines & d'alcyons de Maftricht, que je connois, ce qui repandra quelque lumière fur les individus qu'on préfente dans cet ouvrage. J'y range

I. les *Milleporites*. J'ai apris à connoître les efpèces fuivantes de Milleporites nommées: 1) le *Millepora calcarea* de Mr. PALLAS, à pores très fins. 2) une autre efpèce à pores plus grands. 3) le *Millepora alcicornis*. 4) le *Millepora lineolis fubulatis*. 5) le *Millepora typus*. Toutes ces efpèces ont été décrites dans le Chap. X. Suivant toute apparence il en eft encore refté la plus grande partie de la fubftance coralline, qui a plus de denfité & plus de folidité que le tiffu fpongieux des aftroites.

II. les *Madréporites*. Jufqu'ici on en a peu trouvé de branchus. Une efpèce en eft principalement remarquable, qui a des étoiles ovales dentelées, (*ftella ovata denticulata.*)

III. les *Tubulaires à fix colonnes*. Ce ne font que les noyaux des tubulaires. La fituation des tubules, dont elles font compofées, n'eft pas la même ici que celle qu'on obferve dans les pétrifications d'autres païs. Car au lieu que d'ordinaire ces tubes font régulièrement dirigés en haut obliquement, ou bien horifontalement placés, ou fymmétriquement éloignés les uns des autres, on ne trouve pas cela ici, & les tubules ou plûtôt leurs noyaux n'ont fur la fuperficie de la pierre qu'une fituation accidentelle. Communément la bafe, vûe au microfcope, eft grenue, & reffemble à du chagrin. Les noyaux des tubules les plus longs ont à peine un quart de pouce de longueur & confiftent, pour ainfi dire, en fix colonnes parallèles & unies enfemble, de la groffeur d'une aiguille, d'où Mr. GUETTARD les nomme *colonnes cannelées*. Cette forme prouve qu'ils ont été moulés dans des tubulites ftriés, qui ont le bord dentelé à des fillons longitudinaux un peu profonds. Ils appartiennent donc à la feconde & à la troifième Claffe des tubulites que nous avons établies plus haut Chap. X. Mr. GUETTARD en communique une belle repréfentation Pl. LXVI. fig. 2.

IV. les *Aftroites colonnaires*. Parmi les pétrifications de Maftricht il y a une grande quantité de différentes efpèces d'aftroites. Mr. HOFMANN les range d'après Mr. de LINNE parmi les madrépores, & comme, dans une lettre écrite à Mr. HEYDENREICH, il affure d'avoir trouvé dans les carriéres de Maftricht jufqu'à trois cents efpèces de madrépores, on peut conjecturer par là que ce font la plûpart des efpèces d'aftroites. Il feroit fuperflu d'en rapporter ici toutes les efpéces. Personne ne fauroit mieux le faire que Mr. HOFMANN. Je ne veux donc faire

mention

mention que de celles que j'ai vuës & examinées. Ces aftroïtes ne font en plus grande partie que de fimples noyaux des aftroïtes & par cette raifon ils ont une apparence toute autre que ceux-ci. Car au lieu que les aftroïtes font des maffes folides, dont les étoiles, foleils, rofes &c. paffent à travers la pierre entière, on ne voit ici que de fimples colonnes ifolées mais fymmétriquement placées, qui fur leur fuperficie préfentent la même efpèce d'étoile, dont autrefois le creux paffoit à travers la maffe, & les pores qui autrefois étoient rangés en forme d'étoile, ont été remplis dans le Règne des foffiles. Ce rempliffage a pris la dureté d'une pierre, la fubftance coralline a été détruite, & de là vient que les rempliffages durcis fe préfentent comme des colonnes canelées, & forment ainfi une étoile fur la fuperficie. Ils font communément ferrés & fymmétriquement érigés; on remarque entre eux le même interftice qui autrefois étoit entre les pores étoilés fur la maffe coralline, & comme ces étoiles ont plus ou moins de rayons, fuivant la différence des polypes qui les conftruifent, on obferve cette même différence fur ces noyaux. Quelquefois ces petites colonnes ont une fituation oblique, ce qu'il faut attribuer à quelque violence externe. La hauteur de ces colonnes n'eft guère confidérable. Les plus hautes en ont à peine le quart d'un pouce. Mr. GUETTARD en a repréfenté quelques unes dans fes Mémoires Part. II. Pl. XII. fig. 14. & Pl. XL. fig. 2.

V. les *Aftroïtes coniques.* Ils ont la même origine que les aftroïtes colonnaires. Ce font des aftroïtes à rayons longs & droits, dans l'interftice defquels s'eft formé le noyau, qui feul en fubfifte encore. C'eft de là que font nées de petites colonnes, qui, étant arrondies par la fubftance corrofive propre à la pierre, ont pris une forme conique. On en trouve dans les Mémoires de Mr. GUETTARD Pl. XV. fig. 6. comparés avec Pl. XLIV. fig. 6. La pétrification, qui a donné naiffance à ces noyaux d'aftroïtes, a été décrite plus haut Chap. X. Num. 38.

VI. les *Aftroïtes tuberculeux,* fur une bafe marquée de ftries fines. On en trouve dans les Mémoires de Mr. GUETTARD Pl. XLIV. fig. 6. Les tubercules placés fymmétriquement fur cette bafe femblent de même avoir été autrefois des noyaux colonnaires d'aftroïtes, mais qui ont été détruits à un petit mammelon hémifphérique près; là où ces tubercules ou mammelons fe trouvent, la bafe eft toujours un peu enfoncée & préfente une furface ondulée & fes ftries fines font parallèles à la verité, mais au lieu d'être droites, elles préfentent des lignes courbes dirigées vers le point où fe trouve un pareil mammelon. Cependant on ne trouve pas ces ftries dans tous les aftroïtes tuberculeux. Peut-être font-elles dans ceux qui en ont, le refte de la fubftance coralline, ou plûtot l'empreinte du tiffu fpongieux & lamelleux qui fe trouve entre les loges étoilées des Polypes. Du refte nous connoiffons par là l'ouvrage très-artificiel de ces polypes, qui uniffent enfemble leurs loges étoilées d'un tiffu duquel le Naturalifte ne peut affez admirer la fineffe.

VII. les *Aftroïtes tuberculeux,* qui renferment des faifceaux étoilés, préfentent un tiffu très-artificiel que je n'ai encore obfervé ni dans un aftroïte naturel ni dans la pétrification. Mr GUETTARD nous a communiqué cette efpèce d'aftroïtes dans fes mémoires Part. II. Pl. XXVII. fig. 4. Les tubercules y font les mêmes que dans l'efpèce précédente. Il y a pardeffous des filamens très fins, dont plufieurs font comme unis enfemble en faifceaux. Ces faifceaux qui ont à peu près la groffeur du tuyau d'une plume de corbeau, fe croifent de façon qu'il en naît des figures étoilées, dans le centre defquelles fe trouve le mammelon.

VIII. les *Aftroïtes à rayons élevés & courbés.* La pétrification, dans laquelle ce noyau s'eft formé, a été décrite Chap. X. Num. 50. Ce noyau préfente fur fa fuperficie des rayons parallèles, qui à certaines diftances égales s'élevent en forme d'arc & alors s'inclinent vers le centre un peu enfoncé. Le nombre des rayons eft différent fuivant la différence des efpèces. Ils font communément très-fins.

IX. les *Efcarites, Rétéporites.* On en trouve plufieurs efpèces dans les carrières de Maftricht. La plus commune en eft celle qui a été décrite Chap. X. Num. 31. & 32. Il femble que la fubftance coralline s'y eft confervée en plus grande partie. Au moins il faudroit que

ces corps euffent une toute autre apparence, & qu'ils préfentaffent plûtôt des colonnes courtes qu'un rezeau, s'ils n'étoient que les noyaux des efcares & des rétépores. Je ne fai fi je
dois rapporter ici un autre coralloïde de Maftricht, ou bien fi je dois le prendre pour un fongite en partie détruit, vû qu'en le comparant avec les corps de l'une & de l'autre efpèce, la
reffemblance qu'il a avec l'une & l'autre, me laiffe incertain fur la claffe dans laquelle il faut
le ranger. S'il appartient aux efcares, on pourroit convenablement lui donner le nom de *fcu-
tcharifarmis*. Il couvre, comme les efcares, les fuperficies des pierres & repréfente le tricotage le plus fin du monde. La furface fur laquelle ce tricotage fe repand fouvent en plufieurs
couches, n'eft jamais tout à fait platte, & s'éléve, à certaines diftances fymmétriques, en tubercules hémifphériques, compofés du même treillis. Le tricotage même confifte en fils paralléles, qui cependant ne font pas contigus comme dans Num. IV. mais qui laiffent entr'eux
un petit interftice. Or ces fils font transverfalement unis enfemble par certains fils interme-
diaires, & repréfentent ainfi parfaitement les mailles d'un fin tricotage. Mais par là même ce
corps reffemble beaucoup à une efcare étendue fur une pierre, quoique je ne fois pas affûré
que ce foit une efcare. Je trouve encore plus de difficulté à le prendre pour une efpèce de
fongite, quoique la forme de la furface me faffe trouver une grande reffemblance entre lui &
une certaine efpèce de fongites. Il exifte certains grands fongites lamelleux, hémifphériques,
dont les lames font auffi fines que le papier, entre lesquelles il y a les mêmes interftices qu'on
remarque dans ces corps foffiles de Maftricht. Ils reffemblent donc affez à ceux-ci par la
fuperficie, & ce n'eft que le corps qui, au lieu d'être hémifphérique comme le fongite, fe repand fur une pierre comme une efcare. Ou font-ce peut-être les rempliffages de certains
conduits réguliers, que les polypes ont conftruits dans leurs maffes corallines pour y loger?
Le tems à venir décidera de la jufteffe de ces conjectures.

X. les *fongites*. Les pétrifications de Maftricht nous en fourniffent de deux efpèces. Les
uns appartiennent aux fongites lamelleux, les autres aux feuilletés (*fungiæ foliatæ*); les lamelleux ont ou une forme conique, come les *fungitæ pileati*, *turbinati* l'ont d'ordinaire, ou bien
ils ont la furface convexe & font compofés de lamelles qui fe font moulées comme des noyaux entre les lames corallines, qui y étoient autrefois, & qui ont été détruites dans la fuite.
Cette efpèce appartient aux fongites qui ont été décrits dans le Chap. X. Num. 35. Dans les
uns les lames s'uniffent dans un centre, dans les autres dans une ligne centrale. Dans plufieurs la furface inférieure eft marquée de rides concentriques, & dans d'autres elle eft un peu
concave. Probablement Mr. HOFMANN pourroit-il encore rapporter plufieurs efpèces de ces
fongites des carrières de Maftricht. Sur quelques pierres on ne voit que la fimple empreinte,
& le noyau même, qui y étoit autrefois, a été fucceffivement détruit. Quant aux fongites
feuilletés on en trouve deux efpèces dans les carrières de Maftricht. L'analogue des uns eft
le *millepora agariciformis* de Mr. PALLAS *de Zoophyt*. p. 163, les autres reffemblent à cette
efpèce de fongites que Mr. GUETTARD a repréfentée Pl. XX. fig. 3. & que nous avons décrite
dans l'endroit ci-deffus allégué.

XI. les *Alcyons fphériques*, de différente grandeur. Il y en a comme des balles de mouf-
quet, d'autres comme des pois, encore d'autres beaucoup plus grands, ou ifolés ou groupés,
fouvent mêlés avec d'autres coralloïdes. Ils femblent en plus grande partie n'avoir plus rien
de leur ancienne fubftance, & n'être que de fimples noyaux. En dehors ils reffemblent beaucoup à des corps incruftés. On n'y découvre que très rarement les veftiges des embouchures
qui y étoient autrefois, cependant on en trouve qui en préfentent, comme il a été dit plus
haut. On n'y obferve non plus rien de poreux, ni de lamelleux, ni en dedans quelque ftru-
êlure organique, & le corps entier eft de la même fubftance que la matrice. Cependant il
eft fûr que ces corps fphériques femblent avoir été autrefois des alcyons. A Meffieres
en Normandie on en trouve mêlés de la même maniere parmi les noyaux des aftroïtes, qui
ont encore leur teft fpatheux & leur tiffu lamelleux, & fur lesquels il faut lire les Mémoires
de Mr. GUETTARD Part. III. p. 429. & conférer Part. II. Pl. XII. fig. 14. Il faut remarquer comme une chofe particuliere, qu'entre ces balles on trouve des filamens fins, par lesquels, com-

me le dit Mr. GUETTARD, ces alcyons dans leur état naturel ont été unis ensemble. Cependant on ne trouve pas ces filamens dans tous. Les alcyons sphériques ont été décrits plus haut Chap. X.

XII. les *Alcyons en forme de figue.* Cette espèce d'alcyons a de même été décrite dans le même endroit. Les alcyons sphériques semblent être plus frequens dans les carriéres de Maſtricht que les alcyons en forme de figue. Ils sont rarement d'une grandeur conſidérable; ceux de médiocre grandeur ont à peu près un pouce de diamétre. Leur ſubſtance eſt la même que celle des alcyons ſphériques. Ce qu'il y a de particulier c'eſt que d'ordinaire la partie effilée en eſt attachée à la matrice, & que la partie groſſe ſe trouve en haut, d'ou cet alcyon reſſemble à une bouteille renverſée. Mr. GUETTARD ſuppoſe que cela provient d'une croûte pierreuſe qui couvre les alcyons, & cache ainſi leur propre forme, leurs rides, leurs lamelles & leurs embouchures. Cependant je me ſuis donné bien de la peine pour les decouvrir au deſſous de cette pretendue croûte, ſans jamais les trouver.

XIII. les *branches d'alcyons.* J'abandonne à d'autres le ſoin d'examiner ſi ces coralloïdes doivent être comptées avec plus de raiſon parmi les millepores calcaires, qui ont de même ſouvent, comme il a été dit plus haut, la ſtructure un peu irrégulière. Dans ceux dont il eſt queſtion ici, & qu'on trouve communément ſur la ſurface de la matrice parmi d'autres alcyons, je n'ai jamais pû découvrir ni pores ni embouchures.

XIV. les *Plumes marines,* (*pennatule*) Tous les Naturaliſtes modernes rangent ce corps marin particulier, qui reſſemble beaucoup à une plume d'oiſeau, parmi les Zoophytes, quand même il change de place, & nage dans l'eau, ſans avoir d'ailleurs une grande reſſemblance avec une plante. Dans le Magazin de Berlin de Mr. le D. MARTINI Vol. II. pag. 20. on trouve un ſavant mémoire ſur leur ſujet avec lequel il faut conférer la deſcription de la plume marine rouge dans les *Neue Geſellſchafftliche Erzæhlungen* de Mr. le Prof. TITIUS Vol. II. p. 193. ſqq. & PALLAS *de Zoophytis* pag. 361. Dans le Régne des pétrifications elles ſont juſqu'ici d'une grande rareté. Mr. BRUCKMANN dans ſon *Dictionnaire des foſſiles* Tome II. p. 108. fait mention d'un exemplaire pétrifié qui a été trouvé dans le païs de Waldek, & qui ſe trouve dans le Cabinet de la Princeſſe de Waldek. On a découvert depuis peu ces mêmes corps parmi les coralloïdes de Maſtricht; Mr. HEYDENREICH en poſſède un individu, que Mr. HOFMANN lui a envoyé, de Maſtricht avec une collection de pareilles pétrifications.

XV. les *Kératophytes.* On en trouve quelquefois de petites branches parmi d'autres fragmens des coralloïdes de Maſtricht, de même que de petits morceaux de leurs tiges, principalement du *Gorgonia reticulata.* Il en eſt de même de pluſieurs eſpèces

XVI. de *Sertulaires.* Mr. HEIDENREICH à Weimar a une très belle collection de pareilles pétrifications de Maſtricht. La deſcription que je viens d'en donner, n'a pû être complette; je n'ai dit à leur ſujet qu'autant que j'en ſavois. Je ne pretends donc pas que dans mes rapports il n'y ait pas quelques erreurs, malgré le ſoin que j'ai eu de les éviter. Si Mr. HOFMANN à Maſtricht, qui de tous les Naturaliſtes s'en aquitteroit le mieux, vouloit publier une deſcription complette de ces coralloïdes, il obligeroit infiniment tous les amateurs des pétrifications & des Zoophytes.

Je viens à préſent aux trois Planches, qui offrent les pétrifications de Maſtricht, & je m'en vais les expliques d'après ce que j'en ai déja dit en général; cependant il convient de remarquer que le pinceau du peintre d'ailleurs très habile n'a pû exprimer la fineſſe des originaux mêmes.

S U P P L. VI. c.

Num. 1. Aſtroïtes tuberculeux ſur une baſe à ſtries fines, qui ont été décrits ci-deſſus Num. VI. On les prendroit pour des porpites. Cependant ce ſont des noyaux d'aſtroïtes.

ils font détruits en plus grande partie, & il n'y en a que par-ci par-là quelques fragmens. Il y a entr'eux de tout petits alcyons fphériques, & de petits fragmens de millepores. Même les filamens ci-deffus décrits, qui, fuivant la conjecture de Mr. Guettard, uniffent enfemble les alcyons fphériques, font apparens ici. La bafe eft marquée de ftries fines & ferrées, mais qui ont des directions inégales. La copie n'exprime pas affez diftinctement ces ftries.

Num. 2. Tubulaires à fix colonnes. On ne fauroit mieux fe repréfenter ce corallet, que nous avons décrit plus haut fous Num. III., qu'en fe figurant fix poinçons ronds liés enfemble. Ce font manifeftement des noyaux, qui ont été moulés dans des tubules à fix ftries & qui par là ont le bord canelé. Quelquefois ils font érigés comme les tubulaires, mais ici, probablement à caufe de quelque violence, qu'ils ont foufferte, ils font couchés fur la bafe, qui cependant n'eft pas ftriée.

Num. 3. les mêmes tubulaires d'une efpèce plus petite. Quelques tubules font obliquement érigés. Là où ils tiennent à la matrice, celle-ci préfente toujours une petite concavité. La bafe de la matrice eft garnie de très-petits grains come le chagrin.

Num. 4. Ce morceau paroit de même avoir été une tubulaire, dont les tubules fins, qui paffoient du centre vers la circonférence, y ont laiffé leur empreinte. Car on voit par-ci par-là fur la pierre de petits fragmens des tubules à fix colonnes ci-deffus décrits, ou plûtôt leurs rempliffages. Ils font d'une fineffe extrème. Suivant toute apparence l'analogue en étoit un *Tubularia fungiformis*.

Num. 5. Aftroïtes tuberculeux. Nous les avons décrits ci-deffus fous Num. VI. Ce font des noyaux d'un très-fin aftroïte, presqu'entièrement détruits, de façon que de chaque petite colonne, qui s'étoit moulée dans les cavités étoilées de cet aftroïte, il n'en eft refté qu'un petit tubercule fur la matrice. Ce qu'il y a de particulier c'eft que dans les carrières de Maftricht ces aftroïtes font toujours attachés à une matrice, & que dans d'autres celle-ci manque, vû que chaque morceau repréfente une maffe d'aftroïtes fans matrice. On offre encore ici en grand un tubercule d'un aftroïte, dont la furface de la matrice paroit être parfemée. Mr. Guettard dans fes Mémoires Part. II. Pl. XII. fig. 14. a communiqué une femblable efpèce de noyaux qui a été trouvée à Melleruult.

Num. 6. Aftroïtes colomnaires. Il y avoit ici autrefois cette même maffe d'aftroïtes, qui a donné naiffance aux aftroïtes tuberculeux que je viens de décrire, mais avec cette différence qu'ici le noyau s'eft confervé plus longtems & que par là il repréfente de petites colonnes, au lieu que là il repréfente des tubercules. Lorsque l'on examine ces morceaux avec attention, furtout à l'aide du microfcope, on obferve ici fur la fuperficie des colonnes la même figure étoilée, dont le creux paffe à travers la maffe d'un aftroïte naturel, & qui dans une véritable pétrification fe fait connoître par une couleur plus obfcure. Une pareille colomne étoilée eft encore repréfentée ici, telle qu'elle paroit vûe au microfcope.

Num. 7. Aftroïtes ou plûtôt leurs noyaux fur une bafe à ftries fines. Les tubercules font nichés dans des concavités. Les ftries ont les directions irrégulières. Probablement doivent-elles leur origine à la fubftance lamelleufe, qui dans les aftroïtes naturels fe trouve entre les loges étoilées des polypes. Il feroit fuperflu de dire ici, que dans les aftroïtes le nombre des rayons eft différent fuivant la différence de leurs efpèces. On obferve la même chofe dans ces pétrifications de Maftricht.

SUPPL. VI. d.

Num. 1. les tubulaires fongiformes de même que plufieurs efpèces de fongites préfentent fur leur bafe des ftries élevées concentriques, ou, comme on les nomme d'ordinaire, des rides annulaires (*rugæ annulares*) Ce corps-ci ne me paroit pas appartenir à cette efpèce, &

je

je ne crois pas me tromper si je le range parmi les fongites en forme de feuilles *(Fongite foliacei)* dont il[s]a été parlé ci-dessus Chap. X. Il a un grand rapport avec celui que Mr. Guettard a communiqué dans ses mémoires Part. II. Pl. XX. fig. 1., quoique je n'oserois soutenir avec ce Savant, que ces rides concentriques fussent la base qui appartient proprement à l'espèce d'astroites représentée fig. 1. Les astroites n'ont jamais une base marquée de rides concentriques. Il semble plûtôt que cette espèce d'astroites s'est attachée à une face d'un fongite en forme de feuilles, & s'y est construite.

Num. 2. & 3. représentent des escares, dont l'une est à petits trous, l'autre les a un peu plus grands; elles sont l'une & l'autre d'un tissu très-régulier. La substance coralline, qui manque dans les astroites, est encore assez apparente ici. Toutes minces que paroissent ces deux escares, elles sont pourtant composées de quatre lames fines, trouées, couchées les unes sur les autres.

Num. 4. est un morceau du *fucus eschariformis* que j'ai décrit sous Num. IX, mais où il me faut avouer que le pinceau le plus fin n'a pû exprimer la finesse du tissu. La surface entière est couverte de fillets parallèles, aussi fins que ceux d'une toile d'araignée, qui par des filets transversaux sont unis ensemble en mailles. De là naissent des lamelles tricotées, dont il y en a toujours plusieurs couchées les unes sur les autres. Même les éminences sur la superficie consistent en un pareil lacis. Dans les mémoires de Mr. Guettard Part. II. Pl. XXVII. fig. 1. il y a aussi une figure de cette coralloïde particulière & quand même elle a un peu mieux réussi que la nôtre, elle ne suffit pourtant pas pour fournir une idée complette de ce merveilleux polypier. Du reste je ne vois pas comment Mr. Guettard a pû prendre ce corps pour un astroite, vû que les noyaux des astroites ne peuvent jamais présenter des mammelons spongieux, mais bien des mammelons lamelleux.

Num. 5. On est incertain si l'on doit ranger cette coralloïde parmi les escarites ou parmi les fongites. Lorsqu'on ne la regarde que superficiellement, elle semble être composée de filets qui du centre s'étendent vers une circonférence ronde, & qui, là où ils sont contigus, forment un petit sillon, dans lequel il y a des lignes ponctuées. Mais quand on l'examine avec attention, sur-tout à l'aide du microscope, on découvre que les filets sont proprement des lamelles, & qu'entre ces lamelles serrées il y a des parois transversales qui forment de petites concamérations. Ces chambres sont proprement les pores ou les trous, qu'on trouve placés en ligne droite entre les lamelles, du centre jusqu'à la circonférence. On m'a envoyé d'autres pais de plus grands morceaux de cette espèce de fongites, & en les comparant exactement avec nôtre pétrification de Maëstricht, j'ai été convaincu que celle ci ne renferme que de petits fongites de la même espèce. Ils appartiennent donc aux fongites ronds à superficie convexe élevée, que nous avons décrits Chap. X. Num. 35. & en constituent une espèce subordonnée particulière, que nous avons aussi rapportée ci-dessus, & qui est précisément la même qui a des feuillets transversaux entre les lames qui partent du centre. Il y en a de deux sortes. Les uns ont les lamelles unies dans un centre communément un peu concave, les autres dans un sillon central. De cette dernière sorte il y en a de très gros morceaux dont quelques uns sont composés de lamelles les plus fines placées fort près les unes des autres. Les cloisons étroites ne forment que des pores, d'où ce fongite ressemble à un hémisphère marqué de points fins. J'ai eu un très beau morceau de cette espèce des environs de Lintz dans la haute Autriche. Quelques fongites de cette espèce sont peu convexes, & avec cela d'une grosseur peu considérable.

Num. 6. Cette espèce d'astroites appartient à ceux à stries élevées & courbes, que nous avons décrits sous Num. IX. Un morceau de la même espèce se trouve dans les Mémoires de Mr. Guettard Part. II. Pl. XL. Num. 1. Il n'en est resté que le remplissage ou le noyau.

Num. 7. Une espèce subordonnée, de la précédente à rayons larges, de la même qualité

Num. 8. le noyau d'un fongite lamelleux à superficie convexe, dont les lamelles, partant d'une ligne centrale courte, s'étendent vers la circonférence. J'ai de même remarqué une différence qu'il y a entre les fongites de cette espèce. Dans les uns le sillon central s'étend sur le dos entier, & dans d'autres, comme dans la présente piéce, il est court. Du reste le noyau fait voir distinctement, que dans le fongite il y avoit, entre les lamelles longues, d'autres plus courtes, qui ne s'étendoient pas jusqu'à la ligne centrale. La pétrification dans laquelle ces noyaux se sont moulés, se trouve dans les Mémoires de Mr. GUETTARD Part. II. Pl. XXI. fig. 14. & 18.

SUPPL. VI. e.

J'ai traité plus haut des alcyons de Maestricht, & j'y ai communiqué tout ce que l'expérience m'a appris à leur sujet. Je n'offre les premiers quatre morceaux de cette Planche que comme un echantillon, pour donner quelque idée de leur forme & de leur qualité. Il y en a de branchus, comme ceux de Num. 1. que plusieurs Naturalistes supposent pouvoir être des millepores incrustées, ou des corallines, comme le soutient Mr. GUETTARD dans ses Mémoires Part. III. p. 111. d'un individu semblable mais un peu plus fin; Mais lorsqu'on les examine en dedans &jen dehors, on n'y trouve rien de quelque subtance coralline, & la forme d'arbre n'est pas celle qui d'ordinaire appartient aux milleporites branchus. Des alcyons branchus différent les ronds, que nous avons compris ci-dessus sous le nom d'alcyons spheriques. Il y en a qui sont petits comme Num. 2., de la grosseur d'une balle à fusil, & ceux-ci sont ou grouppés les uns sur les autres, comme l'on voit ici, ou bien isolés. D'autres sont beaucoup plus grands, comme Num. 4. & ceux qui se trouvent dans les Mémoires de Mr. GUETTARD Part. II. Pl. XII. fig. 14., encore d'autres ont une forme irréguliére, comme Num. 3. & ceux-ci sont communément gréaus, où cependant je n'oserois décider si cette superficie grénue appartient proprement à cette espèce d'alcyons, ou si ces grains & les petites boules, qui pourroient constituer des espèces particuliéres d'alcyons, ont été transportés par quelque accident sur les corps plus gros. Je ne puis concevoir par quelle raison Mr. GUETTARD nomme ces alcyons, qu'il a représentés Pl. XXVII. 1. 3., spheriques, (car c'est là le nom qu'il leur donne dans l'explication des Planches, dans ses Mémoires Part. II. p. 496.); mais l'observation est juste qu'il y a entre ces globes des filets, qui semblent les lier ensemble. Num. 5. paroit être un fragment d'une tubulaire, & même de la tubulaire fongiforme hémisphérique. Num. 6. est un astroïte tuberculeux, sur la superficie duquel on observe encore distinctement les vestiges de son tissu strié. On y voit clairement que ces stries sont paralléles à la vérité, mais dans une direction inegale, & qu'en plus grande partie elles sont dirigées vers l'endroit où il y a un mammelon.

SUPPL. VI. f.

Num. 1. présente une pétrification qui a beaucoup de rapport avec le *Tubularia purpurea* d'Imperatus ou le *Tubipora musica* de Mr. le LINNÉ. Elle est composée de tubules longs, cylindriques, la plûpart droits & paralléles, pénétrés & remplis d'une substance quartzeuse, blanche & brillante sur la fracture. Tous ces tubes sont simples & l'on n'y observe nulle part quelque ramification; ils ne sont pas immédiatement contigus, mais un peu distant les uns des autres comme les tubules du *Tubularia musica*, cependant transversalement unis entr'eux. Mais c'est cette espèce de liaison même qui distingue nôtre pétrification du *Tubipora musica*. Car au lieu que dans celui-ci les tubules sont liés ensemble par des membranes ou des cloisons, qui passent à travers la masse entiére, & la divisent pour ainsi dire, en autant d'étages, cette division ne se fait dans celle-là, que par de petits cylindres ou tubules transversaux, qui autrefois étoient creux, & qui ne semblent pas être liés ensemble. Ce morceau paroit donc être la pétrification d'une espèce particuliére, du *Tubipora*, dont l'analogue n'est pas encore connu. Il est de Maestricht,

Num. 1. Quand on regarde à œil nud le morceau repréfenté ici, l'on y obferve un grand nombre de petites branches d'un corps marin, fort nettement deffinées, qui avancent hors de la fuperficie; mais lorsqu'on examine ces branches avec plus d'attention & a l'aide du microfcope, on voit diftinctement que leur fuperficie entière eft compofée de cellules hexagones, dont chacune a une ouverture ronde ou oblongue, comme l'on voit fig. 3. & 4 dans deux branches deffinées au microfcope. En comparant cette ftructure avec celle du *Corallina articulata dichotoma* &c. *cellulis rhomboideis* &c. de Mr. ELLIS pag. 51. Num. 1. de l'édition allemande, principalement comme il eft repréfenté Pl. XXIII. fig. B., on y trouve tant de reffemblance qu'on pourroit facilement être porté a ranger nôtre pétrification fous cette efpèce de corallines. Car lorsqu'on ne fait attention qu'aux cellules, leur forme & leur fituation femblent conftituer toute la différence qu'il y a entre ces corps. Dans ceux de Mr. ELLIS les cellules ont toujours quatre faces longues & deux courtes; de ces dernières l'une eft toujours tournée vers en haut, & l'autre vers en bas, & tous les angles font obtus. Dans nôtre pétrification au contraire toutes les cellules ont deux faces longues & quatre courtes; des angles il y en a toujours quatre de très-obtus, & les deux autres font quelquefois droits, fouvent aigus, dont l'un eft toujours tourné vers en haut & l'autre vers en bas. Mais le caractère principal, qui diftingue cette coralline de Mr. ELLIS des autres, manque ici. Les branches dans nôtre pétrification ne font pas articulées; elles font cohérentes fans noeuds, & par cette raifon on ne fauroit la ranger fous cette efpèce. C'eft cependant fans contredit une coralline, mais dont probablement l'analogue eft encore inconnu. On remarque par ci par la, fur la même pierre quelques petites branches d'une autre efpèce de corallines, dont une eft repréfentée fig. 5. vûe au microfcope, qui par fa forme paroit avoir quelque rapport avec le *Millepora alcicornis* de Mr. de LINNE'. La fubftance en eft calcaire : de Prattelen.

Num. 6. Un article entier très bien confervé du *Corallium articulatam foffile* que SCILLA a décrit de *corporib. marin. lapidefc.* p. 63. 64. de l'édition de Rome de l'an 1752. & repréfenté Pl. XXI. fig. 1. d'où BASTER a emprunté la copie qu'il en a donnée dans fes *Opufc. fubfec.* Lib. I. Tab. VI. f. g. Il eft légérement calciné, encore tout compacte, longitudinalement ftrié, ayant aux deux extrémités des apophyfes faillantes, de figure conique. Ce morceau a été trouvé en Sicile.

Num. 7. Un femblable morceau, de la même île, avec une apophyfe un peu émouffée à l'une des extremités. L'autre bout en eft caffé.

Num. 8. Une pierre calcaire fur laquelle l'on découvre un nombre confidérable de petits faifceaux compofés de tuyaux effilés, & qui, fuivant l'opinion de Mr. le Prof. d'ANNONE, qui eft le poffeffeur de ce morceau, eft le *Tubularia calamaris* de Mr. PALLAS *Elench. Zoophyt.* 81. Les tubules femblent a l'égard de la groffeur, tenir le milieu entre ceux du *Fucus vermiculatus* de BOCCONE *Muf. de Fifica* &c. p. 218. Tab. VI. f. 5. & ceux du *Corallina tubularia calamos avenaceos referens* de Mr. ELLIS *Corall.* p. 31. n. 2. Tab. XVI. f. e. De Muttenz. Il faut principalement conférer ici le Traité de Mr. GUETTARD fur l'analogie entre les coraux & les vermiculites, qui fe trouve dans les Mémoires de l'acad. des fciences de Paris de l'an 1760, & dont la traduction allemande eft inférée dans les *Mineralogifche Beluftigungen* Vol. IV. p. 288. On y voit Pl. VI. fig. 11. 12. des faifceaux entiers de pareils tuyaux de mer très-fins, qui femblent être l'analogue de cette pétrification.

SUPPL. VI. g.

Num. 1. Un aftroïte qui reffemble affez exactement au *Madrepora compofita, corporibus proliferis e centro folitariis, membrana reflexa condunatis, ftellatis* de Mr. de LINNE', *Amoenitat. acad.* I. p. 96. n. VI. fig. VI. n. 1. Il eft compofé d'un grand nombre de tubules droits, cylindriques, diftans entr'eux, & quafi parallèles; chacun de ces tubules confifte en plufieurs coupes coniques ou en forme d'entonnoir, enchaffés les uns dans les autres; ces coupes font très-courtes à proportion de leur longueur, ou s'enfoncent du moins beaucoup les unes dans les autres; elles ont toujours le bord un peu replié, étendu, & contigu aux coupes des tubules les plus voifins, de façon qu'elles paroiffent être unies par des diaphragmes. Ces tubules coupés tranfverfalement préfentent toujours une étoile, le plus fouvent à douze pans, ce qui prouve qu'elle eft compofée de lames perpendiculaires. A l'extrémité, qui dans la figure eft tournée vers en bas, les étoiles ont le milieu un peu élevé. A l'extrémité oppofée la pierre eft enlevée. Ce morceau eft marbreux & fusceptible d'un beau poli. De la Birfe près de St. Jaques. On voit encore en haut & à côté une quantité de très - belles oolithes.

Num. 2. Cet aftroïte ne fauroit être plus convenablement rangé que fous l'efpèce que Mr. PALLAS nomme *Madrepora aftroites Elench. Zoophy.* p. 188. La fuperficie du côté repréfenté ici a le milieu confidérablement élevé; le centre des étoiles eft toujours concave, & dans plufieurs rempli d'une concrétion cryftalline. Les rayons paffent fur le bord élevé des étoiles.

Num. 3. offre la partie inférieure de ce morceau: elle eft toute aplatie, marquée d'un grand nombre de cercles concentriques ou plûtôt de fillons peu profonds. Du centre part un nombre infini de rayons, qui en font connoître la ftruêture lamelleufe, qu'on découvre auffi diftinêtement tout au tour du bord. Ce qu'il y a encore de particulier c'eft que cette furface inférieure eft presque toute garnie de petits disques & anneaux, tels qu'on en obferve fur plufieurs efpèces de pétrifications. Ce morceau eft un caillou: de l'Evêché de Bâle.

S U P P L. VI. h.

Un morceau de bois pétrifié, du tronc, fendu dans le milieu. En dedans il eft rongé d'outre en outre des vers, dont les conduits font remplis d'une argille fine: du Piémont. Ce morceau peut fervir en quelque maniere à expliquer ce que nous avons dit au fujet du bois pétrifié de Chemniz. Nous venons aux

ENCRINITES ET AUX ENTROQUES

& nous en préfentons, fur huit Planches, différens morceaux inftruêtifs pour éclaircir ce que nous avons dit plus haut à leur fujet.

S U P P L. VII.

Num. 1. Dans le païs de Mecklenbourg on trouve quelquefois dans des pierres dures des cavités rondes ou oblongues, qui autrefois renfermoient des entroques. Celles-ci font bien fouvent détruites, & ne font voir que leur ancienne ftruêture articulée par l'empreinte qu'elles en ont laiffée dans les parois de ces cavités. Dans les unes eft refté le noyau du fiphon, & dans d'autres une portion de l'entroque même. Comme la fubftance corrofive s'infinue le plus fouvent là où deux articulations fe joignent enfemble, & y corrode le plus les portions contiguës des articulations, un pareil entrochite compofé de deux articulations longues prend par là une forme très reffemblante à celle d'un fable. Il faut conférer avec cela ce que j'ai dit plus haut en traitant des pierres en forme de vis.

Num. 2. Une plaque polie, d'un brun clair, marquée de taches d'un rouge obfcur; les entroques qui s'y trouvent, font blanches & de différentes efpèces. La plus grande a les articulations les plus effilées, & deux branches qui en naiffent. La pierre eft d'Arnebourg.

Num. 3. Une entroque très dure, dont les articulations font alternativement minces & groffes, étroites & larges: de Havelberg. Cette efpèce d'entroques eft très rare.

Num. 4. & 5. Pour juger d'autant mieux de la ftruêture interne des encrinites, nous en offrons ici deux morceaux. Celui qui eft repréfenté fous Num. 5. eft d'un encrinite, qui a été trouvé près d'Ekeroda dans le Duché de Brounsvic, & qui eft fçié dans fa longueur, l'autre eft la portion d'un encrinite trouvé près de Gandersheim, coupé tranfverfalement &
pai

poli. Le premier est un rayon entier de la couronne d'un encrinite. Par ce qu'il a été dit plus haut Chap. XI. on sçait que ces pans sont articulés, & que chacun en est garni d'un double rang de branches fines, articulées, lesquelles étant des deux cotés, ne ressemblent pas mal à la barbe d'une plume. Lorsque l'encrinite vient à mourir, il contracte non seulement ses pans, mais aussi il sçait si bien retirer & replier les petites branches articulées, qui lui servent de doigts pour attraper sa proye, qu'en dehors on n'en observe rien du tout. Mais intérieurement elles ont toutes une situation droite sans inflexion, & sont dirigées vers l'axe; c'est donc ce qui rend très-facile l'explication de ce rayon. Nous voyons ici comment le rayon articulé se courbe quand il se contracte. De ce rayon passent transversalement vers le milieu du morceau de très-fines branches latérales, qui représentent la barbe d'une plume, & dont les articulations ont la grosseur d'un grain de millet. Les branches latérales fines naissent là ou le rayon commence à être bifourchu, ce qu'on observe de même distinctement ici. Num. 5. représente la superficie de la couronne de l'encrinite transversalement coupée. C'étoit un encrinite à dix pans ou rayons. Les stries fines qui vont vers le centre, sont précisément les branches latérales fines, & comme elles se rétrécissent à l'extrémité, elles vont aussi en diminuant vers le centre. Par ce morceau l'on peut juger de la veritable grandeur proportionnée de ces branches latérales.

Num. 6. &. 7. Une espèce remarquable d'entroque rameuse. Ce morceau est gros; les faces de ses articulations lamelleuses sont marquées de stries fines; de tout son long ce corps a été garni de branches placées en rangs, fort près les unes des autres, & l'on voit encore ici les cavités où ces branches y tenoient. On ne sçauroit déterminer le nombre des rangs qu'il a eus tout autour; cependant il semble qu'il y en a eu cinq, c'est à dire, qui passoient tout autour & le long de ce corps. Num: 7. représente l'entroque même, & Num. 6. l'empreinte qu'elle a laissée dans la matrice qui l'enveloppoit. Ce morceau a été trouvé dans un champ près de Stargard dans le Mecklenbourg.

Num. 8. Sur cette plaque polie, qui a été trouvée près d'Arnebourg, l'on voit aussi une très belle entroque rameuse. On découvre dans le milieu le siphon; les branches, dans lesquelles on voit aussi ce siphon, ne sont pas dirigées obliquement en haut, mais elles vont à côté en ligne droite; direction, que j'ai aussi observée dans d'autres, mais non pas dans toutes. Je suppose que cette situation varie suivant la différence des espéces. Dans quelques unes de ces entroques rameuses les branches s'étendent du tronc symmétriquement, dans d'autres elles en naissent sans régularité. Dans d'autres encore la tige n'a point de branches, mais son entrémité même se fend en deux rameaux, & ceux-ci se divisent encore en deux branches. Cette espèce porte le nom d'*Entrochus ramosus bisidus*, ou *bifurcatus*; & il faut se garder de ne pas la confondre avec certaines étoiles de mer arborescentes.

Num. 9. représente l'empreinte d'une étoile de mer dans une pierre à fusil; ce morceau est très rare; de Neu-Strelitz. Déja les étoiles de mer en elles mêmes ne sont pas trop frequentes dans le Régne des pétrifications; mais encore si ces morceaux sont beaux & expressifs, si leur matrice est une pierre à fusil, si l'espèce même en est plus rare que les autres, ces pétrifications en sont d'autant plus précieuses. Tel est le présent morceau, que je tiens de la complaisance de Mr. le Prévôt Genzmer. L'étoile de mer appartient aux pentagonastres, dont il y a différentes espèces subordonnées, qui sont toutes très rares dans le Régne des pétrifications. L'analogue de la nôtre est le *pentagonaster semilunatus miliaris radiosus Sebæ*. On le trouve dans le Traité de Link *de stellis marinis* tab. XXVII. 45. On y voit très distinctement les tubercules du dos, qui ne se trouvent pas trop près les uns des autres.

Num. 10. Très-probablement l'analogue de cette pétrification infundibuliforme n'a pas encore été trouvé, & l'on ne sauroit encore déterminer avec certitude s'il faut le ranger parmi les coquilles ou parmi les coralloïdes. Mr. le Prévôt Genzmer, possesseur de ce morceau, suppose que ce pourroit être un *choana*, & ainsi appartenir aux *Madrepora infundibuliformis* de Mr. de Linné.

SUPPL.

SUPPL. VII. a.

Num. 1. & 2. A Gnoyen près de Roftoch & quelquefois auffi près de Stargard dans le Mecklenbourg & près de la nouvelle Brandebourg fur le Tollenfe il fe trouve dans le fable certaines petites pierres blanches, de la groffeur dont elles font repréfentées ici, & fouvent auffi beaucoup plus petites. La fuperficie en eft prefque carrée, & des deux côtés un peu repliée en bas. Cette fuperficie eft environnée d'un fillon léger ou plûtôt d'une ftrie ponctuée à points fins, qui donne au bord la forme d'un chaffis. Sur la furface renfermée dans ce chaffis on voit de petits trous ronds comme ceux des millepores. La partie qui fe trouve fous cette furface eft d'ordinaire plus petite; car non feulement elle eft un peu faillante aux quatre côtés, & forme par là un bourlet, mais elle va auffi en diminuant, & fe termine en dos émouffé. Dans mes exemplaires je n'ai pû obferver fur ces côtés des trous ou des pores. On trouve communément ces petites pierres parmi d'autres coquilles & coralloïdes. Elles font, comme les trochites, d'une fubftance félénitique. Ce bourlet qui environne les deux faces latérales, fait naître la conjecture, que ces petites pierres pourroient bien avoir été jointes par un cartilage à d'autres pareils corps. Lorsque l'on joint enfemble cinq pareils corps de grandeur égale, de façon que la face ponctuée foit tournée en dehors & que les deux faces latérales en touchent d'autres de la même maniere, il en naît un corps rond, dont la circonférence repréfente une fleur à cinq pétales, & dans le milieu duquel refte un trou pour un fiphon, tel qu'on le voit dans une trochite ou pierre etoilée. On trouve un pareil corps dans KLEIN Oryftograph, Gedanenf. tab. XXIV. fig. 5. Mais qu'eft-ce que c'eft que ce corps? Feu Mr. le KLEIN le prenoit pour un aftroïte, ou, comme il ajoute, pour le pan d'une étoile de mer; ce qui eft cependant encore bien douteux. Au contraire il doit apparterir au genre très-étendu & encore très-peu connu des Zoophytes, & avoir fait partie d'un plante-animal. Surement LUID en auroit fait un *Aftropodium*, fur-tout s'il avoit lû ce que Mr. GUETTARD dit de fon Pentacrinite dans les Mémoires de l'acad. des fciences de Paris de l'an 1755. Il eft fûr qu'il y a ici quelque analogie, mais la chofe même n'eft pas encore hors de doute. Je ne fuis pas plus porté jufqu'ici pour l'opinion de Mr. de LINNÉ, qui, dans une lettre addreffée à feu Mr. le Prévôt GENZMER, fuppofe, que ces pierres pourroient être des articulations de l'*Ifis entrocha* (c'eft là le nom qui donne aux entroques rameufes) & avoir fait partie des branches qui fortent de la tige en direction horizontale: Mr. GENZMER, dans une lettre addreffée à Mr. le Chevalier de LINNÉ, fuppofe que ces pierres pourroient bien être les écuffons des echinites, qui, d'après LUID, portent le nom de *Scutella terebrata* & d'après KLEIN echinoderm. p. 17. celui de *verruca*, & qu'on voit fur un echinite repréfenté dans cet Ouvrage Part. II. Pl. E. fig. 3. Mais la difficulté y eft, que les écuffons, comme l'on voit dans KLEIN echinoderm. tab VII. C. & b. c., font d'une forme un peu différente, qu'ils ne font jamais auffi épais que nos pierres, & outre cela percés d'un trou, & qu'ils ont plûtôt des mammelons élevés que des points enfoncés. Je ne faurois non plus prendre pour nos pierres les *Lapilli albidi punctis prominentibus exafperati* de SCHEUCHZER dans fon Hiftoire naturelle de la Suiffe Part. III. p. 171. Ces pierres de SCHEUCHZER font manifeftement des fragmens du teft des echinites qui ont de petits mammelons, principalement fur la bafe, où eft la bouche. Au refte nôtre pétrification, car c'en eft furement une, n'a point de nom encore, & les lithologues la nomment *petrefactum Gnoyenfe* d'après l'endroit où elle a été découverte.

Num. 3. D'ordinaire les entroques ne font pas courbées dans le Régne des foffiles. Si en y paffant, elles fouffrent quelque violence, les articulations fe défuniffent & fe déplacent. Que cependant dans leur état naturel elles puiffent fe courber & fe plier, c'eft ce qui eft prouvé non feulement par les apophyfes des articulations & par leur fiphon, mais auffi par la facilité avec laquelle elles peuvent porter leur proye à la bouche, & déployer & contracter leur couronne. On repréfente ici une entroque un peu courbée; je n'ofe cependant décider fi cette inflexion étoit naturelle & volontaire, lorsqu'elle paffoit dans le Régne des foffiles.

fe peut que cette courbure ait été caufée par une compreffion légère, qui n'a pas été affez forte pour défunir les articulations.

Num. 4. Une très-belle entroque rameufe, de Friedland. Il y a différentes efpèces de ces entroques rameufes, & je crois que la façon dont elles fe divifent en branches, & la fituation de ces branches contribuent principalement à en conftituer la différence fpécifique. Les unes ont les branches irréguliérement réunies au tronc même, comme celle qu'on repréfente ici. Les autres ont des branches réguliérement réunies au tronc, desquelles il n'eft refte communément que de petits mammelons là où autrefois les branches y tenoient. Le nombre des branches qui y étoient autrefois, eft plus ou moins grand, cependant elles y étoient toutes fymmétriquement placées. D'autres encore n'ont point de branches au tronc, & le tronc même fe divife à fon extrémité en deux branches, & celles-ci fe divifent encore en branches latérales. Il convient de conférer ici ce que j'ai dit au fujet de ces entroques rameufes Chap. XI. L'efpèce que j'offre ici, a communément les articulations très-effilées. Nous avons indiqué plus haut comment il faut la diftinguer d'avec les madrépores rameufes.

Num. 5. Une efpèce rare & particulière d'entroques. Les faces y font en croix, & fur deux de ces faces on voit une ligne transverfale élevée, qui eft de même en croix, & dans le milieu de laquelle il y a un point.

Num. 6. & 7. Il exifte certains tubulites fimples, fans concamérations, qui ont l'extrémité fupérieure courbée comme les lituites. Ils ne différent, par la forme, de ceux-ci qu'en ce qu'on n'y remarque point de chambres ni cloifons. C'eft de cette efpèce que font les deux préfens morceaux. Mais faut-il les ranger parmi les lituites? Non, certes; tout comme l'on ne fauroit prendre les umbilicites ou les limaçons fimples contournés fur eux mêmes pour des ammonites. Ils conftituent au contraire une efpèce particulière du même genre qui comprend les tubulites fimples. De ces tubulites les uns font droits ou légérement courbés, & ce font les dentalites. Les autres font beaucoup plus courbés, à peu près comme les lituites, & l'on pourroit les nommer faux lituites (*lituitæ fpuriæ*). De ceux-ci la Nature paffe aux limaçons fimples contournés fur eux mêmes, & ce font là les umbilicites. Elle s'y prend de la même manière à l'égard des tubulites chambrés (*tubulitæ pollibilatanæ*). Elle commence par former des tubes droits cloifonnés, où il faut rapporter les bélemnites, les orthocératites & toutes leurs variétés: elle continue en courbant le tube, & de là naiffent les lituites. A la fin elle contourne le tube entier autour d'un centre, & forme ainfi les ammonites & les nautilites. Suivant cette gradation il faut qu'il exifte encore une efpèce intermédiaire entre les dentalites & les umbilicites, vû que la nature ne va jamais par fauts; & c'eft à cette efpèce qu'appartiennent ces faux lituites.

Num. 8. Un très-petite pétrification, qui au premier coup d'oeil reffemble à un mammelon d'un echinite, ce que pourtant elle n'eft pas, mais, fuivant la conjecture de fon poffeffeur, peut-être un nombril marin ou l'opercule d'un limaçon. Dans ce cas c'eft un morceau bien rare.

Num. 9. & 10. La plaque polie qu'on préfente ici de deux côtés, renferme auffi une pièce très-remarquable. C'eft la partie du milieu d'un *Aftrophyton fcutatum*, duquel l'écuffon, qui couvre le milieu, eft détruit. Il faut donc chercher fon analogue fous cette efpèce d'étoiles arborefcentes, que LINKE a communiquée dans fon Traité *de ftellis marinis* Pl. XX. fig. 31. Je ne faurois prendre cette pétrification pour un morceau d'une entroque rameufe, quand même je fçai qu'il y a des naturaliftes qui la prennent pour cela. Si c'étoit une entroque rameufe, elle devroit appartenir aux entroques rameufes rampantes, qui cependant ne croiffent jamais, du moins autant qu'on a obfervé jusqu'ici, avec autant de fymmetrie, que leur disque puiffe repréfenter une ramification pentagone.

Num. 11. & 12. font des colomnes d'aftéries, qui a la dernière articulation ont des mammelons, & par là font connoître qu'elles ont eu là des branches. Nous en avons parlé ci-deſſus dans le Chap. XI. Ce qu'il y a encore de particulier c'eſt que dans le petit tronçon Num. 11. il y a ſur le mammelon une ligne transverſale en relief, tandis que d'ordinaire dans cet endroit le trou du ſiphon eſt rond. Cette aſtérie colomnaire eſt d'Echterdingen.

Num. 13. Mr. le Prévôt Guszmer, qui a ce morceau dans ſon Cabinet, ſuppoſe qu'il pourroit être le fragment d'un faux lituite, c'eſt à dire, qui n'eſt pas cloiſonné. N'y auroit-il pas quelque affinité entre ce morceau & la pétrification inconnue que nous avons communiquée ſur la Planche précédente Num. 10?

Num. 14. repréſente des fragmens d'une tête de Méduſe, & ſi la conjecture eſt juſte, à celle qu'on nomme tête de Méduſe de Rumphius. Au moins de tous les autres analogues cette pétrification lui reſſemble le plus. Nous avons traité ci-deſſus plus au long de cette matiere, & nous avons expliqué la différence qu'il y a dans le Régne des foſſiles entre la tête d'une tête, de Méduſe & une entroque rameuſe.

SUPPL. VII. b.

Ces deux morceaux, qui ſe trouvent dans le beau Cabinet de Mr. Hennoxsicu, méritent d'être préſentés aux Curieux & d'être examinés avec attention.

Num. 1. On m'accordera facilement que ce corps remarquable appartient au genre des encrinites. Il a une tige articulée, compoſée de trochites, & une couronne à pluſieurs pans, quand même on ne ſçait en déterminer le nombre; car il n'en paroit que cinq. Tout cela combiné enſemble nous met en droit de compter cette pétrification parmi les encrines. Cependant elle différe auſſi en pluſieurs points des autres encrinites. La tige eſt plus groſſe vers la couronne, ce qu'on n'obſerve pas dans d'autres encrinites. Il n'y a pas l'épitrochlée ou la pierre articulaire, qui ſe trouve dans tous les encrinites; où cependant l'on ne ſauroit ſoutenir avec certitude qu'elle n'y ait pas été dans l'état naturel, vû que dans cet endroit le corps a été un peu endommagé, & par là eſt devenu méconnoiſſable. On ne voit non plus ici les racines des rayons, mais on obſerve qu'un rayon eſt biſourchu, & que l'autre eſt triſourchu, à moins que quelque compreſſion n'y ait cauſé une dislocation. Si ce rayon eſt triſourchu, ce ſeroit encore une particularité, car les rayons de tous les encrinites que nous connoiſſons juſqu'ici, ne ſont que biſourchus. Les articulations ſupérieures des rayons paroiſſent avoir été détruites. D'ordinaire ces Zoophytes contractent leurs rayons en mourant, ici les rayons ſont étendus. Mr. Andræe allégue un pareil exemple dans ſes lettres ſur de la Suiſſe pag. 467. du Magasin d'Hannovre de l'an 1764. Il ſe peut que ces encrines n'aient pas trouvé d'abord un endroit tranquille, & qu'une compreſſion accidentelle ait déployé leurs bras contractés. Quoique nous ayons rapporté dans cet ouvrage Part. II. Chap. XI. pluſieurs eſpéces d'encrinites qu'on a appris à connoitre juſqu'ici, il n'y en a pourtant pas une, ſous laquelle on pourroit ranger convenablement le préſent morceau. Il n'eſt pas plus à propos d'en faire une nouvelle eſpéce, tant par ce qu'il eſt endommagé là ou devroit être la pierre articulaire & les racines des rayons, que puisqu'on ne ſait déterminer le véritable nombre de ſes rayons. Toujours c'eſt un morceau très rare qui fait un ornement du Cabinet de Mr. Hennoxsicu.

Num. 2. Un fragment remarquable d'un Zoophyte qui appartient de même au genre des encrinites. Les quatre rayons en ſont compoſés, comme d'ordinaire, de petites entroques qui étoient ſur le point de ſe déſunir, lorsque le hazard leur aſſigna l'endroit où elles devoient ſe pétrifier. Ce qu'il y a de plus ſingulier c'eſt les deux grands trochites, dont chacun porte deux de ces rayons. Peut-être cette pétrification appartient-elle aux entroques rameuſes. Cependant cette opinion n'a pas moins ſes difficultés, comme il arrive à l'égard de tant de fragmens, desquels les exemplaires plus complets nous manquent, & où le peu de reſte eſt déplacé par quelque choc ou quelque compreſſion.

Num. 3. & 4. Une étoile de mer telle qu'elle se présente sur les deux superficies de la pierre; cette pétrification est très rare. Cette étoile appartient, comme l'on voit clairement, aux Astropectinites de Mr. LINK, & comme l'on y remarque d'espace en espace les vestiges des pointes & des piquons fins dont elle a été garnie, il faut la compter parmi les *astropectines echinati minores* Tab. VIII. 12. Cependant elle ne convient pas tout à fait avec l'analogue de Mr. LINK, & par cette raison il faut la prendre pour une espèce particulière. Ce qu'il y a de plus singulier c'est son grand disque ou son dos rond, partagé en certaines faces & transversalement strié; & on la rangeroit sans difficulté parmi les *lumbricales*, si la forme des rayons, qu'on voit de l'autre côté de la pierre, ne la faisoit compter parmi les étoiles fendues (*vide fig.*).

SUPPL. VII. c.

Num. 1. Un tubiporite de Gothlande. Il appartient à la première Classe des tubiporites que nous avons rapportée ci-dessus Part. II. Chap. X., c'est à dire, à ceux qui sont composés de tubules lisses & ronds. Il y en a encore de ceux-ci différentes espèces, parmi lesquelles il y en a une qui est composée de tubules creux, parallèles, placés fort près les uns des autres. C'est à cette espèce qu'appartient nôtre pétrification. Il en existe plusieurs espèces subordonnées, dont les unes ont les tubules plus gros, & les autres les ont très fins, tels qu'ils sont dans le présent morceau. Il convient de conférer ici les ouvrages de BÜTTNER, de VOLKMANN & de SCHEUCHZER, que j'ai allégués ci-dessus.

Num. 2. 3. 4. & 5. Comme j'ai traité plus au long Part II. Chap. X. de ces entroques de Gothlande, & que j'y ai communiqué tout ce que j'avois appris en considérant avec attention ces fragmens particuliers, je n'ai qu'à ajouter ici quelques remarques, pour expliquer les présens morceaux. Num. 2. appartient à ceux qui se distinguent par la couleur rouge. Comme leur matrice n'est jamais rouge, mais qu'elle est toujours blanche ou grisâtre - comme dans la pétrification même on ne découvre jamais quelque substance martiale qui y ait pénétré, — & que ces entroques rouges se trouvent souvent en compagnie d'autres coquilles, coralloïdes & fongites, qui tous sont de couleur blanche, il en naît la conjecture très-probable que la couleur rouge appartient essentiellement à cette espèce d'entroques dans son état nature, tout comme cette couleur est propre aux coraux rouges. Cette entroque est d'une substance sélénitique, comme toutes les autres, & par la même il est évident, que ce corps marin peut bien être d'une forme végétale, mais avec cela d'une nature animale, & que par conséquent il doit être une espèce de Zoophytes. Le siphon est marqué dans le centre par un tubule creux, qui dans quelques uns représente un pentagone, mais qui dans ce morceau est hexagone, ce qu'on observe cependant très-rarement. Les corps rouges qui se trouvent près de cette pétrification, semblent appartenir aux coraux, qu'on trouve très-souvent, sur tout sur les pierres de Gothlande, en compagnie avec ces Zoophytes. Num. 3. est une entroque, dont la surface qui est en vûe, est endommagée, & qui fait assez connoître sa substance spathique sur la fracture, qui est très-distinctement représentée ici. Car lorsque l'on met en pièces les entroques qui sont toutes spathiques, elles se rompent en morceaux cubiques & pointus, & telle se présente alors aussi la surface de laquelle on a enlevé ces morceaux. Dans cette pièce la couleur rouge est aussi encore visible par-ci par-là, d'où l'on peut conjecturer que celles, qui dans les pierres de Gothlande sont blanches, ont aussi été autrefois de couleur rouge. Le morceau Num. 4. sert à éclaircir ce que j'ai dit plus haut des cercles émoussés des entrochites de Gothlande, des pores placés en rangs & des apophyses qui se présentent quelquefois dans de petites branches fines. Car les petits tubercules qu'on voit d'espace en espace, ne sont que les articulations inférieures de ces branches fines, qui naissent du tronc. Num. 5. représente des entroques courtes avec un siphon à cinq feuilles, sur lesquelles se sont attachées certaines millepores, les ont enveloppées, & dans la suite se sont divisées en branches, d'où ces entroques paroissent avoir des racines.

X x

SUPPL. VII. d.

Cette Planche, qui offre de même des entrochites de Gothlande, me fournit aussi l'occasion d'ajouter quelques remarques sur cette espèce particulière de Zoophytes.

Num. 1. renferme trois morceaux de ces entroques, enchaßés dans une matrice qui en plus grande partie est compoßée de coralloides. Au reste ces morceaux sont instructifs à cauße de leurs pores fins rangés en lignes, qui ont tous eu une communication avec le canal dans le centre du tronc, ou avec le siphon qui y étoit autrefois. Mr. le Baron de Zorn remarque à l'égard de ce morceau que feu Mr. KLEIN a suppoßé que les apophyses en partie rameußes & en partie contournées, qui ße trouvent à la baße, avoient fait partie du corps même, & que l'analogue pourroit être une espèce de tête de Méduße encore inconnue. Cependant je ne saurois adopter cette opinion. Ce mot étant pris dans toute la rigueur de sa conception, les têtes de Méduße ne font que des espèces d'étoiles de mer à plusieurs pans, qui n'ont rien de commun avec les Zoophytes, mais qui ont, comme tous les animaux marins, un mouvement libre, & que par cette raißon l'on ne sauroit compter parmi les Zoophytes. Si d'après HIEMER l'on vouloit donner le nom de têtes de Méduße aux pentacrinites proprement dits, je n'y trouverois pas tant à redire; mais je ne saurois ranger cette espèce d'entroques parmi les pentacrinites, où il faut proprement compter la tête de Méduße de laquelle parle Mr. HIEMER. Les pentacrinites, comme il a été dit plus haut dans le Chapitre des encrinites, forment leurs branches articulées d'une manière toute différente de celle dont elles font formées ici. On a donc plus de raißon de dire que les apophyses qui ße trouvent ici à la baße des entroques, ne font qu'un tißu de corail, ou des millepores, dont les polypes s'attachent à différens corps marins, & ße divißent succeßivement en rameaux & en branches latérales.

Num. 2. Cette entroque est des environs de Dantzick. Sa partie supérieure est arrondie par le roulement; sa forme n'est donc qu'accidentelle.

Num. 3. Nous aprenons par ce morceau qui vient de Gothlande, que dans cette espèce d'entrochites plusieurs tiges ße trouvent sur une baße commune, de laquelle elles ße répandent en montant. Ses branches font de même, pour ainsi dire, conglutinées avec les coralloides.

Num. 4. Ce morceau est de même de Gothlande & nous offre une espèce particulière d'entrochites. Les branches y font, comme d'ordinaire, articulées, & d'espace en espace garnies d'anneaux élevés, comme l'on voit distinctement dans la branche marquée d'a. Ces petits cercles, proportion gardée, font beaucoup plus distans les uns des autres que dans les entroques de Gothlande proprement dites, dont nous avons parlé jusqu'ici. Toutes les branches naißent d'une baße commune, où il convient de remarquer comme une particularité, qu'elles vont en diminuant confidérablement vers l'extrémité, ce qu'on n'obßerve guère dans les entroques rameußes proprement dites, à l'exception des derniers articles. Faut-il prendre ce corps marin branchu pour la couronne d'une espèce d'encrinites encore inconnue? Je ne crois pas avoir aßez de raißon pour cela. La matrice qui renferme ce corps, est de même en plus grande partie un tißu corallin. Je ne puis me dispenßer de rapporter ici une certaine suppoßition de feu Mr. KLEIN à l'égard de ces entrochites de Gothlande. Il leur attribue, suivant la deßcription que Mr. le Baron de Zorn m'en a transmiße, un certain *corium* ou une enveloppe membraneuße & coriacée, dont ils font revêtus dans l'état naturel, & il suppoße que dans le Régne des pétrifications cette enveloppe s'est conßervée dans quelques uns, & que dans d'autres le frottement & le roulement l'ont détruite. Tous les exemplaires de Gothlande que j'ai dans mon Cabinet, & que j'ai examinés avec la plus grande attention, n'ont pû me convaincre de la réalité de cette hypothése de ce Savant. Il a ou supposé que ceux qui sont garnis tout au tour de cercles en relief, sont précisément les mêmes dans lesquels ce *corium* s'est conservé, ou bien, ce qui est plus probable, il a pris pour ce *corium* l'enduit corallin qui se trouve dans plusieurs morceaux. Le premier ne sauroit avoir lieu, vû qu'autrement il faudroit qu'on observât sur la face transversale, là où les rayons passent vers le centre, une canelure circulaire fine autour de la circonférence, c'est à dire là où le *corium* tient au corps même; ce que cependant l'on n'observe jamais. Au contraire les rayons fins passent sans interruption jusqu'à l'extrémité du bord tranchant de la périphérie, ce qui seroit impossible si le corps même étoit enveloppé dans une pareille peau. Il faut ajouter qu'une telle peau, quand même elle se pétrifieroit, ne pourroit jamais, en se racornissant, former des cercles si réguliers, & qu'au contraire elle se contracteroit en plis & rides irréguliers, chose, qu'on n'observe de même jamais. Il faut convenir à la vérité que dans ceux qui ont encore leurs cercles entiers, on ne découvre guère les entaillures où les articulations étoient jointes les unes aux autres; mais on ne peut pas inférer de là que les entroques de Gothlande aient dans leur état naturel une enveloppe coriacée. Il faut plûtôt en chercher la cause tant dans la finesse extrême de ces entaillures, que dans leur situation, vû qu'elles se trouvent toujours entre les cercles, où leurs vestiges peuvent facilement être effacés par la poussière calcaire fine & le sable qui s'y déposent, & qui avec le tems prennent la dureté d'une pierre. Par cette raison même je crois être convaincu que feu Mr. KLEIN a pris pour un pareil *corium* ces croûtes corallines, que d'ordinaire les polypes des millepores fabriquent là où ils s'attachent.

S U P P L. VII.e.

Cette Planche offre quelques morceaux qui appartiennent au genre des encrinites.

Num. 1. Un pentacrinite de Goslar, dont les pans sont contractés, & lequel, ayant été cassé par hazard transversalement en deux morceaux, fait entrevoir une partie de sa structure interne. Ce qu'il y a de particulier c'est que la petite partie pentagone qui occupe le milieu de la base & qui est marquée d'une petite rose à cinq pétales, à laquelle tenoit autrefois la tige, a été un peu disloquée ou écartée de sa place par un accident heureux, ce qui nous fait découvrir la façon dont cette partie est unie au corps de la base; C'est à dire il y a quelques petites colomnes & probablement il y en a cinq, une à chaque angle, qui passent de la partie pentagone vers l'intérieur de la base. Mais on n'en a ici en vûe que trois, & dans la figure on n'en a pû représenter que deux. Celles-ci semblent être composées de deux parties, dont la supérieure est un peu plus grosse & plus ventrue que l'inférieure. La troisième figure représente ces parties un peu grossies.

Num. 2. Un fragment d'un pentacrinite qui répand aussi quelque lumière sur la structure interne de ces corps. Car outre les parties fusiformes internes des rayons qui y sont restés, on y voit l'intérieur de la partie du milieu de la base, sous la forme d'une fleur à cinq pétales, ayant dans son centre une étoile enfoncée à cinq rayons. De Wolfenbüttel.

Num. 4. La base ou la racine des rayons d'un pentacrinite, d'une grandeur considérable & d'une espèce particulière, qui paroit s'écarter de toutes les autres qu'on connoit jusqu'ici. Le contour n'y est pas, comme dans les espèces communes, un pentagone formé par cinq lignes droites ou légérement courbées, mais il est évasé de façon que par là la pierre ressemble à une fleur étoilée reguliere à cinq pétales. Cette ressemblance devient encore plus parfaite à l'égard de la superficie par la forme des feuilles ou des segmens dont la fleur est composée. Car ces feuilles ne sont pas convexes mais concaves; elles sont d'une forme rhomboïdale, les engraînures où elles s'unissent, ne passent pas par les pointes ou les angles saillans, & elles sont dirigées du centre vers le milieu des côtés rentrans. On n'a qu'à jetter un coup d'oeil sur Nro. 1 de cette Planche pour voir combien cette structure différe de celle des espèces communes de ces créatures. Cette belle pièce est enchâssée dans une pierre calcaire: elle a été trouvée, à ce qu'on dit, dans le Canton de Soleure.

Num. 5. Cette pierre renferme un mélange des débris de deux encrinites. On voit en haut, outre un fragment de la base de l'un, encore une partie considérable de la base de l'autre avec la pierre articulaire à laquelle tenoit autrefois sa tige. A côté l'on observe quelques articulations de plusieurs rayons qui se trouvent le plus près de la base & qui y tiennent. Au reste ces fragmens sont tellement pressés les uns contre les autres, qu'on seroit tenté de croire que ces deux encrinites n'eussent pas été placés ensemble par quelque hazard, mais qu'ils eussent été unis par une véritable concrétion. Ce morceau est calcaire; du Canton de Bâle.

Num. 6. Un fragment composé de plus de trente articulations de la tige d'un petit palmier marin, dont une partie est représentée fig. 7. grossie à la louppe. Sur deux de ces articulations on voit très distinctement les cavités auxquelles tenoient autrefois les branches latérales. Ce morceau est de même calcaire; de Schauenbourg.

SUPPL. VII. f.

Les deux pièces qu'on offre sur cette Planche, renferment de beaux fragmens d'encrinites, qu'il faut d'autant plus apprécier qu'ils nous présentent très nettement & très-distinctement la structure interne de cette espèce particulière de Zoophytes. Comme j'ai déjà décrit plus haut l'encrinite avec toutes ses parties, & que j'ai eu l'occasion d'expliquer cette description d'après un encrinite mis en pièces & représenté sur une Planche dans le Supplément, il ne me reste que d'insérer ici la description que Mr. le Cons[eiller] privé de Cour Schmidel, qui en est le possesseur, & qu'il a faite d'après les originaux, a bien voulu me communiquer. La voici en propre termes. Il commence par le grand morceau. „Num. 2, „ dit-il, représente un *Encrinus* à dix rayons à demi-ouverts, dont ceux de devant sont en „ partie emportés, de façon qu'on peut distinctement voir le côté interne des autres. Cha- „ que rayon consiste en dedans en quatre rangs, dont deux de chaque côté, ou en une bar- „ be à quatre couches, qui est encore composée de petits articles; le rang extérieur des fi- „ lets de la barbe de deux côtés est d'une structure plus ferme & ressemble par la „ substance aux petits écussons, qui en deux rangs obliques forment le dos de chaque rayon; „ là où ils sont contigus aux écussons du dos, le premier article de chaque filet représente un „ petit rhombe, sur lequel se trouvent les petits articles placés sous un angle rentrant, „ & à mesure qu'ils approchent de l'extrémité, ils ressemblent plus à des parallélépipèdes, & „ ont la surface externe lisse. Les deux rangs intérieurs de la barbe paroissent être plus longs „ que les extérieurs, & portent sur la surface externe, c'est à dire, sur celle qui est dirigée „ vers le rang extérieur, des stries transversales très-fines & très-serrées. Du côté interne, „ duquel ils sont opposés l'un à l'autre, ils ont des dentelures encore plus fines. Mais on a „ de la peine à observer ces deux particularités sans microscope. La moitié du corps de l'en- „ crinus avance hors de la pierre; il y a encore un morceau de la tige, dont cependant les „ articulations sont disloquées. La base de la pierre renferme quelques peignes cordiformes „ & quelques moules, sur lesquels l'*Encrinus* s'étend en partie, & paroît avoir été pétrifié „ plus tard que ces coquilles." Au sujet du petit morceau ce Savant nous dit: Num. I. se „ représente que deux rayons de l'*Encrinus* couchés sur le côté, dans lesquels on voit encore „ plus distinctement la qualité & la structure que je viens de décrire. Celui que l'observa- „ teur voit du côté droit, avance plus le dos; le rang extérieur des filets de la barbe en „ est cassé en plus grande partie, ce qui fait paroître distinctement le rang intérieur avec sa „ face externe & les stries transversales des filets. Le rayon à la gauche de l'observateur se „ présente tout à fait de profil; le rang extérieur des filets n'y est pas endommagé; il est plus „ court que l'intérieur, qui se trouve au dessous, de même entier, mais qui a de petits „ interstices, dans lesquels les filets du rang intérieur opposé avancent & font paroître leur „ bord interne dentelé. Dans les deux figures les fibres, & la barbe entière semblent être plus „ longues vers le corps & plus courtes vers l'extrémité des rayons; chaque rayon même

parti

„ paroit se terminer en pointe un peu émouslée, ce que l'on voit plus distinctement fig. 2.
„ que fig. 1. où en cassant la pierre on a détruit les pointes. En général le morceau repré-
„ senté fig. 1. est endommagé; la plus grande partie du corps & des rayons se trouve sous
„ une huître cannelée, que la place n'a pas permis de représenter ici; à côté de la figure de
„ ces deux rayons on voit encore l'empreinte d'un autre rayon qui y étoit autrefois, mais
„ qui est détruit. „ Jusques là Mr. Schaudel. Je n'y ajoute que la remarque suivante : Chaque rayon principal de l'Encrinite, dont il y en a d'ordinaire dix ou douze, se divise vers le
milieu en deux branches, & celles-ci sont garnies de deux côtés de fibres fines articulées.
Or s'il a été dit ici que chaque rayon a quatre rangs de fibres ou de filets, on ne parle pas
des branches latérales, mais des rayons mêmes, & à cet égard on peut très bien leur donner quatre rangs de fibres articulées. Il convient de conférer ici ce que nous en avons dit
Part. II. Chap. XI.

SUPPL. VII. g.

Num. 1. & 2. représentent des fragmens très instructifs de la couronne d'un encrinite.
Là où les rayons deviennent bifourchus, ils présentent sur le bord ou sur les côtés certaines
pointes triangulaires, qui donnent au bord la forme d'une scie. Le rayon qui se trouve le
plus près, est de la même structure, & lorsque ces rayons se contractent, leurs pointes s'engrainent exactement les unes entre les autres. Num. 1. fait voir fort distinctement ces pointes. On observe encore partout les vestiges de la barbe ou des petites branches articulées,
dont les rayons son garnis, & qui, lorsque l'animal vient à mourir, se contractent, & se ca-
chent, pour ainsi dire, sous le lis. Ce morceau est de l'Asse, dans le pais de Lunebourg.

Num. 3. Un entrochite considérable, ou une portion assez longue de la tige d'un encrinite avec des crénélures fines; de la Franconie. Comme l'on trouve plus souvent les tiges
des encrinites dans leur union naturelle que leurs couronnes, on en peut inférer que le ligament de la tige resiste plus longtems à la putréfaction que ceux de la couronne, dont la
base constitue le centre du systéme des nerfs d'un encrinite.

Num. 4—9. représentent des astéries colomnaires de Franconie, ou les tiges des pentacrinites, sur lesquelles on voit très distinctement d'espace en espace les vestiges des branches qui y tenoient autrefois. Il a été dit plus haut que ces astéries ont le plus souvent à
l'extremité inférieure de la tige des articulations rondes, & qu'elles prennent successivement
une forme à cinq feuilles, qui à la fin se changent en cinq rayons. Je n'y ajoute que cela;
Depuis quelques ans on a découvert des vestiges d'une espèce toute particulière d'encrinites
dans les environs de Prague Sud-Est vers le Wischerad, dans une montagne calcaire, dont la
substance est une pierre puante noire melée de spath, & j'espere que par les recherches assidues de Mr. François Zeno il y sera fait encore à l'avenir plusieurs belles découvertes qui s'y
rapportent. L'espèce de Zoophyte qu'on y trouve, ressemble trop aux pentacrinites par la
ramification, par la situation & par le nombre des branches articulées, pour qu'on ne la re-
connoisse pas d'abord, & qu'a cet égard on ne range pas ces fragmens parmi les pentacrinites. Mais lorsque l'on considére les articulations des tiges, on trouve qu'elles conviennent
plus avec l'encrinite qu'avec le pentacrinite; car elles ont toutes la circonférence ronde, &
ne présentent sur leurs faces ni une figure à cinq feuilles ni à cinq rayons, mais elles ont
comme tous les trochites, des stries très fines qui passent vers le centre. Comme la Nature
se plait à placer entre les genres de même qu'entre les espèces certains corps intermédiaires,
qui ont quelque ressemblance avec ceux entre lesquels ils se trouvent, & qu'elle passe par une
gradation imperceptible d'une espèce à l'autre & d'un genre à l'autre, ne se pourroit-il pas
qu'il existât une espèce de Zoophytes, par laquelle les encrinites tiennent aux pentacrinites,
c'est à dire une espèce qui eut les articulations d'un encrinite & la ramification d'un pentacrinite? S'il en existoit une, je prendrois, sans hésiter, pour telle l'espèce de Zoophyte de
Prague. Les Planches suivantes marquées de Num. VIII. offrent en plus grande partie des
supplémens

d'OSTÉOLITHES,

que nous avons encore présentées en petit nombre dans cet ouvrage, vû que d'ordinaire on fait moins de cas des ostéolithes que d'autres pétrifications. Cependant il y a bien des morceaux qui intéressent le Naturaliste, lorsqu'ils lui offrent des os inconnus d'animaux pour être tout aussi inconnus.

SUPPL. VIII.

Num. 1. offre un morceau, qui me semble pouvoir être compté jusqu'à présent parmi les problèmes lithologiques. Autant que je sçai, c'est le seul qu'on a trouvé dans les carrières de Querfurt. Il est enchaffé dans une pierre calcaire, se termine en pointe & ne consiste qu'en fibres épaisses, placées assez symmétriquement les unes à côté & au dessus des autres. A en juger par la fracture, il avance d'un demi-pouce dans la pierre. Il est d'un brun brillant, je n'y ai pû rien découvrir d'une substance spathique, cependant je n'oserois soutenir qu'il n'y en ait point, car l'extérieur me laissoit dans l'incertitude, & je n'ai voulu en casser un morceau pour examiner la qualité de la pierre, puisque je n'en avois pas la permission expresse de M. le Possesseur. Les fibres mêmes, vûes superficiellement, ressemblent beaucoup aux grosses cordes de boyau ou plûtôt à la barbe des grands poissons de mer. Elles sont unies, & n'ont ni striés longitudinales ni transversales. Leur grosseur est la même en haut & en bas.; sans cela on trouveroit encore plus de ressemblance entre elles & les piquans des nageoires de certaines espèces de poissons. On pourroit dire alors qu'il se présente ici une grande & large nageoire épineuse du dos, contournée sur elle même en forme de cornet, & peut-être pourroit-on soutenir cela avec d'autant plus de probabilité, que dans les carières de Querfurt on trouve quelquefois des dents molaires de très grands poissons de mer, & qu'outre cela on y découvre encore d'autres ossemens, qui semblent beaucoup plus appartenir à des animaux marins qu'à des animaux terrestres. Cependant je ne donne tout cela que pour des conjectures, dont je serai très-aise d'être desabusé. La partie supérieure du bout large en est cassée, & peut-être ces piquans des nageoires, s'il est permis de les prendre pour tels, étoient-ils un peu plus effilés & plus pointus dans ce morceau cassé. La matrice en est une pierre calcaire.

Num. 2. Une machoire entière avec les dents qui y sont encore enchassées, de la même contrée. Büttner en a communiqué une dans ses *ruder. dilov. test.* Tab. X. Num. 6 & il soutient pag. 222. que les Zoologues les plus experts de son tems n'ont sçu indiquer l'espèce d'animal à laquelle appartiennent ces machoires & d'autres ostéolithes de Querfurt. La partie inférieure des dents, là où elle tenoit aux gencives, est large, la partie supérieure en est pointue: les dents sont à proportion plus grosses que les glossopètres; elles ont des stries longitudinales fines; leur racine n'est pas bifourchue comme celle des glossopètres, mais plûtôt ronde, & presqu'aussi longue que la dent proéminente. Dans quelques animaux même la dent antérieure est un peu crochue. Il semble cependant qu'au devant de la machoire il en manque une partie; mais c'est ce que je n'oserois soutenir avec assurance. Dans Willoughby on trouve plusieurs espèces de poissons dont les dents ont une ressemblance plus ou moins grande avec celles de cette machoire, par ex. Tab. A. 1. le *Dauphin*, B. 3. le *Centrina*, E. 1. le *Canis galeus Salviani*, B. 8. le *galeus glaucus Rondeletii*, G. 4. le *Serpens marinus Salviani*, G. 5. le *Serpens marinus maculosus*. tab. H. 4. l'*Exocoetus Bellonii* M. 1. le *Colias Rondeletii*; je me dispense d'en rapporter d'autres.

SUPPL. VIII. a.

Les cornes des boeufs tant domestiques que sauvages de même que celles des cerfs ne se trouvent pas fréquemment dans le Règne des pétrifications, sur tout celles qui ont subi une pétrification parfaite. Communément elles ne font que calcinées, comme la présente corne

l'un *Aurochs*; on en tire même beaucoup du fein de la terre qui fe font confervées presqu'en
entier dans leur état naturel. Il faut en chercher la caufe principale en ce qu'il n'arrive pas
facilement que ces cornes foient enfoncées auffi avant dans la terre qu'il le faudroit pour fe
pétrifier, & comme d'ordinaire le hazard leur affigne une place dans des endroits fecs, furtout dans des forêts, il leur manque le véhicule, c'eft à dire l'eau qui doit infinuer les particules terreftres dans les interftices vuides des particules évaporées. Outre cela elles fe trouvent dans un terroir trop peu compacte pour que cette opération puiffe fe faire. Par cette
raifon elles fe décompofent à la fin, & ne parviennent guères à la pétrification. Le plus fouvent on ne les tire que de la terre même, & on les trouve rarement enchaffées dans une matrice d'une pierre compacte, fur-tout d'une pierre calcaire. Dans cet individu on voit encore une portion du crâne.

S U P P L. VIII. b.

Cette Planche offre plufieurs oftéolithes en partie encore inconnues des environs de Querfurt. On voit affez par le tiffu fibreux qui appartient proprement aux os, que la pièce repréfentée fous Num. 1. & 2. eft un os pétrifié, & il eft probable que ce foit une vertébre
de même que Num. 6.; mais il eft difficile d'indiquer l'animal duquel elle a fait partie, à caufe
de la connoiffance imparfaite qu'on a de l'oftéologie animale. Il faut dire la même chofe fur
l'os Num. 3. qui n'eft pas trop rare dans les environs de Querfurt, & duquel Büttner a
déjà donné une figure dans fes *ruder. diluv. teft.* tab. XXIII. Num. 6. 7. 8. tab. XXIV. B. Num. 3.
& 4. tab. XXV. 3. Il y en a de différente grandeur. L'os qui eft repréfenté ici, tient le milieu entre les autres de la même qualité qu'on y trouve. Dans cette contrée on en trouve
deux fortes. L'une n'en a que les parties latérales fimples, comme le préfent morceau, dans
l'autre l'une de ces parties latérales eft double, c'eft à dire d'un côté il y a deux côtes pointues fort près l'une de l'autre. Num. 4. repréfente une dent molaire ovale d'un poiffon, la
furface de laquelle eft marquée de ftries fines qui des deux côtés paffent vers le milieu du dos.
Cette efpèce de dents molaires des poiffons a été décrite ci-deffus Part. II. Chap. XIV. Num.
13. On voit fous Num. 4. un morceau de la machoire d'un poiffon. La machoire eft de la
même qualité que celles que Scheuchzer repréfente *querel. pifcium* tab. III. où l'on trouve
deux pièces fous le nom de: *mandibula cuiusdam pifcis*, avec lesquelles il convient de conférer
Wolfarth *hift. nat. Haff.* tab. XXI. Num. 2. 3. 4. & les repréfentations femblables de Mr. de
Jussieu dans les Mémoires de l'academie royale des fciences de l'an 1721. pag. 98. Il a été
fait mention de cette efpèce de dents de poiffons dans cet ouvrage Chap. XIV. Num. 27.
La forme entière de la pétrification repréfentée fous Num. 6. la fait reconnoître pour une
vertébre.

S U P P L. VIII. c.

Que ce morceau particulier eft d'une fubftance offeufe, c'eft ce que la fracture qui fe
préfente à la partie inférieure Num. 2. prouve auffi clairement, que perfonne qui en voit l'original n'en peut douter. C'eft donc une dent machélière: mais quel eft l'animal auquel elle
a appartenu? Jusqu'ici je ne connois perfonne qui fache repondre pofitivement à cette queftion, quand même je ne fuis pas le premier qui aye propofé cette efpèce particulière de
dents molaires aux recherches des Curieux. Mr. d'Argenville l'a déjà fait avant moi dans
fon Oryctologie Pl. XVIII. Num. 8. de même que Mr. Davila qui, dans fon magnifique Cabinet, en avoit fix morceaux, comme l'on voit dans fon *Catalogue fyftematique* Tom. III. p. 219.
Num. 307. Voici la defcription qu'il en donne: *fix dents foffiles, peu communes, favoir une
groffe dent molaire de quelque animal inconnu, pétrifiée; elle eft compofée de plufieurs tubérofités de forme conique, liffes, confervant leur émail, quatre defquelles font plus groffes que les autres.* J'ai déjà traité de cette efpèce de dents dans cet Ouvrage Part. II. Chap. XIII.

SUPPL. VIII. d.

Toutes les pétrifications repréſentées ſur cette Planche ſont du Mecklenbourg & ſe rapportent à l'oſtéologie des poiſſons. Num. 1. - 14. ſont des dents pétrifiées de poiſſons; Num. 15. 16. les machoires, Num. 19. l'écaille d'un poiſſon, & Num. 17. 18. deux pétrifications, qu'il faut de même ranger ici.

Quant aux dents pétrifiées, elles appartiennent toutes à celles, qui, ſuivant la diviſion que nous en avons faite Part. II. Chap. XIV., en conſtituent la quatrième Claſſe, ou aux dents de poiſſons pétrifiées rondes & ovales. Je les ai décrites & caractériſées ci-deſſus auſſi exactement qu'il étoit poſſible. Je ne trouve pas à propos d'ajouter quelque choſe à leur ſujet vû qu'elles conviennent toutes avec la deſcription que j'en ai donnée. Chaque dent eſt repréſentée deux fois, c'eſt à dire du côté ſupérieur convexe & du côté inférieur concave; il faut donc conférer Num. 1. avec Num. 2. Num. 3. avec Num. 4. etc. Les cinq premiers du Num. 1. juſqu'au Num. 10. appartiennent aux *Dentes orbiculati* de Luid; elles ſont de couleur brune foncée, & en plus grande partie hémiſphériques. Elles ont un brillant comme ſi elles avoient été polies; qualité qui ſe trouve communément dans les dents des poiſſons, principalement dans les rondes & dans les ovales. Nous en avons indiqué ci-deſſus la cauſe. Num. 11. 12. 13. et 14. appartiennent au Scaphoïdes qui ſont un peu plus rares que les rondes. Elles conviennent de même exactement avec la deſcription que nous en avons donnée. Num. 15. & 16. offrent les machoires d'un poiſſon, dans leſquelles on voit encore diſtinctement les dents tranchantes & pointues; cependant je doute qu'on puiſſe déterminer poſitivement l'eſpèce de poiſſons à laquelle elles ont appartenu, vû que pluſieurs eſpèces de poiſſons ont des dents pointues ſemblables à celles-ci. Feu Mr. le Prévôt Genzmer, dans le beau Cabinet duquel ces morceaux ſe trouvent, a pris Num. 15. pour la machoire d'un brochet. Num. 17. appartient auſſi aux dents molaires, c'eſt à dire à la cinquième Claſſe des dents de poiſſon pétrifiées, ſur leſquelles il faut conférer ce que j'en ai dit Part. II. Chap. XIV. Mr. l'Inſpecteur Wilke a communiqué de ſemblables morceaux de cette eſpèce dans ſon Traité: *Nachricht von ſeltenen Verſteinerungen*. Pl. VIII. avec leſquels il faut comparer ceux qu'on voit dans cet ouvrage Part. II. Pl. II. 1. a. Ce qu'il y a de remarquable ici c'eſt les deux cavités rondes ſur la baſe, qu'on ne trouve pas dans d'autres individus de cette eſpèce. Si elles proviennent de la racine comme dans les *dentes orbiculati*, c'eſt dont je laiſſe à d'autres la déciſion. Quant au morceau repréſenté ſous Num. 18. feu ſon Poſſeſſeur ne ſçut pas lui même, pour quoi il devoit le prendre. C'eſt l'empreinte d'un corps étranger, qui reſſemble beaucoup à une portion de l'épine du dos d'un poiſſon, à laquelle tiennent encore les arêtes. D'autant plus connoiſſable eſt l'original du Num. 19. quand même il n'eſt pas trop diſtinctement repréſenté dans cette copie. C'eſt l'écaille d'un poiſſon enchaſſée dans une pierre à fuſil, où l'on voit très-diſtinctement dans l'original les ſtries fines que ces écailles ont ſous leur ſurpeau, mais que l'art du peintre n'a pû aſſez exprimer ici, vû qu'à cauſe de leur fineſſe extrème elles ne ſont viſibles qu'au microſcope. Cette écaille a, comme les dents des poiſſons, un beau brillant, & par là même elle devient bien apparente ſur la pierre. Ces écailles ſont très-rares dans le Régne des pétrifications. Car communément les poiſſons ne paſſent dans le Régne des foſſiles que lorſqu'ils ſont à moitié pourris, par conſéquent dépouillés de leurs écailles. Or comme les poiſſons ne ſe trouvent que dans les pierres nées d'un ſediment, il étoit difficile que les écailles ſe pétrifiaſſent avec le reſte, vû que leur légéreté les a empechées d'être enfoncées dans le ſediment. La pierre à fuſil au contraire eſt une ſubſtance née par la congélation d'un fluide, dans lequel une écaille, lorſqu'elle y étoit entrée, pouvoit être ſupportée à cauſe de ſa légéreté. Car ce n'eſt que des corps très-légers, qui puiſſent ſe pétrifier dans des pierres de corne & dans d'autres pierres nées par la congélation.

SUPPL. VIII. e.

Cette Planche nous préfente des Supplémens d'ichthyofpondyles pétrifiés & de différentes efpèces de dents de poiffons, qui fe trouvent dans le Cabinet de Mr. HEYDENREICH. Nous
avons déjà fait voir plus haut combien il feroit neceffaire que l'oftéologie des animaux fût
mieux éclaircie. Dans plufieurs pais il fe trouve des pétrifications dont le tiffu entier fait connoître qu'elles appartiennent à l'oftéologie. Il y en a plufieurs desquelles nous pouvons dire,
ou avec affurance ou avec probabilité fi elles appartiennent à des animaux terreftres ou à des
animaux marins, nous en favons même indiquer l'efpèce, dont la différence eft affez apparente. Mais lorsqu'il s'agit de déterminer l'efpèce d'animal même, à laquelle un tel os appartient, il eft fouvent très difficile d'en dire quelque chofe de pofitif. La vertébre longue Num.
1., qui a été trouvée fur l'Ettersberg près de Weimar, doit avoir fait partie d'un tres - grand
poiffon, qui, étant comparé avec des vertébres naturelles de moindre grandeur, proportion
gardée de la longueur d'un poiffon, doit, du moins avoir en celle de fept à huit aunes. Comme dans nos contrées ces ichthyofpondylites ne fe trouvent que rarement & ifolés, & qu'on
n'en tire guère des carrières, on en peut conjecturer que plufieurs morceaux ont été transportés accidentellement dans nos pais, après avoir déjà fubi la pétrification. Num. 2. & 3.
on voit des vertébres plus petites mais de la même forme. Num. 3. eft auffi de l'Ettersberg.
Dans Num. 2. qui eft de l'Ile de Scepey, il y a encore deux vertébres jointes emfemble, &
on y obferve dans les interftices un rempliffage, qu'on croit communément avoir été dans
l'état naturel un cartilage. A un tout autre poiffon doit avoir appartenu le Spondylite qu'on
voit fous Num. 4. & qui a été trouvé dans la même île. Les pièces Num. 5. 6. & 7. font de
la même contrée, & ont un grand rapport avec les vertébres du dos de la morue, & Num. 7.
paroit avoir fait partie de la queue de ce poiffon. Les morceaux Num. 8. & 9. ont été pétrifiés dans le même endroit, de même que Num. 10. lequel, à caufe de fa forme conique allongée, femble avoir fait partie de l'extrémité de l'epine du dos d'un poiffon. Je ne faurois dire
pofitivement ce que c'eft que Num. 11. Le Poffeffeur en fuppofe que c'eft une orbite avec
le nerf optique d'un poiffon, opinion que j'adopterois très - volontiers à caufe de la grande
reffemblance, fi ces tuniques tendres & visqueufes étoient fufceptibles de pétrification, & qu'elles ne fuffent détruites par la putréfaction, de même que la chair, avant qu'elles ne puiffent
fubir l'exficcation & la pétrification. Les dents de poiffons qu'on voit fur cette même Planche, font toutes d'Angleterre, c'eft à dire Num. 12—17. de Suffolk & 18—21. de Marsham
en Barckshire. Num. 12. appartient à la cinquième Claffe des dents petrifiées, que nous avons
établie ci-deffus, c'eft a dire à celles que LUID nomme *filiquaftra*, & que GESNER défigne fous
le nom de *quadrilateri irregulares*. Les dents repréfentées fous les Numros. 13. 14. & 15. doivent être rangées dans la quatrième Claffe, parmi les dents molaires ovales; celle de Num. 12.
mérite une attention particuliére à caufe de la fuperficie grenue qu'on n'obferve pas dans
d'autres. Les Nros. 16. 17. 18. 19. 20. 21. font des dents de poiffons coniques, qui conftituent la troifième Claffe. La forme de celle de Num. 18. n'eft pas des plus frequentes. La
derniere pièce Num. 22. eft une belle & grande dent molaire d'un poiffon, de la quatrième
Claffe, qui a été trouvée près de Weimar entre Ober-Weimar & Suffenborn. Je n'ai pas jugé
à propos de m'arrêter ici plus longtems, vû que j'ai traité ci-deffus en détail de ces efpèces
de dents pétrifiées de même que de plufieurs autres: mon deffein n'étoit que de préfenter ici
quelques bons individus des efpèces que j'ai décrites ci-deffus.

Suivant l'ordre des Planches qui conftituent ce Supplément, je viens aux

TRILOBITES

& en même tems à quelques echinites qui en plus grande partie font affez rares. Je vais ajouter quelque explication au fujet des uns & des autres.

<table><tr><td>Z z z</td><td>SUPPL.</td></tr></table>

SUPPL. IX.

Num. I. La coquille de la queue d'une trilobite de confidérable grandeur; d'Oeland.
Elle appartient à celles dont le contour forme un demi-cercle. Les trois lobes ont des ftries
élevées, mais celui du milieu en a plus que les deux lobes qui font à côté. L'analogue étant
encore entier, doit avoir été d'une longueur confidérable, & du moins en avoir en huit à
dix pouces. Ce morceau eft encore revêtu de fon teft naturel, & on y voit diftinctement,
que dans ces animaux la coquille de la queue confifte en une pièce entière, & qu'elle n'eft
pas fillonnée comme le dos.

Num. 2. Une coquille demi-ronde de la queue de médiocre grandeur, du Meckien-
bourg, revêtue de fon teft naturel mince d'un jaune grifâtre, qui à l'une des extrémités en
eft détaché. Le lobe du milieu eft étroit, & préfente le même nombre de ftries élevées que
les deux lobes qui font à côté. Là où le dos y tenoit, la coquille s'enfonce un peu obliquement dans la pierre, d'où l'on peut inferer que cette coquille de la queue ne doit avoir été
unie à la cuiraffe du dos que par quelques gros mufcles.

Num. 3. Une petite coquille de la queue de Gnoyen dans le pais de Mecklenbourg. Elle
eft encore revêtue de fon teft, de couleur brune, & enchaffée dans une pierre calcaire grife.
Le lobe du milieu y eft fort étroit, & avance presque jusqu'au bord. Les deux lobes latéraux font tout lifes & n'ont point de ftries.

Num. 4. Une coquille de la queue de médiocre grandeur, du Mecklenbourg, enchaffée
dans une pierre calcaire grife. La pétrification eft de la même couleur; le teft y eft encore
entier, de l'épaiffeur du dos d'un couteau. Le lobe du milieu a le même nombre de ftries
que les lobes latéraux. Les ftries de ces derniers disparoiffent peu à peu vers le bord, ce que
le peintre a manqué d'exprimer, & le lobe du milieu n'avance pas jusqu'au bord.

Num. 5. Une très-grande coquille de la queue, enchaffée dans un marbre rougeâtre; de
Stargard. Le teft qui s'y trouve encore, eft plus épais que le dos d'un couteau. La largeur
de cette pièce fait conjecturer, que dans fon état naturel elle a été plus longue.

Num. 6. Cette pièce eft de Gnoyen, de même revêtue de fon teft naturel. Elle eft enchaffée dans une pierre calcaire brune jaunâtre.

Num. 7. Un morceau qui a été trouvé dans les environs de Stargard. Le teft en eft tis-
mince, & il eft refté attaché dans l'empreinte que le corps a faite dans l'autre moitié de la
pierre, comme il arrive fouvent quand on met en pièces ces morceaux. On voit donc ici
la furface interne du teft, & on y remarque auffi des ftries élevées, de manière, que ce qui
eft enfoncé fur la face externe, eft en relief ici, & ce qui eft en relief là, eft enfoncé ici,
comme l'eft à peu près l'ouvrage relevé en boffe des orfèvres. Dans cette pierre les trilobites fe trouvent quelquefois en compagnie avec les orthocératites.

Num. 8. Une pierre calcaire jaune blanchâtre, de Francfort fur l'Oder. L'un des lobes
eft enfoncé dans la pierre, & ainfi il n'y en a que deux qui foient vifibles. Les ftries élevées
font, à proportion de la grandeur du morceau, fort groffes. Le teft qui y eft encore, eft go-
thique. Dans la pierre même il y a des pectonculites & des turbinites à ftries très-bas.
Les corps étrangers y font mêlés fans aucune régularité.

SUPPL. IX. a.

Num. 1. a. Cette trilobite fe trouve dans le fameux Cabinet de Mr. LINCK à Leipzig.
Elle eft fermée de la manière dont cet infecte teftacé en mourant fe courbe & fe contracte.
Num. 1. repréfente la coquille de la queue avec la partie inférieure du dos, & Num. 2. le
casque ou la coquille de la tête avec la partie fupérieure du dos. Ce morceau a été trouvé

près de Leipsic par un domestique], & comme depuis ce tems on n'a pas découvert, dans tous ces environs, le moindre vestige de cette pétrification, il n'est guère probable que cette contrée ait renfermé ce morceau, & vraisemblablement il n'y s'est trouvé que par quelque accident, & peut être quelque Curieux l'a-t-il perdu là. Cette pétrification fut alors transportée dans le Cabinet de Mr. LINCK, & comme dans ce tems elle étoit encore tout à fait inconnue, Mr. LINCK entra à son sujet en correspondance avec quelques savans Naturalistes, principalement avec Mrs. KLEIN, BREYN & BRUCKMANN, & dans ce dessein il fit mouler ce morceau dans de la cire, pour en communiquer les copies à ces savans & pour en apprendre leur sentiment. La correspondance qu'il a entretenue avec les deux premiers, se trouve encore à Danzic entre les mains de la célèbre Académie des Curieux de cette ville; mais la pétrification même est encore à Leipsic dans le Cabinet de LINCK. Il y a donc un petit mal-entendu quand Mr. WILKE, dans son Traité sur les Pétrifications pag. 3., dit dans la notte, que Mr. LINCK seul a eu le bonheur de posséder des copies de cette pétrification en taille douce & en cire. La correspondance entretenue au sujet de ce corps fut la cause de ce qu'il fut bientôt connu & plusieurs fois copié. Mr. BRUCKMANN le fit le premier dans ses *Epistol. itinerar.* Centur. I. Epist. XXIII. Tab. II. Num. VI. Dans la suite ce même morceau a été décrit, probablement d'après un autre exemplaire, dans le Magazin de Berlin Vol. IV., & sur une Planche qu'on y a ajoutée, on en a communiqué une copie, qui cependant n'est pas trop exacte. Ce corps a paru troisièmement dans l'*Oryctographia Gedanensis* de feu Mr. KLEIN Tab. XV. Num. 3. & 4. pareillement copié sur une forme de cire, & cette représentation convient le plus avec celle que j'offre ici. Ce n'est que la persuation dans laquelle on étoit, que ce morceau étoit complet, qui lui a procuré l'honneur d'être plusieurs fois gravé en taille-douce. On observe ici, il est vrai, les parties principales du corps, savoir la tête, le dos & la queue courbée, dans un certain sens entières & point endommagées. Mais la meilleure partie & la principale y manque, c'est à dire le test naturel, qui, suivant toute conjecture, est resté dans la matrice lorsqu'on a enlevé le corps de la pierre, ce qui arrive souvent dans cette pétrification. Je m'en doutois déja en examinant avec attention une copie en cire, avant que je n'en eusse quelque information sûre. Aussi voit on d'abord cela assez distinctement, vû que les anneaux élevés du dos n'ont point de segmens, & qu'ils forment un continu avec la coquille de la queue, ce qu'on n'observera jamais dans les exemplaires qui sont encore revêtus de leur test naturel. J'ai donc fait entrevoir mon soupçon déja en composant le Chapitre sur les trilobites; & je le trouve à présent très-fondé par l'avis que Mr. le Baron de ZORN a eu la complaisance de me communiquer à ce sujet. Car ce savant Naturaliste assure, que feu Mr. LINCK dans ses lettres, qu'on conserve encore à Dantzic, avoue expressément que sa pétrification n'est qu'un simple noyau. Le casque ou la coquille de la tête est ce qu'il y a de plus intéressant dans ce morceau, puisqu'on le trouve rarement complet. Nous y voyons que l'intérieur de la coquille exprime parfaitement, par des enfoncemens, les éminences de la surface externe, & que cette trilobite appartient à celles qui ont les sillons courbés, le front & le nez assez larges & avec cela les joues triangulaires. La petite éminence au côté droit de la partie inférieure du nez n'est probablement qu'une faute qui s'est faite dans la fusion, vû que dans cet endroit aucune trilobite n'a point de tubercule, & sur tout puisqu'on n'en voit rien de l'autre côté. Dans ce noyau on n'observe rien du bandeau du front. J'ajoute en peu de mots encore une remarque. On observera dans les noyaux des trilobites, qu'ils ne présentent jamais les éminences & les arcs aussi réguliers que celles qui sont encore revêtues de leur test. D'où cela? par ce que ce n'est pas tant le test qui laisse son empreinte, que plûtôt la peau ridée qui est au dessous du test; & c'est là aussi la raison pourquoi dans ces noyaux le dos fait toujours un continu avec la queue, qui pourtant n'y tient que par certains muscles.

Num. 3. 4. 5. & 6. Tous ces morceaux se trouvent dans le Cabinet de Mr. HEYDENREICH; ils sont tous d'Angleterre & probablement de Dudley, comme le Magazin de trilobites. Num. 3. présente la trilobite étendue, dont cependant la partie postérieure est enle-

vée, & de laquelle il n'y a que le vestige de sa place. On voit ici distinctement le bord
du front, & la trilobite appartient à celles dont le casque a des sillons droits & dans lesquelles le front, le nez & les joues sont en proportion régulière. Le morceau sous Num. 4 n'a
été représenté qu'à cause de sa situation. Dans les individus qui sont couchés horizontalement dans la matrice, on ne trouvera jamais le moindre vestige d'un test de dessous, ce qui
faudroit cependant, s'il y en avoit un dans l'analogue. Cette circonstance confirme donc la
conjecture que j'ai proposée ci-dessus, que l'animal n'a pas, comme les conques bivalves, deux
battans, mais que sous la coquille du dos les pieds testacés sont cachés comme dans l'écrevisse. Sous les Nros. 5. & 6. on représente de deux côtés une trilobite courbée très-bien
conservée. Elle est encore revêtue de son test. On voit en haut très-distinctement le bord
oblique auquel les anneaux du dos les plus voisins se joignent. L'autre moitié de cette trilobite Num. 6. est représentée ici de biais. Là où se trouvent les tubercules, est le front de
la trilobite. Elle a le casque aplati sans sillons apparens. Combien de différentes espèces ne
faut-il pas qu'il y ait dans la mer de cet insecte testacé, qui cependant nous est encore à pas
connu?

SUPPL. XI. b.

Toutes les pétrifications représentées sur cette Planches sont du beau Cabinet de feu M.
le Prévôt Genzmer à Stargard. Il suppose que N. 1. est la coquille d'une trilobite d'une conformation particulière. Probablement il entend la coquille de devant ou le casque. Cependant cette conjecture me paroit encore être sujette à bien des doutes. J'ai déjà remarqué
plus haut, que communément dans les endroits, où il y a des trilobites, on trouve aussi
des fragmens de coquilles toutes inconnues, & par la on croit être en droit de les juger
de même parmi les fragmens des trilobites. Mais il se pourroit aussi que ce fussent des débris
d'autres insectes testacés, qui peut-être ne feront conus que dans le tems à venir. Du moins
ce morceau a peu de ressemblance avec les casques des trilobites qu'on connoit jusqu'ici. M.
Genzmer ne m'a pas marqué où il a été trouvé, mais, autant qu'on en peut conjecturer par
l'espèce de marbre rougeâtre, c'est une pétrification du Mecklenbourg. D'autant plus connoissable & plus belle est la trilobite étendue Num. 2. de couleur brune jaunâtre, revêtue de
son test naturel. Les lobes latéraux de la queue sont lisses, & celle-ci, au lieu d'avoir par
en bas le contour rond, se termine en pointe émoussée. Le dos consiste en huit anneaux composés de trois arcs, mais le casque est un peu endommagé, cependant on y voit distinctement qu'il a le sillon courbé, le front étroit & les joues larges. Le corps entier est, à proportion de sa longueur, plus large qu'il n'est d'ordinaire, ce qui peut être l'effet de quelque vio-
lente compression qu'il a soufferte dans le Régne des fossiles. Ce morceau est de Wagensel
près de la nouvelle Brandebourg. Num. 3. est une trilobite étendue de Sukow dans l'Uker-
margk, qui a huit anneaux du dos très-bien conservés. Le dos est un peu retracté en dedans, ce qui prouve que l'animal, indépendemment de sa cuirasse testacée, a le mouvement
libre en tout sens. Le casque consiste en un test lisse sans sillons, mais il a deux tubercules
beaucoup élevés, que plus haut nous avons nommés les yeux. Num. 4. Une coquille de la
queue, qui à la circonférence ronde a le bord uni, qu'on n'observe pas dans toutes. Dans l'exemplaire de Lrsvck il est aussi très-apparent. Si Num. 5. doit aussi être compté parmi les fragmens des trilobites, c'est dont je laisse à d'autres la décision. Feu son possesseur le prenoit
une portion du dos d'une espèce de trilobites peut-être encore tout à fait inconnue. Ce
morceau a été trouvé près de Stargard. Num. 6. est une coquille de la queue conique, de
Stargard. Communément les coquilles coniques sont d'une apparence beaucoup plus belle
que les rondes. Elles ont la plupart plus de stries fines elevées, & c'est en particulier le lobe
du milieu qui en est bien marqué. Ici il en a trente-quatre, & les deux lobes latéraux en
ont que seize. Ce morceau a été trouve près de Stargard.

En traitant des limites j'ai remarqué, que, suivant la gradation que la nature suit en pro-
duisant les animaux testacés, il est probable qu'il y ait aussi dans la mer des limites fixes

partimens. On n'en a pas encore découvert dans l'état naturel; mais ici le Règne des fossiles nous en offre un sous Num. 7. & par là confirme assez cette supposition. Cette pétrification a été trouvée dans les environs de la nouvelle Brandebourg. Num. 8. & 9. font des morceaux d'orthocératites, qui méritent de l'attention puisque des alcyons s'y font nichés. Les taches rondes Num. 7. font spathiques, & ne paroissent que lorsque l'orthocératite a été dépouillé de son test naturel. Si elles se trouvent entre les chambres, dont je doute cependant, il faut que le siphon leur y ait donné le passage. Le plus souvent elles se trouvent par devant dans la partie creuse de la coquille, qui autrefois étoit la loge de l'animal. Dans Num. 9. on voit même encore très-distinctement quelques vestiges de la bouche (*osculum*) de l'alcyon qui s'y étoit établi.

S U P P L. IX. c.

Num. 1. Une très-belle & grande trilobite étendue; c'est la plus belle de celles qu'on a présentées dans cet ouvrage. Neustrelitz est son pais natal. On l'y a trouvée dans une pierre calcaire grise. Elle a huit anneaux sur le dos, dont celui du milieu est assez large. De la coquille de la queue il y manque une partie des deux côtés, ce qui fait voir dans l'empreinte qui en est restée dans la matrice, la véritable forme de la surface interne de la coquille, qui est garnie de stries très-fines parallèles, tout comme si des lamelles fines étoient couchées les unes sur les autres, dont toujours l'une avance un peu au dessous de l'autre. Tous les trois lobes ont le même nombre de stries élevées. Le casque n'en est pas moins remarquable. Il a le front & le nez si larges, que par là les joues font peu apparentes. On y voit distinctement les tubercules. Il semble que d'un côté il y en a deux ensemble, & dans ce cas le phénomène est d'autant plus rare. Les petites trilobites Num. 4 - 6. font de la nouvelle Brandebourg, très-bien conservées, & qui présentent fort distinctement toutes leurs parties. Num 3. offre la face postérieure de Num. 2. ou la coquille de la queue se courbe, & Num. 4. & 5. offrent de même un morceau représenté de deux côtés. Num. 2. a de très-grands tubercules, & Num. 4. quoique de même grandeur, les a très-petits. Dans Num. 5. on ne peut pas assez distinguer les trois lobes de la coquille de la queue, à moins qu'il n'y ait une espèce particuliére de trilobites, qui ait les coquilles de la queue non courbées, ce que je serois tenté de supposer d'après un individu que j'ai dans mon Cabinet. Num. 7. est la partie supérieure d'un très-beau lituite, lequel, s'il étoit entier, mériteroit par sa beauté, la preference sur celui de KLEIN. Ce morceau a été trouvé près de Neustrelitz.

S U P P L. IX. d.

Num. 1. Une très-belle & rare pétrification d'une espèce d'echinites, de laquelle il nous faut rapporter ici ce qui en est le plus remarquable. La copie très-exacte que nous en offrons ici, nous dispense d'en ajouter une description prolixe. On voit assez que cet echinite ressemble à une cloche à bord large, ou, suivant d'autres, à un pâté. Le diamétre de la base est de six pouces, & la hauteur depuis la base jusqu'au sommet est un peu au de-là de deux pouces. Le test est blanc & sélénitique; il a, sur la surface renflée, certains sillons tranchans qui représentent une fleur réguliére à cinq pétales pointus, mais dont les extrémités n'atteignent pas le bord. Dans les sillons qui forment les pétales, on observe distinctement les lamelles obliquement couchées, dont le test est composé, & qui présentent de même une substance sélénitique. Toute la surface est garnie de petits mammelons; il s'en trouve même entre les lignes obliques dans les sillons. Le test est le plus mince au sommet à peu près comme le plus fin carton, ou comme une double carte; celui de la base est plus fort, égal à un dos de couteau; mais il est le plus épais là où est la courbure ou l'extrémité des pétales. Dans le centre de la base on remarque une ouverture, & c'est, comme dans tous les oursins de mer, la bouche; car dans cette espèce d'echinites l'anus est placé au bord de la base. Dans un individu que feu Mr. GONZALEZ a scié, on en a reconnu en partie la structure interne. On y a trouvé que le sommet vouté étoit affermi sur certains supports obliques, à

peu

peu près de la même maniere, que l'echinite fendu que feu Mr. KLEIN a représenté dans son *Echinoderm.* Pl. XXIX. Ce savant ignoroit alors que les echinites, que je viens de décrire, avoient de même de pareils supports, mais il le conjectura dans son Ouvrage pag. 43. & par l'exemplaire fendu de Mr. GENZMER cette supposition est suffisamment confirmée. La matrice qui a renfermé cet echinite de Mr. GENZMER, est un grais grossier jaunâtre. Le fond en est encore couvert, & l'on a de la peine a l'en détacher. Mais quel est le pais natal de cette belle espèce d'echinites? Mr. de MOLL, le Cabinet excellent duquel est assez connu des Curieux, en a envoyé deux exemplaires à Mr. GENZMER. En les lui envoyant il a indiqué dans un billet qui y étoit joint, Baden dans la basse-Autriche comme l'endroit où ils avoient été trouvés, ce que l'on voit dans les *Hamburg, Nachricht. aus dem Reich der Gelehrsamkeit* de l'an 1767. pag. 701. Je ne sai donc d'où feu Mr. GENZMER, dans une lettre adressée à Mr. de LINNÉ, mais qui n'est pas imprimée, suppose que ces morceaux pourroient être tirés de la sablière près de Vienne, derrière la Favorite, qui, suivant lui, est un fond très riche & presque inépuisable pour les amateurs des pétrifications. *Mercati* & *Aug. Scilla* avoient ces mêmes echinites. Le premier indique les environs de Siéne, où on les trouve, le second n'a pas dit exprès quel étoit le pais natal du sien. Cette espèce d'echinites se trouve aussi dans la Barbarie & au Levant. Mr. la MAIRE, ci-devant Consul François à Tripoli, en avoit un qui étoit de la pretendue ville pétrifiée Ras Sem dans la Cyrenaïque; les Arabes de ce pais donnent ces morceaux pour du pain pétrifié. Le savant Anglois *Thom. Shaw* a trouvé un pareil morceau dans le Desert de Marah sur la route vers le Mont-Sinai, & en a communiqué la copie dans son bel Itinéraire pag. 406.

Les deux savans Naturalistes Italiens Mercati & Scilla ont les premiers communiqué aux Curieux cette belle espèce d'echinites. MERCATI le fit dans sa *Metallotheca Vaticana* pag. 235. Il nomme les echinites à cinq lobes *Monstreuse*, & il en rapporte deux espèces de pierres, l'une en est un peu aplatie, & c'est le *scutum angulare humile Kleinii*, echinoderm. p. 19. comparé avec les Planches 17. 18. & 19 La seconde est le même echinite que je viens de décrire, auquel il donne le nom de: *cucurbites, echinites floridus.* Aug. SCILLA en fit de même en publiant une lettre en Italien sous le titre: *la vana speculazione disingannata dal senso*, qui dans la suite parút en latin à Rome en 1647. sous le titre: *de corporibus marinis lapidescentibus, quae in fossa reperiuntur.* Parmi plusieurs espèces de beaux echinites qu'il y communique, il y a aussi Pl. IX. nôtre espèce, & comme la surface inférieure y est aussi représentée, qui dans nôtre individu est encore cachée dans le grais, on y voit distinctement, ce que j'ai dit plus haut, c'est à dire, que dans cet oursin de mer l'anus n'est pas éloigné du bord de la base, & que celui-ci a cinq rayons qui naissent du centre. Après Scilla il a été fait mention de cet echinite dans l'Itinéraire de Thom. Shaw, qui a paru en Anglois à Oxford en 1738. in folio, & dans l'édition allemande de Leipsic de l'an 1765, in 4to pag. 40. Depuis ce tems je ne connois aucun auteur qui ait parlé de cette pétrification, jusqu'à l'an 1767. Dans cette année feu Mr. GENZMER fit insérer dans le Journal littéraire de Hambourg, une description détaillée des deux echinites qu'il avoit eus de Mr. de MOLL, de l'un desquels nous offrons ici une copie fidèle. Cette description se trouve dans les articles 84. & 85. de ce Journal, de l'année indiquée. Il les nomme la *echinodiscites*, mais il ne sçut pas alors qu'on connoissoit déjà cette pétrification de même que son analogue; & c'est ce dernier sur lequel il me faut aussi dire quelque chose.

Il est sûr qu'il faut ranger l'analogue parmi les oursins de mer que KLEIN nomme *scuta.* Il les divise en *scuta angularia* & en *scuta ovata*; des premiers il rapporte deux espèces, dont il nomme l'une *scutum humile*, & c'est là l'espèce commune qu'on trouve dans son ouvrage Tab. XVII. XVIII. & XIX., dans SEBA *thes. rerum natural. locupletiss.* Part. III. Tab. XI. & XV., dans RUMPHIUS *cab. des raretés d'Amboine* Pl. XIV., GUALTIER Tab. 110. BONANNI *recreat. ment. & ocul.* I. Tab. 33. & dans LINNÉ *Muf. Lud. Ulrice* p. 713. Num. 13 & *Syst. Nat.* p. 1104. Edit. XII. sous le nom d'*echinus rosaceus.* Parmi les echinites de ces auteurs on en trouve plusieurs qui ont le test plus élevé & plus voûté que les autres & ce sont ceux qui constituent la seconde espèce de KLEIN, qu'il nomme *scutum angulare altum* & qui est precisement l'analogue de l'echinite que je viens de décrire.

Num. 2. est un *echinites favagineus*, du haut-Palatinat. J'ai décrit en detail dans le Chap. IX. Num. 3. cette espèce de noyaux cristallins d'echinites, & je ne trouve rien à y ajouter.

Num. 3. Les echinites à quatre sillons de même que ceux à six sillons sont très-rares. J'en ai fait mention ci-dessus Part. II. Chap. IX, mais ce n'étoit qu'en peu de mots. Dans ce Supplément j'ai l'occasion d'en parler plus en detail. Mr. KLEIN, lorsqu'il publia son bel Ouvrage: *Historia naturalis echinodermatum*, ne connut que les oursins de mer à cinq sillons, & prit d'une certaine façon ce nombre pour le caractère essentiel & constant des oursins sillonnés. Dans la suite Mr. TESDORF lui en envoya un à six sillons de Lubeck pour l'Académie des Curieux de Danzick, & Mr. KLEIN fit connoître ce rare morceau dans les *Essais de Danzick* Part. II. p. 192. & en communiqua une copie en taille douce Pl. XV. Num. 14. & 15. Il parut, comme l'on sçait, une edition françoise augmentée de son *Historia echinodermatum* en 1754. dans laquelle on rangea Pl. XXIV. cette espèce rare d'echinites parmi ceux qui etoient déja connus. Jusqu'alors on ne connut, autant que je sçai, point d'autre individu de cette qualité, ni par une description ni par quelque copie; mais il arriva dans la suite qu'on trouva dans les environs de Leipsic, contrées très fertiles en noyaux de pierre de corne, surtout d'echinites fibulaires, non seulement un echinite à six sillons, mais aussi un autre à quatre sillons. Ils furent mis l'un & l'autre dans le Cabinet de Pfannenschmied, qui alors étoit à Leipsic, & qui dans la suite fut transporté à Hambourg; Mr. le Prof. GEHLER en fit la description dans sa Dissertation: *de characteribus fossilium externis* pag. 13. & en ajouta une copie. Suivant la classification que j'ai établie Chap. IX, ils appartiennent l'un & l'autre aux echinites ronds élevés; celui à quatre sillons appartient aux coniques, qu'on nomme *pileati, conoidei, echinoconite*, & celui à six sillons aux fibulaires. Ils ne sont l'un & l'autre que des noyaux; leur substance est une pierre de corne. La bouche est différente suivant le nombre des sillons; c'est à dire celui à quatre sillons l'a quarrée, & celui à six sillons l'a hexagone. Je ne sai si l'on a découvert des oursins de mer à quatre & à six sillons dans leur état naturel, mais quant aux pétrifiés, la complaisance de Mr. le Baron de ZORN à Danzick & de Mr. le Prevôt GENZMIRA à Stargard m'a mis en état d'en presenter l'une & l'autre espèce aux Curieux dans cet ouvrage. Sur cette Planche on voit un echinite d'une grandeur considérable à quatre sillons très-apparens, qui a été trouvé près de la nouvelle Brandebourg dans le Mecklenbourg. Il est plus ovale que rond & appartient aux *Galea* de KLEIN. Un autre exemplaire à six sillons est représenté dans ce Supplément Pl. IX. g. Il est de la Wagrie, & c'est le même individu que Mr. TESDORF a envoyé à feu Mr. KLEIN. Cependant l'original est un peu plus conique que cette copie, mais il appartient pourtant aux fibulaires. Sur cette même Planche on voit aussi un echinite à quatre sillons, &, suivant toute apparence, c'est le même, qui, comme je l'ai dit plus haut, a été trouvé près de Leipsic, & placé dans le Cabinet de Pfannenschmied. Car le même que nous presentons dans cet Ouvrage, a été dessiné d'après une copie en cire, qu'on a trouvée dans le Cabinet de KLEIN, & auprès de laquelle il y avoit un billet, qui, à en juger par les traits, etoit écrit de la main de feu Mr. LINCK, & qui contenoit l'inscription suivante: *ectypus ex sulpture confectus, echinitæ quatuor tantummodo striis, s. geminatis ordinibus insigniti. Ipse nucleus ex materia silicea opaca coloris flavi constat, in agris Lipsiensibus, magna horum nucleorum copia refertis, effossus.*

Num. 4. J'aurois bien souhaité que le peintre eût mieux & plus fidellement exprimé ce beau morceau que je lui ai donné de mon Cabinet. C'est une pierre de corne commune, taillée en pierre à fusil, & de laquelle, comme il paroit, on s'est aussi servi autrefois pour battre du feu, car le bord antérieur tranchant est tout émoussé. Vuë superficiellement cette pierre n'offre rien de particulier, mais lorsqu'on la tient vis à vis de la lumière, on y voit un petit echinite (*cidaris assulata*) avec toutes les sutures & tous les mammelons, aussi distinctement qu'on puisse se l'imaginer. Il paroit nâger dans une eau jaunâtre trouble. Je ne saurois dire où cette pierre a été trouvée. Probablement elle a été vendue parmi d'autres pierres à fusil, & l'achéteur n'a pas connu la beauté de la pétrification qu'il recevoit.

Num. 5. & 6. Mr. le Baron de Hüisch à Cologne a le premier découvert cette pétrification particulière dans le Duché de Juliers. Il est aussi le premier qui l'ait fait connoître aux amateurs de la Conchyliologie & des pétrifications, dans un Traité particulier qui a paru à Francfort en 1768. in 8vo sous le titre: *Neue in der Naturgeschichte &c.* c'est à dire, *Nouvelles découvertes faites dans l'histoire naturelle de la basse Allemagne des pétrifications de quelques animaux testacés rares & peu connus* &c. Dans ce tems Mr. de Hüisch distribua les exemplaires dont il pouvoit se passer, entre les Curieux allemands & étrangers, & c'est probablement de lui que Mr. Guettard a tenu l'individu qu'il a communiqué dans ses Mémoires Part. II. Pl. XXII. Num. 8. & qu'il a rangé parmi les Fongites, qu'il appelle, suivant sa terminologie, Caryophyllites, comme l'on voit dans ses Mémoires Part. III. p. 443. Mr. de Hüisch lui assigne une place parmi les coquilles bivalves à valves inégales; car il en a trouvé quelques individus qui étoient composés de deux valves dont l'une étoit plus grande que l'autre. L'une ressemble à un opercule & ferme exactement la cavité de ce corps. Au côté postérieur Mr. de Hüisch a découvert une charnière, c'est à dire, certaines dents & fossettes, qui, comme dans les autres conques, s'emboîtent très exactement les unes dans les autres. Tout cela paroit l'avoir mis en droit, & cela non pas sans raison, de ranger cette pétrification parmi les coquilles & de lui assigner une place entre les anomites, à côté des gryphites. Comme il a eu la complaisance de m'en envoyer non seulement des valves séparées, mais aussi un exemplaire complet, je puis assurer mes Lecteurs de la fidelité exacte de sa description, & y ajouter la mienne faite sur les individus que j'ai devant moi, pour juger par là de la qualité de cette pétrification. Le corps est composé de deux parties, dont l'une est plus grande que l'autre. La plus grande est de figure conique, large par en haut & terminée en pointe plus ou moins émoussée. Le côté de cette valve, qui est représenté sur la Planche sous Num. 6. est aplati, l'autre, Num. 5. est convexe, d'où l'ouverture paroit toujours en haut en forme de croissant. L'extrémité est un peu recourbée vers en haut, vers le côté convexe. Cette pétrification ressemble donc à la partie antérieure d'une pantoufle de femme, d'où Mr. de Hüisch lui a donné le nom de Sandalite ou Sandaliolithe. La grande partie est concave, & cette concavité est fermée d'un opercule que nous allons décrire plus en détail. La grande valve a la face externe marquée des deux côtés de stries très-fines. Les stries ne sont pas de même largeur, mais elles sauroient toutes, là où elles ne sont pas effacées par quelque frottement, de très-fins sillons, à peu près comme si l'on avoit collé une quantité de cartes les unes sur les autres. Dans les individus usés ces lignes transversales fines ne sont pas apparentes du tout.

Il nous faut encore considérer la petite valve, la cavité interne & la charnière. La petite valve est, comme nous l'avons dit, en forme de croissant, & s'emboîte très-exactement dans la cavité, de façon qu'on ne voit souvent qu'à l'aide du microscope la petite fente où les deux parties sont jointes. Cet opercule est toujours placé obliquement vers le côté convexe, ce qui vient de ce que le côté postérieur aplati de la grande valve est toujours plus haut & plus long que le côté antérieur convexe. En dehors cet opercule a aussi des stries en forme de croissant. Dans mon exemplaire complet je n'ai pû ni voir ni examiner le côté intérieur, mais Mr. le Baron de Hüisch, dans son Mémoire ci-dessus allégué, assure qu'il a des stries longitudinales fines. La cavité interne se termine en pointe, cependant elle est fort petite à proportion du corps, & ainsi ne s'y étend guère bien avant, c'est à dire, à peine jusqu'à la moitié de la grande valve conique. En général le test de ce corps est fort épais. Ce qui paroit ici le plus interessant c'est la qualité des faces latérales internes de la cavité ci-dessus décrite. Vûës superficiellement elles ne paroissent, à la verité, que simplement striées, sur tout si on ne les regarde qu'à oeil nud. Mais à l'aide du microscope on y découvre un parfait tissu corallin, qui, comme dans quelques coralloïdes de Mastricht, surpasse beaucoup le lacis le plus fin; on y voit des fils parallèles, comme ceux d'une toile d'araignée, qui sont comme entrelacés transversalement de mailles, ce qui fait naître dans les intersticés les pores les plus fins, tous symmétriquement placés. Le peintre n'a pû exprimer ce tissu fin. Si je n'avois trouvé ce tissu corallin que dans un seul individu, j'aurois crû que des polypes, qui fabriquent ce beau tissu, se fussent nichés dans le creux de ce corps, & qu'ainsi cette superbe tapisserie ne fut qu'accidentelle. Mais les deux individus que j'ai, & qui sont dépouillés de leurs opercules, se ressemblent parfaitement à cet égard, & dans l'un il y a un endroit, où à l'aide du microscope on voit distinctement, que ce tissu fin fait un continu avec la valve qui est au dessous. Ce tissu s'étend autour de la cavité entière. Au bord du côté applati, où est la charnière, il finit par un orle crénelé (*fimbria crenata*). C'est sur ce bord qu'est la charnière, telle qu'il y en a dans plusieurs espèces de conques. C'est à dire, on observe sur ce bord crénelé de la grande valve, dans quelques individus, cinq & dans d'autres seulement trois fossettes oblongues, dont celle du milieu est toujours la plus grande: l'autre valve est garnie d'autant de petits crochets qui s'emboitent très exactement dans les fossettes, & ainsi forment une charnière. Dans quelques exemplaires, qui peut-être ont été dépouillés de leurs opercules par quelque violence, les petits crochets sont restés dans les fossettes. La grandeur ordinaire de cette pétrification est celle que nous avons représentée sur cette Planche: Cependant il y en a de plus & de moins grandes, différence dont il ne faut pas chercher la cause dans la grandeur générique, mais dans celle de la croissance.

Mais y a-t-il bien aussi différentes espèces de ce corps particulier? De quelle qualité est-il dans le régne des fossiles? Quel est son analogue? Est-il déja découvert, ou bien où faut il le chercher? Voila des questions dont il faut encore nous occuper.

Le pais de Juliers & sur tout l'Eiffel est jusqu'ici la seule contrée connue où l'on a trouvé cette pétrification. Quant à la forme en général, tous les individus se ressemblent, mais ils différent entr'eux, en ce que les uns sont plus longs que les autres, quoique de même largeur. Car les uns ont la longueur & la largeur presqu'égales, & d'autres sont deux fois plus longs que larges. Les uns ont aussi la pointe plus obtuse que les autres. Quand à la couleur, ils sont blanchâtres, gris, brunâtres, ou bien, si leur matrice est ferrugineuse, quelquefois un peu rougeâtres. Celle-ci est communément calcaire, & telle est aussi la pétrification, qui le plus souvent est encore revêtue de son test épais. Quelquefois on trouve aussi de simples noyaux, dépouillés de leur test, qui sont de la même substance que la matrice, ou quelquefois quartzeux comme les noyaux des coquilles fermées. Ils ne se font pas tous également bien conservés, & souvent le roulement dans l'eau les a émoussés. On les trouve la plûpart sans opercules, & aussi ceux-ci se trouvent rarement séparés. Ils se trouvent communément en compagnie avec les coralloïdes, & je conserve moimême un morceau enchassé dans une matrice commune avec un bel hippurite. Dans quelques uns Mr. de Hürsch a observé qu'ils étoient rongés & percés de vers de mer & probablement des pholades.

Mais que faut-il dire au sujet de l'analogue de cette pétrification? Personne ne revoquera en doute que ce ne soit un corps marin, vû qu'il a une pierre calcaire pour sa matrice dans laquelle il se trouve en compagnie avec des coralloïdes, & probablement aussi avec des coquilles, pour ne pas faire mention des pholades, qui autrefois l'ont percé, comme les coralloïdes & les coquilles. Tout vrai que soit tout cela, on ne connoit pourtant pas jusqu'ici le véritable analogue, & il ne faut que s'en tenir aux conjectures. Mais jusqu'à ce qu'il soit connu de plus près, faut-il le chercher, avec Mr. Guettard, parmi les Fongites (hippurites, caryophyllites) ou, avec Mr. le Baron de Hürsch, parmi les conques à valves inegales? Il a, j'en conviens, une grande ressemblance avec ce genre de conques, & l'analogie est incontestable qu'il y a entre lui & certaines espèces de gryphites. L'argument le plus fort pour cette opinion est pris de la charnière, qui se trouve à l'opercule, caractére, qui appartient proprement aux conques bivalves, & qu'on ne trouvera dans aucune espèce de Zoophytes, tout comme aussi les Zoophytes n'ont jamais, comme les coquilles, dans leur domicile un grand espace vuide, dans lequel le corps entier est caché comme l'est celui des coquilles. Tout cela est sûr & bien confirmé; cependant il y a dans cette opinion une difficulté qui rend très-douteuse cette conjecture d'ailleurs assez vraisemblable. Je présuppose que dans d'autres in-

 dividu

dividus de cette espèce on trouve le même tissu corallin que j'ai décrit ci-dessus, & qui dans mes deux exemplaires se ressemble parfaitement. Si ce tissu appartient proprement à ce corps, il ne sauroit sûrement être une coquille, vû que l'organisation entière de l'habitant d'une coquille ne permet pas de lui attribuer la construction d'un pareil tissu corallin. L'habitant d'une coquille se construit & s'aggrandit son domicile de la matiere visqueuse, qui suinte de son corps. En revanche un polype a la structure telle qu'il la faut pour fabriquer un pareil tissu. Or si l'on ajoute à cela, qu'il y a aussi certains fongites, qui d'un côté offrent le même tissu, & de l'autre des stries transversales, tout comme on les voit ici, ce dont j'ai parlé en traitant des pétrifications de Mastricht, — qu'il existe des fongites angulaires, dont la partie inférieure est de même pointue, comme il conste par la *Lithographia suecana* de BROMEL pag. 69. — que les hippurites mêmes ont en dedans des stries longitudinales & en dehors des stries transversales, & qu'enfin on a découvert dans les tems modernes des corallites striés, dont l'ouverture est de même couverte d'un opercule, & parmi lesquels il faut ranger entre autres les *bretins de* Mr. GUETTARD, on restera sûrement en doute, vû qu'on trouve ici la charnière propre aux conques, & le tissu propre aux polypes, réunis dans un corps. Mais en cas que ce même tissu corallin interne de ce corps ne fut qu'accidentel, l'opinion de Mr. de HÜPSCH n'est sujette à aucun doute. Du moins je n'oserois jusqu'ici, en considérant la structure de ce corps, le prendre pour un genre intermédiaire, que la nature eût placé entre les coraux pierreux & les coquilles.

SUPPL. IX. e.

Num. 1. est la partie du milieu d'une trilobite de considérable grandeur; de Haveberg. Ce n'est proprement, comme l'on voit, qu'un noyau. Ce qu'il y a de plus particulier c'est qu'on y observe très peu de la division du dos en trois lobes. Or si l'on trouvoit encore effectivement dans le Régne des fossiles des corps qui eussent le dos ressemblant à la queue d'une ecrevisse, sans être partagé en trois lobes, nos trilobites ne constitueroient-elles pas une espèce particulière de ces corps, & dans ce cas pourroit-on se dispenser de prendre pour ce corps l'*onifcus crustaceus* ci-dessus decrit, ou l'*Oscabiörn* des Islandois? Les corps, comme celui qu'on présente ici, appartiennent aux pretendues queues d'écrevisse pétrifiées, dont Gesner & d'autres Naturalistes de ce tems ont fait mention.

Num. 2. Voici la description que donne feu Mr. GENZMER de cette trilobite: *testae nu-lobae levis valvula prorsus singularis, cuius medius lobus brevior & a margine reductior in depressum sulcum desinit.* C'est à dire, il ne prend le morceau entier que pour la coquille de la queue, dont le lobe mitoien se termine au milieu, & se change, pour ainsi dire, en un sillon qui va jusqu'à l'extrémité du bord. Quant à moi, la partie inférieure me paroit être un morceau de la coquille du dos, sur laquelle est couchée la coquille de la queue. Car on y observe des cercles très fins poussés les uns sous les autres, caractére qui ne convient qu'à la coquille du dos, & non pas à celle de la queue. On voit de même ici très-peu des lobes. Ce morceau est de Stargard dans le Mecklenbourg.

Num. 3. le casque d'une trilobite de Stargard. Il appartient à ceux dont les sillons courbes forment un front & un nez étroits. Aux deux côtés il y a deux éminences, où étoient les yeux.

Num. 4. Un autre casque, où les sillons forment un front fort-étroit, mais le nez & le front d'autant plus larges. La terre durcie qui s'est déposée entre le front & les joues, fait qu'on ne voit pas assez distinctement le casque entier. Ce morceau est du Ripkenfeld près de Stargard.

Num. 5. & 6. Sur les champs de Stargard il y a une espèce de pierre argillacée, qui autrefois étoit très-dure et compacte, mais à laquelle l'air a fait perdre beaucoup de sa ancienne dureté. On la prend communément pour une pierre de corne décomposée. Mais elle est toute opaque, même sur le tranchant de la fracture vû à la lumière. Dans cette pierre on trouve

trouve, outre plufieurs autres pétrifications, auffi des trilobites, dont je communique ici un bel exemplaire complet. Il y a deux particularités. L'une c'eft la façon dont il eft courbé, qui prouve clairement, que l'animal a, fous fa cuiraffe, un mouvement tout à fait libre, l'autre c'eft les deux grandes cornes, qu'il a en haut à côté du front.

Num. 7. Une trilobite de laquelle il ne s'eft confervé que la coquille du dos. Cet exemplaire fait voir diftinctement la façon dont les anneaux paffent les uns fous les autres. Ce morceau eft de Neu-Rupin; enchaffé dans une pierre calcaire. Les noyaux du casque & de la coquille, fur tout celui de la dernière, font endommagés, & n'offrent pas affez diftinctement leur véritable forme.

SUPPL. IX. f.

Num. 1. 2. 3. 4. 5. On a donné jufqu'ici la préférence fur toutes les autres trilobites à celles d'Angleterre qu'on trouve à Dudley, à caufe de leur belle confervation & du caractère expreffif qu'elles préfentent. Cette Planche en offre quelques beaux morceaux, tirés du magnifique Cabinet de Mr. Andre, favant & célèbre apothicaire d'Hanovre. Je ne trouve pas neceffaire de m'y arrêter ici, vû que les parties de cet infecte décrites ci-deffus Chap. III., favoir le front, les yeux, les cornes, le nez, les lèvres, le bandeau du front &c. fe préfentent fi diftinctement, qu'il feroit fuperflu de redire ici ce que j'en ai rapporté plus haut. Je n'ai qu'à ajouter qu'on peut ici, Num. 1. à la droite & Num. 3. & 5. à la gauche, très bien diftinguer les doubles éminences, dont j'ai nommé les unes les yeux, & les autres les cornes, & que les anneaux du dos Num. 1. 2. & 3. paroiffent à la vérité écartés les uns des autres, mais que la caufe n'en eft que la terre durcie qui s'eft dépofée entre les fillons du dos. Si cette terre pouvoit être détachée de la coquille du dos qui eft au-deffous, non feulement ces anneaux fe préfenteroient tout différens, mais on verroit auffi que chaque coquille du dos à part confifte en trois arcs, qui conftituent enfemble un total. Mr. Andre avoit deffein de publier lui-même un Mémoire fur cette pétrification qui jufqu'ici a fait l'objet favorit de plufieurs Curieux, & d'y ajouter des copies des plus beaux morceaux de fon Cabinet. Il fuppofe que fon analogue doit fe trouver entre les monocles, & même entre les monocles de mer & non pas entre ceux d'eau douce. Il me dit dans une lettre qu'un ami de Londres l'avoit affuré, que l'analogue de ces trilobites fe trouvoit dans un Cabinet à Londres, mais que s'en étant informé plus exactement, on lui avoit dit en reponfe que ce Cabinet avoit été vendu & difperfé, & qu'ainfi il n'y avoit point d'espérance d'y retrouver ce véritable analogue.

Num. 6. une corne d'Ammon criftallifée du beau Cabinet de Mr. Günther de Cahla. Les cloifons y font creufes & aux deux côtés enduites de petits criftaux. Lorsque dans les concamérations de ces corps teftacés, au lieu des particules terreftres, il s'infinue de l'eau, & y refte enfermée, les cloifons des ammonites font de même enduites de criftaux, tout comme le font les parois des grandes cavernes, quand l'eau enfermée y dépofe tout au tour fes particules criftallines fines. Il en eft de même des orthocératites. J'en ai moi même un morceau, où toutes les concamérations font creufes, &, de même que le fiphon qui paffe par le milieu, enduites des plus beaux criftaux quartzeux. Cependant ces orthocératites de même que ces cornes d'Ammon font toujours très rares, & l'on en trouvera bien, fur tout de ces dernières, cent de pétrifiées, avant d'en trouver une belle & complette, qui oit criftallifée. Par cette raifon Mr. d'Argenville repréfente une pareille Corne d'Ammon dans fon Oryctologie Pl. IX. p. 227. Il en fait beaucoup de cas, fans indiquer l'endroit où elle a été trouvée. Celle, qu'on offre ici, eft de Cahla. Dans le Duché de Weimar on en trouve de plus petites, qui font revêtues des plus beaux criftaux blancs quartzeux. Quelquefois ce font des criftaux fpathiques, auffi fins que les quartzeux; j'ai dans mon Cabinet un pareil morceau très-grand & bien confervé, qui a été trouvé près d'Osmanftædt, village du Duché de Weimar. Depuis peu on a auffi découvert, dans les environs d'Altorf, de très-belles cornes d'Ammon criftallifées.

SUPPL. IX. g.

Num. 1. Comme cet echinite est fort endommagé, il est difficile de déterminer s'il appartient aux echinites ronds ou aux ovales. Dans le premier cas c'est un echinite fibulaire qui appartient aux ronds & convexes, sur lesquels on peut conférer ce que j'en ai dit Part. II. Chap. IX. Dans le dernier cas c'est un *Galea tenuis laceris Kleinii* suivant son *Dispos. echinoderm.* p. 22. §. 65. La couleur verdâtre n'est qu'accidentelle & ne lui vient que de la matrice.

Num. 2. & 3. Un *Echinites globularis* KLEINII représenté du côté supérieur & de l'inférieur. Cette espèce d'oursins de mer a les deux ouvertures à la base, ce que l'on voit ici fort distinctement. Les mammelons y manquent, puisque ce n'est qu'un simple noyau. On ignore son païs natal comme celui du précédent.

Num. 4. 5. & 6. On présente ici l'echinite de Wagrie à six sillons que j'ai décrit plus haut Pl. IX. d. Il mérite, a cause de sa grande rareté, d'être bien examiné & par cette raison on l'a représenté ici sous trois différens points de vûe. De cette même manière se présente sous

Num. 7. 8. & 9. l'echinite à quatre sillons, duquel nous avons de même dit le plus essentiel Pl. IX. d.

SUPPL. IX. h.

Num. 1. 2. 3. 4. Quatre pétrifications, dont chacune est représentée deux fois, c'est à dire, vûe d'en haut & d'en bas. Le possesseur dit qu'il les a eues d'Italie sous le nom d'echinites; mais sûrement ce ne sont pas des echinites, & ce pourroient plûtôt être de petites étoiles de mer, comme par ex. celles de Maastricht, qu'on a représentées ci-dessus Suppl. VI. Num. 8. & qui leur ressemblent beaucoup. Ou seroient-ce peut-être les astropodes de certains Zoophytes inconnus? Au moins la partie supérieure d'un Caryophyllite a beaucoup de ressemblance avec ces corps.

Num. 5. 6. 7. Trois pétrifications dont chacune est représentée du côté supérieur & de l'inférieur: elles sont aussi d'Italie. Le Possesseur les en a reçues sous le nom d'*echinus glandeus*, mais c'est ce qu'elles ne sont pas. Si c'etoient des echinites, elles devroient, suivant leur forme entière, appartenir aux echinites ronds comprimés, & dans ce cas il seroit impossible que, dans une pétrification, de laquelle on a trois individus, on ne vit pas les deux grandes ouvertures, c'est à dire, celle d'en haut & celle d'en bas; il faudroit du moins qu'elles fussent apparentes dans un exemplaire. Cependant n'ayant pas vû ce corps même, & ne le connoissant que par cette copie, je ne saurois dire ce qu'il est proprement. A en juger d'après la figure, il me paroit très probable que ce soient de fausses carpolithes (*carpolithes spurii*); car ces corps ressemblent beaucoup aux pisolithes d'Aldrovandi *muf. metall.* p. 512. & conviennent exactement avec les amandes, fèves & autres boules marneuses de Zwikau.

Num. 8 - 12. Voici ce que me marque Mr. SCHMIDEL au sujet de cette pétrification: „C'est „ une pétrification bien particulière, dont l'espèce ne me paroit pas encore assez déterminée. „ On ne sauroit la prendre pour un opercule, car je n'en connois point qui ait le bord den„ telé. Elle ressemble le plus aux echinites discoïdes, quoique je n'en aye point vû encore „ de cette espèce. Elle est creuse, comme l'on voit distinctement fig. 10., testacée en haut „ & en bas, & toujours concave vers le centre, où elle a une espèce d'anus & en haut, du „ côté opposé, une éminence qui pourroit bien être la bouche. Le bord en est toujours cré„ nelé comme la suture d'un crâne; communément il n'a pas le contour circulaire, mais ou „ a six angles émoussés comme dans les fig. 11. & 12. ou irregulier, comme fig. 8. & 9. Cha„ que morceau est représenté de deux côtés. Ce sont là les plus grands morceaux que j'ay
„ tro-

„ trouvés; on en trouve bien plus souvent de petits comme fig. 8. cependant ils sont en gé-
„ néral peu frequens. Leurs substance est plûtôt silicée que sélénitique. Ils sont du païs de
„ Bareith.

Num. 13. Un echinospatagite, représenté de deux côtés, du païs de Lünebourg. C'est
une pierre à fusil, par conséquent ce n'est qu'un simple noyau, comme la surface le fait voir
distinctement.

Num. 14. 15. 16. 17. 18. J'ai traité Part. II. Chap. IX. des dents d'echinites, & je les ai
divisées en dents molaires & en dents pointues. On en offre ici quelques véritables pétrifications, trouvées en Italie, qui conviennent exactement avec les dents naturelles. On en
trouve très-rarement. C'est à dessein qu'on a représenté la dent rouge jaunâtre de trois
côtés & la blanche de deux côtés, pour en faire voir d'autant plus distinctement la véritable
forme.

SUPPL. X.

Nous venons aux dernières Planches de ce Supplément, qui sous Nro. X. présentent en
plus grande partie des problèmes lithologiques. Nous y aurions pû en ajouter une considérable quantité & en remplir encore quelques Planches; mais c'est à dessein que nous ne l'avons
pas fait. De ces pétrifications il y en a de si peu connoissables, qu'on n'en sauroit rien dire ni
conjecturer avec quelque probabilité. Peut-être dans le tems à venir la nature nous permet-
tra-t-elle de pénétrer plus avant dans quelques uns de ses ouvrages jusqu'ici inconnus, & alors
il sera encore tems de les présenter aux Curieux, pour qu'ils puissent faire des recherches
ultérieures à leur sujet.

Num. 1. J'ai fait mention de cette pétrification particuliére ci-dessus, en traitant des lituites; ici je l'offre aux Naturalistes pour qu'ils puissent en juger. C'est un corps testacé, courbé comme un lituite, & dentelé tout comme les orthocératites dentelés, dont nous avons aussi
traité ci-dessus. La Nature, en construisant les tuyaux de mer testacés pour être le domicile
de certains vers, paroit avoir voulu former deux rameaux, & dans les uns courber &
contourner les tuyaux simples, tout comme dans les autres elle a contourné les tuyaux
chambrés. Si elle nous présente donc d'un côté des tuyaux droits & des tuyaux courbes,
elle en fait autant de l'autre côté. Mais quant aux tuyaux dentelés, il nous en manque
encore d'un côté les tuyaux simples, à moins qu'on n'y veuille ranger les dentalites géniculés;
de l'autre côté au contraire, ce corps testacé, en cas qu'il soit cloisonné, comme l'on a raison de le supposer, nous fait entrevoir une belle gradation. La Nature produit des coquilles
chambrées, unies & dentelées, & il faut ranger parmi les premières les bélemnites & les orthocératites unis, parmi les dernières les orthocératites dentelés. Elle commence à présent
à contourner un bout, & pour ainsi dire, à passer des tuyaux cloisonnés droits aux lituites.
Elle s'y prend de cette manière à l'égard des tuyaux unis, pourquoi ne seroit-elle pas la
même chose à l'égard des tuyaux dentelés, & pourquoi ne continueroit-elle pas ici, suivant
la même gradation, a former des corps pour passer de ces lituites dentelés aux ammonites tuberculeux & epineux? Par conséquent si dans la Nature il n'existoit de pareils lituites dentelés, il manqueroit, pour ainsi dire, un chainon dans la gradation de la Nature, entre les orthocératites dentelés & les ammonites tuberculeux. J'avoue cependant que l'idée que nous
nous formons d'une pareille gradation, ne peut que rendre probable l'existence d'un tel corps.
Or si dans le Régne des fossiles nous voyons un semblable corps, qui favorise cette idée, la
probabilité en atteint un plus haut degré. Mais comment prouverons nous que la cavité de
ce lituite soit chambrée? c'est par le bord dentelé même. Car, comme je l'ai dit plus haut,
en traitant des orthocératites dentelés, les dents sont les extrémités des cloisons. Ce lituite
est bien jusqu'ici l'unique exemplaire de son espèce, & par cette raison je n'ose le faire polir,
de crainte qu'il ne soit endommagé. Je ne saurois en indiquer le païs natal. Cependant sa
matrice est la même pierre que celle qui renferme les orthocératites dentelés ci-dessus décrits, auxquels en général il ressemble beaucoup, même par la couleur de la pétrification,

Il est donc probablement des environs de Stargard, où les orthocératites dentelés ci-dessus mentionnés ont aussi été trouvés.

Num. 1. 3. & 4. Les morceaux représentés sous ces Nros sont une pierre calcaire grise, plus ou moins claire. On y observe certains corps coniques qui sont plus hauts que le diametre de leur base. Il s'en présente dans cette pierre deux sortes. Les uns de ces corps sont convexes & marqués de quelques stries longitudinales, & il y en a où l'on observe aussi quelques vestiges de certaines stries transversales. D'autres, qui ne paroissent être que des empreintes, sont concaves, & l'on ne voit dans leur concavité que des entaillures transversales, mais qui ne sont pas trop régulières. Les pyramides convexes ont avec leur tissu strié aussi une substance lamelleuse, & si l'on en casse une obliquement, on voit sur la fracture des traits striés, dont plusieurs forment ensemble d'autres petites pyramides. Les empreintes pyramidales y sont presque toujours en plus grand nombre que les pyramides convexes. La grosseur des sillons transversaux, qu'offrent ces empreintes, est différente suivant la grandeur des pyramides. Les petites les ont extrémement fins, les grandes les ont plus gros. J'ai observé que la situation de ces pyramides est symmétrique en ce que les pointes de toutes sont dirigées vers un côté, de même que toutes les bases, mais il n'y a point de régularité en ce que les grandes & les petites se trouvent mêlées ensemble, & que quelques unes en sont placées plus haut & les autres plus bas. La substance de la matrice paroit être, à peu près comme celle de l'asbest, striée, ou, pour mieux dire, fibreuse, a cela près que dans l'asbeste ce tissu est beaucoup plus apparent, & que les stries y sont parallèles entr'elles, tandis qu'ici elles s'inclinent vers un point & forment ainsi des pyramides. Il semble même souvent qu'une pyramide s'unit avec l'autre, de façon que d'une base naissent plusieurs pyramides. Quelquefois les traits de la matrice ne sont pas droites, mais un peu courbes & ondoyantes, come dans Num. 1. On trouve ces pierres, mais, à ce qu'il semble, pas trop frequemment, à Neustadt près du Rübenberg, à Gremshausen dans les environs de Gandersheim & peut-être aussi à Blankenbourg dans le Harz; du moins c'est de là que j'ai eu le morceau représenté sous Num. 1. On en trouve aussi en Suede: WALLERIUS & BRÜCKMANN en ont fait mention. Le premier les nomme fleches calcaires & dit que ce sont des *nuclei in cavitatibus orthoceratitarum, non distincti thalamis*, c'est à dire, des noyaux moulés dans les cavités des orthocératites non chambrés; mais cette description est un peu obscure. Il ajoute qu'on leur donne aussi le nom de *tacula lapidea, lapides lunares succani* i. On en découvre aussi, a ce qu'il dit, dans quelques unes un siphon, que cependant je n'ai pû remarquer dans mes exemplaires. Mr. le D. BRÜCKMANN, dans ses Epitres Itinéraires Cent. I. Epist. VII. donne une description fort succincte de ces pierres qu'on trouve près de Neustadt, & y ajoute que quelques uns les prennent pour des balanites pétrifiés & d'autres pour des morceaux de bois pétrifié & fibreux vers l'axe. Ces conjectures sont destituées de fondement l'une & l'autre, vû qu'il n'existe ni gland de mer ni espèces de bois qui ayent la moindre ressemblance avec ces pierres. Mais je ne saurois non plus adopter l'opinion de WALLERIUS, en les prenant pour des noyaux d'orthocératites. On voit à la vérité sur la pierre une forme étrangere, mais on n'y découvre point de vestiges de quelque corps étranger, enchassé dans la matrice, celle-ci étant de la même substance pierreuse que les pyramides. Or si ce ne sont que de simples noyaux, d'où vient que lorsqu'on les met en pièces, leur substance même présente des formes pyramidales, & que souvent plusieurs pyramides confluent, pour ainsi dire, sur une base commune? Ces pierres sont donc jusqu'ici un problème dans la lithologie. Peut-être sont-elles des chaînons encore inconnus par lesquels les corps non organisés du Règne mineral tiennent aux corps organisés du Règne végétal.

Num. 5. & 6. En traitant des bois pétrifiés, j'ai fait mention des pierres de Chemnitz nommées *Staarenstein*, qu'on offre ici sous ces Nros. Depuis ce tems j'ai taché de me procurer toutes les espèces qu'il y en a, & comme j'ai atteint mon but, je suis en état d'ajouter présent un supplément à ce que j'en ai dit ci dessus, pour éclaircir l'histoire naturelle de ces pétrifications remarquables. La couleur de ce bois n'est pas la même dans tous les morceaux dans les uns elle est noire, dans d'autres brune obscure, brune rougeâtre ou blanchâtre; d'autres sont bariolés ou marqués de taches plus ou moins claires. Sur les superficies où les stries sont longitudinales, on observe toujours deux, ou quelquefois trois différentes couleurs, c'est à dire, la couleur dominante de la pierre, & sur celle-ci des stries noires parallèles, qui naissent des tubules ligneux coupés, & entre ces deux stries noires une autre blanche, rarement rouge, qui provient du remplissage des tubules. Ce sont ces stries qui sur la superficie transversale présentent de petits cercles noirs, & dans ceux-ci des taches blanches ou rouges. Ces figures circulaires ne se ressemblent pas tout à fait sur ces pierres. Les unes ont la périphérie plus grande que les autres, & outre cela on aura de la peine à en découvrir qui ayent la rondeur parfaitement régulière. Les unes sont ovales, les autres un peu comprimées & presque coniques, encore d'autres sont cylindriques & n'ont que l'extrémité supérieure & l'inférieure un peu arrondies. Ces figures cylindriques sont quelquefois un peu courbées, & comme, au lieu d'une tache blanche, elles renferment une ligne blanche, elles paroissent avoir perdu leur forme ronde par quelque compression. On ne trouve non plus sur deux morceaux de même grandeur ces figures circulaires en nombre égal. Il y en a beaucoup sur quelques morceaux, & sur d'autres il y en a moins. Elles ne couvrent pas dans tous la surface entière, & j'ai observé, particuliérement dans les rameaux ronds, que ces tubules ne s'y etoient nichés que vers la circonférence & non pas vers le centre, ce qui prouve clairement que ces figures circulaires ne peuvent être une qualité essentielle du bois, mais qu'elles naissent d'un ouvrage volontaire de certains vers qui habitent des tuyaux testacés. On voit, à la vérité, quelques unes de ces figures circulaires qui semblent faire corps avec la pierre dans laquelle elles se trouvent, & l'on n'observe pas qu'il se soit fait quelque apposition à la matiere ligneuse; cependant on voit souvent bien distinctement, sur-tout dans des morceaux polis, qu'il y a autour de la figure circulaire une entaillure très-fine qui n'est pas susceptible d'un poli, c'est à dire, là ou le tubule s'est attaché à la substance ligneuse, ce qui nous fait de même conjecturer que ces cercles proviennent d'une cause étrangère. La surface renfermée dans ces lignes circulaires est ou de la même substance & de la même couleur que le morceau entier, sans quelque tache de couleur différente, ou bien on y voit une tache tantôt noire, tantôt blanche, tantôt rouge, qui passe à travers la pierre entière, de façon, que, lorsqu'en fendant ou en sciant la pierre, on l'atteint, elle se présente non seulement au côté mais aussi sur la surface inférieure. Au lieu d'une tache difforme on observe quelquefois dans le cercle une figure étoilée, communément de couleur noire, à six rayons coniques. Feu Mr. Genzmer la prit pour une branche d'un coralloïde étoilé, mais c'est ce qui n'est pas encore prouvé, sur tout puisque les étoiles des madrépores consistent en lamelles très-fines, mais dont les remplissages ne présentent pas tant des étoiles que plûtôt des figures de fleurs dont les pétales sont pointus vers le centre & s'élargissent successivement, ce dont on voit ici précisément le contraire. Ces figures ressemblent plûtôt aux tiges pentagones des encrinites & paroissent avoir été une espèce cartilagineuse de Zoophytes. On trouve quelquefois des taches & des étoiles ensemble sur la même superficie, cependant les dernières y sont toujours en plus petit nombre. Les bois grisâtres se distinguent de tous les autres. Ils ont les figures circulaires d'un beau blanc, & probablement cette couleur est aussi la naturelle des autres, & la noire n'est qu'accidentelle. Outre les environs de Chemniz on a aussi trouvé de ce bois près de Belgrad dans un pilier pétrifié qu'on dit être resté d'un pont que les Romains ont construit sur le Danube. Une portion considérable en fut envoyée alors à la Cour Imperiale de Vienne, & de cette portion j'ai une petite plaque polie. Ce bois convient exactement avec celui de Chemniz. Au reste les fibres, qu'on voit ici & qui appartiennent proprement à la substance ligneuse, prouvent suffisamment que la matrice, qui renferme ces tubules, a été du bois, & l'on observe outre cela, dans les morceaux coupés transversalement, la moële, les croissances annuelles, & les stries qui vont du centre vers la circonférence; pour ne pas faire mention d'autres caractéres. On n'auroit pas plus de droit de revoquer en doute le phénomène très rare de certaines tubulaires qui se nichent dans le bois pourri. J'ai eu entre mes mains un morceau du Cabinet de feu Mr. Genzmer, dans le milieu duquel on voyoit distinctement

un agaric de mer pétrifié. S'il est vrai que ces tubulaires fuivent toujours le haut en con-
ftruifant leur domicile, il faut que les troncs aient toujours été erigés dans l'eau, car les tubules font toujours parallèles aux fibres ligneufes longitudinales.

Num. 7. Cette pétrification fe trouve à Neuenhofen près de Neuftadt fur l'Orla. La matrice en eft une pierre calcaire ou bien une pierre puante, qui, lorfqu'on en caffe un morceau, fe fait affez connoître par une odeur fétide de foufre ou de corne. Le foffile qui y eft
renfermé, reffemble à peu près à la partie antérieure d'un gryphite de Gera, qui a été décrit
ci - deffus, c'eft à dire on y voit un bec large, émouffé, un peu crochu, femblable à un tel
gryphite, qui dans le milieu de la furface fuperieure a un fillon large affez profond. Le corps
même eft tout ferrugineux, & la furface reffemble à une mine de fer noire - grifâtre, micacée. Lorfque l'on examine à l'aide du microfcope ces petites taches micacées & brillantes
qui fe préfentent par ci par là, on voit qu'elles ont en plus grande partie, une forme cubi-
que, & que ce font de petites marcaffites, qui font nées ici, comme naiffent toutes les pyrites, du mélange du fer avec le foufre, duquel l'odeur indique affez la préfence. Probablement ce font des noyaux ferrugineux de pareils gryphites. La matrice n'offre point de veftige de quelque fubftance martiale, & on en peut inférer que ces noyaux n'ont été enfoncés
dans cette matrice, qu'après avoir été metallifés, & entiérement dépouillés de leur teft naturel par la fubftance martiale corrofive.

SUPPL. X. a.

Num. 1. & 2. Feu Mr. Genzmer m'a envoyé ces deux morceaux comme un problême
de lithologie. Ils ont l'un & l'autre la même matrice, qui paroit n'avoir fait autrefois qu'un
corps. Les morceaux qui fe trouvent fur les deux pièces, font de la même couleur & de
la même fubftance, quoiqu'on ne puiffe inférer de là avec certitude, qu'autrefois ils aient conftitué un feul corps continu. Le poffeffeur même ne fçut pas pour quoi il devoit les prendre,
& quant à moi j'avoue que je n'en fçai pas plus. Il me pria donc de les inférer dans cet
Ouvrage, pour les propofer aux amateurs. Les lignes obfcures Num. 1. font des fillons, entre
lesquels fe préfente une éminence ovale. Les couleurs obfcures dans Num. 2. indiquent les
concavités. Il eft bien fûr que c'eft un corps étranger ou plûtôt le fragment d'un corps étranger, car c'eft ce que le teft pétrifié, qui fe diftingue vifiblement de la matrice, prouve affez.
Probablement ce corps a été trouvé dans les environs de Stargard.

Num. 3. & 4. Mr. Genzmer fuppofe, & cela de raifon, à ce qu'il me femble, que ces
deux morceaux offrent une efpèce très - rare d'echinites, de laquelle ce n'eft peut - être que
ces feuls individus qui aient été découverts dans le Règne des petrifications. Même dans l'é-
tat naturel je n'ai pas encore vû cette forte, quand même Klein en a rapporté l'efpèce d'a-
près un feul individu du Cabinet de Dresde. C'eft à dire, c'eft le *cidaris affertian, difp. na-
noderm.* tab. VIII. F. §. 16. avec lequel cette pétrification ne paroit pas conftituer la même
efpèce, mais elle femble en être une efpèce fubordonnée particuliére. Car dans les naturels
il part des mammelons tout à l'entour de petits rayons, qui forment de petites étoiles; ici les
traits ont une direction toute différente comme l'on voit diftinctement en comparant cet individu avec celui de Klein. Num. 3. eft l'empreinte & Num. 4. n'eft que la copie de cette
empreinte; car on ne découvre rien ici d'un teft fpatique. Probablement les mammelons
étoient là où les lignes fe croifent. Ou bien la figure repréfentée fous Num. 4. eft - ce peut-
être l'empreinte de la furface interne de l'echinite, qui, après la deftruction du teft, eft
imprimée de nouveau dans une terre molle qui s'eft durcie dans la fuite? Eft ce peut-être
la la raifon pourquoi, dans ce morceau, on ne trouve pas les veftiges des mammelons, qui
font pourtant affez vifibles fur l'exemplaire de Dresde? J'ai rencontré des foffiles, où les
fimples noyaux ont fait de nouvelles empreintes fur une terre molle, qui, dans la fuite é-
tant durcie, eft devenue la matrice, non pas des pétrifications, mais de leurs fimples
noyaux. Ce rare morceau eft des environs de Stargard.

Num. 5. Il faut encore compter jusqu'ici cette pétrification particuliére parmi les problémes de lithologie. HERMANN a le premier communiqué dans la Mastographie Tab. IX. Num. 45. une pétrification qui reſſemble beaucoup à la nôtre. Il la prit, quoique ſans aucun fondement, pour une eſpéce d'echinites. Après lui BRUCKMANN repréſenta un corps dans ſon *theſaur. ſubterr. ducatus Brunsvicenſis* Tab. I. fig. 2, qui convient à la vérité avec le nôtre en ce qu'il a de même des lobes, des éminences & des tubercules, mais qui du reſte ne lui reſſemble pas trop. Il le prit pour une eſpéce d'écreviſſe de mer pétrifiée, & ce n'étoit pas tout à fait à tort. Dans la ſuite Mr. WILKENS a communiqué dans ſon Mémoire ſur les pétrifications rares Tab. XVII. Num. 32 — 35. quelques exemplaires de cette même pétrification, & de la même qualité, & en a ajouté pag. 7. une déſcription exacte. Il ſuppoſe que ces morceaux appartiennent au genre des trilobites, & que ce pourroient bien être les parties de la tête du *concha triloba rugoſa*. Cette conjecture ne manque pas de probabilité, ſi nous conſtituons pour le caractere eſſentiel des casques des trilobites le nombre indéterminé des lobes, & les tubercules, qui ſe trouvent ſur le front. Cependant la choſe eſt incertaine jusqu'ici. Il a déja été dit plus haut qu'avec les trilobites on trouve auſſi des morceaux d'un teſt pétrifié, qui, ſuivant toute probabilité, appartient à des analogues tout autres que les trilobites.

Num. 6. Pour remplir cette place, Mr. GESZNER a communiqué ici une très-belle plaque polie d'orthocératites, des environs de Stargard. C'eſt un orthocératite de médiocre grandeur, dans lequel le ſiphon n'eſt pas apparent. Mais ce qu'il y a de particulier c'eſt que la couleur de ſon rempliſſage eſt différente de celle de la matrice, ce qui eſt un phénomène aſſez rare. Les corps pétrifiés ne peuvent avoir une double matrice. Sa premiere matrice étoit probablement une pierre calcaire rougeâtre: lorsqu'il en a été détaché par quelque accident, il a été enfoncé dans une couche de terre jaunâtre, qui dans la ſuite a pris la dureté d'une pierre.

SUPPL. X. b.

Num. 1. 2. 3. 4. Ce corps particulier & jusqu'ici peu connu des Naturaliſtes ſe trouve ſur le Hausberg près de Buzbach dans la Heſſe, entre Friedberg & Gieſſen. Le premier, qui en donne une figure, c'eſt WOLFARTH dans ſon *Hiſtoria naturalis Haſſiæ inferioris* Tab. XXV. fig. 5. Presque dans le même tems ROSINUS en communiqua auſſi une copie dans ſon *Tentam. de lithozois & lithophytis* Tab. VI. A. Vient Mr. LIEBKNECHT, qui dans ſon *Specim. Haſſie ſubterran.* en a inféré une repréſentation Tab. 11. fig. 4. La figure de ROSINUS eſt la meilleure; & celle de LIEBKNECHT la moins bonne. WOLFARTH nomme ce corps une production curieuſe, ROSINUS un alcyon fiſtuleux, & LIEBKNECHT le prit pour des tubules vermiculaires. Or qu'eſt ce donc que ce corps? Il me ſemble qu'il eſt plus facile de réfuter les opinions des autres, que d'en propoſer une meilleure à leur place, & comme a préſent cela ne ſe peut pas encore, je tacherai du moins d'en donner une déſcription auſſi exacte que poſſible. J'eſpére de pouvoir m'en acquitter vû que par la complaiſance de mon ami Mr. le Prof. NEUBAUER, j'ai devant moi au de là de cinquante exemplaires, desquels l'un offre toujours une particularité qu'on chercheroit en vain dans l'autre. La matrice qui renferme ce corps, eſt une pierre en partie griſâtre, brunâtre & feuilletée, en partie micacée & arénacée. Dans cette pierre on voit des concavités rondes ou en partie ovales, dont les plus petites ont un pouce & les plus grandes deux pouces de diamétre. Dans ces concavités il y a certains corps qui reſſemblent à de petits troncs ronds. Ils ſont applatis par en haut, ou quelquefois arrondis, & leur hauteur eſt à peu près d'un cinquième ou d'un ſixième d'un pouce. Leur groſſeur eſt peu conſidérable; les plus minces ont celle d'un tuyau de plume d'un corbeau; en plus grande partie ils ont la groſſeur d'une plume à écrire. Ils ſont un peu inclinés vers le centre; chaque tronc eſt iſolé, c'eſt à dire, n'eſt pas contigu à l'autre; mais ils ſont unis entr'eux par des filets très-fins, ſemblables a ceux qu'on voit dans les alcyons de Maſtricht, desquels nous avons traité ci-deſſus. Dans le milieu de cette concavité, qui contient les troncs dont je viens de parler, il ſe préſente une forme qui reſſemble beaucoup à un ver tortillé. L'inflexion en paroit être

volon.

volontaire; car ces corps font courbés en différente maniere. Il y en a qui repréfentent une S. La plûpart en vont en ferpentant autour des troncs les plus proches. D'ordinaire ces corps vermiculaires font de la groffeur d'une plume de corbeau, quand même les troncs font plus épais. Quelquefois on voit fur ces pierres ces figures vermiculaires feules, fans qu'il y ait des troncs.

Si l'on examine cette ftructure particuliere depuis fa premiere origine, fa bafe paroît fe former autour de la circonférence d'une furface peu convexe. Cette premiere couche ne confifte qu'en triangles, placés à la circonférence, dont les pointes font dirigées vers le centre. Déjà ces triangles font liés entr'eux par les filets ci-deffus mentionnés. Dans les interftices qui reftent entre ces triangles, s'emboîtent d'autres corps, dont la bafe par laquelle ils font attachés, repréfente un rhombe, qui en s'allongeant, prend la forme d'une graine d'orge. Entre ces corps il s'en enchaffe d'autres de la même forme, & ainfi de fuite jufqu'au centre. Chaque tronc refte à quelque diftance de fes voifins, avec lesquels il eft uni par les filets transverfaux ci-deffus mentionnés. On n'obferve qu'à la bafe la forme quarrée qui donne naiffance aux troncs; car les troncs mêmes fe préfentent fous une forme ronde ou ronde allongée, à peu près comme la femence de l'herbe au foleil. Peut-être, en cas que ce foient des Zoophytes, comme on peut le fuppofer, fe contractent-ils en mourant, ce qui les fit changer de forme. Ils ont communément une couleur de rouille & avec cela plus obfcure que celle de la matrice. J'ajoute comme une particularité digne d'être remarquée, que les troncs difparoiffent dans la matrice feuilletée, fans qu'on puiffe indiquer l'endroit où la pétrification tient à la matrice. La furface fupérieure de ces tiges eft communément un peu concave, ou marquée d'une follette oblongue, & avec cela, dans des exemplaires bien confervés, elle eft percée de beaucoup de petits trous. La ftructure interne de ces tiges eft très fine, mais dans un fi grand nombre de ces pétrifications il y en a à peine une feule, qui outre cela doit être parfaitement bien confervée, où l'on puiffe la diftinguer. Car la maffe de ces tiges n'eft pas compacte mais fpongieufe, & lorsqu'on l'examine à l'aide du microfcope, on obferve des lamelles très fines qui s'uniffent au centre, & qui fur la fuperficie fe préfentent comme des filets paralléles. Entre ces lamelles il y a de diftance en diftance de petits trous & autour de la périphérie on voit les filets qui uniffent chaque tige avec les tiges voifines. Tous ces phénomènes me font fuppofer que dans ce foffile nous ne voyons pas le corps même, mais feulement le noyau de fa ftructure interne. Je fuppofe cela puisque les tiges difparoiffent dans la matrice fans qu'on y voie le moindre veftige de quelque appofition, & puisque les tiges & la matrice font de la même fubftance, au point que, fi la matrice eft arénacée & micacée, les tiges le font de même en dedans & en dehors. Il eft donc probable que les filets tendres ne foient que des rempliffages des fiphons qu'il y avoit autrefois. Outre ces corps que je viens de décrire, on voit auffi fur la même pierre certains tubercules ronds en forme d'écuffon, un peu convexes, aiant la fuperficie ridée ou plûtôt ftriée. Probablement ils font partie de ces corps & en font les opercules ou les enveloppes. Dans LIEB-KNECHT *Specim. Haff. fubterran.* Tab. III. fig. 2. on voit les repréfentations de deux exemplaires complets. Malheureufement ces corps font devenus en plus grande partie méconnoiffables par la décompofition. Ils paroiffent avec cela être ferrugineux, ce qui nous laiffe d'autant moins d'efpérance de trouver le corps même revêtu de fon teft naturel. Au refte ce foffile particulier fe trouve en compagnie avec certaines efpèces d'hyftérolithes, qui appartiennent aux hyftérolithes ailées de Wallerius, & desquelles on voit entr'autres les repréfentations dans WOLFARTH *hift. nat. Haff.* Tab. XXV. Il eft cependant bien difficile jusqu'ici de dire quel eft l'analogue de cette pétrification. LIEBKNECHT, dans fon mémoire ci-deffus allégué, s'eft même avifé de prendre ces corps pour des femences pétrifiées. En cas qu'il ait adopté tout de bon cette opinion, il faut qu'il ait eu des individus beaucoup endommagés. WOLFARTH approche de plus près en comparant ce foffile avec le corail foffile de HELWING *lithogr. gerburg.* Tab. VI. fig. 5. p. 53. Le fentiment de ROSINUS eft le plus vraifemblable, qui le prend pour un alcion, & le nomme d'après fa forme *alcyonium fiftulofum.* Il dit dans fon Effai pag. 5[?] *Apparent præterea in hac tabula* VI. litt. A. *defignate poroforum tubulorum, difpofitorum is cruci-*
orbi

orbes, nervisque transcurrentibus veluti colligatorum congeries; ad alcyonia tabularia fortassis referen-
da. Ce qui me paroit confirmer le plus cette opinion c'est le tissu interne des tiges & les filets qui se trouvent entre elles, sur tout lorsque je compare avec ces corps les alcions de
Maftricht, & ceux que Mr. GUETTARD a communiqués dans ses Mémoires Part. II. Pl. XXVII.
fig. 1. 3. XXIV. 7.

Num. 5. et 6. Ce fossile se trouve entre Maftricht & Liege dans une contrée qu'on nomme le pais d'Herf. La pierre est une marne grise, durcie & peu compacte. Dans cette pierre on observe des conduits vermiculaires avec un remplissage de la même substance marneuse que celle de la matrice. Ces conduits ne font donc que des noyaux, & comme ils font
contournés en tout sens & que leurs inflexions ne font pas déterminées, il est probable qu'ils
doivent leur origine à des créatures qui ont eu le mouvement volontaire, à peu près comme
les vers de terre l'ont en tout fens. Ils font presque tous de la même grosseur; la plûpart en
ont un tiers ou un quart de pouce de diamétre. On trouve dans cet endroit deux fortes de
ces noyaux vermiculaires; les uns en font lisses, les autres raboteux. Les lisses ne font pas
tout à fait ronds, mais un peu applatis & revêtus d'une peau noire grasse, qui reste attachée
en partie au noyau & en partie à la matrice, & c'est de là que naissent les taches noires qu'on
voit Num. 6. Les raboteux font tout ronds & un peu plus gros que les lisses. Leur superficie se présente comme parsemée de petits vers, de la grosseur d'un fil & de la longueur du
pais d'un pouce. Ils font couchés les uns fur les autres, & quelques uns d'entr'eux font un
peu courbés. Probablement ces noyaux vermiculaires font nés de certains vers de mer nuds,
qui, ayant été enfoncés dans une terre marneuse, y ont trouvé leur tombeau. Après que ces
vers ont été successivement dissous & détruits par la putréfaction, l'eau qui s'est insinuée,
dans l'espace vuide, y a introduit la terre marneuse de la matrice, & en a rempli les conduits,
ce qui a fait naitre ces figures vermiculaires. Il en est donc dans un certain sens de même
que de la plûpart des ardoises noires, qui ne renferment pas des poissons pétrifiés mais les
remplissages de l'espace vuide que les poissons occupoient autrefois. Comme la terre qui y a
été introduite, est très-fine, vûqu'elle passe à travers les pores très petits de la matrice, les
impressions les plus fines de l'ancien corps se présentent aussi très-distinctement en relief.
Si quelcun vouloit donc foutenir que les figures vermiculaires de ces noyaux fussent les empreintes de véritables petits vers attachés autrefois aux grands vers de mer pourris & enfoncés dans le limon marneux, on ne fauroit combattre la possibilité de cette conjecture, vû
qu'il est fûr que dans ces typolithes les impressions les plus fines peuvent se présenter en relief. Probablement c'étoient des vers, comme nos vers de terre à la vérité, mais d'une grandeur générique beaucoup plus considérable. Comme ils ont été enveloppés dans le limon
tout comme les poissons, c'est à dire, étant morts & à moitié pourris, ils ne pouvoient non
plus se contracter ni ainsi imprimer dans la pierre les anneaux & les plis qui se forment par
leur contraction.

SUPPL. XI.

Cette Planche offre une espèce de pierre figurée très-connue en Allemagne, qui ne
mérite pas moins une place dans cet Ouvrage, que les vers de mer de Maftricht. Au moins
je ne voudrois avoir à me reprocher d'avoir omis une espèce de pierre, sur laquelle plusieurs
Naturalistes, même des derniers tems, pretendent trouver les vestiges des corps animaux &
végétaux qui y étoient autrefois. Comme Mr. HENKEL dans la seconde Continuation de son
Mémoire sur les eaux de Berggieshübel, & Mr. SCHULZE dans son beau Traité sur les étoiles
de mer pétrifiées, ont donné une description détaillée de cette espèce de pierre, il ne me
reste qu'à ajouter qu'on trouve ces figures de vers & de serpens dans plusieurs endroits de
l'Allemagne sur des plaques de pierre tant arénacée que calcaire, & qu'on les a prises pour
des pétrifications de rameaux & de racines, de coraux, d'étoiles de mer, d'entroques ra-

meufes, de ferpens & de vers, fuivant la reffemblance qu'on leur trouvoit avec ces corps. Au moins il eft fûr que ces figures ne font pas de véritables pétrifications, mais elles ne font pas nées par hazard non plus, & elles doivent leur exiftence à certains corps étrangers qui y étoient autrefois. Ces corps ont été enfoncés, comme plufieurs autres, dans une terre molle, y ont imprimé leur forme, & après avoir été détruits par la putréfaction, n'y ont laiffé que l'efpace vuide qu'ils occupoient & rempliffoient autrefois. Une terre fine dépofée dans cet efpace vuide, le remplit, & prit dans la fuite la dureté d'une pierre. Comme les formes qu'on voit fur ces pierres, font fort différentes entr'elles, on ne fauroit fuppofer qu'elles fuffent nées d'une feule efpèce de corps étrangers. Il y en a qui préfentent fort diftinctement les empreintes des rameaux & des racines, d'autres reffemblent tant à des ferpens qu'on feroit tenté de croire qu'il y a eu autrefois là des orvets qui y ont laiffé leurs impreffions. Encore d'autres pourroient bien, j'en conviens, devoir leur origine à des corps marins pierreux & à des Zoophytes. Il ne fera pas fi facile de parvenir à quelque certitude, vûque ces formes étrangères ne fe préfentent que par portions, & n'offrent jamais fur leur fuperficie les caractères génériques & fpécifiques, & de là vient que jufqu'ici elles n'intereffent pas trop ni le lithologue ni le naturalifte.

S U P P L. XII.

Cette Planche m'eft parvenue trop tard pour avoir pû être inférée dans fa place convenable entre les orthocératites. Je l'ajoute donc ici pour finir par elle l'Ouvrage entier. Il a été dit plus haut qu'il y a une efpèce d'orthocératites qui a les diaphragmes finueux (*diaphragmata finuofa*). Jufqu'ici cette efpèce doit être comptée parmi les raretés, & Mr. le Baron de Zorn m'a beaucoup obligé en me communiquant un morceau qui fe trouve dans le Cabinet de la célèbre Academie des Curieux de Danzic, & qui par fa grandeur, par fa beauté & par l'expreffion de ce qu'il y a de caractériftique, mérite en préférence d'être repréfenté ici.

On a donné différens noms à cette efpèce d'orthocératites. SCHEUCHZER & KLEIN lui ont les premiers prêté quelque attention, quoiqu'ils n'en aient pas encore connu le caractère générique. Le premier lui a donné dans fa *Lithographia Helvetica*, & dans la fuite, dans fa *Cryftographia Helvetica* le nom de *Ceratoides articulatus*; le dernier l'a nommée *ammonites cylindricus*, *Lapis futuralis*, comme l'on voit dans fon *Oryctograph. Gedanenf.* tab. III. Il a auffi nommé, à ce que me marque Mr. le B. de Zorn, cette pétrification: *lapis fphingis*, vû qu'elle étoit pour lui une énigme. Mr. le Baron de Hüssch, qui a découvert cette efpèce d'orthocératites dans les environs d'Aix-la Chapelle, & qui l'a décrite dans fon Hiftoire naturelle de la baffe Allemagne, lui a donné le nom de *Romalocératites*. Mr. DAVILA fe fert de la dénomination d'*orthocératite à engreneurs branchues*. Qu'on lui donne tel nom que l'on jugera à propos, il eft toujours fûr que cette pétrification eft une efpèce particulière d'orthocératites, qui fe diftingue affez des ordinaires par les inflexions angulaires de fes cloifons, qui reffemblent prefque parfaitement à celles des ammonites.

Je ne connois aucun auteur qui ait fait mention de ces corps avant SCHEUCHZER, à moins que les auteurs plus anciens n'ayent compris fous le nom de Ceratites ou Cératoides auffi de pareils corps, & n'en ayent pas obfervé les concamerations. Dans la fuite parut le beau Catalogue de Mr. DAVILA, dans le Tome III. duquel il y a Pl. II. une repréfentation d'un pareil orthocératite avec les compartimens d'un ammonite, de la Normandie. Quelques ans après Mr. de Hüssch fit connoître l'individu qu'il avoit trouvé près d'Aix-la-Chapelle, & un autre exemplaire trouvé près de Danzic à été décrit dans l'*Oryctograph. Gedanenf.* de feu Mr. KLEIN, dont nous devons l'édition à Mr. le Baron de Zorn. Ces auteurs indiquent même les contrées où cette efpèce d'orthocératites a été trouvée. L'exemplaire de SCHEUCHZER eft de la Suiffe, celui de KLEIN eft des environs de Danzic; Mr. DAVILA en a en trois autres de la Normandie, & Mr. de Hüssch en a découvert un, presque de la même efpèce, près d'Aix-la Chapelle.

Quoique le nombre des individus de cette espéce d'orthocératites, qu'on a découverts jusqu'ici, soit fort petit, on observe pourtant entr'eux, en les comparant ensemble, une grande différence. Les uns, comme celui de KLEIN, & le présent morceau, ont une forme cylindrique, les autres, comme celui de Mr. de HÜBSCH, ont une forme conique. La plûpart en sont tout lisses en dehors, à l'exception des sutures, qui cependant sont quelquefois à peine apparentes; d'autres ont des stries élevées en partie obliques en partie transversales avec des tubercules, comme par ex. ceux de Mrs. DAVILA & SCHEUCHZER. Comme les sutures des ammonites différent entr'elles suivant la différence des espèces; on observe ici la même chose; il y en a même dans cette espéce d'orthocératites, qui, comme certaines espèces d'ammonites, ont les sutures foliacées (*sutura foliacea*); la plûpart en sont, à la verité, rendus tout droit, cependant on observe, dans le morceau de SCHEUCHZER, une légère courbure, que pourtant je n'oserois prendre pour un caractére spécifique essentiel. Il me faut dire la même chose de la circonference ronde. Car l'exemplaire de Mr. de HÜBSCH ayant la surface ovale, & d'autres étant ronds, il se peut qu'une compression en ait été la cause. Mais il est sûr que les uns doivent avoir les compartimens larges, & que les autres les ont étroits. C'est ce qu'on observera le plus distinctement en comparant les articles de l'exemplaire de KLEIN *oryctogr. Gedan.* tab. III. fig. 2. & 3. avec ceux de l'exemplaire de Mr. de HÜBSCH fig. 11. & 12. Je suppose aussi que ces orthocératites pourroient différer entr'eux à l'égard de la grandeur génerique. Celui de HÜBSCH en est le plus petit de ceux qu'on connoit jusqu'ici, & celui que nous offrons ici, en est le plus gros. Son epaisseur fait conjecturer qu'il y en a de la longueur d'au-de-là de trente pouces. Mais cette espèce d'orthocératites a-t-elle son siphon? A en juger d'après sa structure organique, elle en doit avoir un, quand même on ne l'a pas encore découvert dans les morceaux qu'on a trouvés, car le nombre en est trop petit, pour qu'on puisse à ce sujet dire quelque chose de positif. Cependant je crois en avoir observé un vestige assez distinct dans le morceau que KLEIN représente dans l'*oryctogr. Gedan.* tab. III. fig. 2. & 3. litt. a. Tous les individus de cette espèce qu'on a découverts jusqu'ici, me paroissent être mutilés, de maniere que tant la partie supérieure que l'inférieure, qui autrefois étoit la loge de l'animal, en sont détruites. Je ne crains pas plus de me tromper en soutenant, que tous les morceaux, desquels on a communiqué jusqu'ici des copies aux curieux, & qui présentent des sutures, ont été dépouillés de leur test naturel. Car dans tous les tubules cloisonnés (*tubuli polythalamii*), sans exception, les sutures se trouvent au-dessous du test, & par conséquent ne peuvent être vués tant que le test y est. Il faut donc que Mr. DAVILA se soit mépris en soutenant que ses exemplaires sont encore revêtus de leur test naturel. Car la figure qu'il en ajoute, présente des sutures foliacées, qui, comme toutes les sutures des ammonites, naissent des cloisons sinueuses (*diaphragmata sinuata*) cachées sous le test extérieur, c'est à dire, lorsque le test, qui se trouve entre les noyaux des compartimens, est dissout.

Il ne me reste qu'à ajouter ce que me marque Mr. le Baron de ZORN au sujet de ce morceau qu'on communique ici: „Il a été trouvé dans les environs de Danzic. Fig. I. dans le milieu ce fossile se présente dans sa grandeur naturelle & avec ses propres couleurs. Il est avantageusement cassé dans le milieu, ce qui fait paroître ses diaphragmes sinueux.„ Pour faire voir ceux-ci d'autant plus distinctement, on a copié les deux portions, chacune à part, l'une sous Nro. 2. & l'autre sous Nro. 3. On représente en bas les surfaces des deux diaphragmes sinueux, c'est à dire, celle de la portion supérieure sous Nro. 4. & celle de l'inférieure sous Nro. 5. Les articulations s'engrainent fort exactement l'une dans l'autre, & se joignent si bien, que la fracture n'y paroit presque point du tout.

F I N.

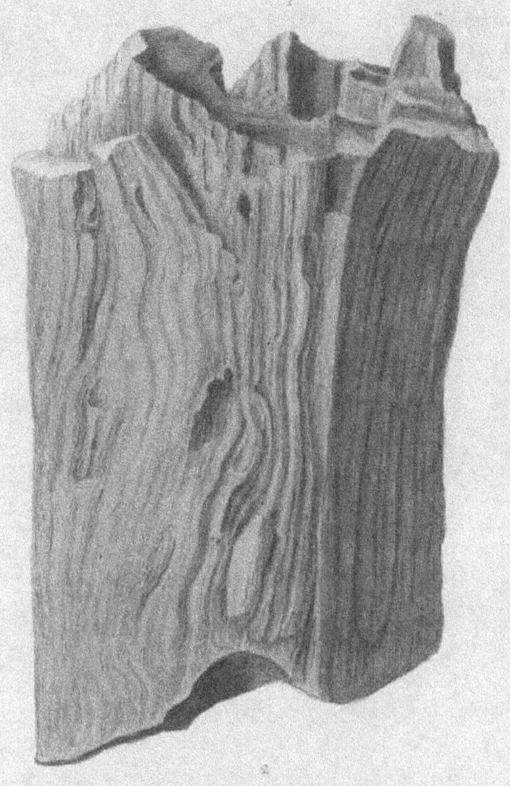

Ex Museo D. Io. Iacobi d'Annone Ph. et I.V.D. Basileens.

In. Büchel ad Nat. pinxit.

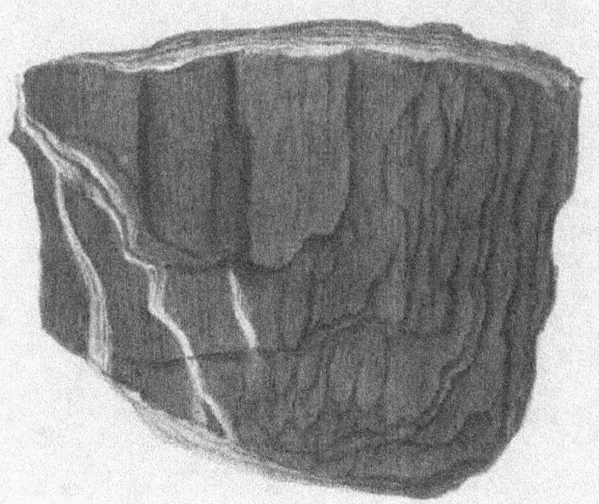

Ex Museo D. Io. Iacobi d'Annone Ph. et I.V.D. Basileens.

Em. Büchel ad Nat. pinxit 1763.

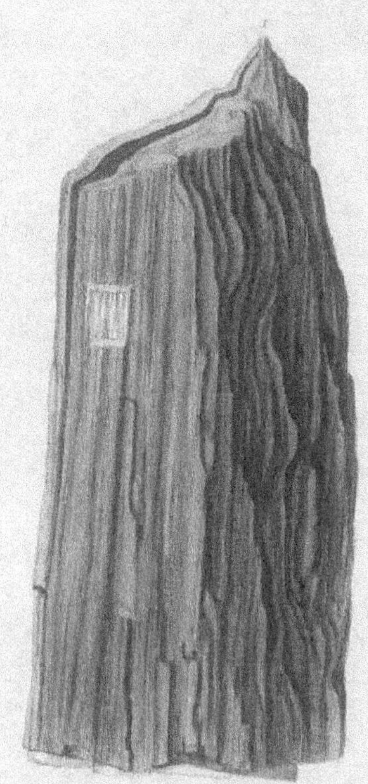

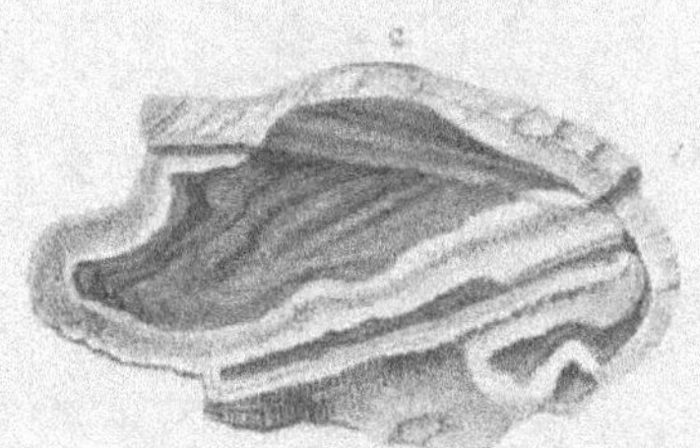

Ex Museo D. Io. Iacobi d'Annone, Ph. et IVD. Basileens.

Em. Büchel ad Nat. pinxit. 62.

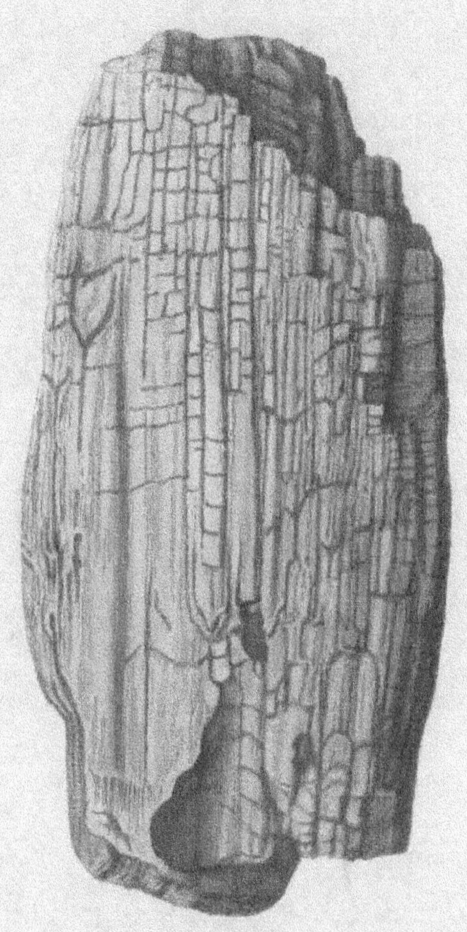

Ex Museo D. Jo. Jacobi d'Annone, Ph. et J.V.D. Basileens.

En. Büchel ad. Nat. pinxit.

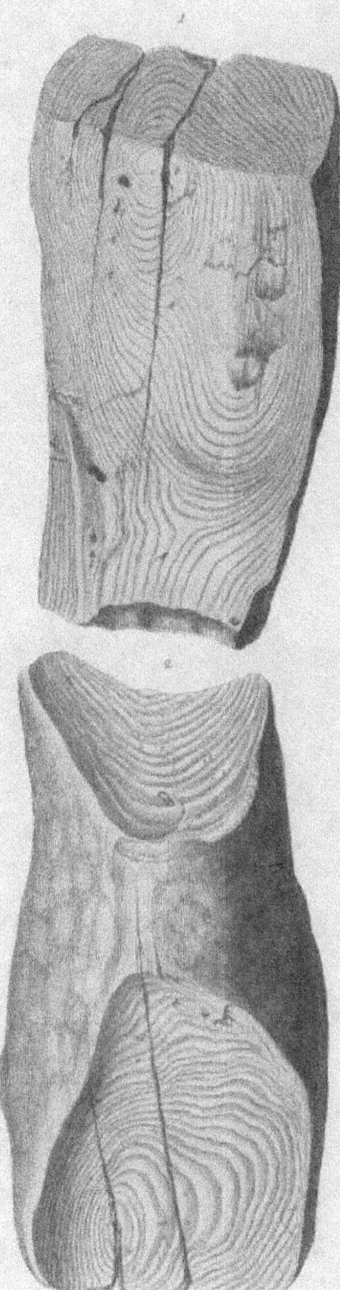

Ex Museo D. Io. Iacobi d'Annone Ph. et V.D. Basileens.

Em. Büchel ad Nat. pinxit 66.

In. Bischof ad Nat. pinxit.

Ex Museo D. Io. Iacobi d'Annone, Ph. & I. V. D. Basiliens.

Em. Büchel ad nat: pinxit.

Ex Museo D. Io. Iacobi d'Annone. Ph. et I.V.D. Basileens.

Ex Museo Excell. Dn. Doct. & Consil. Aul. Casimir Christoph. Schmidel.

P.III.
X.
1
2
3
4
5
6

Ex Museo Excell. Dn. Doct. & Consil. Aul. Casimir Christoph. Schmidel.
Georg Carol. Lichtenberger ad vivum pinxit.
A. L. Wirsing sculps. 147.

P. III. λ.

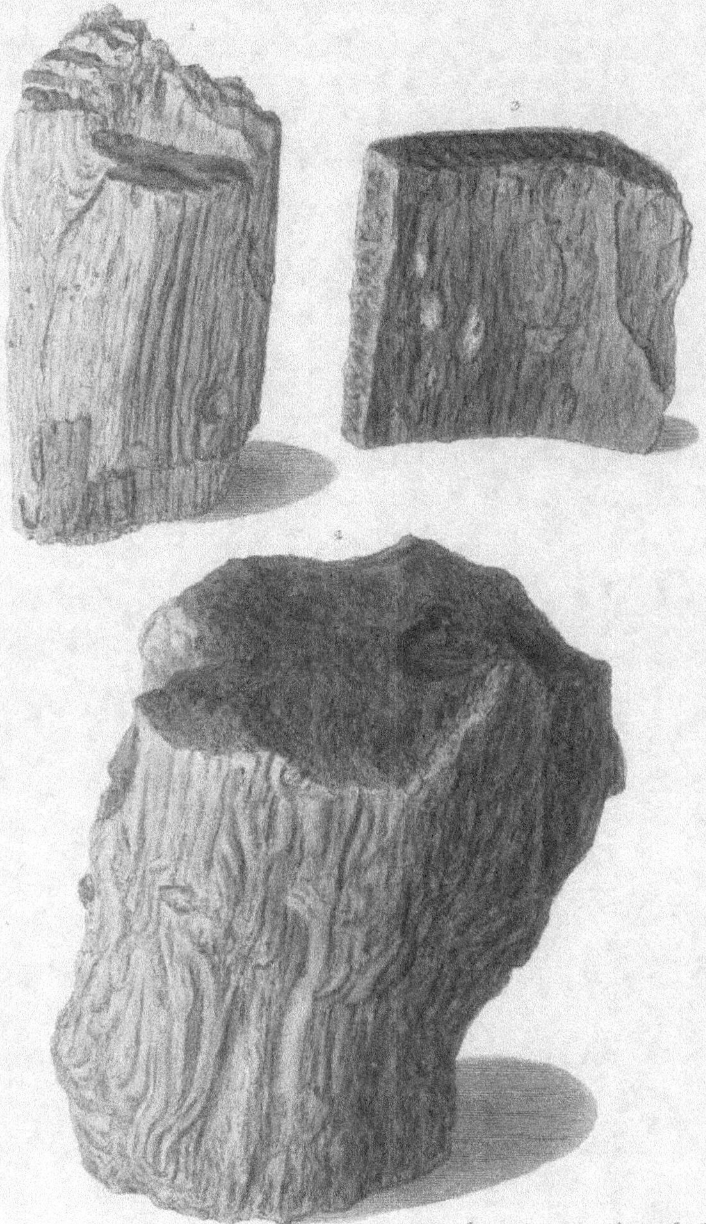

Ex Museo Excell. Dn. Dot. & Consil. Aul. Casimir Christoph. Schmidel.

Georg. Carol. Leinberger ad nat. pinxit. — N. A. Tyroff sculps. 148

1
3
2
5
4
Ex Museo Excell. Dn. Doct. & Consil. Aul. Casim. Christoph. Schmidel.
Georg. Carol. Lichsberger ad nat. pinxit.
Joh. Andr. Eisenmann sculps. 1763.

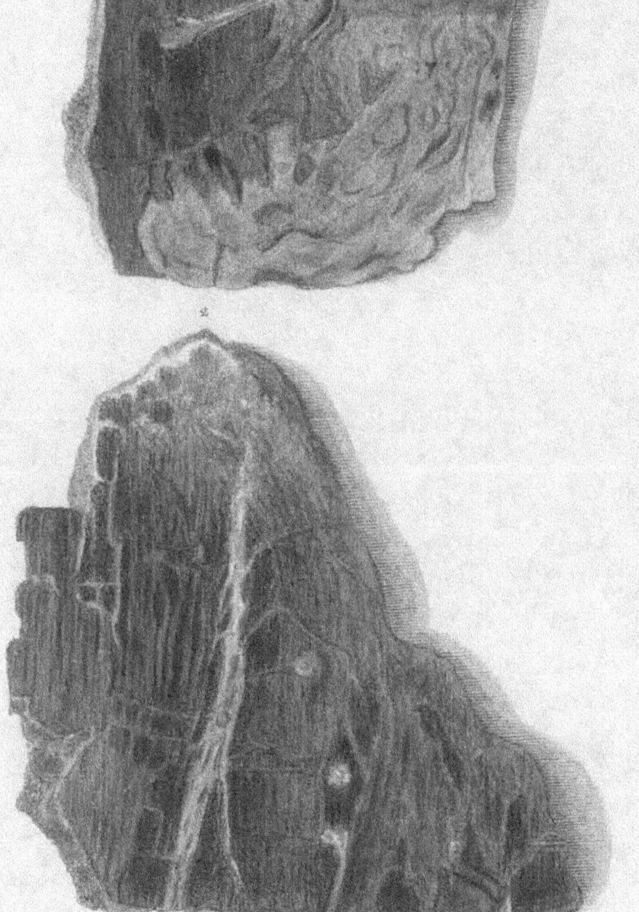

Ex Museo Excell. Dn. Doct. & Consil. Ant. Casim. Christoph: Schmidel.

Carol. Lindberger ad nat. pinxit.   C. A. Krauss sculps. 1760.

Ex Museo Excell. Dn. J. E. J. Walchii, Eloquent. & Poes. Prof. publ. in
Accademia Jmensi.

J. G. Schenck ad nat. pinxit.

Val. Bischoff sculps. 163.

Ex Museo Excell. Dn. J. E. J. Walchii, Eloq. & Poës. Prof. publ. in
Academia Jenensi.

J. G. Schenck ad nat. pinxit.   N. L. Freÿ sc. p. 154.

P. III.
1
2
3
Ex Museo Excell. Du Doct. & Consil. Aul. Casimir Christoph. Schmidel.
Georg Carl Lichtenberger ad nat. pinxit.
N. F. Kreff. sculps. 151.

Ex Museo Excell. Du. Doct. & Consil. Aul. Casin. Christoph. Schmidel.

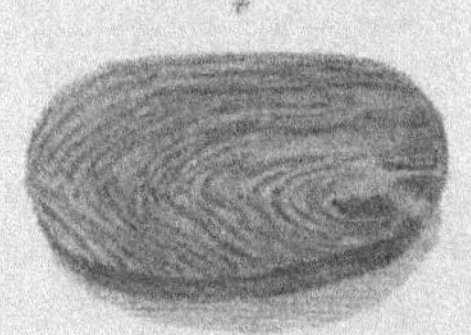

Ex Museo S. R. Genzmeri, Sacror. Stargard. Praepositi.

P. Goldhack ad nat. pinxit.

H. I. Tyroff sculps. 191.

Georg David Nessenreuter sculps. ad n. N. plumb.

Ex Museo Excell. Dn. Don. Ce[illegible] Casimiri Christophori Schmidel.
Georg. Carol. Laybbegerod nat. pinxit.

Ex Museo Excell. Du. Dec. & Consil. Aul. Casimir Christophori Schmidd.

Georg. Carol. Leinberger ad nat. pinxit.

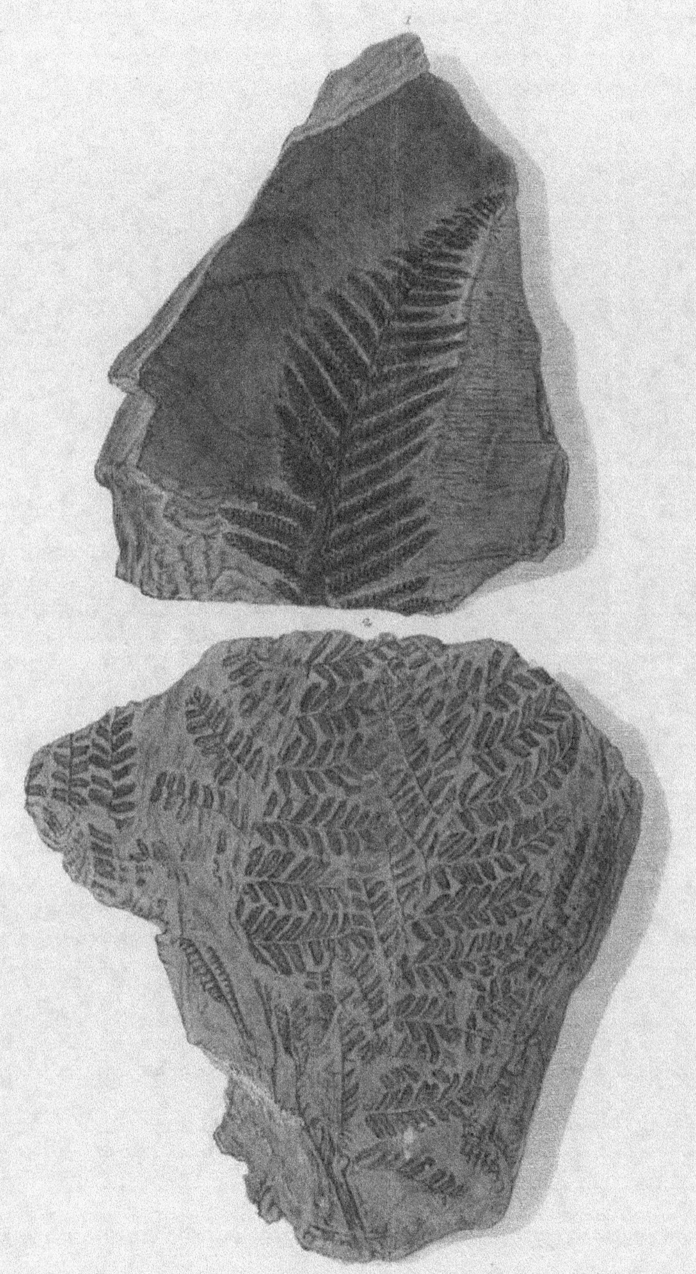

Ex Museo Excell. Du. Doct. & Consil. Aul. Casimir Christophori Schmiedl.

Georg Wolfgang Knorr Leipberger ad nat. pinxit.

158.

Ex Museo Excell. Dn. Doct. & Consil. Aul. Casimir Christophori Schmidt.

Georg. Carol. Lichtenberg ad nat. pinxit.

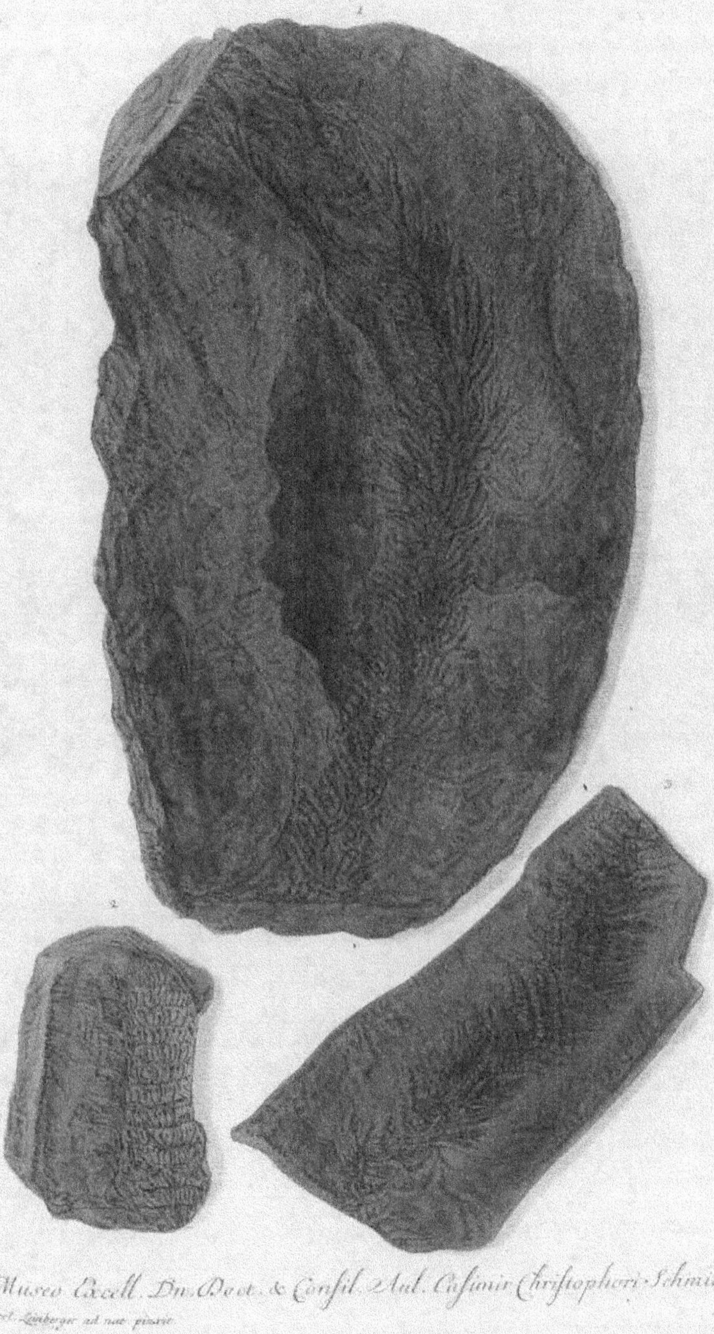

Ex Museo Excell. Dn. Doct. & Consil. Aul. Casimir Christophori Schmidel
Jacq. Carol. Leinberger ad nat. pinxit.
160.

Ex Museo Excell. Dn. Doct. & Consil. Aul. Casimir Christophori Schmidel.

Ex Museo Excell. D. I. E. I. Walchii, Eloq. & Poes. Prof. publ. in Acad. Ienensi.

J. G. Schmid ad nat. pinxit.

J. P. Trautner sculps. 1760.

Ex Museo Walchiano

J. Schenck ad nat. pinxit.   G. P. Fenitzer sculps. 1763.

Ex Museo Excell. Dn. J.E.J. Walchii Eloquent. & Poes. Prof. publ. in
Academia Jenensi.

J.J. Schmick ad nat. pinx.   G.P. Trautner sculps. 164

Ex Museo Excell. Du. Doct. & Consil. Aul. Casimir Christoph. Schmidel.
Carl Leuberger ad viv. pinxit.   140.

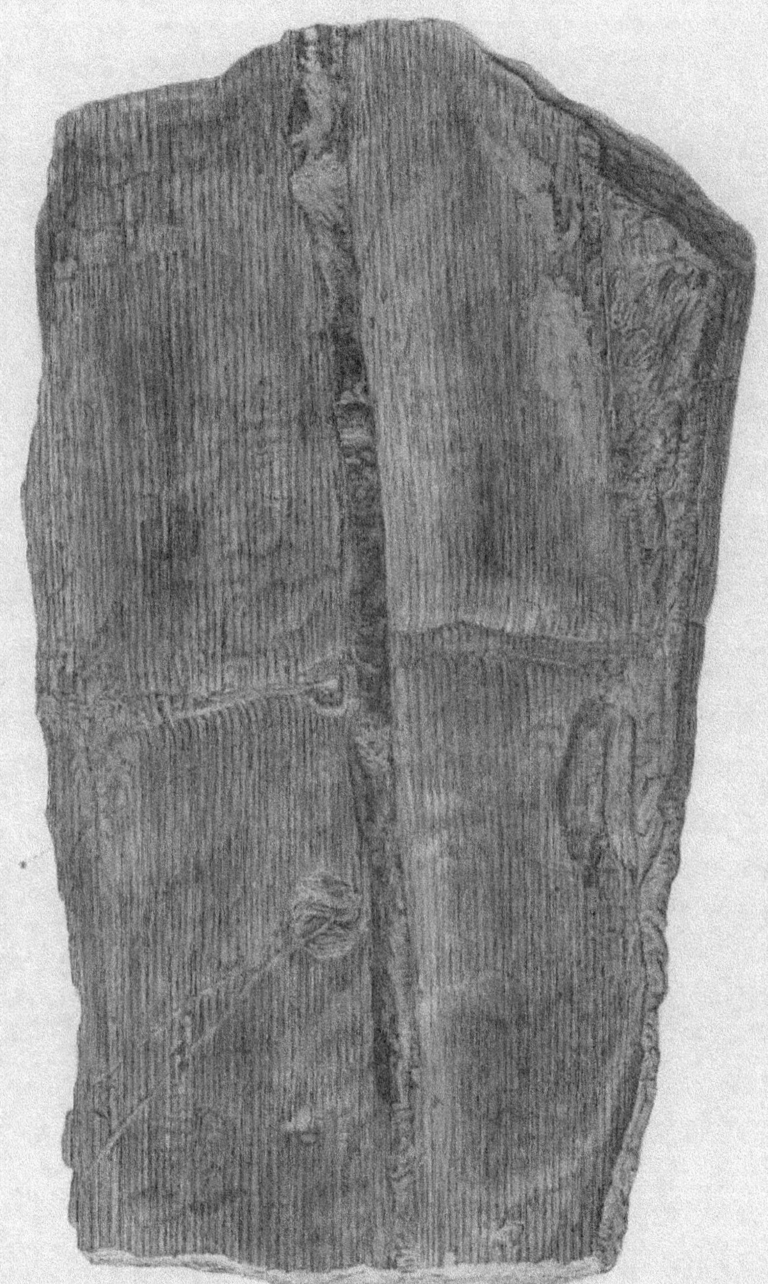

Ex Museo Excell. Dn. Doct. & Consil. Aul. Casimir Christophori Schmidel.
Sigm. Gabr. Lindmayer ad nat. pinxit.

141

Ex Museo Excell. Dn. Doct. & Confil. Aul. Cafimir Chriftophᵣ Schmidel.

Georg. Carl. Leitzberger ad nat. pinxit.

142.

Fig. 1-5. Ex Museo Walchiano. Fig. 6. Ex Museo Borlachiano.

Ex Museo ill. Heidenreichii I. D. et Consiliarii Aulici Saxo-Vinariensis

Ex Museo quondam Breyniano.

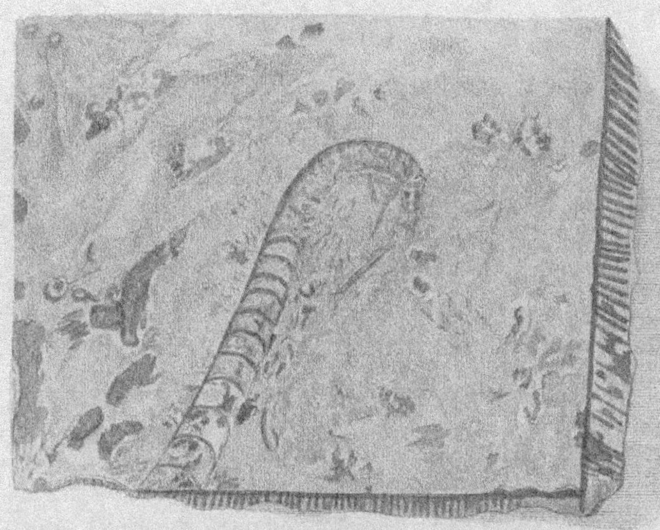

Ex Museo Societatis physicæ gevanensis.

Fig. 1.2.3. ex Museo I. E. I. Walchii. Fig. 4–8. ex Museo S. R. Genzmeri

Ex Museo summe Rever. Genzmeri, Sacrorum Stargard. Mecklenb.
Praepositi.

Ex Museo summe Rever. Genzmeri, Sacrorum Stargard. Mecklenb.
Prepositi.

170.

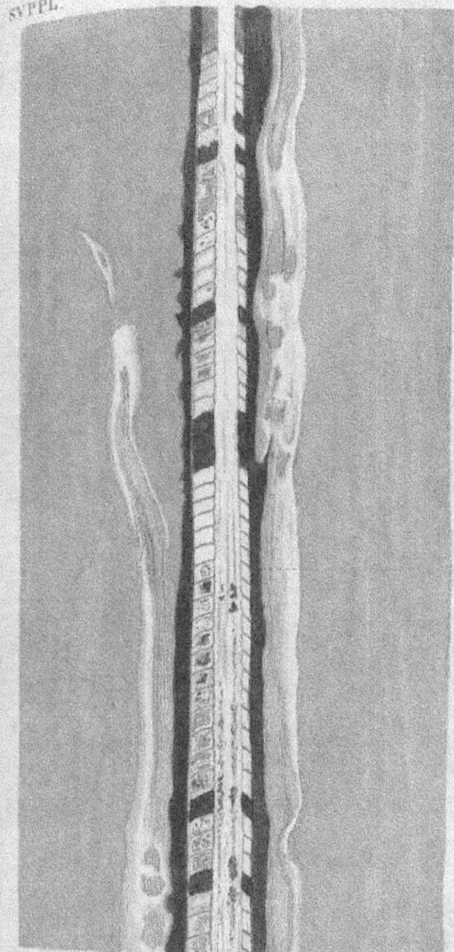

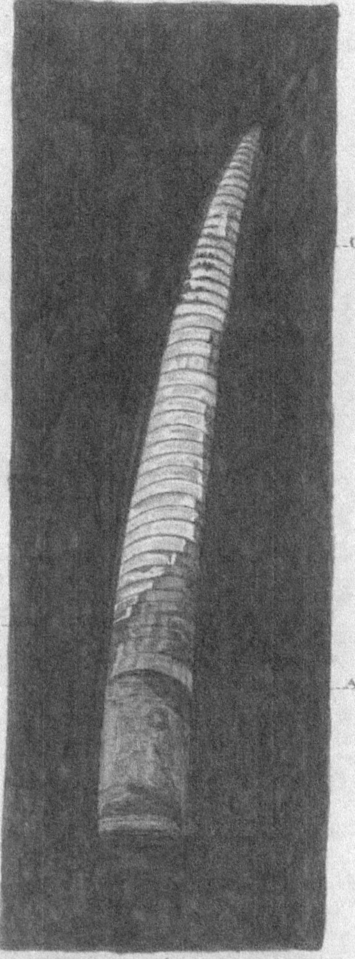

Ex Musæo Societatis Physicæ Gedanensis.

Ex Manuscriptis defuncti Iac. Theod. Kleinii.

Iac. Andr. Eisenmann sc.   193

Ex Museo quondam Breyniano.

Gust. Phil. Trautner Sculp. 144

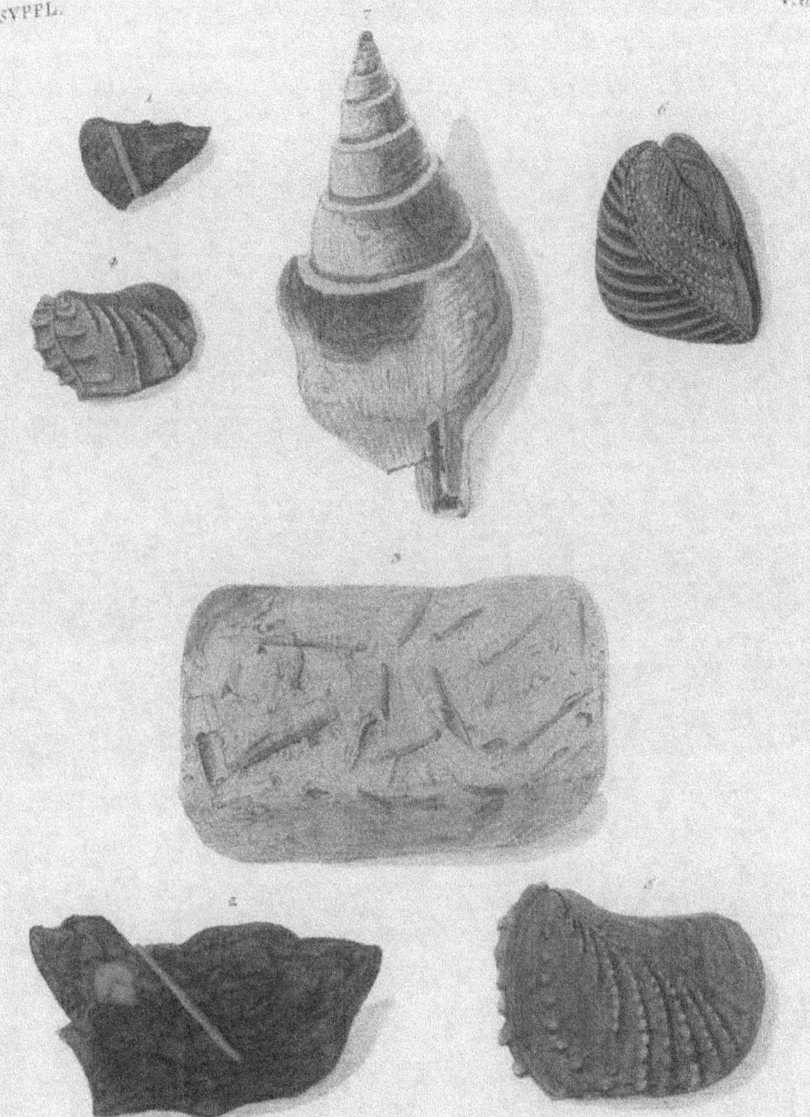

Ex Museo Excell. B. I. E. I. Walchii, Eloquent. & Poes. Prof. publ. in
Academia Ienensi.

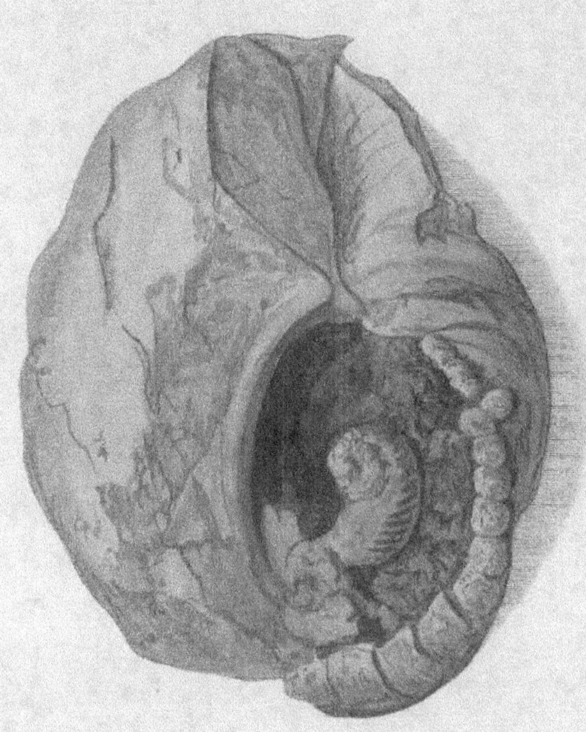

Ex Museo viri perillustris atque excellentissimi Caroli Friderici Kaltschmidii, Consiliarii intimi cameralium Sereniss. Sax. Ducis, Vinariensis, Chirurgiae et Anatomiae in Academia Jenensi Prof. publ. ord. Facultatis medicae Senioris.

A. Müller junr. Sculps. 172

Ex Museo Excell. atque experientiss. Dn. Joann. Hermanni Medicinæ
Doctoris & Profess. in Academia Argentoratensi.

G. Schuck ad nat. pinxit.   J. J. Bringer fc. 1784.

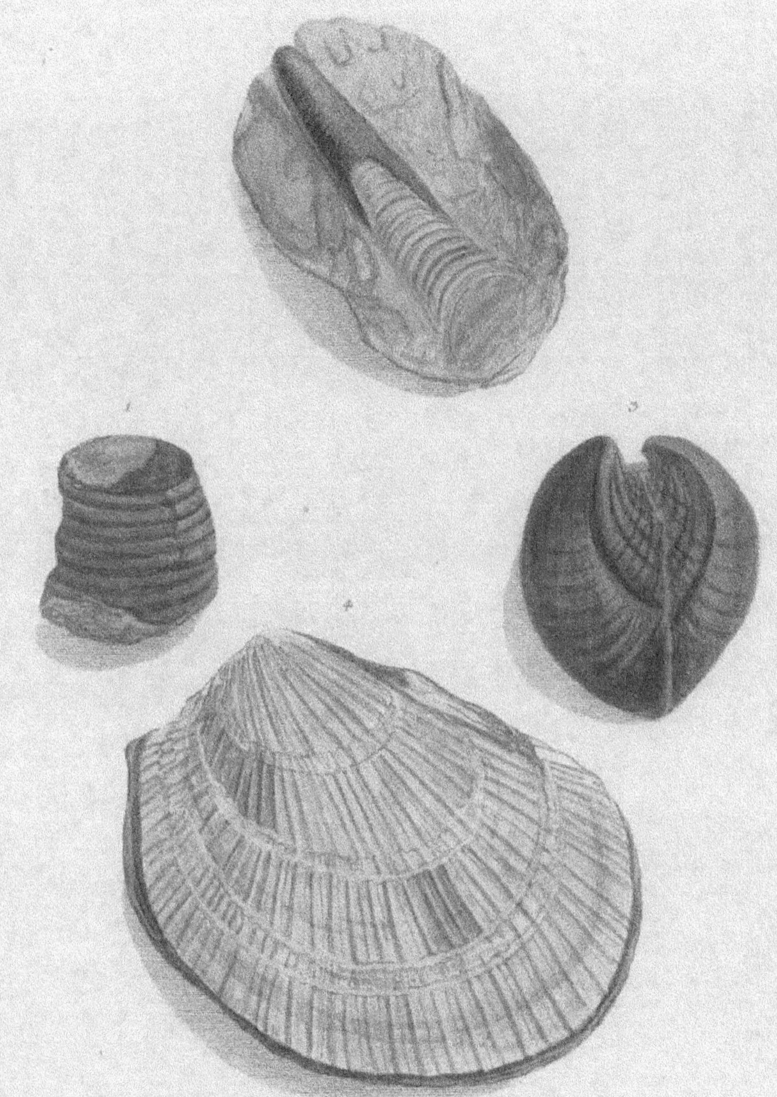

Ex Museo Excell. atque experientiss. Dn. Io. Herrmanni, Medicinæ
Doct. et Profess. in Academia Argentoratensi.

A. G. Schrack ad nat. pinxit.   I. A. Eisenmann sc.   194.

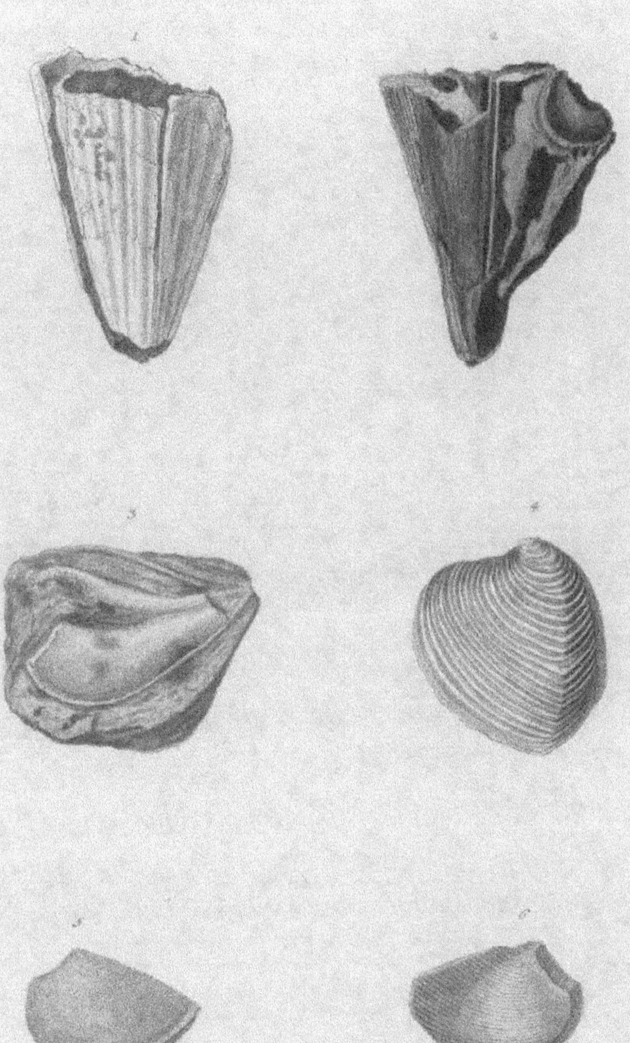

Ex Museo Excell. Dn. Io. Iac. d'Annoni, Phil. & I. V. Doct. &
Profess. Eloquentiæ in Academia Basileens.

Em. Büchel ad nat. pinxit.   Andr. Hoffer sculps.   196

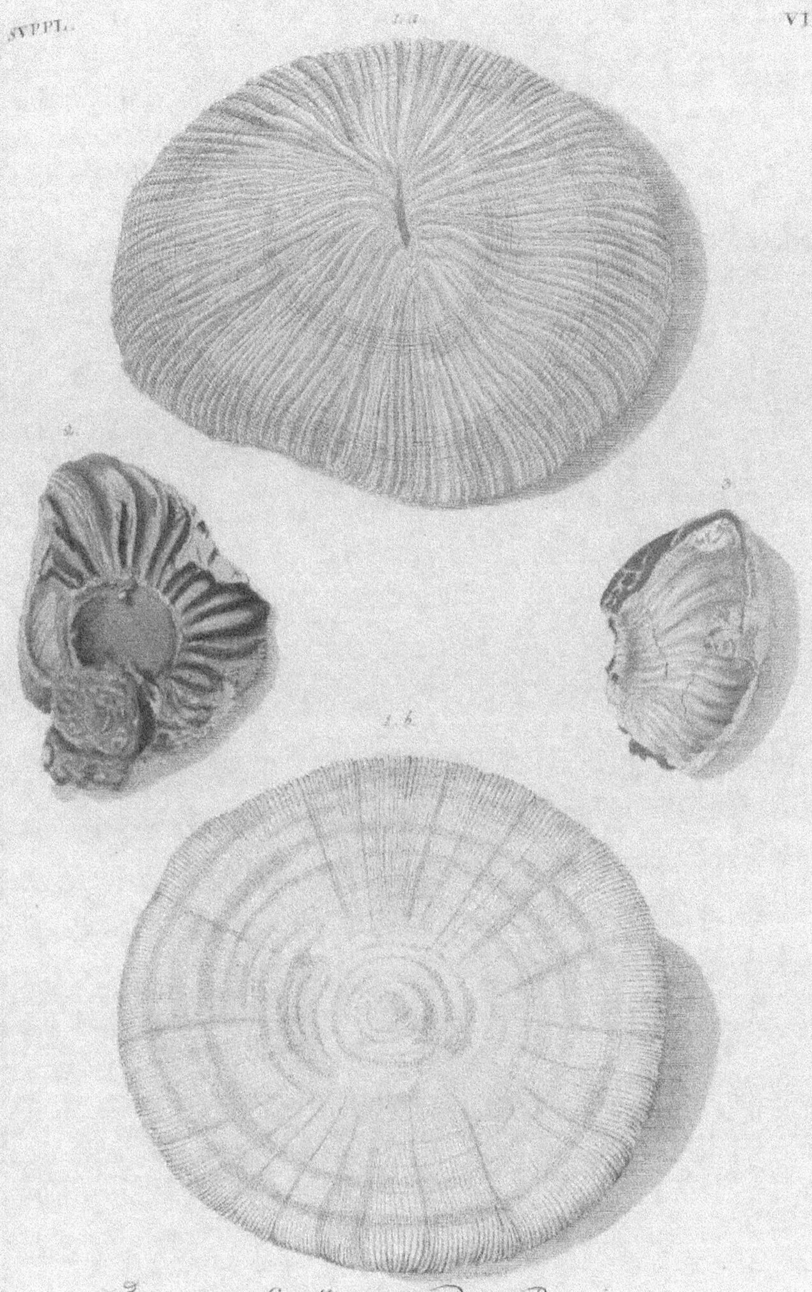

Fig. 1. a. & 1. b. Ex Museo quondam Breyniano.
Fig. 2. & 3. Ex Museo Societatis physicæ gedanensis.

Ex Museo Excell. Din. J. E. J. Walchii, Eloquent. & Poes. Profess. publ. in
Academia Ienensi.

173

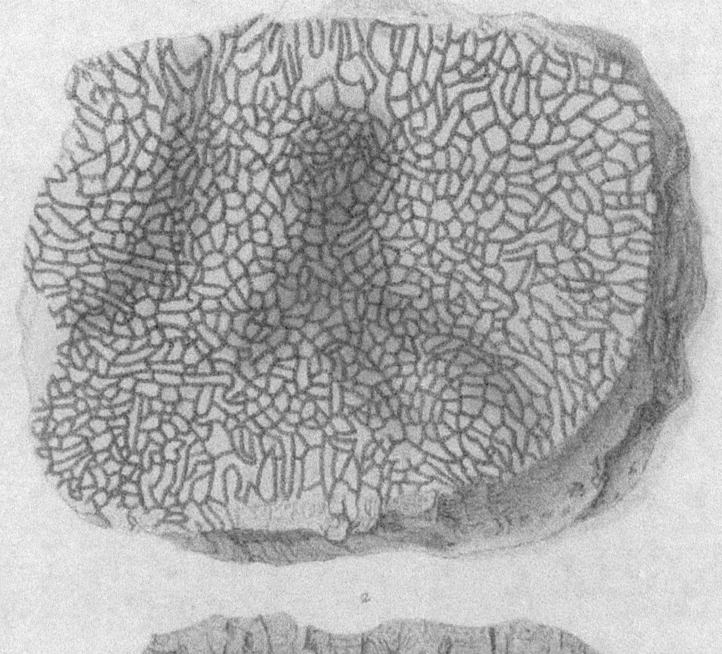

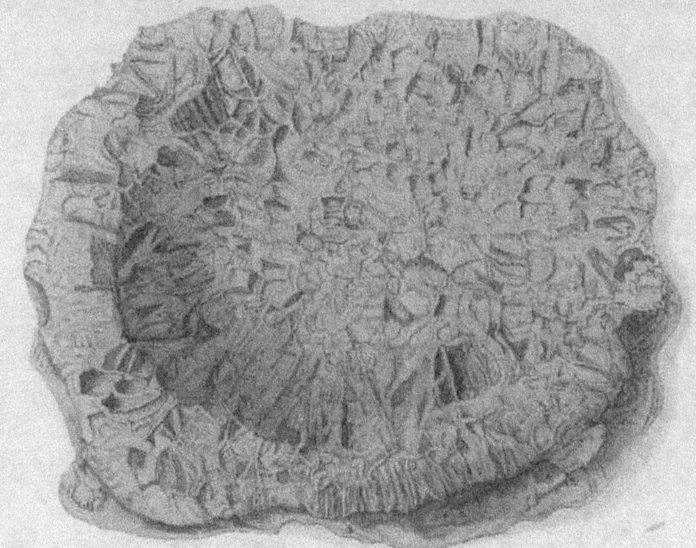

Ex Museo Societatis physicæ Gedanensis.

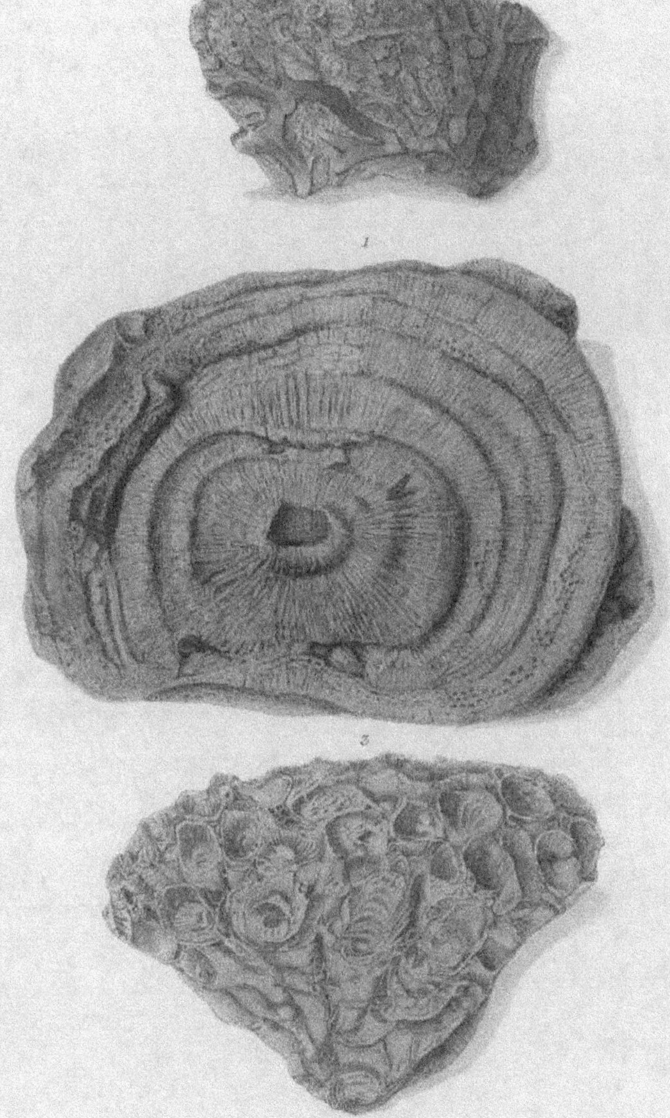

Ex Museo Societatis physicæ Gedanensis.

Schreber delineavit.   175.

Ex Museo Walchiano

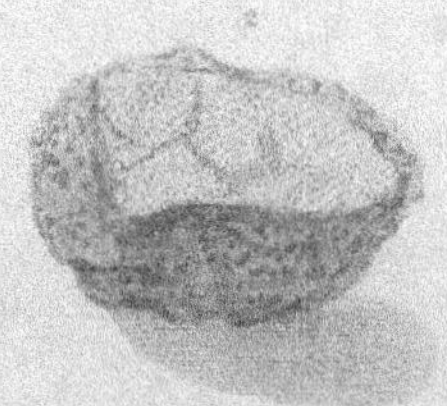

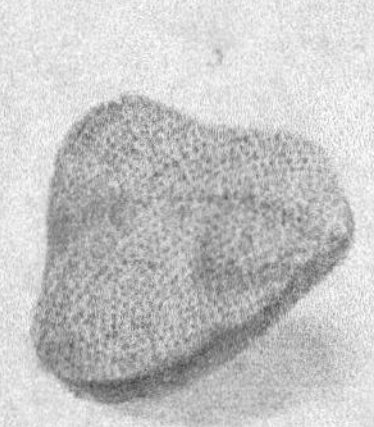

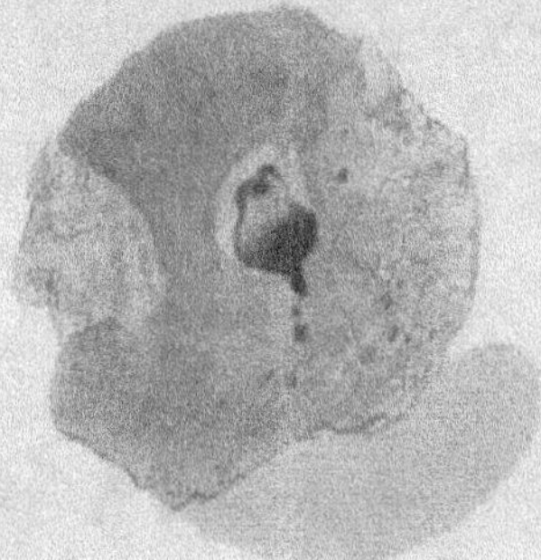

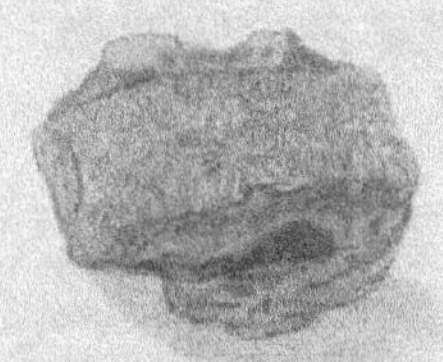

Ex Museo Walchiano.

G. Schenck ad nat. pinxit.

Iac. Andr. Eisenmann sc.   198.

Ex Museo Walchiano.

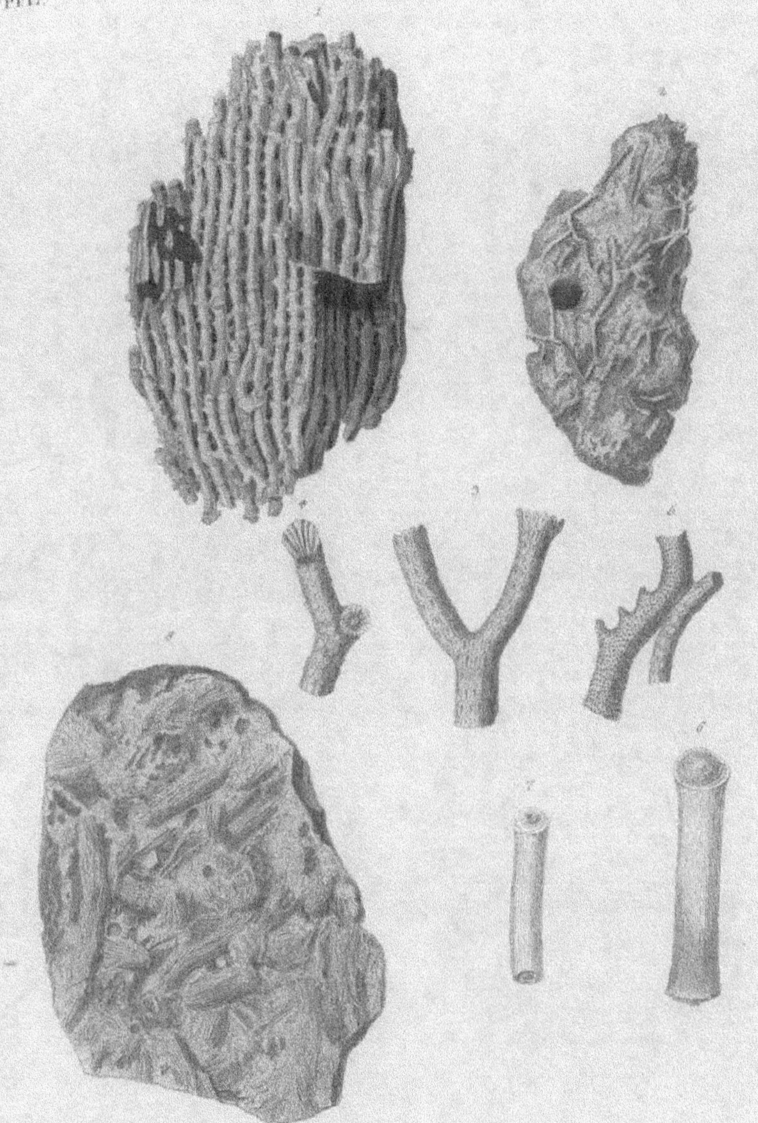

Ex Museo Excell. Dn. Jo. Jac. d'Annone, Phil. & J.V. Doct. et Profess.
Eloquentiæ in Academia Basileens.

L. Bleul ad nat. pinxit.   Andr. Hoffer sculps. 1757.

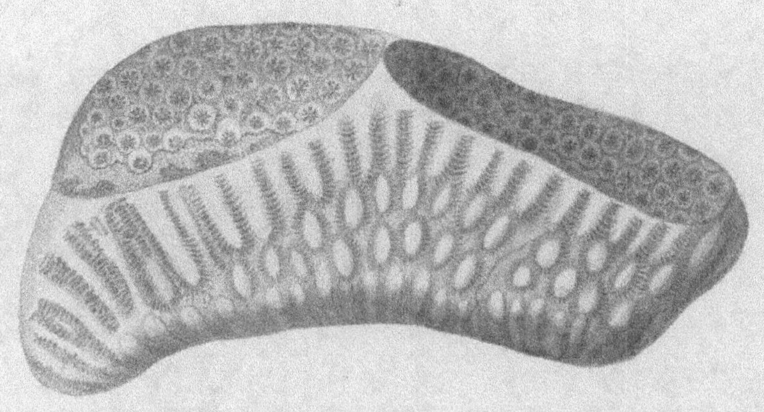

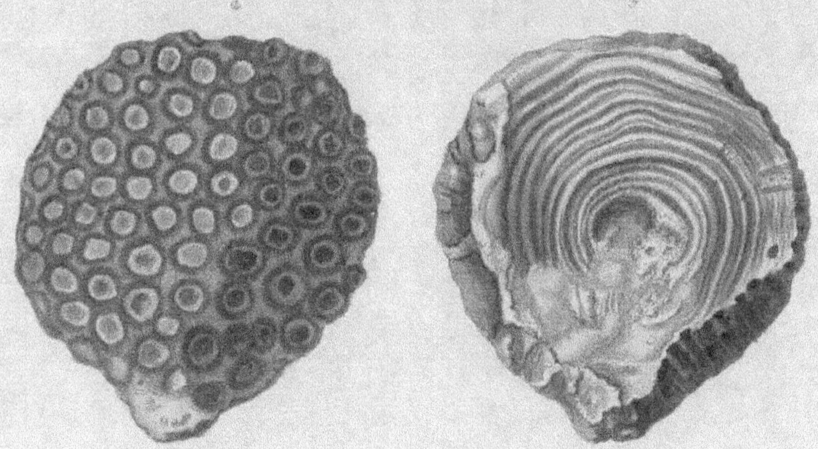

Ex Museo Excell. Dn. Io. Iac. d'Annone, Phil. & I. V. Doct.
& Prof. Eloquentiæ in Academia Basileens.

J. Büchel ad nat. pinxit. G. P. Trautner Sc. 201.

Ex Museo Excell. Dn. Doct. & Consil. Aul. Casimir Christophori Schmidel.

Georg. Carol. Lauberger ad nat. pinxit.   J. L. Pfeiffern. sc.   207

Ex Museo summe reverendi Genzmeri sacrorum Stargardiensum
Ducatus Mecklenb. præpositi

I. G. Schenck ad nat. del.   Valdhoff sc. 1756.

Ex Museo summe rev. Genzmeri, in Ducatu Mecklenburgico sacrorum
Stargardiensium praepositi meritissimi

J. C. Schrack delineavit.   Val. Bischoff sc. 177

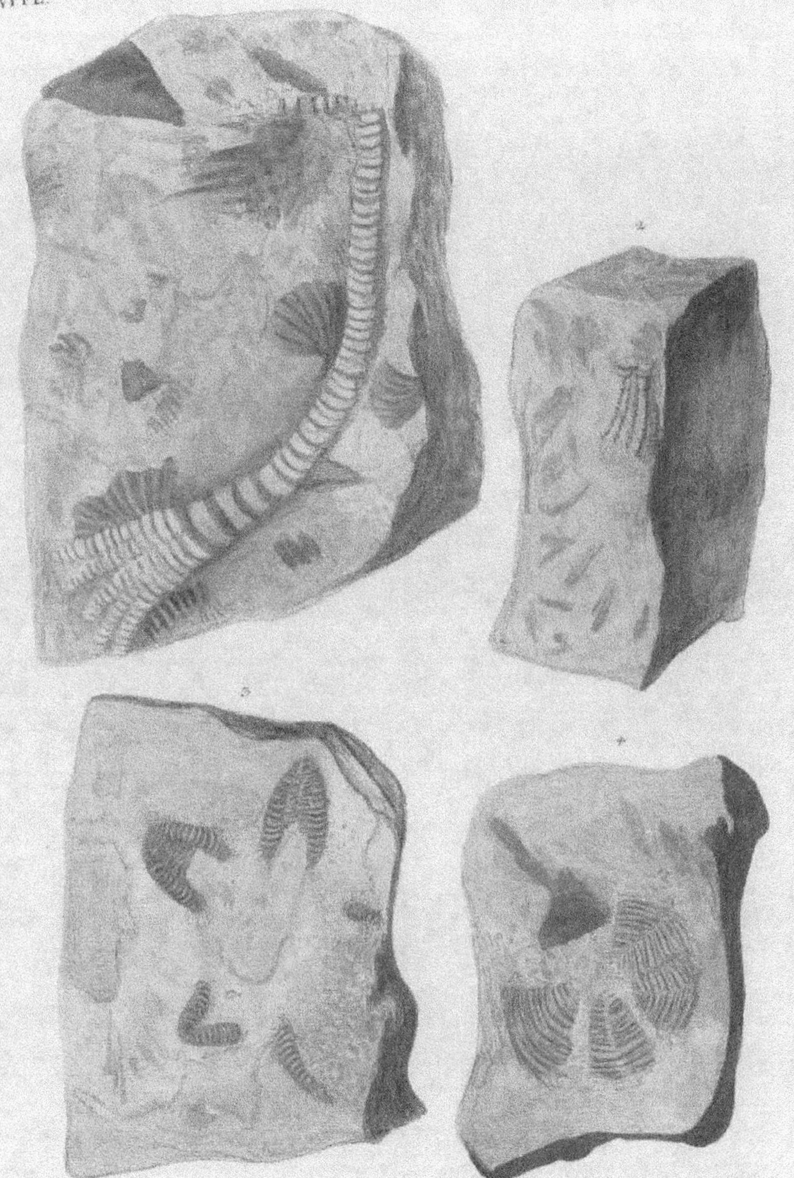

Ex Museo Gottl.. Ad. Heur. Heydenreichii, I.V.D. et Duc. Sax.Vinar.
Consiliarii Aulici.

Joh.Eichards del. Vac.Bischoff. fe. 178.

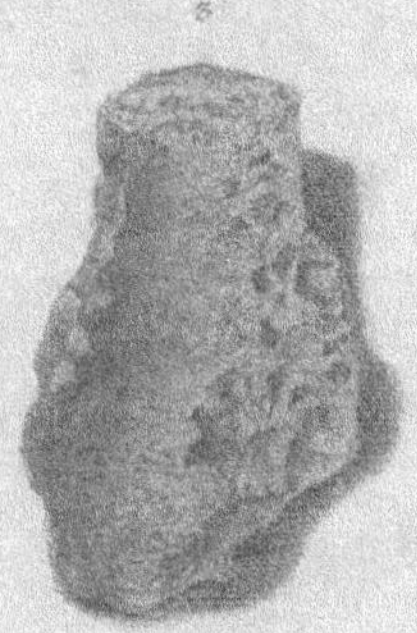

Ex Museo Societatis physicæ Gedanensis.

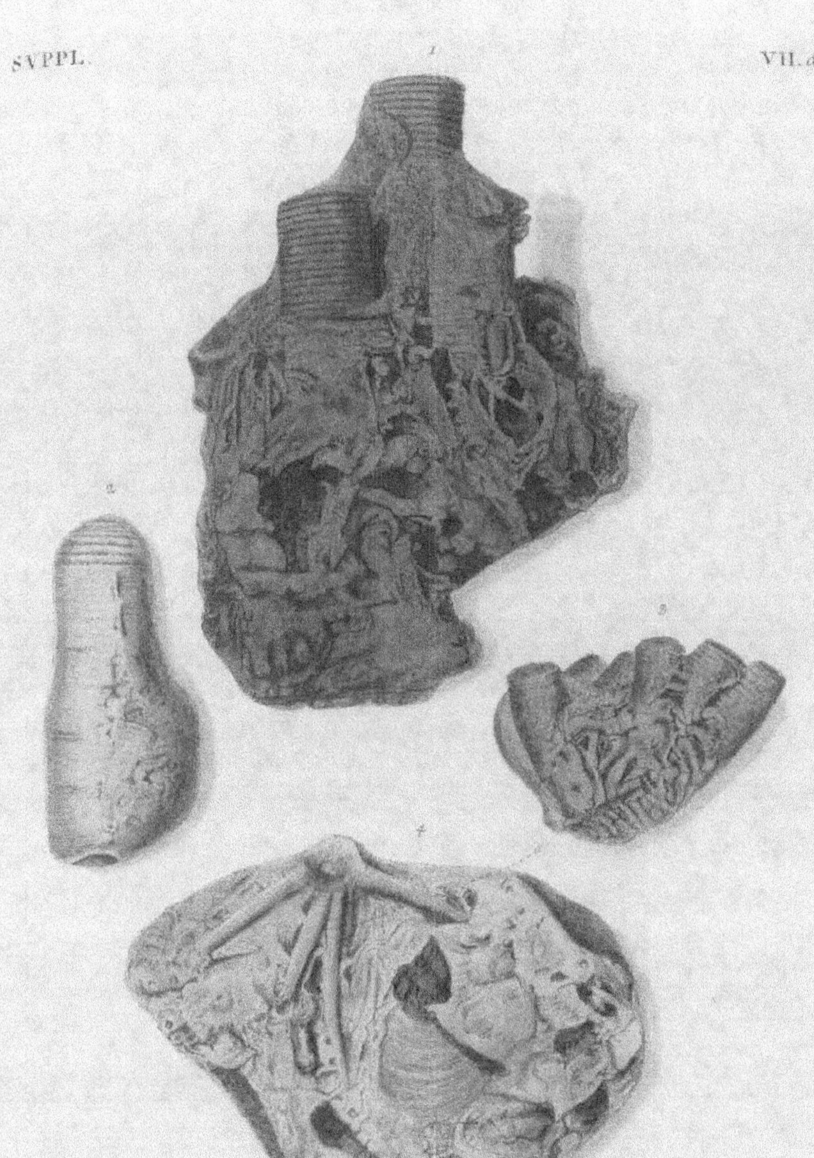

Ex Museo Societatis physicæ Gedanensis.

Rother Delineavit. 1810.

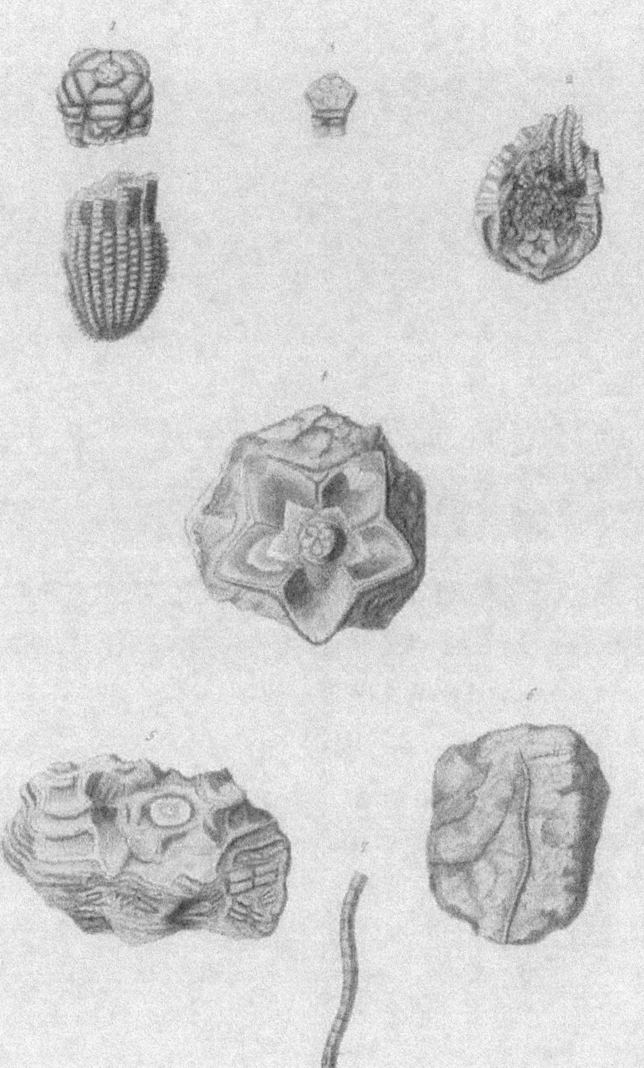

Ex Museo Excell. Dn. Jo. Jacobi d'Annone Phil. & J.V. Doct
& Prof. Eloquentiæ in Academia Basileens.

Bæhel ad viv. pinxit.   G.B. Probst sc.   203

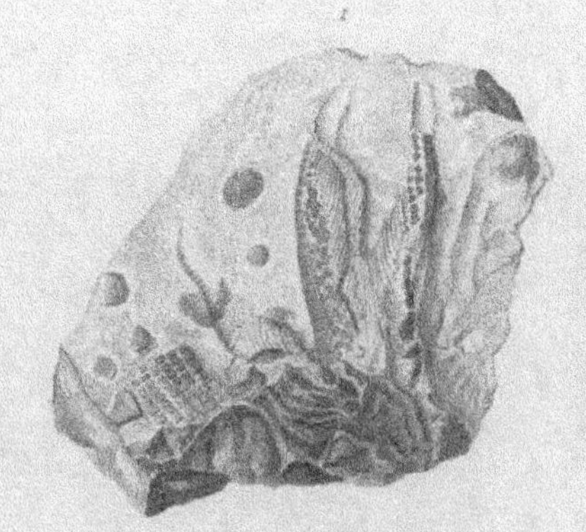

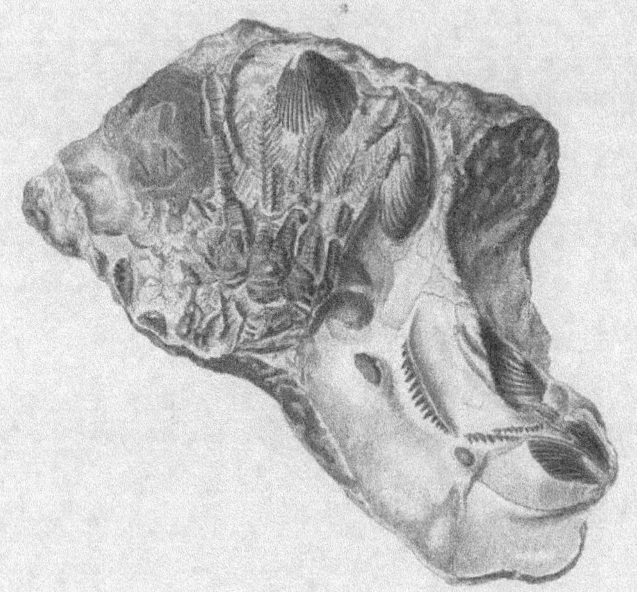

Ex Museo Excell. Dn. Doct. & Conf. Aul. Casimir Christophori Schmidel.

C. C. Müller ad nat. pinxit.   Andr. Hoffer sculps. 1764.

Ex Museo Excell. Dn. Doct. & Consil. Aul. Casimir Christophori Schmidel.

Georg. Carol. Leinberger ad nat. pinxit.   A. A. Beringer sc.   205.

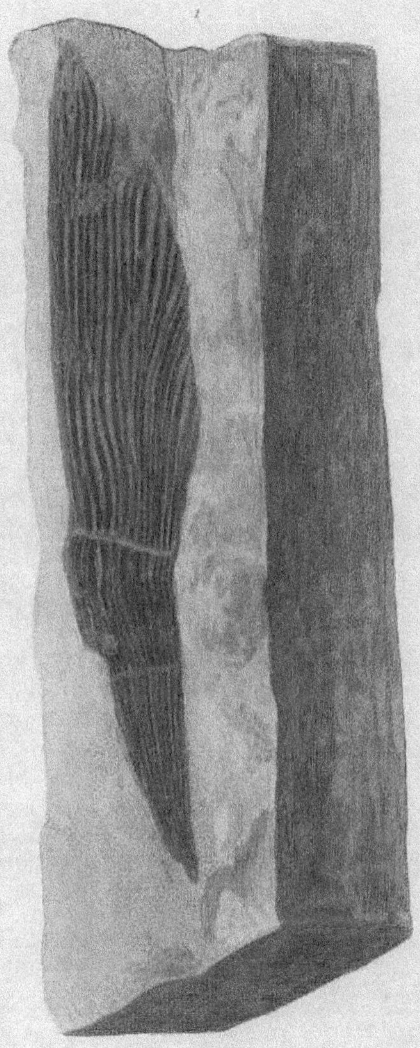

Ex Museo Excell. Dn. Adami Hildebrandi, Medicinæ Doctoris Naumburgensis.

Val. Bischoff fe.

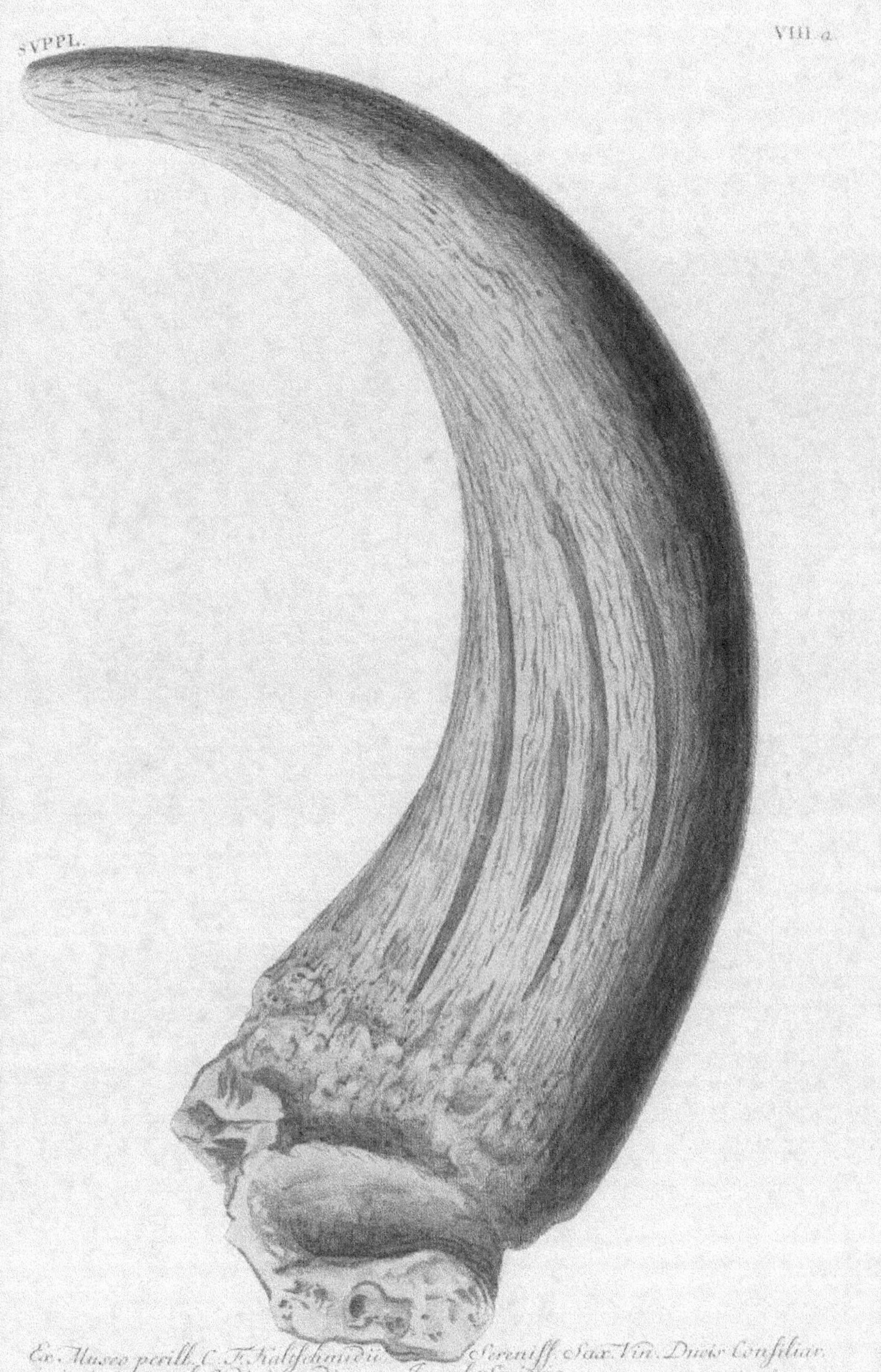

Ex Museo perill. C. F. Kaltschmidii ... Sereniss. Sax. Vin. Ducis Consiliar.
...tiori Cameral. Ordinis medicorum Jenens. Senioris.   S. Leupold Sc. 184.

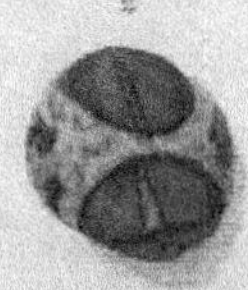

Ex museo perill. C. F. Kaltschmidii, Sereniss. Sax. Vin. Duc. Consil. intimi Cameral. Ordinis medicor. Ienensis Senioris.

S. Leigner fc. 1763.

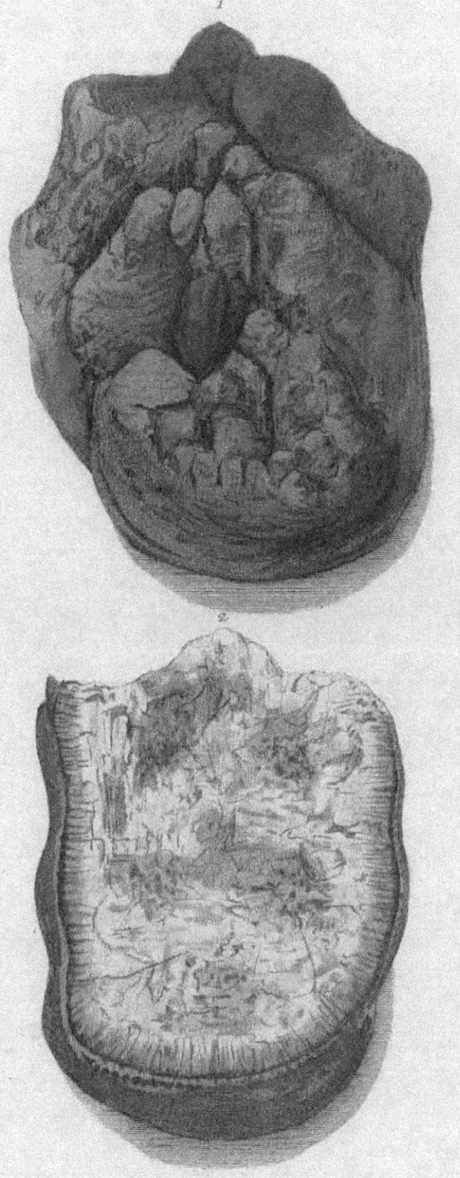

Ex museo perill. C.F. Kaltschmidii, Sereniss. Sax.Vin.Duc.Consil.
intimi Cameral.Ordinis medicor.Jenens.Senioris.

S. Leitner sc. 16.

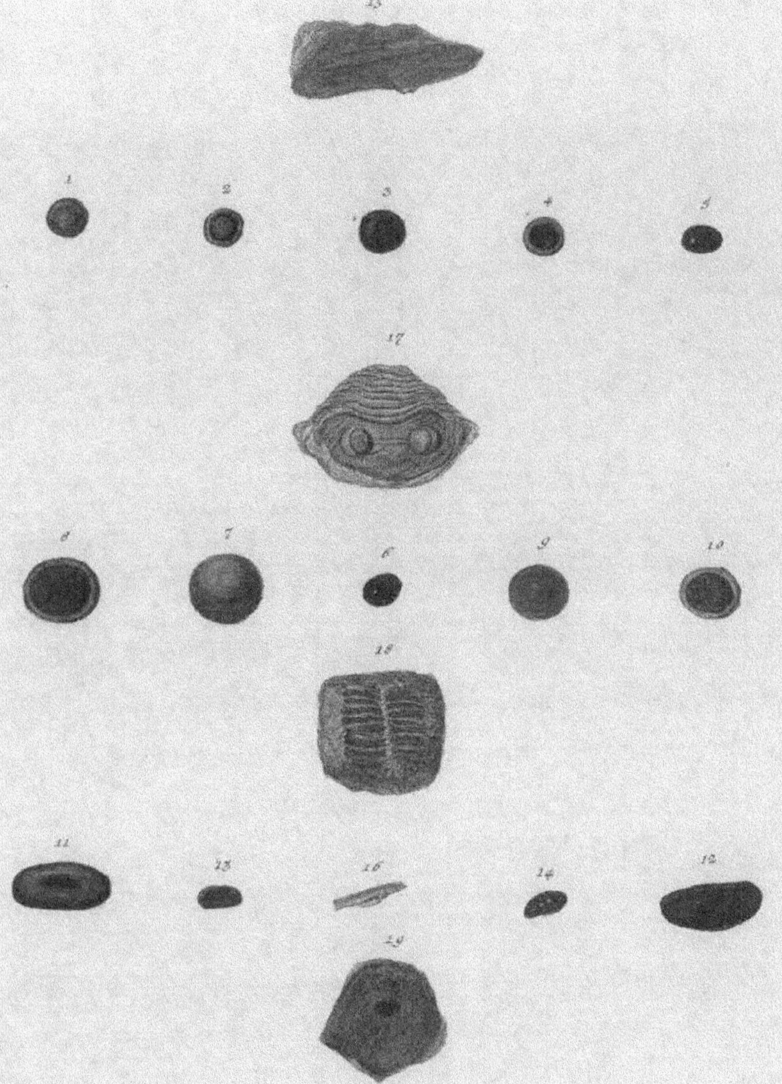

Ex Museo S. R. Genzmeri, Sacrorum Stargard. Mecklenb. Præpositi.

Andr. Hoffer sc. 145

Ex Museo viri illustr. G. H. Heidenreichii, I.V.D. & Confiliarii Aulici Saxo-Vinarienfis.

Andr. Köffer fc. 186.

Fig. 1. Ex Museo Societatis physicæ Gedanensis.
Fig. 2-8. Ex Museo Excell. Dn. I. E. I. Walchii.

I. M. Bischoff sc. 181.

Ex Museo Excell. Dn. Gottl. Adol. Henr. Heydenreichii, J.V.D. et Duc.
Sax. Vinar. Consiliarii Aulici.

Val. Bischoff sc.   195

Ex Museo summe rev. Genzmeri, Sacrorum Stargard. Mecklenb. Praepositi.

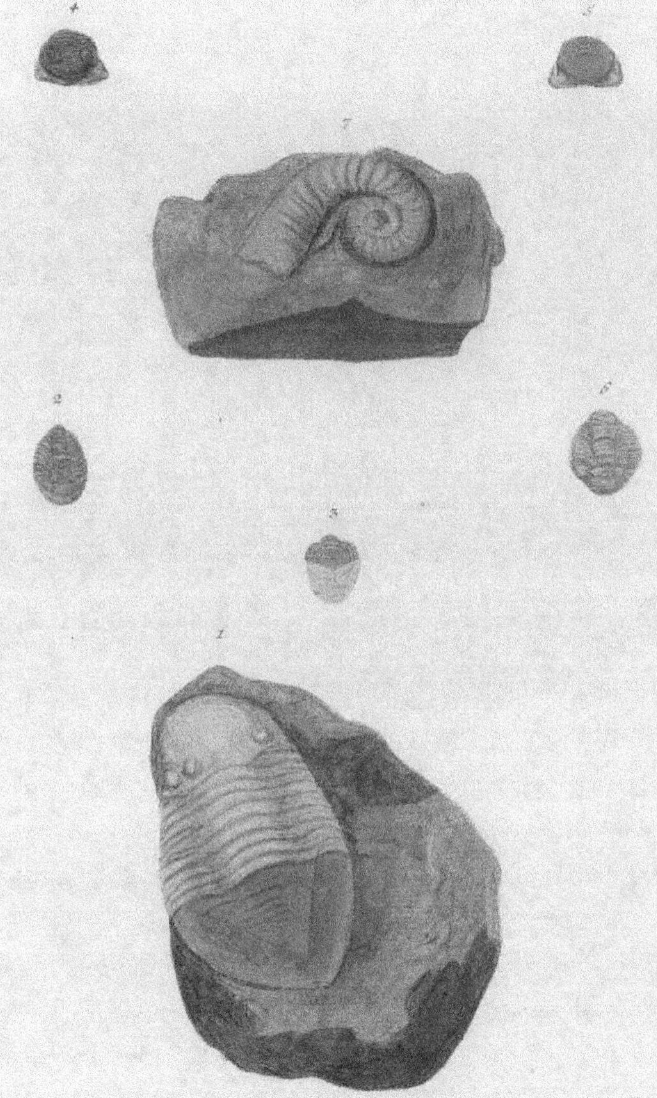

Ex Museo Hempeliano.

J. G. Schenck ad nat. pinxit.   Val. Bischoff sc. 190.

Ex Museo summe rev. Dn. Genzmeri, Sacrorum Stargard.
Duc. Mecklenb. Præpos.

J. A. Eisenmann sc. 206.

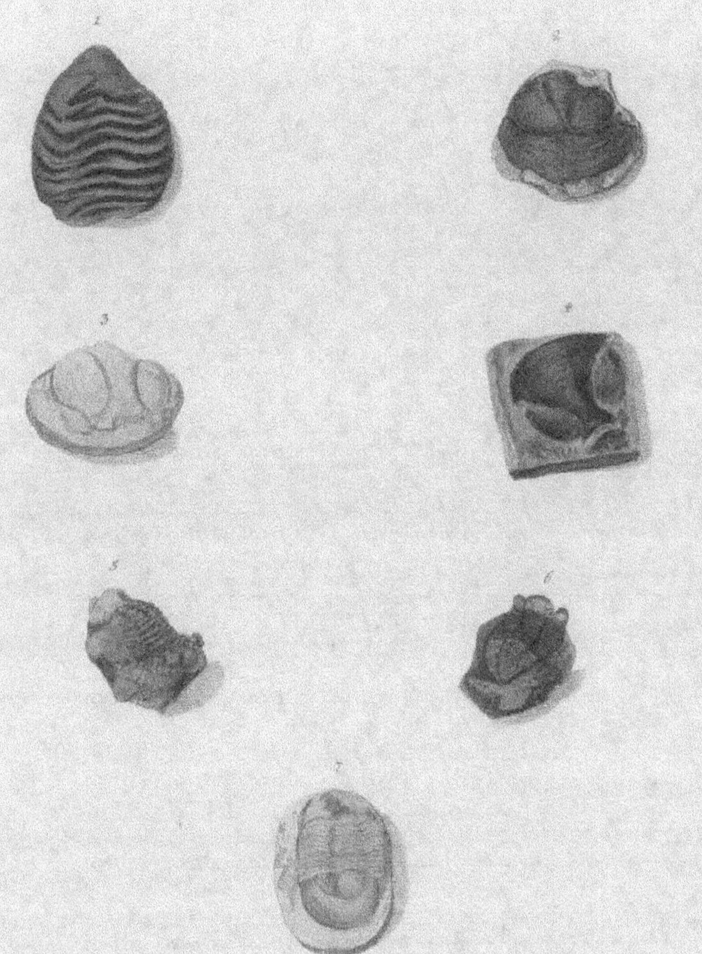

Ex Museo summe reverendi Genzmeri, Sacrorum Stargard. Præpositi

J. M. Seligmann fc. 207.

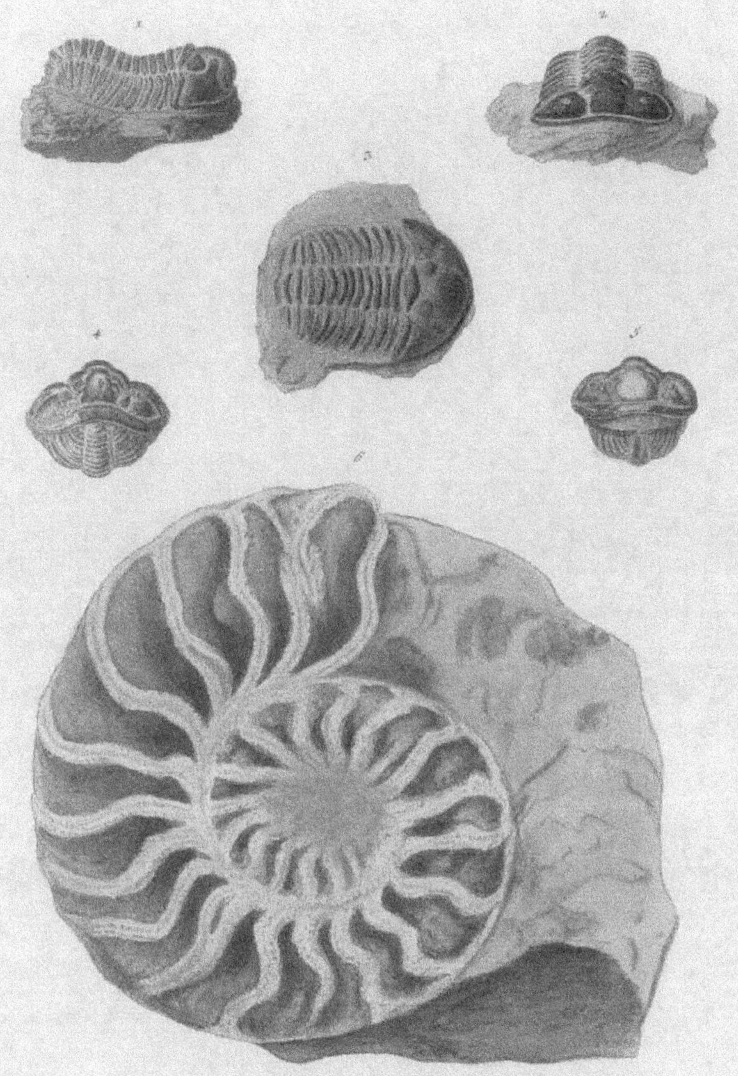

Fig. 1–5. Ex Museo deciss. Andreæ, pharmacop. Hannoverani. Fig. 6. Ex Museo
Excell. ac experientiss. D. Güntheri, Sereniss. Ducis Saxo-Coburg. medici
aulici et practici civitatis Cahlensis.

J. A. Sonmayer Sc.   208

Ex Museo Societatis physicae Gedanensis.

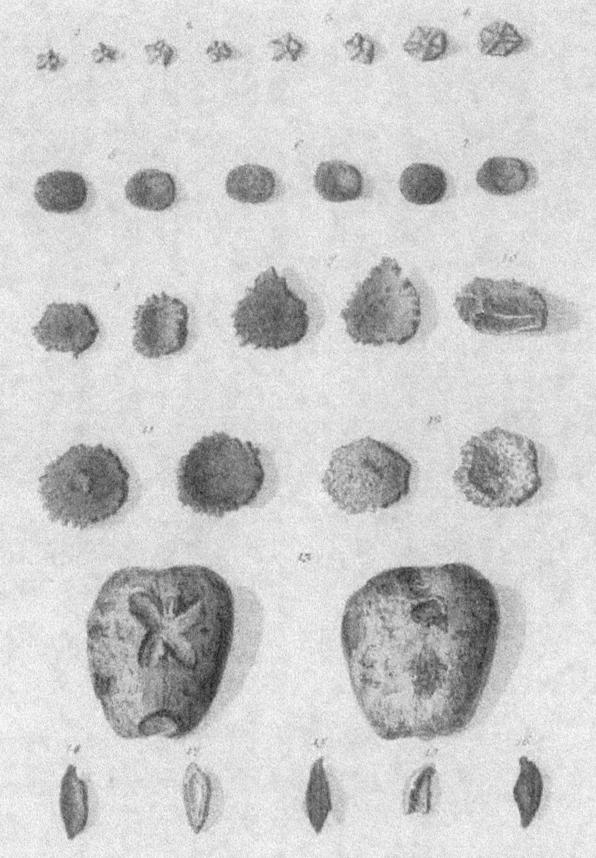

Ex Museo Excell. Dn. Doct. & Consil. Aul. Casimir Christophori Schmidel.

Georg. Carol. Laÿberger ad nat. pinxit.   A. E. Eißmann sc.   210

SVPPL.
X
1
7
2
3
4
5
6
Ex Museo Walchiano.
Andreas Hoppe f.   211.

Ex Museo summe reverendi Genzmeri, Sacrorum Stargard in Ducatu Mecklenb. Praepositi.

Ex Museo Walchiano.

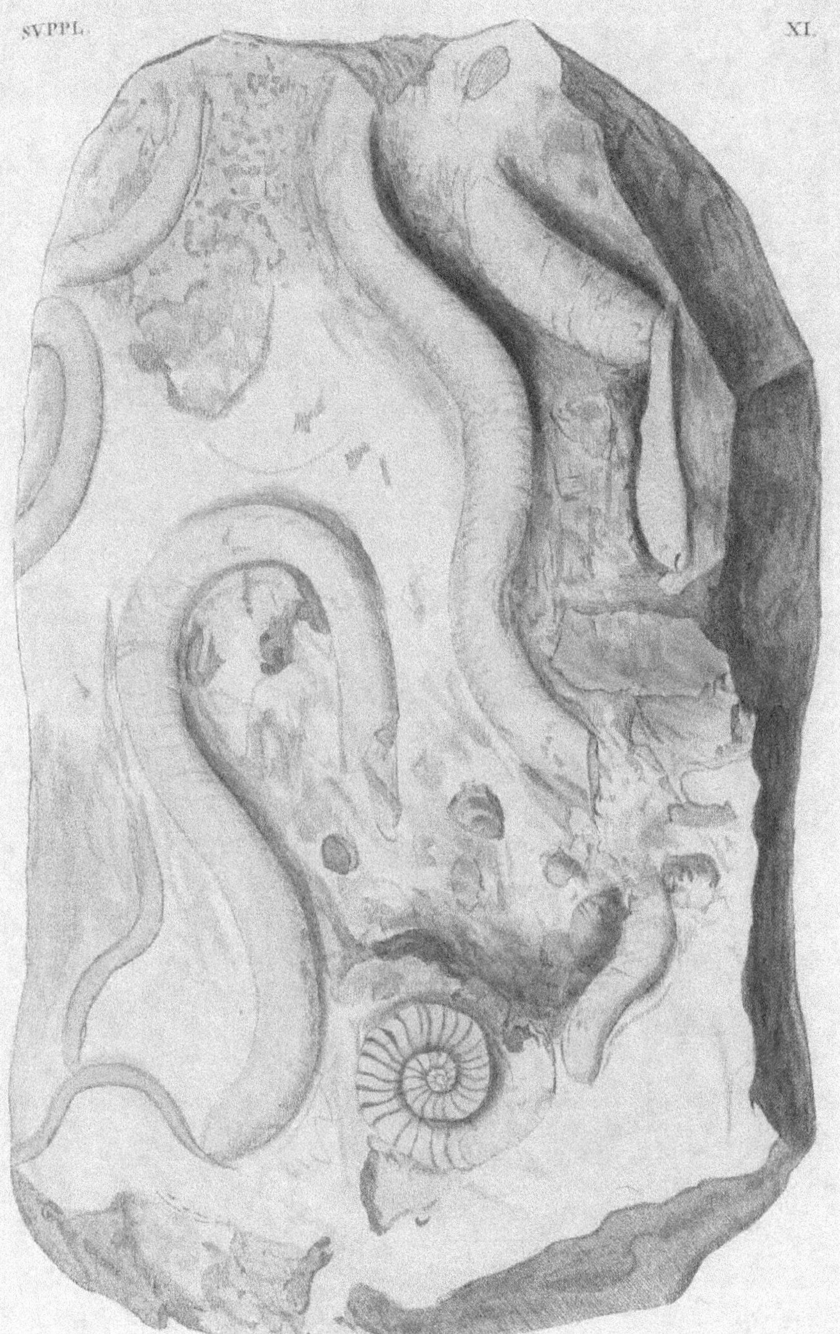

Ex museo perill. C. F. Kaltschmidii, Sereniss. Sax. Vinar. Duc. Consiliar. intimi Cameral. Ord. medicor Ienens. Senioris.

214.

Ex Museo Societatis Physicæ Gedanensis.